Ihr Vorteil als Käufer dieses Buches

Auf der Bonus-Webseite zu diesem Buch finden Sie zusätzliche Informationen und Services. Dazu gehört auch ein kostenloser **Testzugang** zur Online-Fassung Ihres Buches. Und der besondere Vorteil: Wenn Sie Ihr **Online-Buch** auch weiterhin nutzen wollen, erhalten Sie den vollen Zugang zum **Vorzugspreis**.

So nutzen Sie Ihren Vorteil

Halten Sie den unten abgedruckten Zugangscode bereit und gehen Sie auf **www.galileocomputing.de**. Dort finden Sie den Kasten **Die Bonus-Seite für Buchkäufer**. Klicken Sie auf **Zur Bonus-Seite/Buch registrieren**, und geben Sie Ihren **Zugangs-code** ein. Schon stehen Ihnen die Bonus-Angebote zur Verfügung.

Ihr persönlicher
Zugangscode   4c3z-txyj-wfi8-65nr

Christoph Kecher

UML 2

Das umfassende Handbuch

Galileo Press

Liebe Leserin, lieber Leser,

schön, dass Sie sich für ein Galileo-Computing-Buch entschieden haben. Ich bin überzeugt, Sie haben die richtige Wahl getroffen.

Als Entwickler werden Sie an der UML nicht vorbeikommen: Sie ist eine weit verbreitete Sprache für die Modellierung von Softwaresystemen. In vielen Softwareprojekten werden Sie mit der UML arbeiten. Darum will Ihnen dieses Handbuch von den Grundlagen der Modellierung bis zum professionellen Einsatz der UML alles Wissen an die Hand geben, das Sie für eine erfolgreiche Softwareentwickung brauchen.

Unser Autor Christoph Kecher weiß, wovon er schreibt. Er ist Entwickler und Berater und hat nationale und internationale Projekte in den Bereichen Mobile Computing, Internetanwendungen und Datenbanken durchgeführt. Er stellt die UML 2-Superstructure, alle Diagrammtypen, Konzepte und Elemente ausführlich vor und veranschaulicht sie durch Praxisbeispiele. Er hat auch eine Diagrammübersicht erarbeitet, die Sie auf dem beiliegenden Poster finden. So haben Sie die verschiedenen Diagrammtypen der UML immer im Blick.

Jedes unserer Bücher will Sie überzeugen. Damit uns das immer wieder neu gelingt, sind wir auf Ihre Rückmeldung angewiesen. Kritik oder Zuspruch hilft uns bei der Arbeit an weiteren Auflagen. Ich freue mich deshalb, wenn Sie sich mit Ihren kritischen Anmerkungen an mich wenden.

Viel Freude mit diesem Buch wünscht Ihnen

Judith Stevens-Lemoine
Lektorat Galileo Computing

judith.stevens@galileo-press.de
www.galileocomputing.de
Galileo Press · Rheinwerkallee 4 · 53227 Bonn

Auf einen Blick

Der Name Galileo Press geht auf den italienischen Mathematiker und Philosophen Galileo Galilei (1564–1642) zurück. Er gilt als Gründungsfigur der neuzeitlichen Wissenschaft und wurde berühmt als Verfechter des modernen, heliozentrischen Weltbilds. Legendär ist sein Ausspruch *Eppur si muove* (Und sie bewegt sich doch). Das Emblem von Galileo Press ist der Jupiter, umkreist von den vier Galileischen Monden. Galilei entdeckte die nach ihm benannten Monde 1610.

Lektorat Judith Stevens-Lemoine, Anne Scheibe
Einbandgestaltung Barbara Thoben, Köln
Titelbilder oben links: @akg-images; oben rechts: @abcmedia, fotolia.com; unten rechts: @nyul, fotolia.com
Typografie und Layout Vera Brauner
Herstellung Maxi Beithe
Satz Typographie & Computer, Krefeld
Druck und Bindung Bercker Graphischer Betrieb, Kevelaer

Dieses Buch wurde gesetzt aus der Linotype Syntax Serif (9,25/13,25 pt) in FrameMaker.

Gerne stehen wir Ihnen mit Rat und Tat zur Seite:
judith.stevens@galileo-press.de bei Fragen und Anmerkungen zum Inhalt des Buches
service@galileo-press.de für versandkostenfreie Bestellungen und Reklamationen
britta.behrens@galileo-press.de für Rezensions- und Schulungsexemplare

Bibliografische Information der Deutschen Nationalbibliothek
Die Deutsche Nationalbibliothek verzeichnet diese Publikation in der Deutschen National-bibliografie; detaillierte bibliografische Daten sind im Internet über *http://dnb.d-nb.de* abrufbar.

ISBN 978-3-8362-1752-1

© Galileo Press, Bonn 2011
4., aktualisierte und erweiterte Auflage 2011

Inhalt

7 Paketdiagramm 173

TEIL II Verhaltensdiagramme

8 Anwendungsfalldiagramm 199

9 Aktivitätsdiagramm 215

10 Zustandsdiagramm 293

TEIL III Interaktionsdiagramme

TEIL IV Metamodellierung

Vorwort

Bei meinem ersten Kontakt mit der UML in der Softwaretechnik-Vorlesung konnte ich deren Bedeutung und Nutzen noch nicht abschätzen. Ich hatte bis dato nur an kleineren Softwareprojekten gearbeitet und sah die Notwendigkeit einer Modellierungssprache für Software und deren Nutzen auf den ersten Blick nicht.

Zu Beginn meiner Diplomarbeit merkte ich jedoch sehr schnell, dass meine bisherigen Methoden des »Programmierens im Kleinen« das Projekt nicht zu einem erfolgreichen Abschluss führen würden. Am besagten Projekt sollten drei Software-Teams an drei unterschiedlichen Standorten beteiligt sein und unterschiedliche Komponenten derselben Software entwickeln.

Durch die Modellierung mit der UML gelang es, sowohl mit dem Auftraggeber wie auch mit allen Entwicklerteams sehr präzise über die zu erstellenden Komponenten zu kommunizieren und die benötigten Schnittstellen festzulegen, so dass die Implementierung sehr zügig und erfolgreich durchgeführt werden konnte.

Seither zähle ich mich zu den bekennenden Fans der UML, propagiere bei jeder Gelegenheit deren Nutzen und freue mich, mit diesem Buch auch Ihnen die UML als eine universal einsetzbare Modellierungssprache näherbringen zu dürfen.

Dieses Buch behandelt die UML »von Anfang an« und führt Sie bis in ihre »Tiefen« hinab. Bei jeder Gelegenheit werden zu den vorgestellten Notationselementen anschauliche Beispiele und Realisierungsmöglichkeiten in Java und C# geboten, um das Verständnis zu erleichtern und das gerade Erlernte sofort in der Praxis anwenden zu können.

Die beiliegende Buch-CD enthält alle vorgestellten Java- und C#-Beispiele im Quellcode.

Die im Buch verwendeten UML-Diagramme können ebenfalls vollständig auf der Buch-CD in den Formaten EAP (Enterprise Architect Project) und XMI (Extensible Metadata Interchange) gefunden werden. Sowohl der zur Erstellung der Diagramme verwendete Enterprise Architect wie auch einige weitere UML-Tools befinden sich in Test- oder Vollversionen auf der Buch-CD und ermöglichen es Ihnen, parallel zur Buchlektüre sofort die UML »live« zu erleben.

Bei der Erstellung dieses umfangreichen Werkes haben mich einige Menschen sehr unterstützt, denen ich an dieser Stelle meinen großen Dank aussprechen möchte.

Zunächst würde ich gerne Galileo Press und speziell meine Lektorin Frau Stevens-Lemoine nennen, die mich vorbildlich bei der Arbeit unterstützt und dieses Buch überhaupt erst ermöglicht haben.

Meine Kollegin, Frau Klaudia Kern, war sozusagen an der »vordersten Front«. Sie hat die allerersten Versionen der Buch-Kapitel über sich ergehen lassen müssen und half mir mit ihren Korrekturen sehr.

Einen unschätzbaren Wert für das Buch hatten die Beiträge und Verbesserungsvorschläge von Prof. Dr. Convent, Prof. Dr. Juen und Prof. Dr. Kaiser. Als Professoren haben sie mich bereits zu meiner Hochschulzeit an der FH Gelsenkirchen, Standort Bocholt, mit ihrer Fachkenntnis und Erfahrung immer wieder in Erstaunen versetzt. Ihre Ideen tragen einen großen Anteil an der Qualität des Buches.

Christoph Kecher

»Zeig mir, wie Du baust,
und ich sage Dir, wer Du bist.«
– Christian Morgenstern

1 Einführung

1.1 Weshalb muss Software modelliert werden?

Zu Beginn der Arbeit an diesem Buch fragte mich ein befreundeter Programmierer, weshalb man Software überhaupt modellieren sollte. Er sei im Laufe seiner Ausbildung nur am Rande mit dem Thema in Berührung gekommen und sehe nicht die Notwendigkeit, diese »Zusatzaufgabe« während seiner Entwicklungsarbeit durchzuführen. Dies koste nur zusätzlich Zeit, und seine Programme liefen auch ohne sie vorher modelliert zu haben.

Um die Unumgänglichkeit der Modellierung großer Softwaresysteme zu veranschaulichen, lassen Sie uns den Softwareentwicklungsprozess mit dem Bau eines Hauses vergleichen.

Bevor die eigentlichen Bauarbeiten beginnen, setzt sich der Bauherr zunächst mit einem Architekten in Verbindung. Er erklärt dem Architekten möglichst genau, wie sein Traumhaus aussehen sollte, wie die Räumlichkeiten aufgeteilt werden sollen und was für eine Lage er bevorzugen würde. Der Architekt setzt die Vorstellungen des Bauherrn in einen Bauplan des Hauses um.

In weiteren gemeinsamen Gesprächen klären der Architekt und der Bauherr alle Details des Bauplans und besprechen mögliche Veränderungen oder auch Einschränkungen am geplanten Haus. Vielleicht fiel dem Bauherrn in der Zwischenzeit ein, dass seine neue Garage doch für zehn und nicht wie zunächst angenommen vier Autos ausgelegt sein sollte. Der Architekt stellt andererseits fest, dass ein Gebäude in der Größe der Cheops-Pyramide den verfügbaren Finanzrahmen doch ein wenig sprengt.

Solche Überlegungen müssen zwingend vor dem Bau des Hauses erfolgen, um während der Bauphase bittere Enttäuschungen, Rückschläge und Verzögerungen der Fertigstellung zu vermeiden.

Nach den Abstimmungsgesprächen zwischen Bauherr und Architekt rückt die Planung der Realisierung in den Mittelpunkt der Überlegungen:

▶ Wie muss das Fundament gegossen werden, um das gesamte Haus tragen zu können?

▶ Welche Außenverklinkerung soll das Haus erhalten, welche Dachziegel, welche Fensterrahmen?

▶ Welche und wie viele Arbeiter, Arbeitsgeräte und Maschinen müssen wann und in welcher Menge verfügbar sein?

▶ Wie stellt man sicher, dass alle Bauarbeiten korrekt durchgeführt werden?

Solche und viele weitere Fragen sind ebenfalls vor Beginn der Bauphase zu klären.

Erst nachdem der Bauherr die Sicherheit erlangt hat, dass der Architekt alle seine Wünsche vollständig und korrekt erfasst und deren Umsetzung geplant hat, gibt er ihm grünes Licht, um mit den eigentlichen Bauarbeiten zu beginnen.

In der darauffolgenden Bauphase definieren die erstellten Baupläne präzise, welche Arbeiten in welcher Reihenfolge von den Bauarbeitern durchzuführen sind und dienen als Kommunikationsgrundlage zwischen dem Architekten und den Bauarbeitern, die bei den Architekturentscheidungen nicht dabei sein konnten.

Eine sehr ähnliche Vorgehensweise ist auch in der Softwareentwicklung notwendig, um stabile und zuverlässige Softwaresysteme zu realisieren, die nicht an den Anwenderbedürfnissen vorbeizielen.

Zunächst werden die Wünsche und Vorstellungen des Auftraggebers (= Bauherr) und (falls verfügbar) der Endanwender (= Familie des Bauherrn) erfasst und modelliert.

Der Softwarearchitekt erörtert mit den oben angesprochenen Beteiligten in Interviews, was die gewünschte Software (= das Traumhaus) leisten und mit welchen weiteren Systemen sie interagieren soll (= die Lage des Traumhauses). Ebenfalls muss klar gestellt werden, welche Anforderungen die neue Software nicht erfüllen kann (= Cheops-Pyramide).

Diese Phase der Softwareentwicklung wird häufig als »Analyse- oder Definitionsphase« bezeichnet. Die daraus gewonnenen Erkenntnisse helfen, den ersten der beiden fundamentalen Fehler bei der Softwareentwicklung zu vermeiden:

Fehler 1: Es wird das falsche Softwareprodukt entwickelt.

Nach der Analysephase werden design- und architekturorientierte Fragen geklärt, wie z. B.:

▸ Welche Softwarearchitektur soll verwendet werden? Ist z. B. eine Datenbank einzusetzen? (= Fundament)

▸ Wie ist die Benutzungsoberfläche des Programms zu gestalten (= Klinker, Dachziegel, Fensterrahmen)?

▸ Welche Programmiersprachen und Entwicklungsumgebungen sollen verwendet werden? Welches Know-how müssen die Entwickler mitbringen, um das Vorhaben realisieren zu können? Wann und in welchem Umfang sind die Entwickler verfügbar (= Bauarbeiter, Arbeitsgeräte und Maschinen)?

▸ Welche Software-Qualitätssicherungsmaßnahmen sind einzusetzen (= Kontrolle der Bauarbeiten)?

Die Phase, in der diese und viele weitere Fragen erörtert werden, ist als »Entwurfs- oder Designphase« bekannt. Die Ergebnisse dieser Phase helfen entscheidend dabei, den zweiten der beiden grundlegenden Fehler bei der Softwareentwicklung zu vermeiden.

Fehler 2: Das Softwareprodukt wird falsch entwickelt.

Das aus dieser Phase entstandene Modell (= Bauplan) dient dem Softwarearchitekten als Kommunikationsgrundlage mit den Programmierern (= Bauarbeitern) und definiert präzise, welche Programmierarbeiten in welcher Reihenfolge durchzuführen sind. Erst nach seiner Erstellung kann die Implementierung des eigentlichen Quellcodes beginnen.

Insgesamt kann davon ausgegangen werden, dass mit der Größe des Projekts auch die Vorteile einer Analyse und eines Entwurfs unter Einsatz einer geeigneten Modellierungssprache überproportional steigen.

1.2   Was ist die UML?

Die UML (Unified Modeling Language) definiert eine allgemein verwendbare Modellierungssprache (auch Notation genannt). Ihr Einsatzgebiet beschränkt sich nicht auf die Softwareentwicklung. Sie stellt Diagramme und Notationselemente (= einzelne Bestandteile der Diagramme) zur Verfügung, mit deren Hilfe sowohl statische wie auch dynamische Aspekte beliebiger Anwendungsgebiete modelliert werden können.

Die wesentlichen Vorteile der Unified Modeling Language sind:

▸ **Eindeutigkeit**
Die Notationselemente besitzen eine präzise Semantik und sind von vielen Experten definiert und geprüft.

▶ **Verständlichkeit**

Die einfach gehaltenen Notationselemente visualisieren grafisch die Aspekte der modellierten Systeme und erleichtern damit das Verständnis.

Unterschiedliche Diagramme ermöglichen differenzierte Sichtweisen auf das zu modellierende System und betonen oder vernachlässigen bewusst seine Teilaspekte. Damit wird die Kommunikation aller an der Softwareentwicklung beteiligten Personen erleichtert und auf eine stabile Basis gestellt.

▶ **Ausdrucksstärke**

Die Ausschöpfung aller Möglichkeiten der verfügbaren Notationselemente erlaubt die nahezu vollständige Definition aller wichtigen Details eines Softwaresystems.

▶ **Standardisierung und Akzeptanz**

Weltweit ist die UML in der Softwarebranche im Einsatz. Der Object Management Group, die für die Spezifikation der UML verantwortlich ist, gehören mittlerweile mehr als 800 Unternehmen an.

▶ **Plattform- und Sprachunabhängigkeit**

Mit der UML können Sie Softwaresysteme für jede denkbare Plattform und Programmiersprache modellieren. Sie hat ihre Stärken in der objektorientierten Welt, kann aber ohne weiteres auch für prozedurale Sprachen eingesetzt werden.

▶ **Unabhängigkeit von Vorgehensmodellen**

Die UML definiert mit ihren Diagrammen und Notationselementen »Werkzeuge«, um die Spezifizierung, Visualisierung und Dokumentation von Softwaresystemen zu erleichtern. Sie überlässt den Softwareentwicklern die Entscheidung, wie sie diese Werkzeuge am effizientesten nutzen.

1.3   Die Geschichte der UML

Um Ihnen einen ersten Eindruck von der UML zu vermitteln, stellt Abbildung 1.1 die Geschichte der UML als ein Zustandsdiagramm dar. Sie werden diese Diagrammart in Kapitel 10 kennen lernen (in Abbildung 1.1 werden der Einfachheit halber einige Details ausgeblendet, die das Diagramm erst vollständig machen würden, wie z. B. die Bezeichnungen der Transitionen zwischen den Zuständen). Mit der folgenden Darstellung der UML-Geschichte dürfte das Diagramm jedoch selbsterklärend sein und bereits die Verständlichkeit der UML im Ansatz demonstrieren:

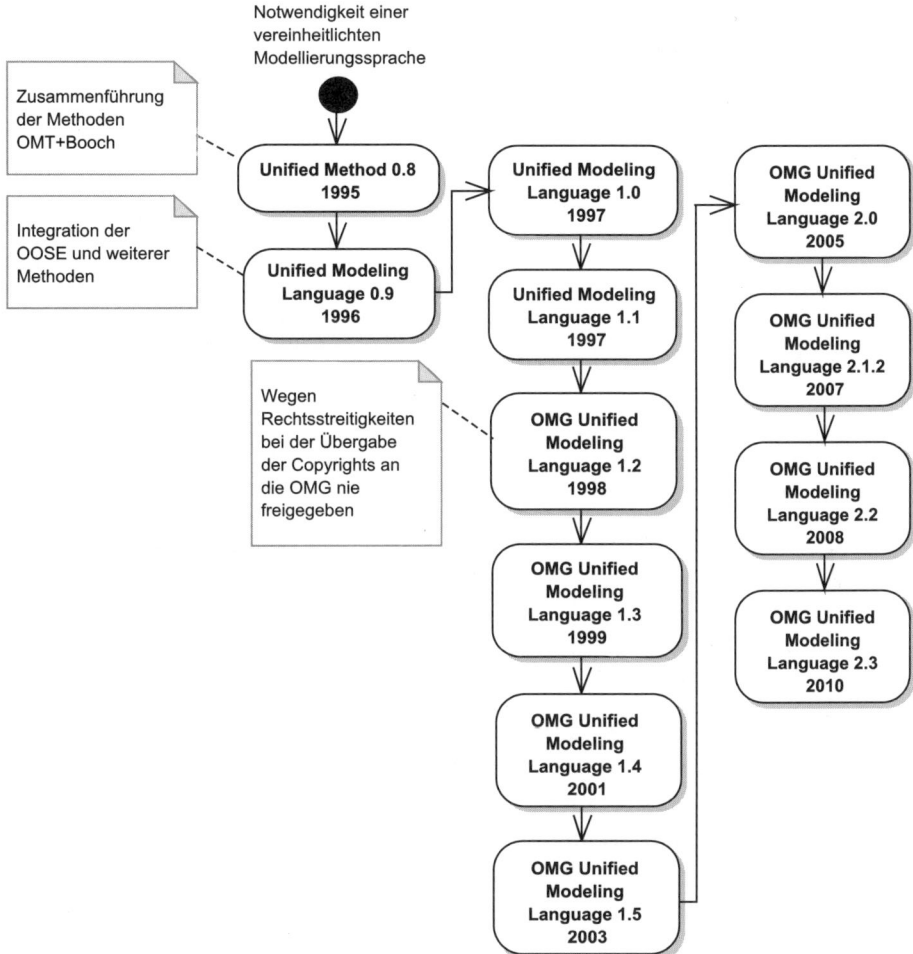

Abbildung 1.1   Die Geschichte der UML

Die Notwendigkeit der Modellierung von Softwaresystemen wurde bereits in der »Softwarekrise« in den 70-er Jahren erkannt, als die Entwicklung immer größerer und komplexerer Softwaresysteme zunehmend unbeherrschbar wurde. In den frühen 90-er Jahren standen sich viele inkompatible und teilweise widersprüchliche Notationen mit unterschiedlichen Notationselementen gegenüber. Die Object Modeling Technique (OMT) von James Rumbaugh, die Booch-Methode von Grady Booch, das Object-Oriented Software Engineering (OOSE) von Ivar Jacobson oder die Object-Oriented Analysis (OOA) von Peter Coad und Edward Yourdon sind nur einige Beispiele.

Diese Vielfalt erschwerte die Kommunikation zwischen Softwareentwicklern und machte die Entwicklung von CASE-Werkzeugen (Computer Aided Software Engineering) äußerst aufwendig.

Anfang der 90-er Jahre begannen Grady Booch und Jim Rumbaugh die Arbeit an einer vereinheitlichten Vorgehensmethode und Notation, damals noch unter dem Namen Unified Method.

1996 steuerte Ivar Jacobson OOSE hinzu, wonach zum ersten Mal die Bezeichnung UML (Unified Modeling Language) verwendet wurde. Ziel der Arbeit war es, die Stärken der vielen Notationen heraus zu kristallisieren und zu einer einzigen Modellierungssprache zu konsolidieren.

Schnell erkannten viele namhafte Unternehmen, z. B. Microsoft, Oracle, IBM oder Rational Software die Vorteile einer einheitlichen Modellierungssprache und schlossen sich zu »UML Partners« zusammen. Im Januar 1997 wurde die UML 1.0 als erste offizielle Version verabschiedet.

Um einen industrieweiten Standard zu schaffen, strebten die UML Partners eine Zertifizierung durch das Standardisierungsgremium OMG (Object Management Group) an. 1999 wurde die UML 1.3 zum ersten Mal von der OMG freigegeben.

Seitdem hat sich die UML ständig weiterentwickelt und weltweit in der Softwarebranche als Standard durchgesetzt. Die »drei Amigos« genannten Urväter Booch, Jacobson und Rumbaugh arbeiten nach wie vor an der Weiterentwicklung. Inzwischen sind jedoch beinahe alle bekannten Unternehmen der Softwarebranche in die Arbeit an der UML involviert und garantieren den hohen Standard und die Zukunftsfähigkeit der Modellierungssprache.

1.4 Von der UML 1.x zur UML 2

Bei der Betrachtung der Abbildung 1.1 ist Ihnen wahrscheinlich der Versionssprung von UML 1.5 auf 2.0 aufgefallen. Was hat die OMG bewogen, diesen großen Entwicklungsschritt durchzuführen?

Seit der Entwicklung von UML 1.0 hatten die nachfolgenden Versionen lediglich kleine »kosmetische« Änderungen erfahren. In der Zwischenzeit setzten sich neue Programmiersprachen (z. B. Java oder C#) immer weiter durch und verdrängten alte (z. B. C oder C++). Neue Anforderungen aufgrund immer weiterer Einsatzfelder der UML wurden sichtbar, z. B. der Ruf nach exakteren Modellierungsmöglichkeiten zeitlicher Aspekte. Alte Notationselemente entpuppten sich als zu nah an einer Programmiersprache entworfen (`friend`).

Durch das iterative Hinzufügen von Details wurde die UML zwar ständig mächtiger, jedoch immer weniger überschaubar und erlernbar. Die OMG hat dies erkannt und entschied sich, vollständig aufzuräumen und einen großen Schritt auf Version 2.0 zu machen.

Aus diesem Grund wurden einige Diagramme vollständig überarbeitet. Das Konzept hinter Aktivitätsdiagrammen (siehe Kapitel 9) wurde beispielsweise komplett verändert. Vollkommen neue Diagramme, z.B. das Timing-Diagramm (siehe Kapitel 13), wurden aufgenommen. Alte und bewährte Diagrammarten konnten fast ohne Modifikationen übernommen werden, beispielsweise die Anwendungsfalldiagramme (siehe Kapitel 8) oder die Klassendiagramme (siehe Kapitel 2). Mit der Version 2.2 der UML wurden weitere Profildiagramme (siehe Kapitel 15) in die UML-Spezifikation aufgenommen.

Insgesamt erschuf die OMG eine neue UML, die mächtiger, vielseitiger und flexibler, dabei gleichzeitig konsistenter als all ihre Vorgänger geworden ist.

1.5 Diagramme der UML 2

An dieser Stelle finden Sie zunächst eine Übersicht der UML-Diagramme (siehe Abbildung 1.2), bevor deren Einzelheiten in den folgenden Kapiteln behandelt werden.

UML-Diagramme können auf der obersten Ebene unterteilt werden in:

▶ **Strukturdiagramme** (engl. Structure Diagrams)
  Diese Gruppe der Diagramme modelliert statische, zeitunabhängige Elemente des Systems.

▶ **Verhaltensdiagramme** (engl. Behavior Diagrams)
  Diese Diagramme modellieren die dynamischen Aspekte, das Verhalten des Systems und seiner Komponenten.

Zur Gruppe der **Strukturdiagramme** gehören:

▶ **Klassendiagramm**
  Ein Klassendiagramm (engl. Class Diagram) beinhaltet die statischen Strukturbestandteile eines Systems, deren Eigenschaften und Beziehungen. Es fungiert als eine Art allgemeiner Bauplan für Objekte (siehe Abbildung 1.3). Details zu Klassendiagrammen finden Sie in Kapitel 2.

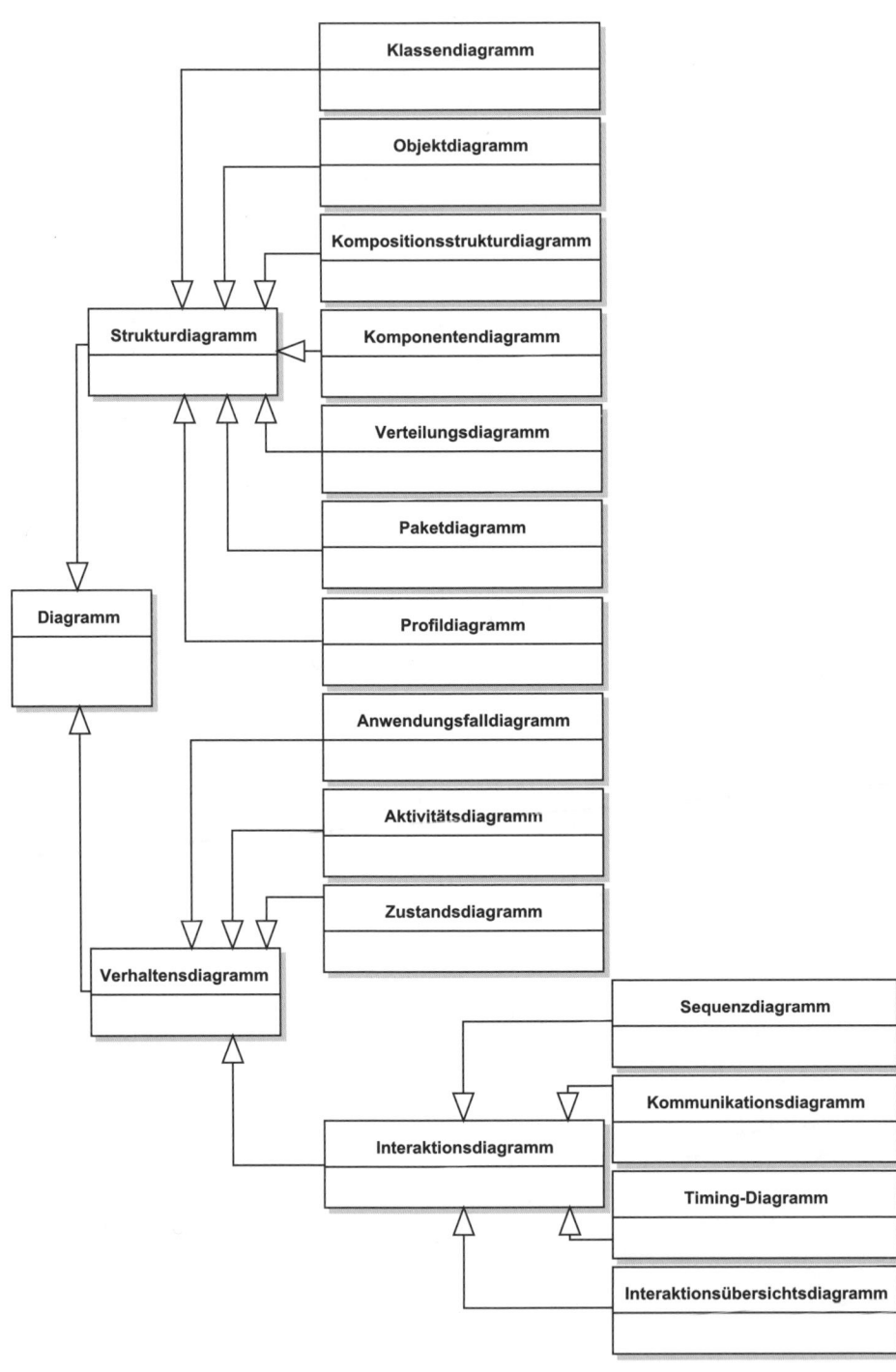

Abbildung 1.2 Übersicht UML-Diagramme

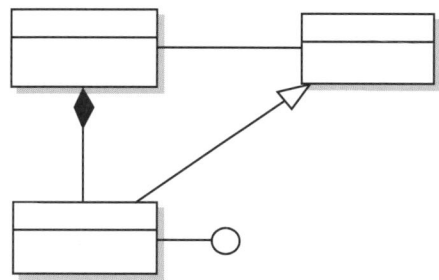

Abbildung 1.3 Klassendiagramm

▶ **Objektdiagramm**
Ein Objektdiagramm (engl. Object Diagram) stellt eine Momentaufnahme der Objekte eines Systems dar, die nach dem Bauplan eines Klassendiagramms gebildet wurden. Kapitel 3 behandelt alle wichtigen Aspekte von Objektdiagrammen.

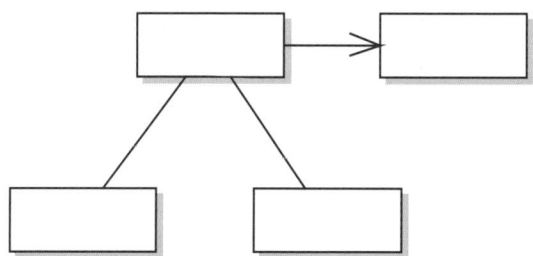

Abbildung 1.4 Objektdiagramm

▶ **Kompositionsstrukturdiagramm**
Ein Kompositionsstrukturdiagramm (engl. Composite Structure Diagram, siehe Kapitel 4) beschreibt die interne Struktur einer Komponente und deren Interaktionspunkte zu weiteren Komponenten des Systems.

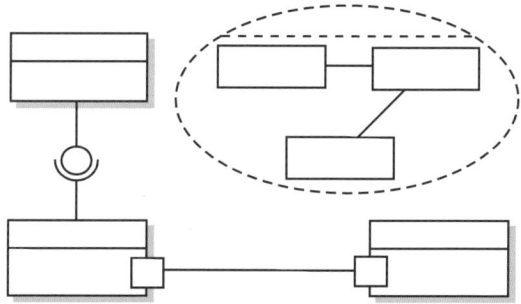

Abbildung 1.5 Kompositionsstrukturdiagramm

▶ **Komponentendiagramm**

Dieses Diagramm zeigt die Organisation und Abhängigkeiten der Komponenten. Komponentendiagramme (engl. Component Diagrams) sind das Thema von Kapitel 5.

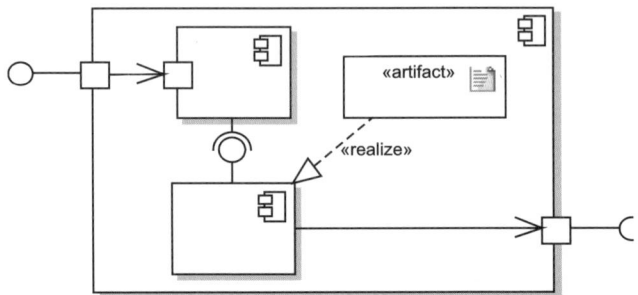

Abbildung 1.6   Komponentendiagramm

▶ **Verteilungsdiagramm**

Ein Verteilungsdiagramm (engl. Deployment Diagram, siehe Kapitel 6) definiert die Architektur eines verteilten Systems, wie sie zur Laufzeit vorgefunden wird. Die Definition beschränkt sich nicht auf Software-Umgebungen, sondern umfasst auch Hardware und Kommunikationswege.

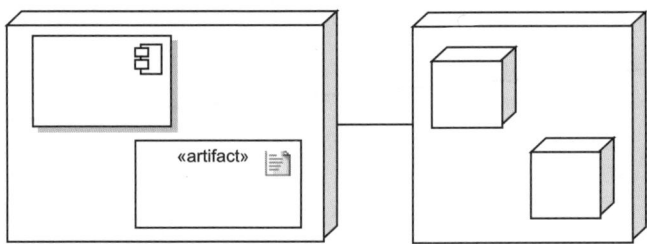

Abbildung 1.7   Verteilungsdiagramm

▶ **Paketdiagramm**

Das Thema von Kapitel 7 sind Paketdiagramme (engl. Package Diagrams), die UML-Elemente in Pakete organisieren.

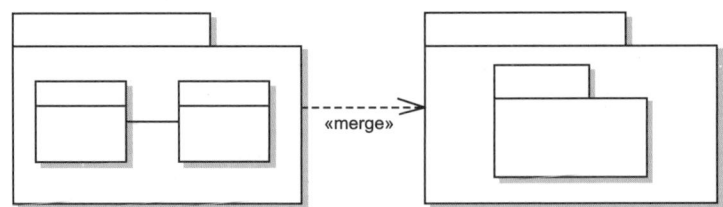

Abbildung 1.8   Paketdiagramm

▶ **Profildiagramm**

Profildiagramme (engl. Profile Diagrams) stellen einen leichtgewichtigen Mechanismus dar, mit dem die UML erweitert werden kann. Da sämtliche UML-Metaklassen erweitert werden können, werden Profildiagramme erst in Kapitel 15 behandelt, nachdem Sie alle wichtigen UML-Elemente kennengelernt haben.

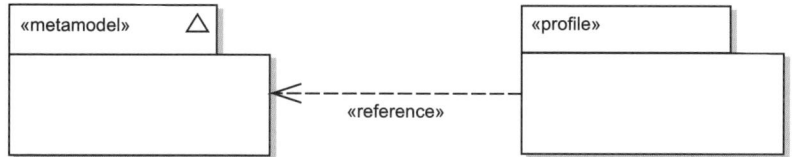

Abbildung 1.9 Profildiagramm

Verhaltensdiagramme sind:

▶ **Anwendungsfalldiagramm**

Ein Diagramm, das die Beziehungen zwischen Akteuren und den Anwendungsfällen zeigt. Anwendungsfälle stellen eine Menge von Aktionen dar, die ein Akteur während der Interaktion mit einem System abrufen kann. Umfangreiche Informationen zu Anwendungsfalldiagrammen (engl. Use Case Diagrams) erwarten Sie in Kapitel 8.

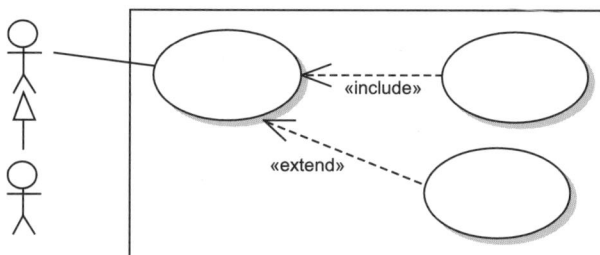

Abbildung 1.10 Anwendungsfalldiagramm

▶ **Aktivitätsdiagramm**

Aktivitätsdiagramme (engl. Activity Diagrams, siehe Kapitel 9) beschreiben das Verhalten einer Klasse oder Komponente. Sie bedienen sich dabei eines Kontroll- und Datenflussmodells.

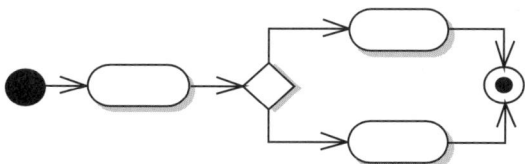

Abbildung 1.11 Aktivitätsdiagramm

▶ **Zustandsdiagramm**

Die möglichen Zustände, Zustandsübergänge, Ereignisse und Aktionen im »Leben« eines Systems, werden in einem Zustandsdiagramm (engl. State Machine Diagram, siehe Kapitel 10) modelliert. Zustandsdiagramme basieren auf dem Konzept der deterministischen, endlichen Automaten.

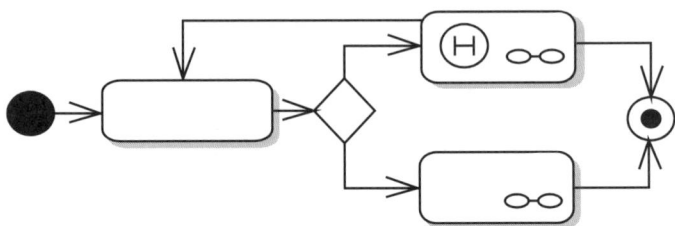

Abbildung 1.12 Zustandsdiagramm

Die folgenden Verhaltensdiagramme werden als **Interaktionsdiagramme** (engl. Interaction Diagrams) zusammengefasst:

▶ **Sequenzdiagramm**

Sequenzdiagramme (engl. Sequence Diagrams, siehe Kapitel 11) definieren Interaktionen zwischen Objekten, wobei sie sich auf den Nachrichtenfluss konzentrieren. Sie zeigen den zeitlichen Ablauf der Nachrichten, beinhalten jedoch keine Informationen über Beziehungen der Objekte.

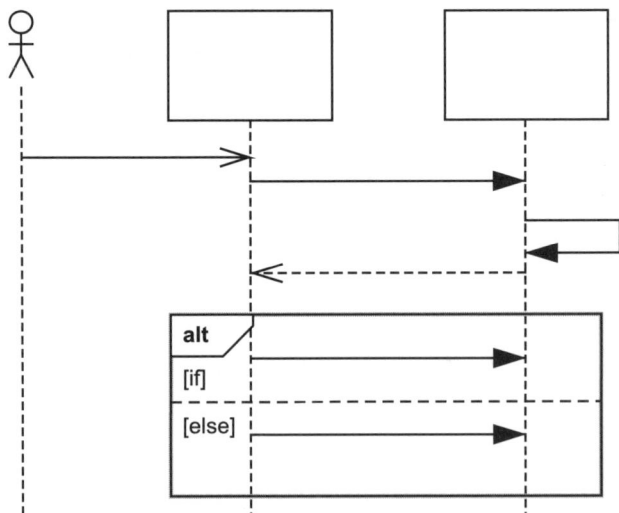

Abbildung 1.13 Sequenzdiagramm

▶ **Kommunikationsdiagramm**

Ein Kommunikationsdiagramm (engl. Communication Diagram, siehe Kapitel 12) beschreibt die Interaktion zwischen Objekten. Im Gegensatz zum Sequenzdiagramm setzt es den Fokus auf die Kommunikationsbeziehungen der Objekte während einer Interaktion.

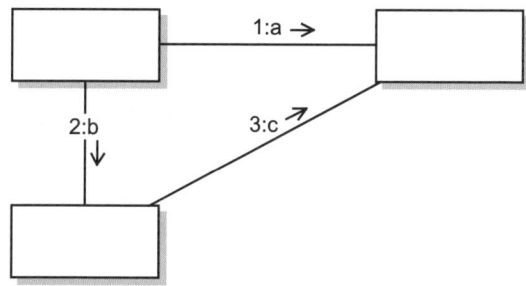

Abbildung 1.14 Kommunikationsdiagramm

▶ **Timing-Diagramm**

Timing-Diagramme zeigen die Zustandswechsel von Objekten innerhalb einer Zeitspanne als Antworten auf eintreffende Ereignisse. Alle Details zu Timing-Diagrammen (engl. Timing Diagrams) enthält Kapitel 13.

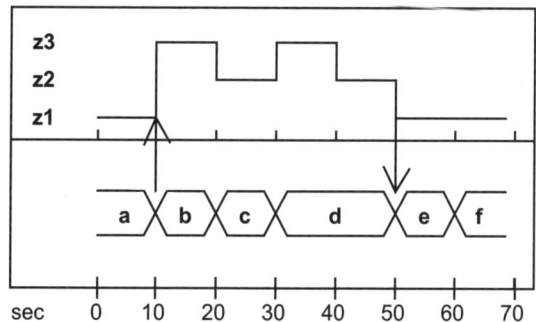

Abbildung 1.15 Timing-Diagramm

▶ **Interaktionsübersichtsdiagramm**

Es handelt sich hierbei um eine Diagrammart, die den Kontrollfluss zwischen Interaktionen mit Hilfe der Notationselemente von Aktivitätsdiagrammen beschreibt. Die einzelnen Kontrollflussknoten können vollständige Interaktionsdiagramme repräsentieren. Kapitel 14 befasst sich mit den Feinheiten von Interaktionsübersichtsdiagrammen (engl. Interaction Overview Diagrams).

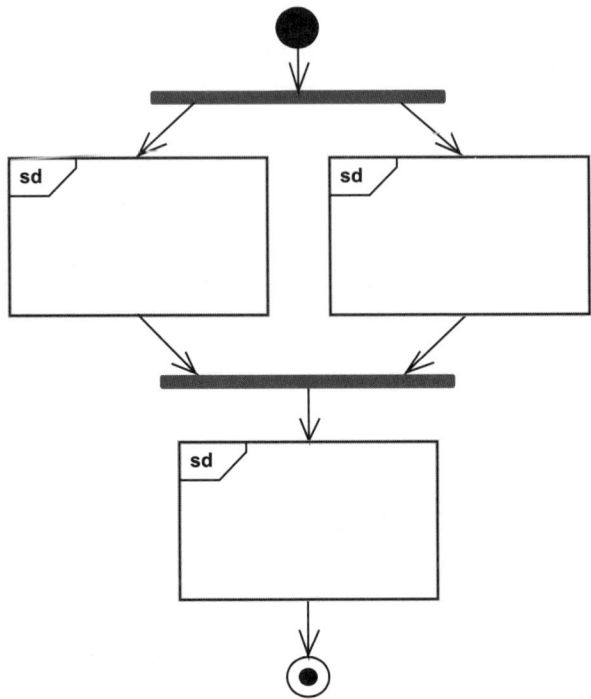

Abbildung 1.16   Interaktionsübersichtsdiagramm

Nach dieser ersten Übersicht behandeln die folgenden Kapitel die einzelnen Diagramme und deren Notationselemente im Detail. Die gerade vorgestellte Gruppierung der Diagramme spiegelt sich dabei in der Reihenfolge der Kapitel wieder.

TEIL I
Strukturdiagramme

Die Gruppe der Strukturdiagramme modelliert die statischen, zeitunabhängigen Elemente eines Systems. Der folgende Abschnitt stellt ihre einzelnen Diagrammarten vor (Abbildung auf der Rückseite). Lediglich Profildiagramme werden aufgrund ihres Metamodellierungscharakters in Kapitel 15 behandelt.

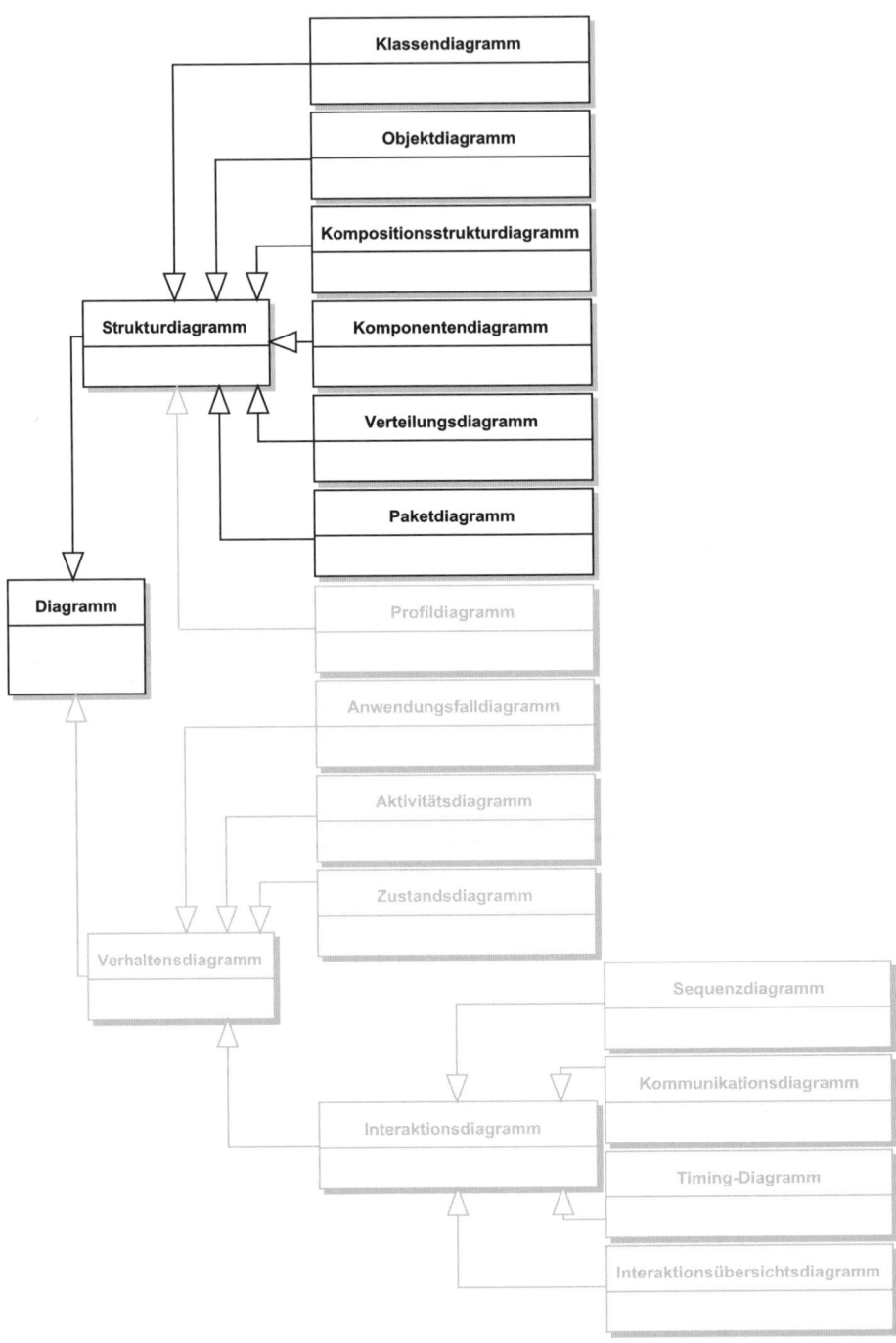

Abbildung 2.0 Diagrammstruktur der UML

*Das Klassendiagramm modelliert die statischen Elemente eines Systems,
ihre Eigenschaften und Beziehungen zueinander.*

2   Klassendiagramm

2.1   Anwendungsbereiche

Klassendiagramme (engl. Class Diagrams) stellen das zentrale Konzept der UML dar und sind aus der heutigen objektorientierten Softwareentwicklung nicht mehr wegzudenken. Sie zeigen die statischen Bestandteile und Attribute von Systemen und welche Beziehungen sie untereinander einnehmen können. Bis auf die Definition von Operationen der Klassen werden jegliche dynamischen Aspekte außer Acht gelassen.

Die meisten Vorgehensmodelle zur Softwareentwicklung unterscheiden fünf grundlegende Phasen:

▶ Analyse/Definition

▶ Entwurf/Design

▶ Implementierung

▶ Test

▶ Einsatz/Wartung

Klassendiagramme werden üblicherweise in den ersten beiden Phasen erstellt, können jedoch während des gesamten Softwareentwicklungsprozesses gewinnbringend eingesetzt werden:

▶ **Analyse/Definition**
Eines der Ziele dieser Phase ist die Ermittlung aller Anforderungen an das Softwaresystem, wobei eine **konzeptuelle** Modellierung des Systems hilfreich ist. Es muss zunächst genau spezifiziert werden, **was** das neue Softwaresystem leisten soll.

Die in dieser Phase entworfenen Klassendiagramme enthalten die aus der Sicht der Anwender bzw. der Auftraggeber relevanten Bestandteile des Systems und verwenden nur wenige Notationselemente. Sie sind bewusst einfach gehalten, um mit den Anwendern oder Auftraggebern über die Korrektheit und Vollständigkeit der Klassendiagramme diskutieren zu können.

Wollten Sie beispielsweise ein Restaurant und seine Einrichtung entwerfen, würden Sie in dieser Phase z. B. die Spülmaschine als Ganzes modellieren und weniger den Aufbau ihrer Elektromotoren.

▸ **Entwurf/Design**

In der Entwurfsphase nähert sich Ihr Projekt bereits der Implementierung, weshalb es zu klären gilt, **wie** das Softwaresystem realisiert werden soll. Hierfür werden so genannte **logische** Klassendiagramme verwendet, die interne Strukturen eines Systems aufzeigen.

Dies könnten beispielsweise die oben erwähnten Elektromotoren der Spülmaschine sein. Sie sind für den Endanwender meist irrelevant, besitzen jedoch intern eine fundamentale Bedeutung.

Bei einem Softwaresystem modelliert man in der Entwurfsphase Klassen, die in der nachfolgenden Implementationsphase tatsächlich realisiert werden. Klassendiagramme bieten ebenfalls eine gute Möglichkeit, Datenmodelle für die Implementierung in Datenbanken zu spezifizieren.

Die in der Entwurfsphase modellierten Klassendiagramme sind im Vergleich zu denjenigen aus der Analysephase viel detailreicher und schöpfen die Mächtigkeit der verfügbaren Notationselemente voll aus. Sie repräsentieren einen Systembauplan, der von Programmierern und teilweise CASE-Werkzeugen (**C**omputer **A**ided **S**oftware **E**ngineering) in die Konstrukte der jeweils eingesetzten Programmiersprache umgesetzt werden muss.

▸ **Implementierung**

In der Implementierungsphase werden die Klassen aus der Entwurfsphase in Programmcode der jeweiligen Zielprogrammiersprache umgesetzt. Die modellierten Klassendiagramme stellen daher vor allem bei verteilter Softwareentwicklung eine enorm wichtige Grundlage des Systems dar und helfen bei der Kommunikation zwischen Softwarearchitekten und Programmierern.

▸ **Test**

In der Testphase können die Klassendiagramme als Referenz verwendet werden. Die Vollständigkeit und Korrektheit der Implementierung kann gegen sie geprüft werden.

▸ **Einsatz/Wartung**

Während des Einsatzes und vor allem der Wartung eines Systems erlauben Klassendiagramme eine schnelle Möglichkeit, sich eine Übersicht über das vorhandene Softwaresystem zu verschaffen, ohne tagelang den Programmcode durchsuchen zu müssen.

In diesem Abschnitt lernen Sie Klassendiagramme der UML 2 kennen. Gleichzeitig werden anhand der vorgestellten Notationselemente die zentralen Konzepte der objektorientierten Softwareentwicklung vorgestellt.

2.2 Übersicht

Abbildung 2.1 zeigt und benennt alle wichtigen Notationselemente von Klassendiagrammen.

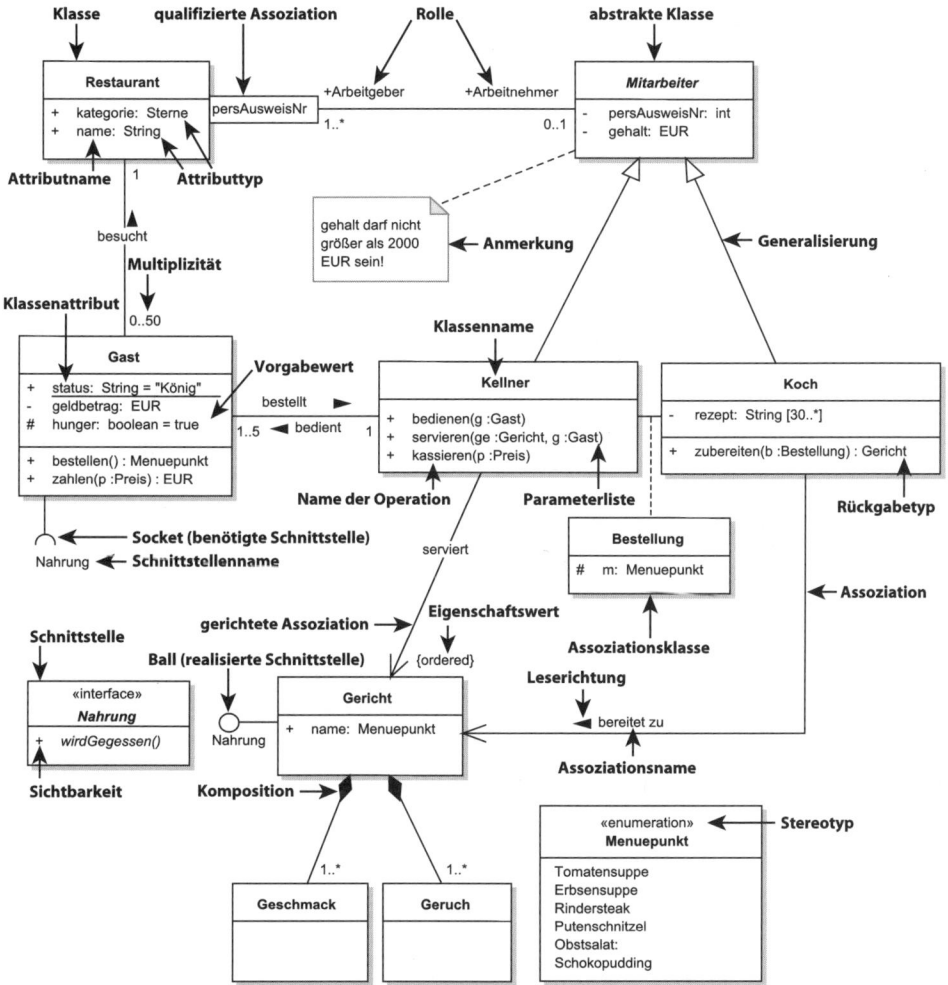

Abbildung 2.1 Notationselemente von Klassendiagrammen

Lassen Sie sich nicht von der Anzahl der Notationselemente abschrecken. Auf den folgenden Seiten werden Sie alles Wichtige über ihre Bedeutung und Verwendung erfahren.

Am Ende des Kapitels kommen wir noch einmal zu diesem Diagramm zurück. Sie werden sehen, dass Sie dieses auf den ersten Blick komplexe Klassendiagramm mit Leichtigkeit lesen und verstehen werden.

2.3 Notationselemente

2.3.1 Klasse

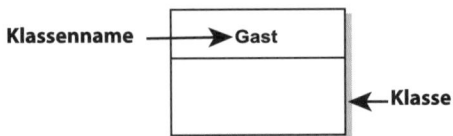

Abbildung 2.2 Die einfachste Darstellung einer Klasse

Beschreibung

Eine **Klasse** (engl. Class) beschreibt eine Art **Bauplan für Objekte** mit der gleichen Struktur (Attribute) und dem gleichen Verhalten (Operationen).

Obwohl sich dieses Kapitel mit Klassen und Klassendiagrammen befasst und die Objekte und Objektdiagramme in Kapitel 3 behandelt werden, sollte der Unterschied zwischen einer Klasse und einem Objekt bereits an dieser Stelle verdeutlicht werden:

Als **Instanzen** oder **Ausprägungen** einer Klasse werden die nach ihrem Bauplan erstellten **Objekte** bezeichnet. Die **Erstellung eines Objektes** nach dem **Bauplan einer Klasse** nennt man **Instanziierung**.

Beispielsweise stellt ein vom Architekten erstellter Bauplan die Klasse eines Gebäudes dar. Die tatsächlich nach diesem Bauplan erbauten Gebäude, werden dagegen als Objekte, Instanzen oder Ausprägungen der Klasse bezeichnet.

Das Notationselement einer Klasse wird in drei Abschnitte aufgeteilt:

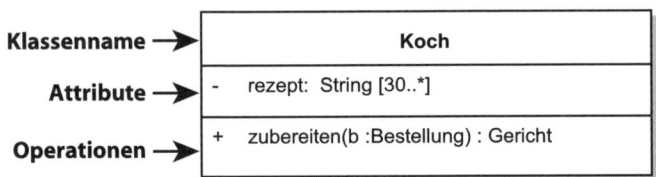

Abbildung 2.3 Klassendarstellung mit Attributen und Operationen

Lediglich der Klassenname muss angegeben werden und innerhalb eines Namensraums eindeutig sein (Details zu Namensräumen finden Sie in Kapitel 7). Die UML definiert keine Einschränkungen bezüglich der Namensgebung. Gewisse Sonderzeichen sind allerdings in manchen Programmiersprachen als Klassennamen nicht zugelassen. Es empfiehlt sich, Klassennamen mit einem

Großbuchstaben zu beginnen und den Rest des Namens auf Buchstaben (keine Umlaute) und Zahlen zu beschränken.

Die Abschnitte für Attribute und Operationen sind optional. Deren genaue Spezifikation wird etwas später in diesem Kapitel behandelt.

Verwendung

Klassen können zum Beispiel ein Restaurant-Besucher sein, ein Gericht, ein Auto, ein Reifen, eine Uhr usw. Beachten Sie bei der Modellierung von Klassen, einen Bauplan für Objekte zu spezifizieren und nicht die Objekte selbst.

Eine Klasse `Schueler` macht z. B. bei der Modellierung einer Schule Sinn. Eine Klasse `PeterAusDerNeunten` würde sich dagegen viel zu konkret auf ein Objekt beziehen. Für Objekte sieht die UML ein eigenes Diagramm vor, das in Kapitel 3 behandelt wird.

Realisierung in Java

Die Deklaration einer Klasse erfolgt in Java mit dem Schlüsselwort `class`:

```
class Gast
{
}
```

Listing 2.1 Buch-CD: /beispiele/java/kap2/kap_2_3_1/Gast.java

Realisierung in C#

In C# deklariert man eine Klasse auf die gleiche Art, wie in Java. Den Programmcode finden Sie auf der Buch-CD im Ordner *beispiele/c#/kap2/kap_2_3_1*.

2.3.2 Attribut

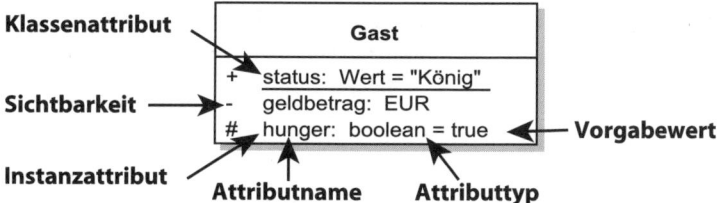

Abbildung 2.4 Attribute einer Klasse

Beschreibung

Attribute (engl. Attributes) stellen **strukturelle Eigenschaften** einer Klasse dar.

Sie werden in zwei Arten unterschieden:

- **Instanzattribute** definieren den Zustand von aus dieser Klasse gebildeten Objekten zur Laufzeit. Für jedes Objekt wird das jeweilige Attribut bei der Instanziierung separat erzeugt.

- **Klassenattribute** sind für alle Objekte der Klasse nur genau einmal und unabhängig von der Instanziierung von Objekten vorhanden. Sie werden im Unterschied zu Instanzattributen unterstrichen dargestellt.

  Die Klasse `Gast` in Abbildung 2.4 enthält beispielsweise ein Klassenattribut `status`, nach dem *jeder* `Gast` von seinem `Wert` her ein `"König"` ist.

Attribute können folgende Bestandteile enthalten (eckige Klammern bedeuten »optional«):

[Sichtbarkeit] [/] Name [:Typ] [Multiplizität] [=Vorgabewert] [{Eigenschaftswert}]

- **Sichtbarkeit**
  Die Sichtbarkeit definiert, welche externen Klassen auf das jeweilige Attribut lesend und schreibend zugreifen können. Sie wird durch eines der folgenden Symbole dargestellt:

  - **+**

    public (öffentlich): Ein öffentliches Attribut ist für alle Klassen sichtbar.

  - **#**

    protected (geschützt): Geschützte Attribute sind nur für Klassen sichtbar, die sich in der Vererbungshierarchie unterhalb der besitzenden Klasse befinden. Details über Vererbung finden Sie in Abschnitt 2.3.12.

  - **-**

    private (privat): Private Attribute sind nur in der Klasse selbst sichtbar.

  - **~**

    package (paket): Das Attribut ist nur für Klassen sichtbar, die sich in demselben Paket befinden, wie die besitzende Klasse. Paketdiagramme werden in Kapitel 7 behandelt.

  Obwohl die Angabe der Sichtbarkeit optional ist, definiert die UML keinen Vorgabewert und überläßt dies den Programmiersprachen. Java und C# definieren beispielsweise die Sichtbarkeit **package** als default.

- **/**

  Der Schrägstrich spezifiziert, dass das Attibut aus anderen Werten berechnet (abgeleitet) werden kann. Es braucht somit nicht separat gespeichert zu werden. Beispielsweise braucht der Nettoverkaufspreis eines Artikels nicht gespeichert zu werden, wenn bereits der Einkaufspreis, die Gewinnmarge und der Mehrwertsteuersatz gespeichert wurde.

▶ **Name**

Der Name ist der einzige nicht optionale Bestandteil einer Attributspezifikation. UML definiert keine Einschränkungen für Namen, so dass prinzipiell alle verfügbaren Buchstaben und Sonderzeichen verwendet werden können. Aufgrund der Beschränkungen der meisten Programmiersprachen empfiehlt es sich jedoch, die Namen mit einem Kleinbuchstaben zu beginnen (keine Umlaute) und auf jegliche Sonderzeichen außer dem Unterstrich (_) und dem Bindestrich zu verzichten (Zahlen sind akzeptabel).

Üblicherweise verwendet man für Attributnamen Substantive (`status`, `geld`, `groesse`, `alter` usw.).

▶ **:Typ**

Will man den Typ des Attributs definieren, muss dem Namen ein Doppelpunkt folgen. Jeder Datentyp kann als Typ verwendet werden, z. B. `boolean`, `char`, `int`, `String`, aber auch jede von Ihnen definierte Klasse, z. B. `Gericht`, `Menuepunkt` oder `Gast`.

▶ **Multiplizität**

Die Anzahl der Ausprägungen der definierten Attribute wird mit der Multiplizität spezifiziert. Sie wird in eckigen Klammern dargestellt, ähnlich der Definition von Arrays in den meisten Programmiersprachen.

Die Angabe besteht aus den Bestandteilen `[UntereGrenze..ObereGrenze]`. Die untere Grenze definiert die minimale Anzahl der Ausprägungen des Attributs, die in einem Objekt der Klasse vorhanden sein müssen. Die optionale obere Grenze spezifiziert dementsprechend die maximale Anzahl. Verzichtet man auf die Angabe der oberen Grenze, definiert man eine genaue Anzahl der Attributausprägungen. Ein paar Beispiele sollten die Verwendung der Multiplizität verdeutlichen:

▶ `[1]`

Es darf nur genau eine Ausprägung dieses Attributs zur Laufzeit existieren. Dies ist der Standardwert, falls man auf die Angabe der Multiplizität verzichtet.

▶ `[1..2]`

Nur eine oder zwei Ausprägungen sind erlaubt.

▶ `[1..*]`

Mindestens eine Ausprägung (ohne Obergrenze) ist gefordert.

▶ `[0..*]` oder `[*]`

Beliebig viele Ausprägungen sind erlaubt.

▶ **=Vorgabewert**
Der Vorgabewert definiert den Wert, den das Attribut unmittelbar nach der Instanziierung annimmt und muss dem Typ des Attributs entsprechen. Ist der Typ `boolean`, darf beispielsweise als Vorgabewert nur `true` oder `false` verwendet werden.

Die Vorgabewerte von mengenwertigen Attributen (= Multiplizität größer als 1) werden zwischen geschweiften Klammern angegeben, z. B. `{1, 2, 3, 4, 5}`.

▶ **{Eigenschaft}**
Die in geschweifte Klammern gefasste Eigenschaft spezifiziert besondere Merkmale des Attributs. Sie können beliebige Eigenschaften selbst definieren, die UML schlägt jedoch einige vor:

  ▶ **{readOnly}**
  Mit `readOnly` markieren Sie Attribute, deren Werte nach der Initialisierung nicht verändert werden können.

  ▶ **{subsets <Attributname>}**
  Die zugelassenen Attributwerte sind eine Teilmenge der zugelassenen Attributwerte des in `Attributname` angegebenen Attributs.

  ▶ **{union}**
  Gegenteil von `subsets`: Vereinigt alle Attributwerte, die mit `subsets` spezifiziert wurden. Abbildung 2.5 verdeutlicht den Unterschied zwischen `union` und `subsets`:

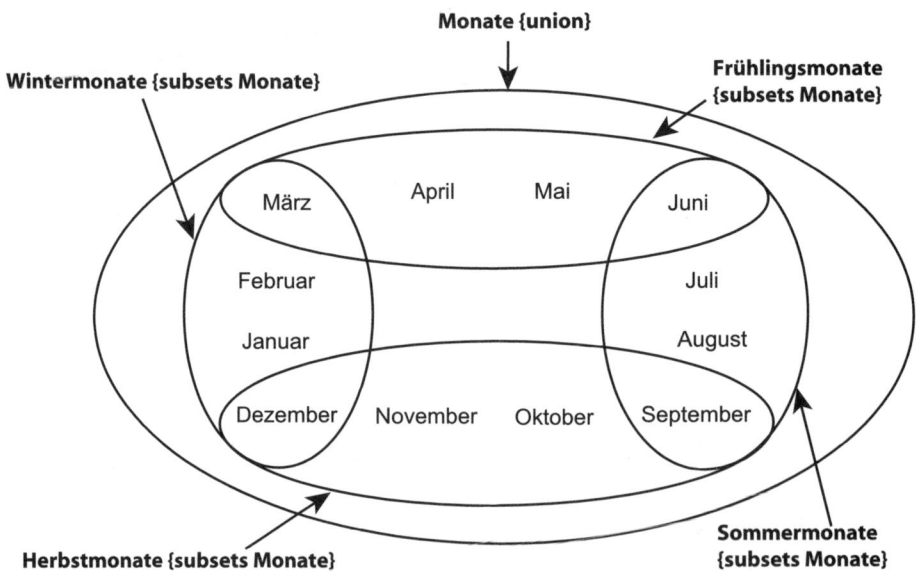

Abbildung 2.5 Unterschied zwischen {subsets} und {union}

▶ **{redefines <Attributname>}**

Diese Eigenschaft definiert, dass das zugehörige Attribut eine Attributdefinition aus seiner Oberklasse überschreibt. Er ist nur im Zusammenhang mit der Vererbung sinnvoll einsetzbar. Das Konzept der Vererbung wird in Abschnitt 2.3.12 behandelt.

▶ **{ordered}**

Mit `ordered` spezifizieren Sie, dass die Attributwerte geordnet sein müssen. Ein spezieller Attributwert darf dabei nur genau einmal vorkommen.

▶ **{seq} oder {sequence}**

Attributwerte dürfen mehrmals vorkommen, müssen aber geordnet sein.

▶ **{unique}**

Attributwerte enthalten keine Duplikate, d.h. jeder Attributwert kommt maximal einmal vor.

▶ **{nonunique}**

Die Attributwerte dürfen mehrmals vorkommen und müssen keine Reihenfolge aufweisen.

▶ **{composite}**

Mit `composite` wird definiert, dass das Attribut sich aus seinen einzelnen Werten zu einer Gesamtheit zusammensetzt. Das Attribut ist für die Erzeugung und Zerstörung seiner eigenen Werte selbst verantwortlich. Im Grunde wird mit dieser Eigenschaft eine Kompositionsbeziehung modelliert, die Sie in Abschnitt 2.3.10 genau kennen lernen werden.

Verwendung

Attribute ordnen ihrer Klasse statische Eigenschaften zu. Obwohl Klassen beliebig viele Attribute enthalten können, stellen sie in einem Modell immer ein vereinfachtes und unvollständiges Abbild der Realität dar. Es empfiehlt sich nur diejenigen Attribute zu modellieren, die für das Verständnis der Klasse im aktuellen Modell notwendig sind.

Realisierung in Java

Das folgende Programm demonstriert die Implementation der Klasse `AttributBeispiel` aus Abbildung 2.6 in Java:

```
   class AttributBeispiel
   {
A     private int einkaufspreis;
      private int gewinnmarge;
      public static final int mehrwertsteuersatz = 16;
      protected String[] freunde;
```

```
     boolean hunger;
     public char[] alphabet;
B    public float verkaufspreis()
     {
        return einkaufspreis+(einkaufspreis*gewinnmarge/100)
                + (einkaufspreis*mehrwertsteuersatz/100);
     }
C    public AttributBeispiel()
     {
        freunde = new String[10];
        alphabet = new char[26];
D       hunger = true;
        gewinnmarge = 25;
        freunde[0] = new String();
        for (int i = 0; i < 26; i++)
           alphabet[i] = (char) ('a' + i);
     }
  }
```

Listing 2.2   Buch-CD: /beispiele/java/kap2/kap_2_3_2/AttributBeispiel.java

AttributBeispiel
-   einkaufspreis: int
-   gewinnmarge: int = 25
+   mehrwertsteuersatz: int = 16 {readOnly}

+/ verkaufspreis: float =   einkaufspreis
                                +(einkaufspreis*gewinnmarge/100)
                                +(einkaufspreis*mehrwertsteuersatz/100)

freunde: String [1..10]
~   hunger: boolean = true
+   alphabet: char [1..26] = {'a', 'b', 'c', 'd' ... 'z'} {ordered}

Abbildung 2.6   Beispielklasse für Attributdefinitionen

A: Der mehrwertsteuersatz wird durch das Schlüsselwort final als {readOnly} deklariert. Als Klassenattribut wird er bereits bei seiner Deklaration mit einem Vorgabewert belegt.

Wird bei einem Attribut, in diesem Beispiel hunger, keine Sichtbarkeit im Programmcode spezifiziert, nimmt Java automatisch package an.

B: Das Attribut verkaufspreis wird im Klassendiagramm als abgeleitet definiert (/) und braucht daher nicht separat gespeichert zu werden. Im dargestellen Programmcode wird daher eine Operation angeboten, die den verkaufspreis aus den gegebenen Attributen berechnet.

C: Der Konstruktor wird bei der Instanziierung einer Klasse ausgeführt. Er belegt hier die Attribute mit Vorgabewerten und setzt durch Anlegen entsprechender Felder die Anforderungen an die Multiplizitäten der Attribute freunde und alphabet um. Mit Hilfe des new-Operators werden Objekte nach dem Bauplan von Klassen erzeugt.

D: Die Attribute werden mit den spezifizierten Vorgabewerten belegt.

Realisierung in C#

```
     class AttributBeispiel
     {
A    private int einkaufspreis;
     private int gewinnmarge;
     public static readonly int mehrwertsteuersatz = 16;
     protected string[] freunde;
     bool hunger;
     public char[] alphabet;
B    public float verkaufspreis()
     {
        return einkaufspreis+(einkaufspreis*gewinnmarge/100)
                + (einkaufspreis*mehrwertsteuersatz/100);
     }
C    public AttributBeispiel()
     {
        freunde = new string[10];
        alphabet = new char[26];

        hunger = true;
        gewinnmarge = 25;
        freunde[0] = "";
        for (int i = 0; i < 26; i++)
          alphabet[i] = (char) ('a' + i);
     }
     }
```

Listing 2.3 Buch-CD: /beispiele/c#/kap2/kap_2_3_2/Kap_2_3_2.cs

A: Im Gegensatz zu Java erfolgt die Markierung des Attributs mehrwertsteuer- satz als {readOnly} UML-konform durch das Schlüsselwort readonly.

B: Auch in der C#-Implementierung kann das abgeleitete Attribut als Operation angeboten werden.

C: Mit Hilfe des Konstruktors werden die Anforderungen an die Vorgabewerte und Multiplizitäten der Attribute umgesetzt.

2.3.3 Operation

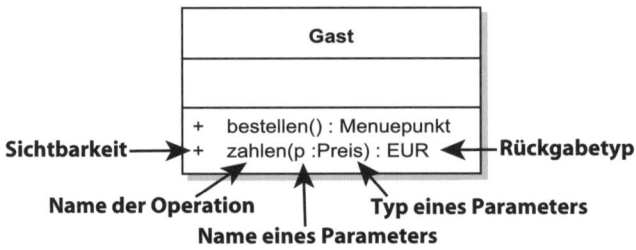

Abbildung 2.7 Operationen einer Klasse

Beschreibung

Operationen (engl. Operations) spezifizieren die von einer Klasse angebotenen **Dienstleistungen**.

Wie bei Attributen, unterscheidet man auf der einen Seite **Instanzoperationen**, die in **jeder Instanz** einer Klasse separat verfügbar sind und Zugriff auf die jeweiligen Instanzvariablen haben. Auf der anderen Seite gibt es **Klassenoperationen**, die für **alle Instanzen** nur einmal verfügbar sind und zwar bereits bevor die erste Instanz erzeugt wurde. Sie können nur auf die Klassenvariablen zugreifen und werden wie Klassenattribute unterstrichen dargestellt.

Die Definition einer Operation setzt sich aus folgenden Bestandteilen zusammen (eckige Klammern bedeuten »optional«):

[Sichtbarkeit] Name ([Parameter-Liste]) [:Rückgabetyp]
[Multiplizität] [{Eigenschaft}]

▶ **Sichtbarkeit**
Die Sichtbarkeit definiert die Zugriffsberechtigungen auf die Operation. Die Sichtbarkeitsstufen entsprechen denen eines Attributs (siehe Abschnitt 2.3.2).

▶ **Name**
Der Name unterliegt aus der Sicht der UML keinerlei Einschränkungen. Die meisten Programmiersprachen folgen ihren eigenen Namenskonventionen. Es ist empfehlenswert, die verwendeten Buchstaben, Ziffern und Sonderzeichen auf dieselbe Menge wie bei Attributen einzuschränken (siehe Abschnitt 2.3.2).

▶ **Parameter-Liste**
Es handelt sich hierbei um eine Kommata-getrennte Liste von Parametern. Jeder Parameter hat den folgenden Aufbau:

[Übergabemodus] Name :Typ [Multiplizität] [=Vorgabewert]
[{Eigenschaft}]

▶ **Übergabemodus**
Es können drei Modi angegeben werden:

▶ **in**
Der Parameter darf von der Operation *nur gelesen* werden. Verzichtet man auf die Angabe, wird in als Übergabemodus angenommen.

▶ **out**
Der Parameter darf von der Operation nicht gelesen, sondern *nur geschrieben* werden. Er wird faktisch als reiner Rückgabewert verwendet. Die UML definiert auch den Übergabemodus return, der jedoch mit out synonym ist.

▶ **inout**
Die Operation *liest und schreibt* den Parameter. Dieser Übergabemodus wird verwendet, falls ein übergebener Wert verändert und wieder zurückgegeben werden soll.

▶ **Name**
Der Name des Parameters muss innerhalb der Operation eindeutig sein. Ansonsten unterliegt er seitens der UML keinerlei Einschränkungen, wobei wieder die gleichen Empfehlungen wie für Operationsnamen gelten.

▶ **:Typ**
Der Typ des Parameters muss angegeben werden. Es kann jeder beliebige Datentyp verwendet werden, so dass auch selbst definierte Datentypen oder Klassen zulässig sind.

▶ **Multiplizität**
Die Multiplizität legt fest, wie viele Ausprägungen des jeweiligen Parameters übergeben werden können. Sie wird synonym wie bei den Attributen (siehe Abschnitt 2.3.2) innerhalb von eckigen Klammern definiert (beispielsweise [1..*]). Wird keine Multiplizität definiert, kann nur genau eine Ausprägung übergeben werden.

▶ **=Vorgabewert**
Mit der Angabe eines Vorgabewerts wird der Parameter als optional definiert und gleichzeitig der Wert spezifiziert, den der Parameter in der Operation annimmt, wenn kein Wert übergeben wurde.

▶ **{Eigenschaft}**
Eine Eigenschaft weist dem Parameter spezielle Merkmale zu. Die verfügbaren Eigenschaften sind in Abschnitt 2.3.2 beschrieben.

▶ **:Rückgabetyp**
Der Typ des Wertes, der von der Operation zurückgeliefert wird. Hier können ebenfalls beliebige Datentypen wie auch selbst definierte Klassen verwendet

werden. Fehlt die Angabe eines Rückgabetyps, wird `void` (= »leer«, »kein Rückgabewert«) angenommen.

▶ **Multiplizität**
Die Anzahl der Ausprägungen des Rückgabetyps wird mit der Multiplizität definiert. Die Multiplizität wird wie in Abschnitt 2.3.2 beschrieben in eckigen Klammern definiert (z. B. `[0..10]`). Wird keine Multiplizität angegeben, gibt die Operation genau eine Ausprägung des Rückgabetyps zurück.

▶ **{Eigenschaft}**
Mit der Eigenschaft können spezielle Merkmale des Rückgabetyps spezifiziert werden. Sie wurden bereits in Abschnitt 2.3.2 definiert.

Verwendung

Operationen definieren die dynamischen Aspekte einer Klasse. Sie beschreiben ihre Fähigkeiten, auf Anfragen von außerhalb reagieren zu können. Ebenso kann eine Klasse interne Operationen beinhalten, die nur von Ihr selbst ausgeführt werden dürfen.

Häufig soll eine Klasse ihre Attribute nach außen hin sichtbar und veränderbar machen, ohne jedoch die Kontrolle darüber zu verlieren, welche Werte das Attribut annimmt, wie es durch den direkten Zugriff auf ein als `public` deklariertes Attribut geschehen würde.

In solchen Fällen deklariert man das betreffende Attribut als `private` oder `protected` und stellt so genannte `getter`- und `setter`-Operationen bereit. Einerseits wird damit das Lesen (`get`) eines privaten Attributs ermöglicht. Andererseits kann die Setz-Operation (`set`) den Wert kontrollieren, die das Attribut annimmt. Beispielsweise macht der Wert `32` für den Tag eines Monats keinen Sinn und kann von der `set`-Operation abgelehnt werden.

Die Sprache C# stellt speziell für die Überwachung des Zugriffs auf geschützte Attribute das Konzept der Properties zur Verfügung, das in diesem Kapitel im Abschnitt »Realisierung in C#« vorgestellt wird.

> Es ist durchaus erlaubt, mehrere unterschiedliche Operationen mit demselben Namen zu definieren, sofern sie sich in ihrer Parameter-Liste unterscheiden. Dieses Konzept bezeichnet man als **Überladung**.

Als Unterscheidungsmerkmale werden die Typen der Parameter und deren Anzahl betrachtet. Typen von Parametern mit Vorgabewerten und Rückgabetypen gehören nicht dazu.

Zur Veranschaulichung wird die folgende Klasse verwendet:

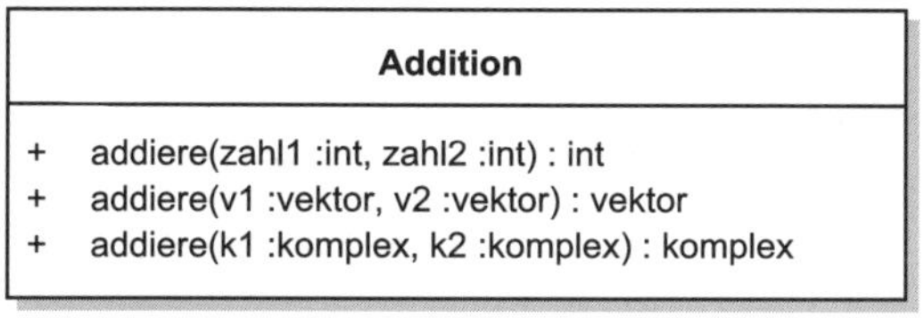

Addition
+ addiere(zahl1 :int, zahl2 :int) : int
+ addiere(v1 :vektor, v2 :vektor) : vektor
+ addiere(k1 :komplex, k2 :komplex) : komplex

Abbildung 2.8 Überladene Operationen

Die Klasse `Addition` aus Abbildung 2.8 modelliert drei verschiedene, gleichnamige Operationen, um Integer-Zahlen, Vektoren und komplexe Zahlen zu addieren. Es ist leicht einzusehen, dass es sich dabei um vollkommen unterschiedliche Implementierungen handelt.

Die aufzurufende Operation wird anhand der übergebenen Parameter identifiziert. Der Aufruf

```
addiere(1,2)
```

ruft automatisch die Operation auf, die Integer-Zahlen als Parameter erwartet.

Realisierung in Java

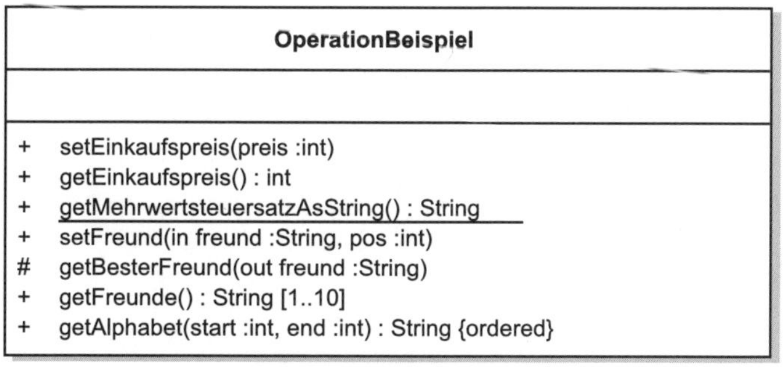

OperationBeispiel
+ setEinkaufspreis(preis :int)
+ getEinkaufspreis() : int
+ getMehrwertsteuersatzAsString() : String
+ setFreund(in freund :String, pos :int)
# getBesterFreund(out freund :String)
+ getFreunde() : String [1..10]
+ getAlphabet(start :int, end :int) : String {ordered}

Abbildung 2.9 Beispielklasse für Definitionen von Operationen

Als Grundlage des Beispiels wird die Klasse `AttributBeispiel` (Abbildung 2.6) verwendet. Sie wird um einige Operationen erweitert und in `OperationBeispiel` umbenannt (siehe Abbildung 2.9). Der nachfolgende Java-Programmcode implementiert die Operationen der Klasse:

```
   class OperationBeispiel
   {
A   [...]
B   public void setEinkaufspreis(int preis)
    {
      if(preis > 0)
```

```
            einkaufspreis = preis;
        }
        public int getEinkaufspreis()
        {
            return einkaufspreis;
        }
C       public static String getMehrwertsteuersatzAsString()
        {
            return new String(mehrwertsteuersatz+"% ");
        }
D       public void setFreund(final String freund, int pos)
        {
            if(pos <= 9 && pos >= 0)
                freunde[pos] = freund;
        }
E       protected void getBesterFreund(StringBuffer freund)
        {
            freund.append(freunde[0]);
        }
F       public String[] getFreunde()
        {
            return freunde;
        }
G       public String getAlphabet(int start, int end)
        {
            StringBuffer temp = new StringBuffer();
            for(int i=start-1; i<alphabet.length && i<end; i++)
                temp.append(alphabet[i]);
            return temp.toString();
        }
    }
```

Listing 2.4   Buch-CD: /beispiele/java/kap2/kap_2_3_3/OperationBeispiel.java

A: Die Attributdeklarationen wurden ausgeblendet, weil sie bereits anhand der Klasse AttributBeispiel erläutert wurden.

B: Für das private Attribut einkaufspreis werden get- und set-Operationen bereitgestellt. Die set-Operation stellt beispielsweise sicher, dass der einkaufspreis stets positiv bleibt.

C: Klassenoperationen werden in Java durch das Schlüsselwort static gekennzeichnet und können nur auf Klassenattribute zugreifen, in diesem Beispiel mehrwertsteuersatz.

D: Die Operation `setFreund` demonstriert die Implementation eines `in`-Parameters in Java. Das Schlüsselwort `final` markiert den Parameter `freund` als nicht mehr veränderbar.

E: Die Realisierung eines `out`-Parameters vom Datentyp `String` ist in Java nicht möglich. Java definiert den Datentyp `String` nach seiner Instanziierung als statisch und unveränderbar. Als Ersatz wird daher an dieser Stelle der dynamische `StringBuffer` verwendet.

Java unterscheidet zwei Arten von Datentypen:

▶ **Primitive Datentypen**
Es handelt sich dabei z. B. um `int`, `float` oder `double`. Primitive Datentypen werden in Java **per Value** übergeben. Das bedeutet, dass an der Schnittstelle der Operation nur eine Kopie der Variable übergeben wird und nicht die Variable selbst. Der Wert der Variable kann somit zwar gelesen werden, seine Änderung hat jedoch keine Auswirkung auf die ursprüngliche Variable. Daraus folgt, dass bei primitiven Datentypen nur der Übergabemodus `in` möglich ist.

▶ **Referenz-Datentypen**
Alle Ausprägungen von Klassen werden in Java an den Schnittstellen der Operationen **per Referenz** übergeben. Vereinfacht bedeutet dies, dass tatsächlich die Variable selbst in der Operation verfügbar ist und deren Wert somit gelesen und verändert werden kann (`inout`-Übergabemodus).

Für die Verwendung eines reinen `out`-Parameters wird in Java kein Schlüsselwort angeboten. Der lesende Zugriff kann somit nicht ausgeschlossen werden.

F: Den Rückgabetyp von `getFreunde` definiert die Klasse `OperationBeispiel` aus Abbildung 2.9 als einen Array von Strings. Die Korrektheit der Multiplizitäten wird bereits im Konstuktor der Klasse sichergestellt (siehe `AttributBeispiel`, Abschnitt 2.3.2), sodass an dieser Stelle einfach das `freunde`-Array zurückgegeben werden kann.

G: Es wird ein `StringBuffer` erzeugt, der den gewünschten Ausschnitt des Alphabets enthält. Vor der Rückgabe erfolgt eine Konvertierung in den nach Außen geforderten Datentyp `String`.

Der Rückgabewert der Operation `getAlphabet` muss der Definition aus Abbildung 2.9 zufolge geordnet (`{ordered}`) sein. Da auch das Attribut der Klasse `alphabet` geordnet sein muss (siehe Abbildung 2.9), braucht der Rückgabewert nicht zusätzlich sortiert werden.

Realisierung in C#

```
     class OperationBeispiel
     {
A    [...]
B    public void setEinkaufspreis(int preis)
     {
       if(preis > 0)
         einkaufspreis = preis;
     }
     public int getEinkaufspreis()
     {
       return einkaufspreis;
     }
C    public static string getMehrwertsteuersatzAsString()
     {
       return string.Format("{0}% ",mehrwertsteuersatz);
     }
D    public void setFreund(string freund, int pos)
     {
       if(pos <= 9 && pos >= 0)
         freunde[pos] = freund;
     }
E    protected void getBesterFreund(out string freund)
     {
       freund = freunde[0];
     }
F    public string[] getFreunde()
     {
       return freunde;
     }
G    public string getAlphabet(int start, int end)
     {
       StringBuilder temp = new StringBuilder();
       for(int i=start-1; i < alphabet.Length && i <end; i++)
         temp.Append(alphabet[i]);
       return temp.ToString();
     }
     }
```

Listing 2.5 Buch-CD: /beispiele/c#/kap2/kap_2_3_3/Kap_2_3_3.cs

A: Die Attribute wurden bereits in Abschnitt 2.3.2 implementiert.

B: Die get- und set-Operationen für das Attribut einkaufspreis werden bereitgestellt.

C: Klassenoperationen werden in C# wie auch in Java mit dem Schlüsselwort `static` markiert.

D: Auch C# unterscheidet zwischen **Referenz-Datentypen** und **Wert-Datentypen**.

Wert-Datentypen (z. B. `int`, `float`, `bool`), die nicht mit speziellen Schlüsselwörtern markiert sind, werden **per Value** übergeben. Sie sind damit lesbar, Wertveränderungen haben jedoch außerhalb der Operation keine Auswirkung. Dadurch wird der `in`-Übergabemodus eingehalten.

Ausprägungen von C#-Klassen werden als **Referenz-Datentypen** immer **per Referenz** übergeben. C# stellt kein Schlüsselwort bereit, um sie als nur lesbar (`in`) zu deklarieren.

Die Klasse `string` ist jedoch auch in C# nach ihrer Initialisierung nicht mehr veränderbar, weshalb der `in`-Übergabemodus an dieser Stelle eingehalten wird.

E: Die Sicherstellung des reinen Schreibzugriffs erfolgt in C# mit dem Schlüsselwort `out`, wodurch es möglich wird, eine nicht initialisierte Variable zu übergeben, die erst in der Operation instanziiert und mit einem Wert belegt wird.

Auch für `inout`-Parameter hält C# einen Schlüsselbegriff parat. Mit dem Schlüsselwort `ref` werden Parameter markiert, die sowohl gelesen als auch verändert werden können. Daher muss ein `ref`-Parameter beim Operationsaufruf immer mit einer gültigen Variablen belegt werden.

F: Die Rückgabe eines mengenwertigen Attributs ist auch in C# nicht sonderlich kompliziert.

G: Die Klasse `string` realisiert wie in Java eine statische Zeichenfolge, die nach ihrer Initialisierung nicht mehr veränderbar ist. Daher wird an dieser Stelle der `StringBuilder` verwendet.

Aufgrund der bereits bestehenden Sortierung des Attributs `alphabet` braucht auch an dieser Stelle kein zusätzlicher Aufwand getrieben zu werden, um die Eigenschaft `{ordered}` des Rückgabetyps zu erfüllen.

Die gezeigten `get`- und `set`-Operationen kapseln zwar private Attribute, haben jedoch den Nachteil, dass sie anstelle eines direkten Attributzugriffs (`objekt.Attribut`) einen Operationsaufruf verlangen (`objekt.getAttribut()` bzw. `objekt.setAttribut(wert)`).

Wünschenswert ist daher eine direkte und transparente Zugriffsmöglichkeit, die weiterhin eine Kontrolle der Attributwerte erlaubt. Genau zu diesem Zweck stellt C# das Konzept der **Eigenschaften** (engl. Properties) zur Verfügung. Der folgende Programmcode zeigt die Realisierung des Attributs `einkaufspreis` als eine Eigenschaft:

```
A private int einkaufspreis;


B public int Einkaufspreis
    {
C     get { return einkaufspreis; }
      set { if(value > 0)
              einkaufspreis = value; }

    }
```

Listing 2.6 Buch-CD: /beispiele/c#/kap2/kap_2_3_3/Kap_2_3_3.cs

A: Zunächst wird das private Attribut `einkaufspreis` deklariert.

B: Die zugehörige Eigenschaft trägt üblicherweise den Namen des Attributs und beginnt mit einem Großbuchstaben.

C: Die `get`- und `set`-Abschnitte der Eigenschaft beinhalten die Rückgabe bzw. das Setzen des Attributs `einkaufspreis`. Auf den übergebenen neuen Wert kann über das Schlüsselwort `value` zugegriffen werden.

Die Verwendung einer Eigenschaft anstelle von separaten `get`- und `set`-Operationen macht einen Zugriff auf das gekapselte Attribut unter Verwendung der Punkt-Notation möglich. Beispielsweise kann nun durch den Befehl

```
objekt.Einkaufspreis = 12;
```

der Wert des Attributs `einkaufspreis` gesetzt (und überprüft) werden. Der Aufruf einer entsprechenden `set`-Operation dürfte zumeist als weniger intuitiv empfunden werden:

```
objekt.setEinkaufspreis(12);
```

2.3.4 Binäre Assoziation

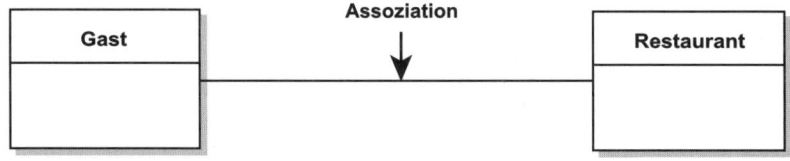

Abbildung 2.10 Assoziation

Beschreibung

Eine **binäre Assoziation** (engl. Binary Association) spezifiziert eine semantische **Beziehung zwischen zwei Klassen**.

Das Klassendiagramm aus Abbildung 2.10 besagt, dass sowohl ein Gast wie auch ein Restaurant sich in diesem Modell »kennen« und somit interagieren können. »Interagieren« bedeutet in diesem Zusammenhang den gegenseitigen Aufruf bereitgestellter Operationen oder den Austausch von Signalen.

Eine Assoziation kann folgende optionale Bestandteile beinhalten:

▶ **Assoziationsname** und **Leserichtung**
Der Assoziationsname und die Leserichtung verfeinern die Spezifikation der Beziehung.

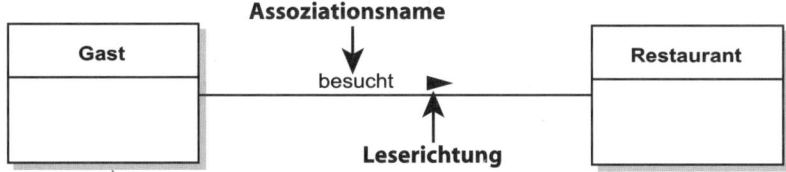

Abbildung 2.11 Assoziation mit Namensangabe und Leserichtung

Abbildung 2.11 definiert, dass es Gäste gibt, die Restaurants besuchen. Andererseits gibt es Restaurants, die von Gästen besucht werden.

▶ **Multiplizität**
Die zusätzlich anzugebenden Multiplizitäten verraten, wie viele Gäste wie viele Restaurants besuchen.

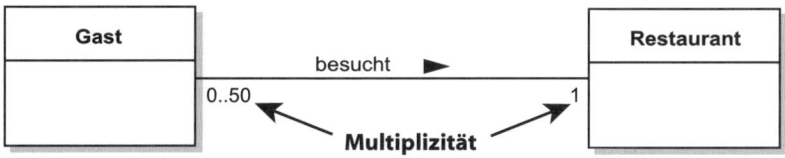

Abbildung 2.12 Assoziation mit Multiplizitätsangabe

Damit kann die Assoziation in Abbildung 2.12 wie folgt gelesen werden:

▶ **Ein** Gast besucht (zu einem Zeitpunkt) genau **ein** Restaurant.

▶ **Ein** Restaurant wird (zu einem Zeitpunkt) von **keinem bis fünfzig** Gästen besucht.

▶ **Rolle**
Die Bezeichnung »Rolle« kann durchaus mit einer Schauspielrolle verglichen werden. Dieselbe Klasse kann an mehreren Assoziationen teilnehmen. Sie schlüpft dabei, ähnlich einem Schauspieler, in unterschiedliche Rollen und zeigt unterschiedliche »Gesichter«. Rollen können alle Bestandteile eines Attributs enthalten (Sichtbarkeit, Name, Eigenschaftswerte, siehe Abschnitt 2.3.2).

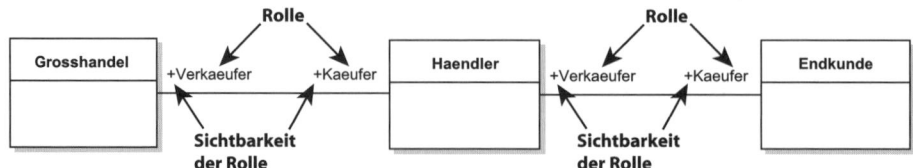

Abbildung 2.13   Assoziationen mit Rollenangaben

In Abbildung 2.13 schlüpft die Klasse Haendler in zwei unterschiedliche Rollen. Dem Grosshandel gegenüber tritt sie als ein Kaeufer auf. Dem Endkunden gegenüber präsentiert sie sich jedoch als ein Verkaeufer.

▶ **Eigenschaft**
Wie auch den Attributen (siehe Abschnitt 2.3.2) können den Assoziations-Enden zusätzliche Eigenschaften zugeordnet werden. Sie werden am Assoziations-Ende einer Klasse notiert und gelten nur für diese Klasse.

Die Eigenschaften der Assoziations-Enden tragen eine von den Eigenschaften der Attribute leicht abweichende Semantik:

▶ **{subsets <Assoziations-Ende>}**
Besagt, dass das Assoziations-Ende eine Teilmenge eines anderen <Assoziations-Ende> darstellt.

▶ **{union}**
Gegenteil von {subsets}: Das Assoziations-Ende ist die Vereinigungsmenge aller seiner subsets-Assoziations-Enden.

▶ **{redefines <Assoziations-Ende>}**
Das Assoziations-Ende definiert ein anderes Assoziations-Ende neu.

▶ **{ordered}**
Zeigt an, dass das Assoziations-Ende auf einen Satz geordneter Objekte zeigt. Dasselbe Objekt darf nur einmal an der Assoziation teilnehmen.

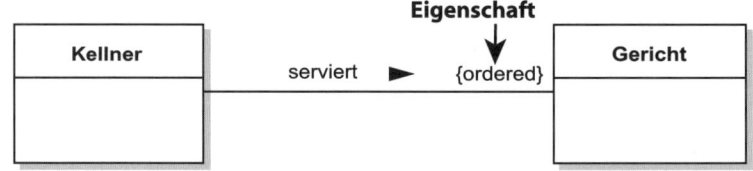

Abbildung 2.14   Assoziation mit Eigenschaft

Das Klassendiagramm aus Abbildung 2.14 definiert, dass Kellner Gerichte in einer bestimmten Reihenfolge servieren. Jeder Gast würde wohl auch überrascht sein, sein Dessert vor der Hauptspeise zu erhalten.

▶ **{nonunique}**
Das Assoziations-Ende erlaubt, dass an seinem Ende dasselbe Objekt mehrmals erscheint.

▶ **{sequence} oder {seq}**
Das Assoziations-Ende zeigt auf eine Menge von Objekten, die zwar geordnet sind, jedoch mehrmals erscheinen können.

▶ **Einschränkung**
Die mit XOR-spezifizierte Einschränkung besagt, dass die beteiligten Klassen nur jeweils an einer der spezifizierten Assoziationen gleichzeitig teilnehmen dürfen.

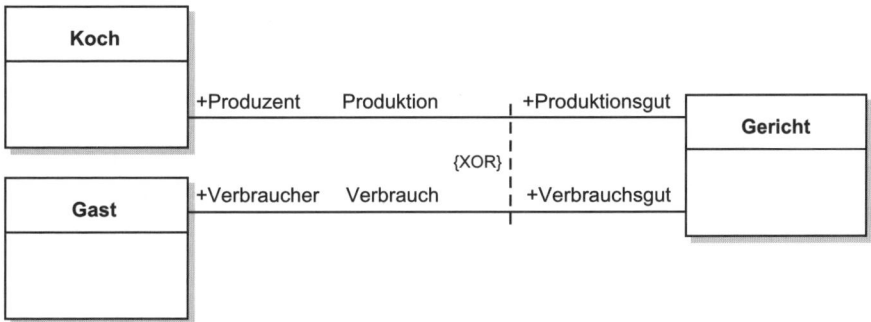

Abbildung 2.15   Einschränkung von Assoziationen

Abbildung 2.15 beinhaltet drei Klassen: Koch, Gast und Gericht. Koch und Gericht sind durch die Assoziation Produktion verbunden, Gast und Gericht durch die Assoziation Verbrauch.

Bei der Produktion erzeugt der Koch als Produzent ein Gericht als Produktionsgut.

Während des Verbrauchs wird dasselbe Gericht zum Verbrauchsgut und vom Gast als Verbraucher konsumiert.

Die XOR-Einschränkung zwischen den Assoziationen spezifiziert, dass Produktion und Verbrauch nicht gleichzeitig stattfinden dürfen.

▶ **Navigierbarkeit**
Wird eine Assoziation mit der Angabe einer Navigierbarkeit versehen, so spricht man von einer **gerichteten Assoziation**. Die UML definiert drei Arten von Navigierbarkeit, die jeweils an den Enden einer Assoziation angebracht werden können:

▶ **Navigierbar**

Ein navigierbares Assoziations-Ende schreibt der Klasse die Kenntnis ihres Assoziationspartners vor (= der Klasse am anderen Assoziations-Ende).

▶ **Nicht navigierbar**

Ein nicht navigierbares Assoziations-Ende verbietet der Klasse die Kenntnis ihres Assoziationsparnters.

▶ **Unspezifiziert**

Ein unspezifiziertes Assoziations-Ende macht keine zwingende Aussage über die Kenntnis der Klassen untereinander. In der Praxis wird damit jedoch zumeist die Erlaubnis der gegenseitigen Kenntnis der Assoziationspartner ausgedrückt.

Die folgenden Beispiele verdeutlichen die Unterschiede zwischen den Navigierbarkeiten:

▶ Die **bidirektionale Navigierbarkeit** erlaubt die Kenntnis beider Klassen voneinander. Die Instanzen beider Klassen können damit in beide Richtungen miteinander interagieren (z. B. gegenseitig Operationen aufrufen):

Abbildung 2.16   Bidirektionale Navigierbarkeit

Abbildung 2.16 definiert, dass die Ehepartner sich gegenseitig kennen und miteinander interagieren sollten.

▶ Ein **Verbot der Navigierbarkeit** untersagt jegliche Kenntnis der beteiligten Klassen voneinander. Keine der Instanzen einer Klasse kann damit eine Operation der Instanzen ihres Assoziationspartners aufrufen:

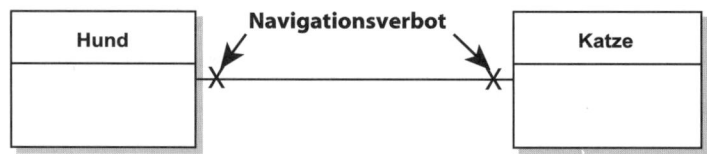

Abbildung 2.17   Verbot der Navigierbarkeit

Das beiderseitige Navigationsverbot wird in Fällen verwendet, in denen zwar logisch eine Beziehung zwischen den Assoziationspartnern besteht, sie jedoch trotzdem voneinander keinerlei Kenntnis besitzen sollen. Effektiv wird damit auf die Assoziation in ihrem eigentlichen Sinn verzichtet.

Abbildung 2.17 verdeutlicht die allgemein bekannte Tatsache, dass eine Interaktion zwischen Hund und Katze nicht empfehlenswert ist, was ich selbst als Besitzer eines Schäferhundes durchaus bestätigen kann.

▶ Mit der **unspezifizierten Navigierbarkeit** verzichtet man, einen Zwang oder ein Verbot der Navigierbarkeit auszusprechen. Die Navigation von einer Klasse zur anderen ist somit erlaubt, aber nicht zwingend notwendig.

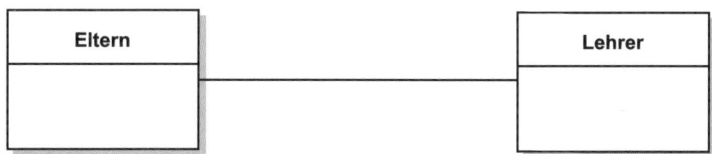

Abbildung 2.18   Unspezifizierte Navigierbarkeit

Eltern sollten die Lehrer ihrer Kinder zwar kennen. Ebenfalls sollten Lehrer die Eltern ihrer Schüler kennen. Vorgeschrieben ist dies jedoch nicht.

▶ Die **unidirektionale Navigierbarkeit** erlaubt die Navigation nur in eine Richtung.

Abbildung 2.19   Unidirektionale Navigierbarkeit

Abbildung 2.19 modelliert eine bei Auktionen häufig angetroffene Situation, in der ein vermögendender Telefonbieter bei der Ersteigerung von nicht ganz preiswerten Gütern unerkannt bleiben möchte.

▶ Die Navigierbarkeit kann auch **nur teilweise spezifiziert** werden.

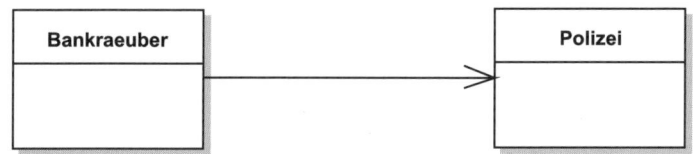

Abbildung 2.20   Teilweise Spezifikation der Navigierbarkeit

Wie in Abbildung 2.20 spezifiziert, kennt der Bankraeuber zwar die Polizei. Aus seiner Sicht kann er sich jedoch unglücklicherweise nicht sicher sein, ob er der Polizei unbekannt ist.

▶ **Besitzanzeige**

Die UML erlaubt es, die Besitzanzeige eines Navigationsendes mithilfe eines Punktes am gegenüberliegenden Ende einer Assoziation zu betonen (siehe Abbildung 2.21).

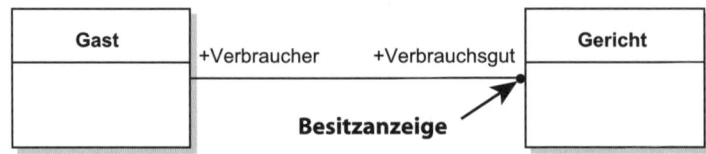

Abbildung 2.21   Besitzanzeige

In Abbildung 2.21 spezifiziert der Punkt am Ende der Assoziation, dass ein Gericht als Verbrauchsgut einem Gast gehört.

Verwendung

Ohne Assoziationen ist ein Klassendiagramm nur eine zusammenhanglose Ansammlung von Klassen. Erst durch die Modellierung der Assoziationen werden die Klassen zu einer funktionierenden Einheit.

Die folgenden Hinweise helfen Ihnen bei der Modellierung von Assoziationen:

▶ Klassen, die miteinander interagieren (sich kennen) müssen, um in der Gesamtheit die gewünschten Dienstleistungen zu erbringen, müssen durch Assoziationen verbunden werden.

▶ Die Interaktionen zwischen Klassen sollten durch Assoziationsnamen benannt werden.

▶ Das Verhältnis der Klassen während dieser Interaktionen wird durch die Rollenbezeichnungen definiert.

▶ Die Multiplizitäten legen fest, wieviele der aus den Klassen erzeugten Objekte miteinander interagieren müssen (dürfen).

Erliegen Sie nicht der Versuchung, mit Assoziationen Interaktionssequenzen zu modellieren, wie:

▶ Klasse A ruft die Operation der Klasse B auf.

▶ Daraufhin antwortet Klasse B usw.

Assoziationen modellieren nur die Tatsache, *dass* die Klassen miteinander interagieren müssen. Für die Beantwortung des *wie* bietet die UML eigenständige Interaktionsdiagramme, die in Kapitel 11 bis 14 behandelt werden.

Realisierung in Java

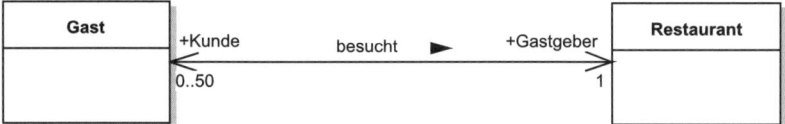

Abbildung 2.22   Beispiel für eine Assoziationsdefinition

Als Vorgabe für die Umsetzung wird das Klassendiagramm aus Abbildung 2.22 verwendet. Der folgende Java-Programmcode implementiert die Assoziation besucht:

```
     class Gast
     {
A      public Restaurant gastgeber;
B      public Gast(Restaurant r)
       {
          gastgeber = r;
       }
     }
     class Restaurant
     {
C      public Gast[] kunde;
       public Restaurant()
       {
D        kunde = new Gast[50];
       }
     }
```

Listing 2.7   Buch-CD: /beispiele/java/kap2/kap_2_3_4/Gast.java & Restaurant.java

A: Das Assoziations-Ende auf der Restaurant-Seite wird zu einem Attribut in der Klasse Gast. Die definierte Sichtbarkeit (+) wird als public implementiert. Die Rollenbezeichnung spiegelt sich im Namen des Attributs wieder (gastgeber).

B: Dem Konstruktor der Klasse wird ein Restaurant als gastgeber übergeben. Streng genommen wird an dieser Stelle eine Ausprägung einer Assoziation und damit ein Link instanziiert. Details zu Links erfahren Sie in Abschnitt 3.3.2.

C: Das Assoziations-Ende auf der Gast-Seite wird entsprechend als ein Attribut der Klasse Restaurant implementiert. Aufgrund einer Multiplizität von bis zu 50 wird ein Array von Gästen angelegt.

D: Im Konstruktor der Klasse wird das Array auf die spezifizierte maximale Anzahl von 50 Gästen beschränkt.

Realisierung in C#

Die Realisierung der Assoziationen erfolgt in C# auf die gleiche Art wie in Java. Den vollständigen Beispielcode finden Sie auf der Buch-CD im Ordner *beispiele/ c#/kap_2_3_4*.

2.3.5 Reflexive Assoziation

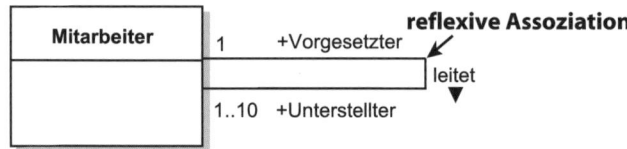

Abbildung 2.23 Reflexive Assoziation

Beschreibung

Reflexive Assoziationen sind **Assoziationen** von Klassen **mit sich selbst.**

Abbildung 2.23 zeigt eine Klasse Mitarbeiter, die eine solche reflexive Assoziation besitzt.

Das Klassendiagramm definiert, dass ein Mitarbeiter ein Vorgesetzter von einem bis zehn anderen Mitarbeitern ist, die er leitet.

Die Assoziation kann auch in der umgekehrten Richtung gelesen werden. Ein Mitarbeiter wird in seiner Rolle als Unterstellter von genau einem Vorgesetzten geleitet.

Verwendung

Reflexive Assoziationen weisen keinerlei Unterschiede zu den bereits vorgestellten Assoziationen auf, außer dass ihre Quell- und Zielklasse identisch sind. Sie können daher alle vorgestellten Elemente der Assoziation verwenden.

Reflexive Assoziationen ermöglichen eine sehr elegante Art, Beziehungen zu modellieren, ohne dabei die logische Klassenstruktur ändern zu müssen. Würde die UML beispielsweise keine reflexiven Assoziationen erlauben, müsste die Klasse Mitarbeiter in zwei Klassen Vorgesetzter und Unterstellter aufgeteilt werden, um die korrekte Beziehung darzustellen.

Realisierung in Java

```
class Mitarbeiter
{
A    public Mitarbeiter vorgesetzter;
B    public Mitarbeiter[] unterstellter;
}
```

Listing 2.8   Buch-CD: /beispiele/java/kap2/kap_2_3_5/Mitarbeiter.java

A: In der Klasse `Mitarbeiter` wird ein Attribut des Typs `Mitarbeiter` angelegt und seiner Rolle entsprechend `vorgesetzter` benannt.

B: Bis auf die Multiplizität wird das Attribut `unterstellter` auf die selbe Art deklariert. Die Sicherstellung der korrekten Multiplizitäten würde im Konstruktor der Klasse erfolgen.

Realisierung in C#

In C# werden reflexive Assoziationen nach demselben Prinzip wie in Java umgesetzt (siehe Buch-CD: */beispiele/c#/kap2/kap_2_3_5/Kap_2_3_5.cs*).

2.3.6   N-äre Assoziation

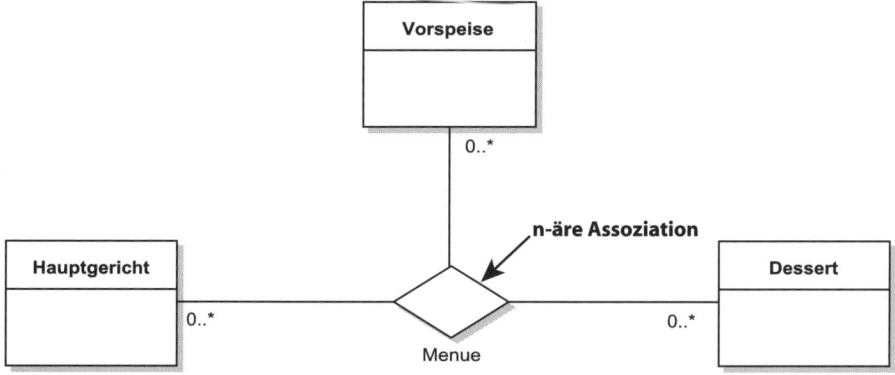

Abbildung 2.24   n-äre Assoziation zwischen Klassen

Beschreibung

Eine **n-äre Assoziation** (engl. n-ary Association) beschreibt allgemein **eine Beziehung zwischen n Klassen.**

Die bereits vorgestellten binären Assoziationen (zwei Enden) stellen einen Sonderfall der allgemeinen n-ären Assoziationen dar, die eine beliebige Anzahl an Assoziations-Enden aufweisen können (drei Enden: ternär, vier Enden quaternär usw.).

N-äre Assoziationen werden durch eine Raute angedeutet, an der der Assoziationsname notiert wird. Bis auf die Angaben der Navigierbarkeit werden alle Elemente einer binären Assoziation unterstützt.

Abbildung 2.24 verdeutlicht, dass zwischen Vorspeisen, Hauptgerichten und Desserts eine Beziehung namens Menue besteht. Die Angaben der Multiplizitäten legen die Anzahl der Kombinationen zwischen jeweils einem Objekt der Klasse an einem Ende der Assoziation und einer festen Kombination der Objekte an den anderen Enden der Assoziation.

Für das Beispiel aus Abbildung 2.24 bedeutet dies, dass es Kombinationen zwischen Vorspeisen, Hauptgerichten und Desserts gibt, die ein Menu bilden (genauer gesagt: in einer Beziehung namens Menu stehen). Ein italienisches Menu könnte beispielsweise Tomaten mit Mozarella als Vorspeise, Pizza als Hauptgericht und Tiramisu als Dessert umfassen.

Die untere Grenze der Multiplizitäten ist bei n-ären Assoziationen üblicherweise 0. Würde man beispielsweise beim Hauptgericht die Multiplizität mit 1..* angeben, hätte das zur Folge, dass es für jede Kombination aus Vorspeisen und Desserts mindestens ein Hauptgericht geben müsste, das daraus ein Menu macht.

Verwendung

Assoziationen mit mehr als einem Ende verdeutlichen, dass geeignete Kombinationen von mehr als zwei Klassen sich »kennen« müssen, um gleichzeitig an einer Interaktion teilnehmen zu können. Dies kann in der Realität durchaus häufig auftreten.

In einem Modell, das die Realität vereinfacht, ist dies jedoch relativ selten. Sollten Assoziationen mit sogar mehr als drei Enden in Ihrem Modell benötigt werden, wäre vielleicht eine Überprüfung sinnvoll, ob sich die Beziehungen der Klassen nicht vereinfachen lassen.

Realisierung in Java

Weder Java noch C# unterstützen das Konzept einer n-ären Assoziation direkt. Daher muss diese in binäre Assoziationen umgewandelt werden, was auf die folgende Art geschehen kann (siehe Abbildung 2.25).

Die ternäre Assoziation Menue wird in Abbildung 2.25 in eine eigenständige Klasse Menue umgewandelt und mit allen Assoziationspartnern durch binäre Assoziationen verbunden. Die Multiplizitäten drücken aus, dass ein Menue genau eine Vorspeise, ein Hauptgericht und ein Dessert verbindet, wohingegen eine Vorspeise, ein Hauptgericht und ein Dessert mit keinem bis beliebig vielen Menues in Verbindung gebracht werden kann.

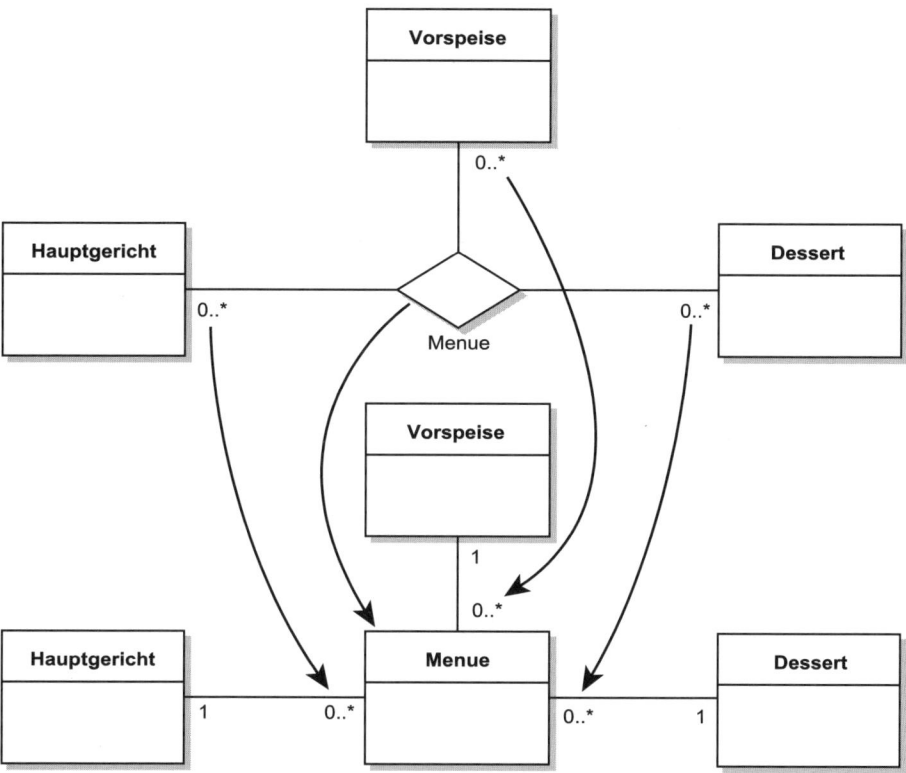

Abbildung 2.25 Umwandlung einer ternären Assoziation in drei binäre Assoziationen

Nach der Umwandlung kann das Diagramm aus Abbildung 2.25 in Java realisiert werden:

```
A  class Menue
   {
B      public Vorspeise vorspeise;
       public Hauptgericht hauptgericht;
       public Dessert dessert;

C      public Menue(Vorspeise v, Hauptgericht h, Dessert d)
       {
           vorspeise = v;
           hauptgericht = h;
           dessert = d;
       }
   }
```

Listing 2.9 Buch-CD: /beispiele/java/kap2/kap_2_3_6/Menue.java

A: Die n-äre Assoziation wird als eine Klasse umgesetzt.

B: Es wird eine Kombination aus einer `Vorspeise`, einem `Hauptgericht` und einem `Dessert` gespeichert.

C: Im Konstruktor werden die Attribute initialisiert.

Nun können die drei beteiligten Klassen implementiert werden:

```
class Vorspeise
{
A    public ArrayList menue;
}
class Hauptgericht
{
A    public ArrayList menue;
}
class Dessert
{
A    public ArrayList menue;
}
```

Listing 2.10 Buch-CD: /beispiele/java/kap2/kap_2_3_6/Vorspeise.java & Hauptgericht.java & Dessert.java

A: Die Assoziationen zur Klasse `Menue` werden als Attribute gespeichert. Der Datentyp `ArrayList` wird von Java bereitgestellt und ermöglicht das Speichern einer beliebigen Anzahl von Objekten.

Realisierung in C#

Bei der Implementierung einer n-ären Assoziation kann in C# das gleiche Verfahren wie in Java angewendet werden (Buch-CD: */beispiele/c#/kap2/kap_2_3_6/ Kap_2_3_6.cs*).

2.3.7 Qualifizierte Assoziation

Abbildung 2.26 Qualifizierte Assoziation

Beschreibung

Bei einer **qualifizierten Assoziation** (engl. Qualified Association) definiert der **Qualifizierer** (engl. Qualifier) eine Menge von Attributen, die **Objekte** der gegenüberliegenden Klasse **eindeutig referenzieren**. Qualifizierer sind nur für binäre Assoziationen definiert.

Im Klassendiagramm der Abbildung 2.26 referenziert ein `Restaurant` seine `Mitarbeiter` über die Nummer ihrer Personalausweise (Attribut `persAusweis Nr`). Soll einem `Mitarbeiter` der Lohn gezahlt werden, kann er leicht und eindeutig über seine `persAusweisNr` gefunden werden.

Das Diagramm modelliert mit der Multiplizität `0..1` auch die Möglichkeit, dass zu einer bestimmten `persAusweisNr` kein `Mitarbeiter` gefunden werden kann.

Verwendung

Qualifizierte Assoziationen werden eingesetzt, um die Anzahl möglicher Objekte herabzusetzen, die an der Assoziation teilnehmen.

Das Klassendiagramm aus Abbildung 2.27 modelliert die Assoziation `Lohnzahlung` zwischen `Restaurants` und `Mitarbeitern` mit und ohne einem Qualifizierer:

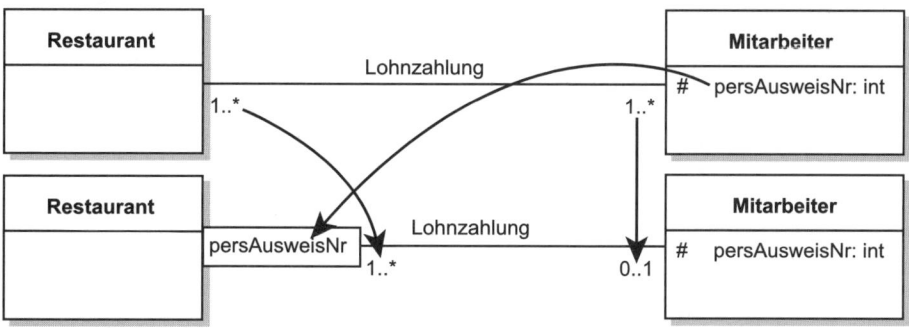

Abbildung 2.27 Assoziation mit einer n-zu-m-Multiplizität

Den Multiplizitäten des oberen Diagrammteils entnimmt man, dass ein `Restaurant` einem bis beliebig vielen `Mitarbeitern` Lohn zahlt. Ebenso kann ein `Mitarbeiter` von einem bis beliebig vielen `Restaurants` Lohnzahlungen erhalten. Diese Art von Assoziation wird aufgrund ihrer Multiplizität als **n-zu-m** oder **viele-zu-viele-Assoziation** (engl. many-to-many Association) bezeichnet und weist auf die mögliche Verwendung eines Qualifizierers hin.

Die Assoziation ist zwar korrekt, jedoch sorgt ein Qualifizierer für die genaue Referenzierung eines `Mitarbeiter` und macht das Klassendiagramm damit aussagekräftiger (Abbildung 2.27, unterer Teil). Die Multiplizität auf der Seite des Mitarbeiters sinkt von 1..* auf 0..1, da mit Hilfe der persAusweisNr ein Mitarbeiter genau bestimmt werden kann.

Das Konzept des Qualifizierers entspricht dem Fremdschlüssel-Konzept (Foreign Keys) in Datenbanken. In Datenbank-Relationen werden ebenfalls Fremdschlüssel (=Qualifizierer) hinzugefügt, um einen Datentupel (= Mitarbeiter) aus einer anderen Relation eindeutig referenzieren zu können.

Realisierung in Java

```
     class Mitarbeiter
     {
A    protected int persAusweisNr;
     }
     class Restaurant
     {
B    protected ArrayList mitarbeiter;
     }
```

Listing 2.11   Buch-CD: /beispiele/java/kap2/kap_2_3_7/Mitarbeiter.java & Restaurant.java

A: Die Klasse Mitarbeiter besitzt das eindeutige Attribut persAusweisNr.

B: In der Klasse Restaurant wird ein Attribut mitarbeiter des Typs ArrayList deklariert. Dieser Datentyp implementiert ein dynamisches Array und erlaubt beliebige Java-Objekte zu speichern und anhand eines Index wiederzufinden. Dieser Index ist erwartungsgemäß die persAusweisNr.

Realisierung in C#

Auch eine qualifizierte Assoziation kann in C# wie in Java implementiert werden (Buch-CD: */beispiele/c#/kap2/kap_2_3_7/Kap_2_3_7.cs*):

2.3.8   Assoziationsklasse

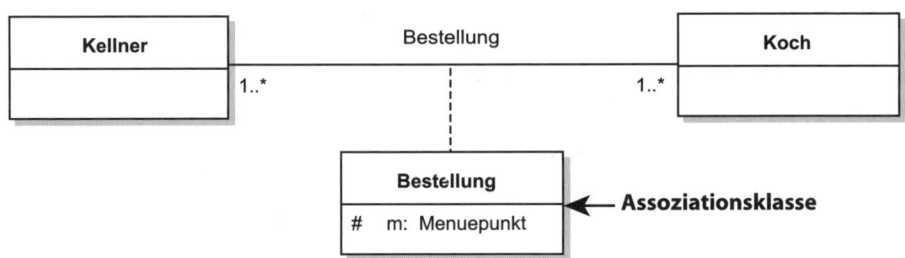

Abbildung 2.28   Assoziationsklasse

Beschreibung

Eine **Assoziationsklasse** (engl. AssociationClass) vereint die **Eigenschaften einer Assoziation und einer Klasse**. Sie stellt nicht nur eine Beziehung zwischen Klassen dar, sondern ordnet der Beziehung alle Eigenschaften einer Klasse zu. Das können sowohl Attribute wie auch Operationen sein. Sowohl die Assoziation als auch die Klasse müssen den gleichen Namen tragen.

Verwendung

Assoziationsklassen werden eingesetzt, wenn bei der Beziehung zwischen zwei Klassen ein Attribut keinem von beiden so recht zuzuordnen ist. Dies ist bei n-zu-m-Assoziationen häufig der Fall.

Im Klassendiagramm aus Abbildung 2.28 ist die Bestellung weder ein Attribut eines Kellners noch eines Kochs, weil eine Bestellung weder einen Kellner noch einen Koch charakterisiert.

Eine Bestellung charakterisiert die Beziehung zwischen einem Kellner und einem Koch und kann daher als eine Assoziationsklasse modelliert werden.

Realisierung in Java

Weder Java noch C# unterstützen das Konzept der Assoziationsklasse direkt. Aus diesem Grund muss sie zunächst in eine »normale« Klasse transformiert werden. Es gibt dafür unterschiedliche Vorgehensweisen, von denen die am häufigsten verwendete zunächst vorgestellt wird:

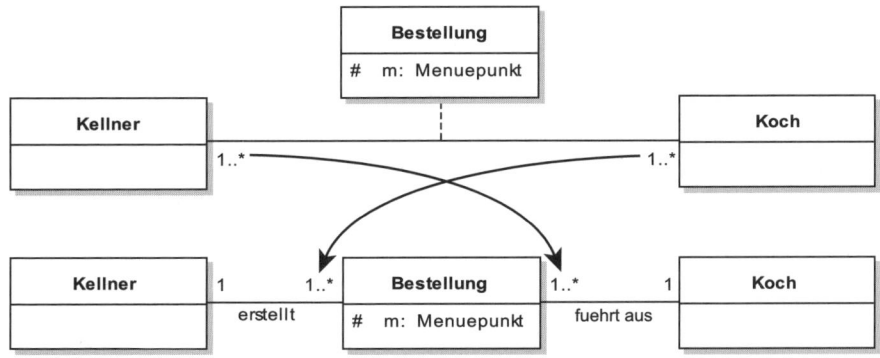

Abbildung 2.29 Transformation von Assoziationsklassen in gewöhnliche Klassen.

Die Assoziation zwischen Kellner und Koch im oberen Klassendiagramm der Abbildung 2.29 spezifiziert, dass ein Kellner über eine Bestellung mit einem bis beliebig vielen Köchen in Beziehung steht. Andersherum steht ein Koch mit einem bis beliebig vielen Kellnern über eine Bestellung in Beziehung.

Wandelt man die Assoziationsklasse Beziehung auf die dargestellte Art um, ändert sich die Gesamtaussage des Klassendiagramms nicht:

Ein Kellner erstellt eine bis beliebig viele Bestellungen. Eine Bestellung wird von genau einem Koch ausgeführt.

Andersherum führt ein Koch eine bis beliebig viele Bestellungen aus. Eine Bestellung wird von genau einem Kellner erstellt.

Damit ist die Assoziationsklasse in eine ganz »normale« Klasse transformiert worden und kann implementiert werden:

```
   class Kellner
   {
A    public ArrayList bestellung;
   }
   class Koch
   {
B    public ArrayList bestellung;
   }
   class Bestellung
   {
C    protected Menuepunkt m;
     public Kellner ke;
     public Koch ko;
   }
```

Listing 2.12 Buch-CD: /beispiele/java/kap2/kap_2_3_8/Kellner.java & Koch.java & Bestellung.java

A: Aufgrund der Multiplizität 1..* (ein bis beliebig viele) speichert die Klasse Kellner ihre Bestellungen in einer ArrayList. Es handelt sich dabei um eine Speicherstruktur, die es erlaubt, eine beliebige Anzahl von Java-Objekten zu speichern und über einen eindeutigen Index sehr effizient wiederzufinden.

B: Dieselbe Speicherstruktur wird auch von der Klasse Koch verwendet.

C: Eine Bestellung muss den spezifizierten Menuepunkt beinhalten (Datentyp Menuepunkt muss verfügbar sein). Weiterhin werden die modellierten Verweise auf einen Kellner und einen Koch gespeichert.

Realisierung in C#

Die Umsetzung einer Assoziationsklasse in C# unterscheidet sich von einer Umsetzung in Java nicht (*/beispiele/c#/kap2/kap_2_3_8/Kap_2_3_8.cs*).

2.3.9 Aggregation

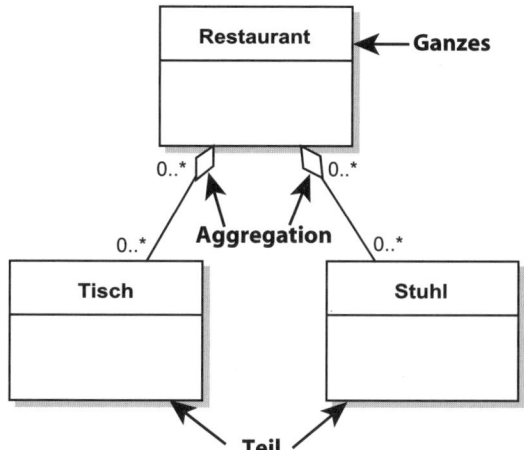

Abbildung 2.30 Aggregation

Beschreibung

Die **Aggregation** (engl. Aggregation) ist eine spezielle Form der binären Assoziation und beschreibt eine **Ganzes-Teile-Beziehung**. Aggregationen mit mehr als zwei Enden (n-är) sind nicht definiert.

Die Teile (Tisch und Stuhl in Abbildung 2.30) werden im Ganzen (Restaurant) aggregiert. Die Lebensdauer des Ganzen ist dabei von seinen Teilen unabhängig, d.h. das Ganze bleibt bestehen, auch wenn die Teile wieder entfernt werden. Umgekehrt können die Teile weiter existieren, auch nachdem sie aus dem Ganzen entfernt wurden. Aufgrund der losen Verbindung können die Teile sogar in mehreren Ganzen gleichzeitig verwendet werden.

Multiplizitäten an den Aggregationen modellieren die Anzahl der Teile in einem Ganzen und in wie vielen Ganzen die Teile verwendet werden können.

Das Klassendiagramm aus Abbildung 2.30 drückt somit aus, dass ein Restaurant aus beliebig vielen Tischen und Stühlen besteht. Umgekehrt sind die Tische und Stühle in beliebig vielen Restaurants einsetzbar.

Ein Restaurant wäre ohne Tische und Stühle immer noch ein Restaurant, wenn auch ein sehr unkomfortables. Ebenso könnten die Tische und Stühle aus einem Restaurant entfernt werden und würden dadurch nicht zerstört. Sie könnten erneut in einem anderen Restaurant verwendet werden.

Verwendung

Verwenden Sie die Aggregation, wenn Sie ausdrücken möchten, dass eines Ihrer Modellelemente eine Menge anderer Modellelemente in sich zusammenführt und dabei sowohl die Teile wie auch das Ganze dabei voneinander unabhängig bleiben.

Realisierung in Java

Die Aggregation aus Abbildung 2.31 dient als Implementierungsvorschrift:

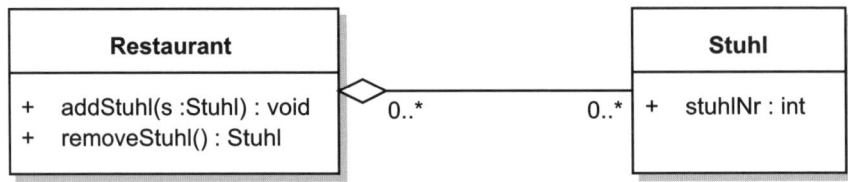

Abbildung 2.31 Beispielaggregation

Zunächst wird die Klasse Stuhl realisiert:

```
class Stuhl
{
  public int stuhlNr;
  public Stuhl(int nr)
  {
    stuhlNr = nr;
  }
}
```

Listing 2.13 Buch-CD: /beispiele/java/kap2/kap_2_3_9/Stuhl.java

Danach kann das modellierte Restaurant implementiert werden:

```
    class Restaurant
    {
A   public ArrayList stuhl;
B   public Restaurant()
    {
      stuhl = new ArrayList();
    }
C   public void addStuhl(Stuhl s)
    {
      stuhl.add(stuhl.size(), s);
    }
```

```
D    public Stuhl removeStuhl()
     {
         return (Stuhl)stuhl.remove(stuhl.size()-1);
     }
     public static void main(String[] args)
     {
E        Restaurant r = new Restaurant();
         Stuhl[] s = new Stuhl[10];
         for(int i = 0; i < 10; i++)
             s[i] = new Stuhl(i);
F        for(int i = 0; i < 10; i++)
             r.addStuhl(s[i]);
G        for(int i = 0; i < 10; i++)
             s[i] = r.removeStuhl();
     }
 }
```

Listing 2.14 Buch-CD: /beispiele/java/kap2/kap_2_3_9/Restaurant.java

A: Die Stuhl-Objekte werden in einem dynamischen Array (ArrayList) aggregiert.

B: Der Konstruktor der Klasse ist wie immer für die Instanziierung der Attribute zuständig.

C: Bei der Aggregation ist die aggregierende Klasse (das Ganze) nicht für die Erzeugung der aggregierten Teile zuständig. Daher erwartet die Operation zum Hinzufügen von Stuhl-Objekten ein bereits fertiges Stuhl-Objekt als Parameter.

D: Die aggregierten Teile können bei einer Aggregation aus dem Ganzen wieder entfernt werden. Die Klasse Restaurant stellt herfür die Operation removeStuhl bereit. Sie löscht lediglich die Referenzen auf die Stuhl-Objekte, jedoch, wie im Konzept der Aggregation verlangt, nicht die Objekte selbst.

E: Ein neues Restaurant und zehn Stühle werden erzeugt.

F: Zehn Stühle werden dem Restaurant hinzugefügt. Beachten Sie, dass das Restaurant sich nicht um die Herstellung der Stühle kümmern muss, es bekommt sie sozusagen geliefert.

Dem Restaurant werden Referenzen auf die Stühle übergeben. Damit könnten die selben Stühle auch an weitere Restaurants übergeben werden, wie es von der Aggregation gefordert wird.

G: Der Aggregation zufolge, müssen die einzelnen Teile dem Ganzen wieder entnommen werden können, ohne dass das Ganze oder die Teile zerstört werden. Hier werden die Stühle dem Restaurant wieder weggenommen.

Realisierung in C#

Die Implementierung einer Aggregation in C# unterscheidet sich nicht wesentlich von der Java-Implementierung. Die vollständigen C#-Programmcode finden Sie auf der Buch-CD im Ordner */beispiele/c#/kap2/kap_2_3_9*.

2.3.10 Komposition

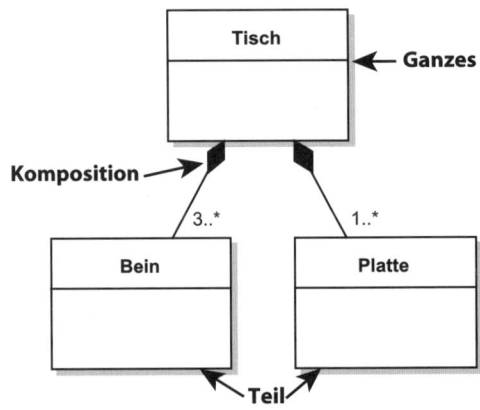

Abbildung 2.32 Komposition

Beschreibung

Die **Komposition** (engl. Composition) ist eine starke Form der Aggregation, die ebenfalls eine **Ganzes-Teile-Beziehung** definiert. Die **Verbindung** zwischen den Teilen und dem Ganzen wird jedoch als **untrennbar** definiert.

Wird das Ganze zerstört, endet auch die Existenz der Teile. Auf der anderen Seite kann das Ganze in der definierten Form nicht weiterexistieren, wenn ihm auch nur eines der Teile wieder entnommen wird. Um dies zu verhindern, ist das Ganze für die Erstellung und Beseitigung der Teile verantwortlich.

Aufgrund der starken Verbindung, kann ein Teil gleichzeitig nur in einem Ganzen existieren, weshalb die Multiplizität auf Seite des Ganzen immer 1 ist und daher auch weggelassen werden kann.

Abbildung 2.32 stellt einen Baum als eine Komposition aus Ästen und Blättern dar. Die gewählte Komposition spezifiziert, dass die Äste und Blätter (Teile) zerstört werden, sobald der Baum (das Ganze) zerstört wird. Ebenso ist der Baum für die Erstellung der Blätter und Äste selbst verantwortlich.

Verwendung

Die Komposition wird verwendet, um Teile als existenznotwendig für das Ganze zu markieren und entspricht in ihrer Semantik einem Attribut des Ganzen. Ihre Verwendung hebt jedoch die Klassenstruktur hervor und sollte daher bevorzugt werden.

Umsetzung in Java

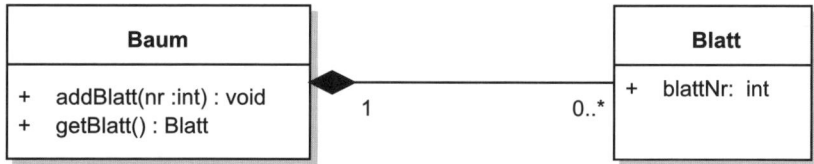

Abbildung 2.33 Beispiel einer Komposition

Zunächst wird die Klasse Blatt aus Abbildung 2.33 realisiert:

```
class Blatt
{
   public int blattNr;
   public Blatt(int nr)
   {
      blattNr = nr;
   }
}
```

Listing 2.15 Buch-CD: /beispiele/java/kap2/kap_2_3_10/Blatt.java

Danach kann die Klasse Baum umgesetzt werden:

```
  class Baum
  {
A private ArrayList bl;
B public Baum()
  {
    bl = new ArrayList();
  }
C public void addBlatt(int nr)
  {
    bl.add(new Blatt(nr));
  }
```

69

```
D public Blatt getBlatt()
  {
    Blatt neuesBlatt = new Blatt(0);
    neuesBlatt.blattNr=((Blatt)bl.get(bl.size()-1)).blattNr;
    return neuesBlatt;
  }
}
```

Listing 2.16 Buch-CD: /beispiele/java/kap2/kap_2_3_10/Baum.java

A: Die in Abbildung 2.33 geforderte Multiplizität 0..* wird mit Hilfe einer ArrayList umgesetzt.

B: Der Konstruktor sorgt für die Instanziierung.

C: Die Komposition schreibt vor, dass der Baum (das Ganze) für die Instanziierung und die Zerstörung seiner Blätter (Teile) selbst verantwortlich ist. Dieser Forderung wird in der Operation addBlatt Rechnung getragen. Sie erwartet kein Blatt als Parameter, sondern erschafft selbst ein neues.

Beachten Sie den Unterschied:

Bei der **Aggregation** werden **Referenzen auf Objekte** als Teile gespeichert. Wird das Ganze gelöscht, gehen nur die Referenzen verloren. Die einzelnen Teile bliebe weiter bestehen.

Bei der **Komposition** werden die **Objekte selbst** erschaffen und gespeichert. Wird das Ganze, in diesem Fall der Baum, gelöscht, bedeutet dies auch das Ende aller Objekte (Blätter), die er in sich speichert.

D: Die Verwendung eines und desselben Teils mehrmals in unterschiedlichen Ganzen ist von der Komposition untersagt. Daher kann die Operation getBlatt nicht einfach eine Referenz auf eines der Blätter des Baumes zurückgeben.

Stattdessen erzeugt sie ein neues Blatt und weist ihm den Wert eines anderen Blattes zu (in diesem Beispiel des letzten verfügbaren). Sie *klont* sozusagen eines der Blätter und gibt es zurück. Damit wird sichergestellt, dass keines der eigentlichen Blätter eines Baumes gleichzeitig an einem anderen Baum »hängt«.

Umsetzung in C#

Die Umsetzung der Komposition unterscheidet sich gegenüber der Java-Realisierung nur durch kleinere Unterschiede in der Verwendung einer ArrayList, die bereits erläutert wurden:

```
class Baum
{
  private ArrayList bl;
  public Baum()
  {
    bl = new ArrayList();
  }
  public void addBlatt(int nr)
  {
    bl.Add(new Blatt(nr));
  }
  public Blatt getBlatt()
  {
    Blatt neuesBlatt = new Blatt(0);
    neuesBlatt.blattNr = ((Blatt)bl[bl.Count-1]).blattNr;
    return neuesBlatt;
  }
}
```

Listing 2.17   Buch-CD: /beispiele/c#/kap2/kap_2_3_10/Kap_2_3_10.cs

2.3.11   Abhängigkeit

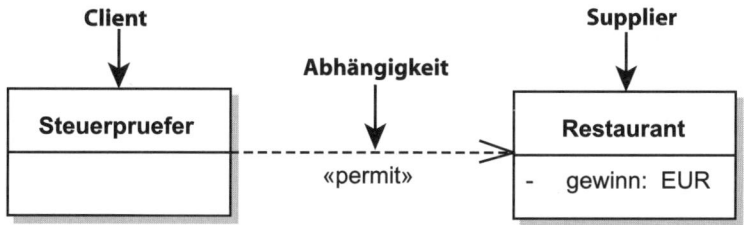

Abbildung 2.34   Abhängigkeit

Beschreibung

Eine **Abhängigkeit** (engl. Dependency) signalisiert, dass eine Klasse eine andere für Ihre eigene Spezifikation oder Implementierung benötigt. Sie wird auch als **Client-Supplier-Beziehung** bezeichnet (**Kunde-Dienstleister**) und dient lediglich der Dokumentation.

Mit einer Abhängigkeit wird modelliert, dass der Client semantisch ohne den Supplier nicht vollständig ist und seine Aufgaben ohne ihn nicht ausführen kann. Aufgrund der engen Verflechtung wirken sich Veränderungen am Supplier immer auf den Client aus.

Die Art einer Abhängigkeit wird in der UML mit Hilfe von Stereotypen definiert, die in Abschnitt 2.3.13 näher vorgestellt werden.

Die wichtigsten in der UML definierten Stereotypen für Abhängigkeiten sind:

▶ **<<call>>**
Eine <<call>>-Abhängigkeit besagt, dass der Client mindestens eine Operation des Suppliers aufruft.

▶ **<<create>>**
Die <<create>>-Abhängigkeit zwischen zwei Klassen drückt aus, dass Instanzen des Clients Instanzen des Suppliers erzeugen.

▶ **<<derive>>**
Der Client kann aus dem Supplier abgeleitet werden. Der Client kann beispielsweise aus Performance-Gründen implementiert werden, auch wenn er logisch zum Supplier redundant ist.

▶ **<<instantiate>>**
Spezifiziert, dass der Client eine Instanz des Suppliers darstellt und wird zumeist zwischen Klassen und ihren Instanzen (Objekten) modelliert. Details zu Objekten und Objektdiagrammen finden Sie in Kapitel 3.

▶ **<<permit>>**
Der Supplier gewährt dem Client Zugriff auf einige oder alle seine Attribute und Operationen. In Abbildung 2.34 erlaubt die Klasse Restaurant (Supplier) der Klasse Steuerprüfer (Client), auf ihr ansonsten privates Attribut Gewinn zuzugreifen.

▶ **<<refine>>**
Ein <<refine>> signalisiert eine verfeinerte Spezifikation einer Klasse, die bereits modelliert wurde. Diese Abhängigkeit wird beispielsweise verwendet, wenn eine Klasse aus der Design-Phase durch eine andere Klasse in der Entwurfs-Phase neu definiert werden soll.

▶ **<<substitute>>**
Der Client kann den Supplier vollständig ersetzen, ohne dass zwischen ihnen eine Vererbungsbeziehung (siehe Abschnitt 2.3.12) bestünde.

▶ **<<trace>>**
Diese Abhängigkeit bringt zum Ausdruck, dass beide beteiligten Klassen dasselbe Konzept in unterschiedlichen Modellen repräsentieren. <<trace>>-Abhängigkeiten werden zumeist verwendet, um Anforderungen und Änderungen zwischen unterschiedlichen Modellen zu »verfolgen«. Da Änderungen an Modellen Auswirkungen in zumeist beide Richtungen haben, kann die Richtungsangabe in den meisten Fällen ignoriert werden.

▶ **<<use>>**
Die Existenz des Suppliers wird vom Client für seine Funktionsfähigkeit benötigt.

Eine leicht abgewandelte Notation wird von der UML für die Realisierungs-Abhängigkeit definiert. Im Gegensatz zu allen bisher vorgestellten Abhängig-keitsbeziehungen wird die Realisierung mit einer geschlossenen Pfeilspitze notiert. Auf die Verwendung eines expliziten Stereotyps wird verzichtet:

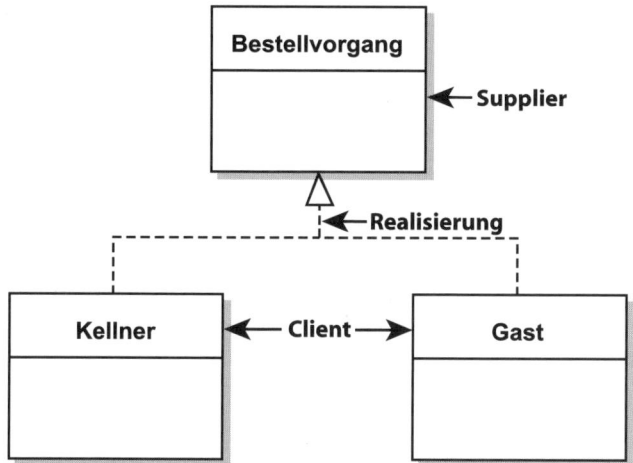

Abbildung 2.35 Realisierung

Bei der Realisierung (engl. Realization) stellt der Supplier die Spezifikation, der Client die Implementierung dar. Die Realisierungsabhängigkeit kann vielfältig verwendet werden, um schrittweise Verfeinerungen, Optimierungen, Transfor-mationen, Frameworks usw. zu modellieren.

Der Bestellvorgang aus Abbildung 2.35 wird beispielsweise vom Kellner und Gast realisiert.

Verwendung

Bei der Abhängigkeit handelt es sich nicht um ein Notationselement, das wäh-rend der Implementierung in Programmcode umgesetzt wird. Sie dokumentiert auf einer abstrakten Ebene die Zusammenhänge zwischen den Klassen und hat keine direkten Auswirkungen auf deren Instanzen.

Werden zwei Klassen durch eine Abhängigkeit verbunden, so besitzen sie noch keine Beziehung im Sinne einer Assoziation. Sie können miteinander nicht direkt in Kontakt treten. Ist eine Kontaktaufnahme der Klassen notwendig, stellt die Assoziation das geeignete Notationselement dar.

2.3.12 Generalisierung/Spezialisierung

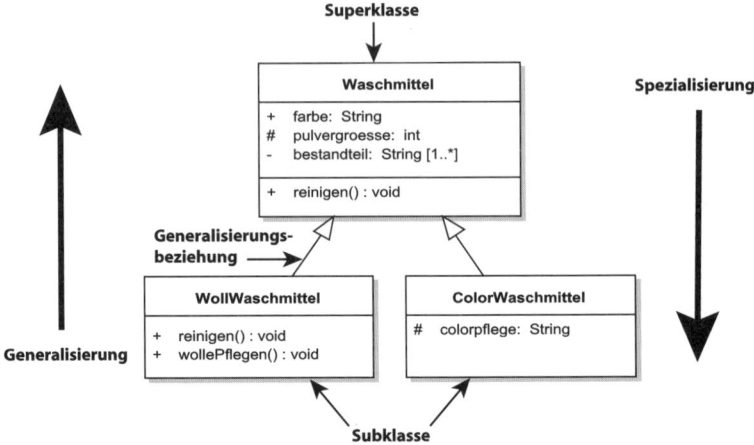

Abbildung 2.36 Generalisierung

Beschreibung

Die **Generalisierung** (engl. Generalization) modelliert eine **Beziehung zwischen einer spezifischen Subklasse und einer allgemeinen Superklasse** und definiert damit eines der zentralen Konzepte der Objektorientierung.

Generalisierung und Spezialisierung beschreiben dasselbe Konzept, jedoch jeweils aus zwei unterschiedlichen Sichten. Während die Superklasse die Subklassen generalisiert, spezialisieren die Subklassen die Superklasse. Die Literatur verwendet unterschiedliche Bezeichnungen für die beteiligten Klassen, die jedoch alle dasselbe ausdrücken. Selbst die UML-Spezifikation bedient sich unterschiedlicher Termini. Die am häufigsten angetroffenen sind:

▸ allgemeine Klasse/spezifische Klasse

▸ Superklasse/Subklasse

▸ Oberklasse/Unterklasse

▸ Elternklasse/Kindklasse

▸ Basisklasse/abgeleitete Klasse

Dieses Buch beschränkt sich auf die Bezeichnungen Superklasse/Subklasse, weil sie in der UML-Spezifikation am häufigsten verwendet werden.

Eine Subklasse kann bei der Spezialisierung automatisch alle Attribute und Operationen ihrer Superklasse verwenden. Sie **erbt** sozusagen alle Eigenschaften und Fähigkeiten ihrer Superklasse, weshalb man diesen Vorgang in der Objektorientierung auch als **Vererbung** bezeichnet.

Das Konzept der **Erweiterung** erlaubt Subklassen selbst weitere Attribute und Operationen zu definieren, falls die Eigenschaften und Fähigkeiten der Superklasse den speziellen Anforderungen der Subklasse nicht gerecht werden.

Hält die Superklasse Operationen bereit, die jedoch die Anforderungen der Subklasse nicht genügend erfüllen, kann sich die Subklasse der **Überschreibung** bedienen. Bei diesem Konzept definiert die Subklasse eine Operation mit demselben Namen und derselben Parameter-Liste wie eine der Operationen der Superklasse. Durch einen Automatismus, der als **dynamisches Binden** bekannt ist, wird beim Aufruf der Operation die spezifische Operation der Subklasse ausgeführt.

Unabhängig von den Erweiterungs- und Änderungsmöglichkeiten, wird eine Subklasse immer die geerbten Attribute und Operationen der Superklasse behalten. Sie kann jederzeit die Superklasse ersetzen und an ihrer Stelle verwendet werden, was in der Objektorientierung als **Polymorphismus** bezeichnet wird. Man bezeichnet die Generalisierung deshalb auch als eine **Ist-Ein-Beziehung**: Ein WollWaschmittel **ist ein** Waschmittel (siehe Abbildung 2.36).

Abbildung 2.36 verdeutlicht die gerade vorgestellten Konzepte anhand der folgenden Klassen:

▶ Waschmittel
Diese Klasse beinhaltet eine allgemeine Definition der Attribute und Operationen eines Waschmittels, beispielsweise seine farbe, pulvergroesse, bestandteile und die Fähigkeit zu reinigen. Sie nimmt die Rolle einer Superklasse in diesem Klassendiagramm ein.

▶ WollWaschmittel und ColorWaschmittel
stellen die Subklassen von Waschmittel dar. Sie erben alle Attribute und Operationen von Waschmittel und können beispielsweise mit der Operation reinigen ebenfalls Wäsche säubern.

Die Klasse WollWaschmittel erweitert die geerbten Fähigkeiten um die Operation wollePflegen. Zusätzlich überschreibt sie die Operation der Superklasse reinigen.

ColorWaschmittel fügt das Attribut colorpflege hinzu.

Generalisierungen können in **Gruppen** (engl. GeneralizationSet) zusammengefasst werden.

Im Klassendiagramm der Abbildung 2.37 spezialisieren die Subklassen PKW, LKW und Motorrad die Superklasse Kraftfahrzeug. Die Subklassen werden zu zwei Generalisierungsgruppen zusammengefasst:

▶ `zweispurigesFahrzeug`

▶ `einspurigesFahrzeug`

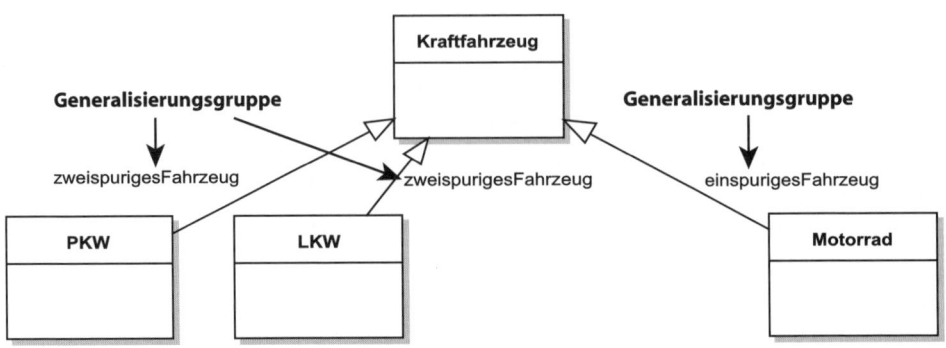

Abbildung 2.37 Gruppieren von Generalisierungen

Der optionale Name der Generalisierungsgruppe wird direkt an die Generalisierung notiert und identifiziert die Mitglieder der Gruppe. Die zu einer Gruppe zugehörigen Klassen werden auch **Partitionen** genannt. In Abbildung 2.37 wird die Klasse `Kraftfahrzeug` somit in die Klassen `PKW`, `LKW` und `Motorrad` partitioniert.

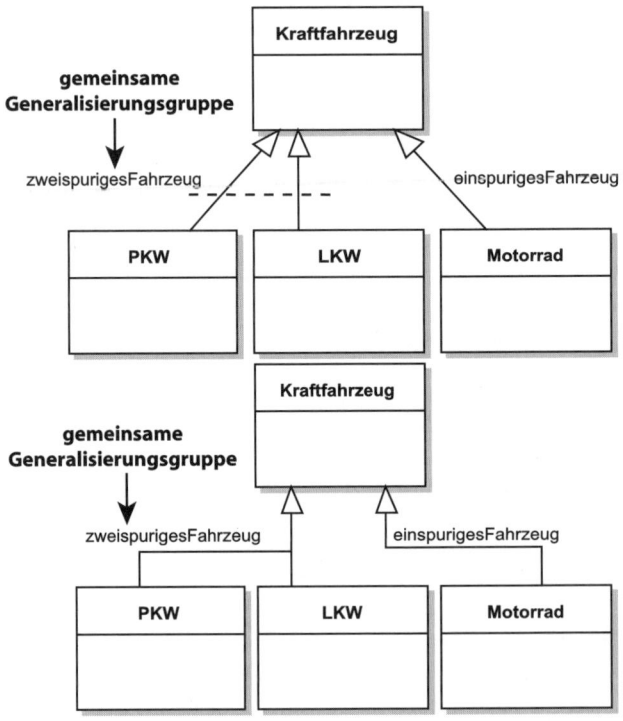

Abbildung 2.38 Gemeinsame Generalisierungsgruppen

Damit nicht an jede Generalisierung der Gruppenname separat notiert werden muss, können sich die Partitionen auch eine Generalisierung und Generalisierungsgruppe »teilen« (siehe Abbildung 2.38).

Die in Abbildung 2.38 dargestellten Notationen mit Hilfe einer gestrichelten Linie und die Verwendung eines Generalisierungspfeils für mehrere spezialisierende Klassen sind dabei gleichwertig.

Den Generalisierungsgruppen können in der UML weiterhin **Eigenschaften** zugeordnet werden:

▸ **{complete, disjoint}**
Die Generalisierungsgruppe ist vollständig (`complete`); die spezialisierenden Klassen besitzen keine gemeinsamen Instanzen (`disjoint`).

Abbildung 2.39 zeigt ein Beispiel der Eigenschaft `{complete, disjoint}`. Die Gruppe `Geschlecht` ist vollständig, weil eine `Person` außer »männlich« und »weiblich« kein weiteres `Geschlecht` annehmen kann.

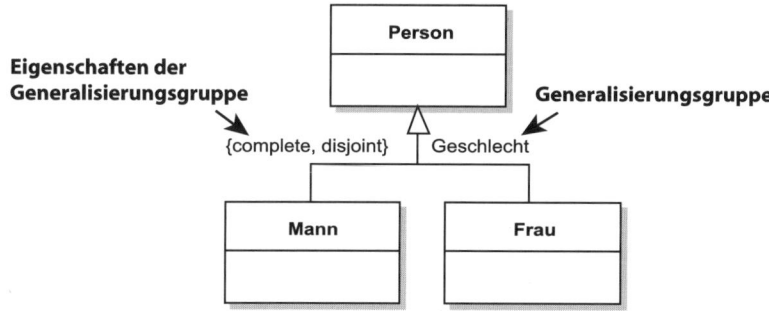

Abbildung 2.39   {complete, disjoint}-Eigenschaft

Eine `Person` kann nicht gleichzeitig `Mann` und `Frau` sein, weshalb die Gruppe auch als `disjoint` bezeichnet werden kann.

▸ **{incomplete, disjoint}**
Diese Eigenschaft modelliert die Unvollständigkeit (incomplete) der Generalisierungsgruppe. Die Subklassen weisen keine gemeinsamen Instanzen auf. Wird keine andere Eigenschaft explizit modelliert, entspricht dies der Angabe von `{incomplete, disjoint}`.

Im Klassendiagramm aus Abbildung 2.40 modelliert die Eigenschaft `{incomplete,disjoint}`, dass die Gruppe `Alter` nicht vollständig (incomplete) ist (z. B. fehlt die Klasse `Teenager`). Ein Kind kann nicht gleichzeitig Erwachsener sein (disjoint).

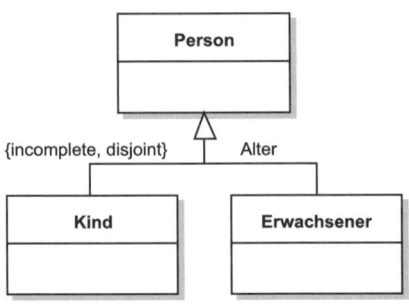

Abbildung 2.40   {incomplete, disjoint}-Eigenschaft

▶ **{complete, overlapping}**
Diese Eigenschaft markiert eine vollständige Gruppe, deren Subklassen sich
Instanzen teilen können.

▶ **{incomplete, overlapping}**
Die Gruppe ist nicht vollständig, eine Instanz kann jedoch eine Ausprägung
von mehr als einer Subklasse sein.

Die UML erlaubt auch die Modellierung der **Mehrfachvererbung**:

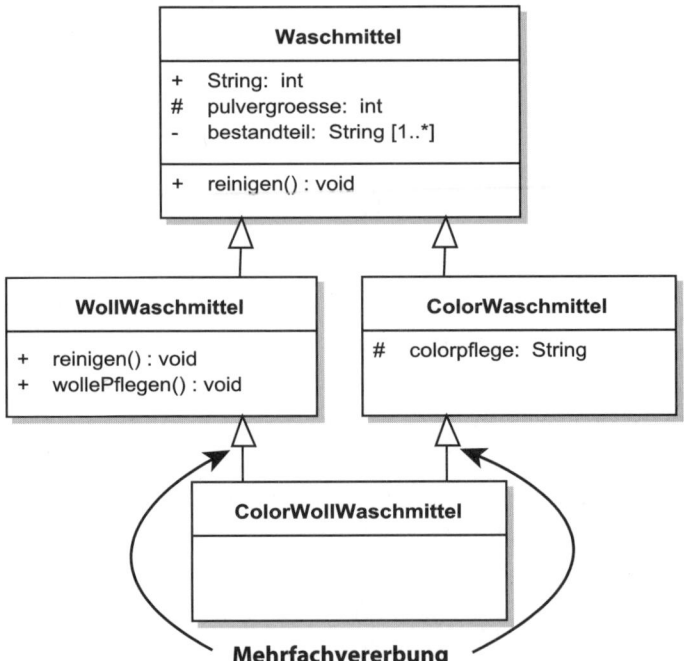

Abbildung 2.41   Mehrfachvererbung

Die Klasse `ColorWollWaschmittel` aus Abbildung 2.41 spezialisiert sowohl die Klassen `WollWaschmittel`, wie auch `ColorWaschmittel` und erbt damit die Attribute und Operationen beider Klassen. Sie kann damit `wollePflegen` und enthält eine `colorpflege`.

Diese Art von Modellierung birgt jedoch einige Gefahren. Beispielsweise erbt `ColorWollWaschmittel` sowohl die überschriebene Operation `reinigen` der Klasse `WollWaschmittel`, wie auch die ursprüngliche Operation der Klasse `Waschmittel` (über `ColorWaschmittel`).

Bei einem einfachen Aufruf der Operation `reinigen` auf ein Objekt der Klasse `ColorWollWaschmittel` kann nicht grundsätzlich entschieden werden, welche der beiden Operationen verwendet werden soll (es wird zumindest von der UML nicht definiert).

Die in diesem Buch verwendeten Programmiersprachen Java und C# unterstützen im Unterschied zu z. B. C++ die Mehrfachvererbung nicht.

Verwendung

Generalisierungen spielen in der objektorientierten Softwareentwicklung eine bedeutende Rolle. Sie erlauben Klassen hierarchisch zu ordnen und modellieren gleichzeitig wichtige Beziehungen zwischen Super- und Subklassen. Häufig bildet ein softwaretechnisches Modell erst durch die Verwendung von Generalisierungen die Realität genügend genau ab.

Die Wiederverwendung von Software wird durch Generalisierungen ebenfalls unterstützt. Eine Implementierung von Programmcode braucht nicht erneut vollständig durchgeführt werden, nur weil eine Operation einer Klasse nicht genau das tut, was man als Entwickler gerne hätte. Durch Spezialisierung der Superklasse können deren gesamte Eigenschaften und Fähigkeiten unverändert übernommen werden. Die angesprochene Operation kann einfach überschrieben werden.

Möchte man Veränderungen an der Funktionalität aller Klassen in einer Vererbungshierarchie vornehmen, braucht nicht jede Klasse einzeln angepasst zu werden. Wird die Superklasse abgeändert oder erweitert, erfahren alle von ihr erbenden Klassen automatisch die gleichen Änderungen.

Die UML erlaubt, die Spezialisierung und Generalisierung auch für Assoziationen, Schnittstellen, Anwendungsfälle und viele weitere Notationselemente zu verwenden.

Realisierung in Java

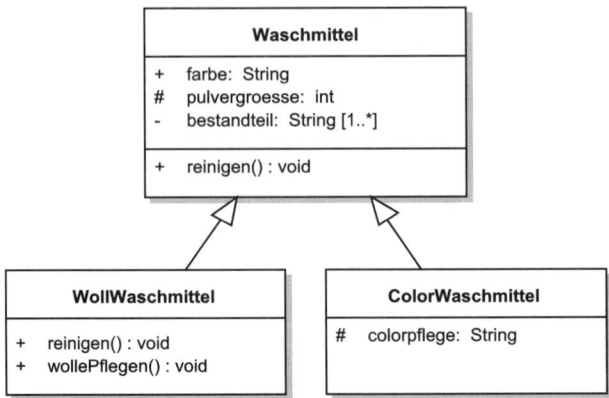

Abbildung 2.42 Beispiele für Generalisierung

Beispielhaft soll das Klassendiagramm aus Abbildung 2.42 realisiert werden.

Zunächst wird die Superklasse implementiert:

```
class Waschmittel
{
  public String farbe;
  protected int pulvergroesse;
  private ArrayList bestandteil;
A  public Waschmittel()
  {
    farbe = new String("Weiss");
    pulvergroesse = 3;
    bestandteil = new ArrayList();
    bestandteil.add("Waschpulver");
  }
  public void reinigen()
  {
B    System.out.println("Reinigung durch Waschmittel");
  }
}
```

Listing 2.18 Buch-CD: /beispiele/java/kap2/kap_2_3_12/Waschmittel.java

A: Der Konstruktor initialisiert wie üblich die Attribute.

B: In dieser Implementierung macht die Operation reinigen nichts anderes als auszugeben, dass sie zum Einsatz kommt.

Als nächstes wird die Klasse ColorWaschmittel implementiert:

```
A  class ColorWaschmittel extends Waschmittel
   {
      protected String colorpflege;
      public ColorWaschmittel()
      {
B        colorpflege = new String("Farbenauffrischer");
      }
   }
```

Listing 2.19 Buch-CD: /beispiele/java/kap2/kap_2_3_12/ColorWaschmittel.java

A: Mit dem Schlüsselwort extends wird signalisiert, dass ColorWaschmittel die Klasse Waschmittel spezialisiert.

B: Dem Klassendiagramm aus Abbildung 2.42 folgend, muss ColorWaschmittel nur das Attribut colorpflege hinzufügen. Alle weiteren Attribute und Operationen werden von Waschmittel geerbt.

Zuletzt bleibt noch die Klasse WollWaschmittel:

```
A  class WollWaschmittel extends Waschmittel
   {
B  public void reinigen()
   {
C     super.reinigen();
      System.out.println("Reinigung durch WollWaschmittel");
   }
D  public void wollePflegen()
   {
      System.out.println("WollPflege durch WollWaschmittel");
   }
   }
```

Listing 2.20 Buch-CD: /beispiele/java/kap2/kap_2_3_12/WollWaschmittel.java

A: Mit dem Schlüsselwort extends wird die Spezialisierung der Klasse Waschmittel signalisiert.

B: Die Operation reinigen der Superklasse Waschmittel wird überschrieben.

C: Bevor eigene Funktionalität ausgeführt wird, wird die Operation reinigen der Superklasse mit Hilfe des Schlüsselworts super aufgerufen.

Beachten Sie, dass der einfache Aufruf von reinigen an dieser Stelle eine Rekursion, d.h. einen erneuten Aufruf der Operation reinigen durch sich selbst erzeugen würde.

D: Die hinzugefügte Operation `wollePflegen` wird implementiert.

Die folgende Hauptoperation soll noch einmal die Zusammenhänge und die Eleganz der Generalisierung verdeutlichen:

```
    public static void main(String[] args)
    {
A   ColorWaschmittel cw = new ColorWaschmittel();
B   System.out.println(cw.colorpflege);
C   System.out.println("Pulvergroesse: "+cw.pulvergroesse);
D   cw.reinigen();
E   WollWaschmittel ww = new WollWaschmittel();
F   System.out.println("Farbe: "+ww.farbe);
G   ww.wollePflegen();
H   ww.reinigen();
    }
```

Listing 2.21 Buch-CD: /beispiele/java/kap2/kap_2_3_12/Test.java

A: Eine Instanz der Klasse `ColorWaschmittel` wird erzeugt.

B: Das selbst definierte Attribut `colorpflege` der Klasse `ColorWaschmittel` wird ausgegeben. Die entsprechende Ausgabe lautet:

`Farbenauffrischer`

C: Das geschützte (`protected`) Attribut der Superklasse `Waschmittel` ist auch für `ColorWaschmittel` zugänglich. Ausgabe:

`Pulvergroesse: 3`

D: Da `ColorWaschmittel` selbst die Operation `reinigen` nicht überschrieben hat, wird automatisch die Operation der Superklasse gerufen. Ausgabe:

`Reinigung durch Waschmittel`

E: Ein neues `WollWaschmittel` wird instanziiert.

F: Auch in `WollWaschmittel` können öffentliche Attribute der Superklasse wiederverwendet werden, wie es anhand des Attributs `farbe` demonstriert wird. `WollWaschmittel` erbt automatisch die `farbe` Weiss von seiner Superklasse `Waschmittel`. Ausgabe:

`Farbe: Weiss`

G: Die Operation `wollePflegen` wurde in der Klasse `WollWaschmittel` hinzugefügt und wird aufgerufen. Ausgabe:

`Woll-Pflege durch WollWaschmittel`

H: In der Operation `reinigen` der Klasse `WollWaschmittel` wird zunächst die Operation der Superklasse `Waschmittel` gerufen. Daher lautet die Ausgabe:

```
Reinigung durch Waschmittel

Reinigung durch WollWaschmittel
```

Der Reinigungsdienst der Superklasse wurde sozusagen damit in Anspruch genommen.

Beachten Sie, dass auf das Attribut `bestandteile` in den Subklassen nicht direkt zugegriffen werden kann, weil es als `private` deklariert wurde. Nichtsdestotrotz hat die Superklasse das Attribut den Subklassen vererbt, so dass es über (hier nicht vorhandene) `get`- und `set`-Operationen der Superklasse verwendet werden könnte (die Sichtbarkeit von Attributen wurde in Abschnitt 2.3.2 detailliert vorgestellt).

Realisierung in C#

Da die Realisierung des Klassendiagramms aus Abbildung 2.42 in C# sehr ähnlich wie in Java durchführbar ist, können die wichtigsten Unterschiede anhand der Klasse `WollWaschmittel` vorgestellt werden:

```
A  class WollWaschmittel : Waschmittel
   {
B  new public void reinigen()
   {
C    base.reinigen();
     Console.WriteLine("Reinigung durch WollWaschmittel");
   }
D  public void wollePflegen()
   {
     Console.WriteLine("Woll-Pflege durch WollWaschmittel");
   }
   }
```

Listing 2.22   Buch-CD: /beispiele/c#/kap2/kap_2_3_12/Kap_2_3_12.cs

A: Die Spezialisierung einer Superklasse wird in C# durch einen Doppelpunkt markiert.

B: Überschriebene Operationen der Superklasse müssen mit `new` gekennzeichnet werden.

C: Explizite Zugriffe auf Operationen der Superklasse werden durch das Schlüsselwort `base` signalisiert.

D: Neue Operationen und Attribute können wie in jeder anderen C#-Klasse hinzugefügt werden.

2.3.13 Stereotyp

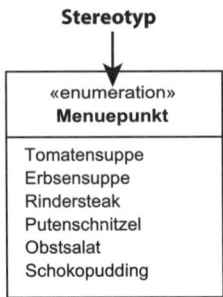

Abbildung 2.43 Stereotyp

Beschreibung

Stereotypen (engl. Stereotypes) können in der UML in allen Diagrammarten verwendet werden, da sie allgemein die **Art eines Notationselements** spezifizieren. Sie verändern nicht seine semantische Bedeutung, sondern geben eine **Auskunft über seinen Zweck oder seine Rolle** im Modell.

Beispielsweise haben die bereits in Abschnitt 2.3.11 verwendeten Stereotypen die Art von Abhängigkeiten zwischen Klassen näher definiert (<<call>>, <<create>>, <<derive>> usw.).

Für Klassen stellt die UML ebenfalls eine Reihe vordefinierter Stereotypen zur Verfügung, von denen die wichtigsten nachfolgend vorgestellt werden:

▶ **<<auxiliary>>**
Der Zweck einer mit diesem Stereotypen markierten Klasse ist, andere zentrale Klassen des Modells zu unterstützen. <<auxiliary>>-Klassen werden üblicherweise zusammen mit <<focus>>-Klassen modelliert.

▶ **<<focus>>**
Die <<focus>>-Klassen stellen die zentrale Logik eines Modells dar und werden von <<auxiliary>>-Klassen unterstützt.

▶ **<<implementation class>>**
Spezifiziert eine implementierungsnah entworfene Klasse. Eine <<implementation class>> realisiert einen <<type>> (siehe unten), wenn sie alle von ihm definierten Operationen bereitstellt.

▶ **<<type>>**

Eine Klasse, die eine allgemeine Spezifikation von Attributen und Operationen darstellt, ohne deren physische Implementierung vorzuschreiben.

Abbildung 2.44   Beispiel für <<type>> und <<implementation class>>

Im Klassendiagramm aus Abbildung 2.44 wird die <<type>> Klasse AngestelltenTyp durch eine <<implementation class>> Angestellter neu definiert (<<refine>>-Abhängigkeit, siehe Abschnitt 2.3.11).

Solche Neudefinitionen sind üblich, wenn man Klassen aus der Analysephase (AngestelltenTyp) in der Designphase verfeinert und implementationsnah (<<implementation class>> Angestellter) modelliert.

▶ **<<interface>>**

Eine <<interface>>-Klasse stellt eine Schnittstellendefinition dar (siehe Abschnitt 2.3.16).

▶ **<<utility>>**

Eine Klasse, die Klassenattribute und -Operationen in sich gruppiert und als eine Art Werkzeugkasten für weitere Klassen zur Verfügung stellt. Es sind keine Instanzen von ihr selbst im Modell vorgesehen.

«utility»
Mathematik
+ PI: double = 3,14159265358 {readOnly}
+ e: double = 2,71828182846 {readOnly}
+ kreisFlaeche(radius :double) : double
+ kreisUmfang(radius :double) : double
+ wurzel(basis :double, exponent :double) : double
+ logarithmus(basis :double, numerus :double) : double

Abbildung 2.45   Beispiel einer <<utility>>-Klasse

Die <<utility>>-Klasse Mathematik aus Abbildung 2.45 stellt beispielsweise statische Attribute und Operationen zur Verfügung, die verwendet werden können, ohne die Klasse zuvor zu instanziieren.

▶ **<<dataType>>**

Mit dem Stereotypen <<dataType>> können neue Datentypen, die der UML nicht bekannt sind, modelliert werden.

▶ **<<enumeration>>**

Auch mit dem Stereotypen <<enumeration>> werden neue Datentypen definiert. Im Gegensatz zu <<dataType>> wird die mögliche Wertemenge, die der Datentyp einnnehmen kann, eingeschränkt.

Sie können mit Hilfe von Stereotypen die UML selbst erweitern, indem Sie für Ihre modellierten Klassen beliebige Stereotypen definieren und verwenden. (siehe Abbildung 2.46):

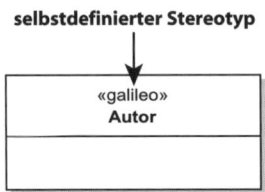

Abbildung 2.46   Erweiterungsmöglichkeiten durch Stereotypen

Seit der Version 2.2 bietet die UML mit dem Profildiagramm einen konsistenten Mechanismus, um neue Stereotypen zu definieren und damit sich selbst zu erweitern (mehr dazu in Kapitel 15).

2.3.14   Abstrakte Klasse

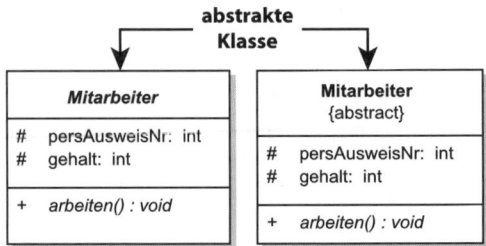

Abbildung 2.47   Abstrakte Klasse

Beschreibung

Der **Bauplan**, den eine Klasse darstellt, kann bewusst **abstrakt** und **unvollständig** modelliert werden, so dass aus ihm **keine Objekte direkt instanziiert werden können**. Solche Klassen werden **abstrakte Klassen** (engl. Abstract Classes) genannt und werden in der UML durch eine kursive Schreibweise des Klassennamens oder mit dem Schlüsselwort {abstract} gekennzeichnet.

Erst durch eine Vervollständigung und Konkretisierung der abstrakten Klasse unter Einsatz der Spezialisierung wird es möglich, einen für die Erzeugung von Objekten geeigneten Bauplan zu spezifizieren.

Bei der Modellierung von abstrakten Klassen bietet die UML die Möglichkeit, **abstrakte Operationen** der Klasse zu definieren, indem die Operationsdefinition kursiv notiert wird. Damit spezifiziert man, dass jede spezialisierende Klasse, die nicht selbst abstrakt sein soll, diese Operation implementieren *muss*.

Im Beispiel aus Abbildung 2.47 wird eine abstrakte Operation `arbeiten` modelliert. Somit muss jeder `Mitarbeiter` eine Arbeit ausführen können, um als `Mitarbeiter` zu gelten.

Verwendung

Abstrakte Klassen werden verwendet, um Vorlagen für weitere Klassen zu definieren. Mit der Klasse `Mitarbeiter` aus Abbildung 2.47 wird beispielsweise spezifiziert, dass jeder `Mitarbeiter` mindestens eine `persAusweisNr` und ein `gehalt` besitzen muss.

Mit der Kennzeichnung der Operation `arbeiten` als abstrakt wird eine Art Mindestvoraussetzung definiert. Alle spezialisierenden Klassen sind gezwungen, mindestens diese Operation zu realisieren, um als `Mitarbeiter` zu gelten.

Basierend auf dieser abstrakten Klassenspezifikation können weitere Mitarbeiterklassen gebildet werden, die zusätzliche Eigenschaften unterschiedlicher Mitarbeitertypen definieren und die abstrakte Klasse damit verfeinern. Eine abstrakte Klasse bildet sozusagen eine Vorgabe für weitere Klassen und sollte auch zu diesem Zweck angewendet werden.

Realisierung in Java

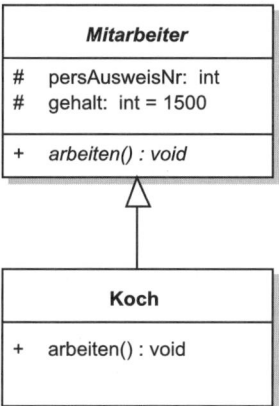

Abbildung 2.48 Beispiel einer abstrakten Klasse und ihrer Spezialisierung

Im Folgenden wird das Klassendiagramm aus Abbildung 2.48 realisiert.

Zunächst wird die abstrakte Klasse `Mitarbeiter` implementiert:

```
A abstract class Mitarbeiter
  {
    protected int persAusweisNr;
    protected int gehalt;
    public Mitarbeiter(int paNr)
    {
      persAusweisNr = paNr;
      gehalt = 1500;
    }
B    public abstract void arbeiten();
  }
```

Listing 2.23 Buch-CD: /beispiel/java/kap2/kap_2_3_14/Mitarbeiter.java

A: Abstrakte Klassen werden in Java naheliegend mit dem Schlüsselwort `abstract` deklariert.

B: Abstrakte Operationen werden ebenfalls mit `abstract` deklariert.

Die Klasse `Koch` kann wie folgt realisiert werden:

```
A class Koch extends Mitarbeiter
  {
    public Koch(int paNr)
    {
B      super(paNr);
    }
C    public void arbeiten()
    {
      System.out.println("Ich arbeite");
    }
  }
```

Listing 2.24 Buch-CD: /beispiel/java/kap2/kap_2_3_14/Koch.java

A: Die Spezialisierung wird erwartungsgemäß mit dem Schlüsselwort `extends` gekennzeichnet.

B: Der Konstruktor der Superklasse wird aufgerufen.

C: Die Mindestvoraussetzung, die Klasse `Mitarbeiter` zu implementieren, wird mit der Realisierung der Operation `arbeiten` erfüllt (auch wenn es wahrscheinlich keinen Vorgesetzten zufrieden stellen wird, wenn der Mitarbeiter nur sagen kann, dass er arbeitet).

Realisierung in C#

In C# wird eine abstrakte Klasse auf dieselbe Art wie in Java deklariert. Ein Unterschied ist bei der Implementierung einer abstrakten Klasse durch die Klasse Koch hervorzuheben:

```
    class Koch : Mitarbeiter
    {
A    public Koch(int paNr):base(paNr)
     {
     }
B    public override void arbeiten()
     {
        Console.WriteLine("Ich arbeite");
     }
    }
```

Listing 2.25 Buch-CD: /beispiele/c#/kap2/kap_2_3_14/Kap_2_3_14.cs

A: Der Konstruktor der Superklasse wird über das Schlüsselwort base aufgerufen.

B: Eine Operation, die eine abstrakte Operation einer Superklasse implementiert, muss mit dem Schlüsselwort override gekennzeichnet werden.

2.3.15 Template

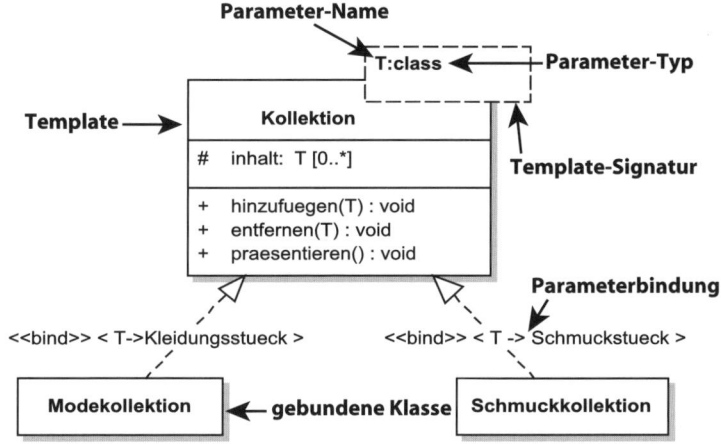

Abbildung 2.49 Template

Beschreibung

Wie bereits in Abschnitt 2.3.1 dargestellt, handelt es sich bei einer Klasse um einen Bauplan für Objekte. Ein **Template** (engl. Template) geht einen Schritt weiter und erlaubt, dass dieser Bauplan durch Parameter flexibilisiert wird. Dadurch wird es möglich, einen **Bauplan für Klassen** zu erschaffen die selbst »richtige« Klassen generieren können.

Templates werden häufig auch als **generische** oder **parametrisierbare Klassen** bezeichnet. Das Buch beschränkt sich auf die Bezeichnung Templates, wie sie in der UML-Definition verwendet wird.

Die benötigten Parameter werden als eine Kommata-getrennte Liste in der Template-Signatur in der folgenden Form definiert:

Parameter-Name [:Parameter-Typ][=Vorgabewert]

▶ **Parameter-Name**
Der Name des Parameters unterliegt seitens der UML keinerlei Einschränkungen, außer dass er innerhalb einer Signatur eindeutig sein muss. Es empfiehlt sich jedoch die Einschränkungen der jeweiligen Ziel-Programmiersprache zu beachten.

▶ **:Parameter-Typ**
Jeder beliebige Datentyp ist erlaubt. Verzichtet man auf die Angabe eines Parameter-Typen, wird class für beliebige Klassen angenommen.

▶ **=Vorgabewert**
Diese optionale Angabe kann einen Wert definieren, den der jeweilige Parameter annimmt, falls kein anderer Wert übergeben wird.

Abbildung 2.49 definiert als Signatur einen Parameter T vom Typ class. Um den Bauplan für eine Kollektion also vollständig zu machen, muss der formelle Parameter T durch eine konkrete Klasse ersetzt werden.

Beachten Sie bitte, dass das Template Kollektion keinerlei Aussagen darüber macht, *was* für Klassen es erwartet. Es wird an dieser Stelle demnach ein Bauplan für Kollektionen *beliebiger* Klassen definiert.

Das Übergeben der Parameter wird als **Binden** bezeichnet und wird mit dem Schlüsselwort <<bind>> gekennzeichnet. Die Zuweisung der Parameter erfolgt damit als eine Komma-getrennte Liste in der Form:

<<bind>><Template-Parameter-Name -> übergebener Parameter, ... >

In Abbildung 2.49 werden zwei Kollektions-Klassen gebunden:

▸ `Modekollektion`, die eine Klasse `Kleidungsstueck` als Parameter bindet und

▸ `Schmuckkollektion`, bei der eine Klasse `Schmuckstueck` als Parameter verwendet wird.

Durch die Bindung der Parameter entstehen zwei neue Klassen mit allen im Template spezifizierten Attributen und Operationen.

Verwendung

Templates werden in einem Modell üblicherweise verwendet, um grundlegende Konzepte für Klassen zu definieren.

Oft handelt es sich dabei um diverse Speicherstrategien, wie Kollektionen, Listen, Stacks, Arrays oder Bäume. Mit Hilfe von Templates kann sichergestellt werden, dass ein einmal definierter Bauplan für eine Gruppe von Klassen im gesamten Modell einheitlich verwendet wird.

Templates leisten damit einen großen Beitrag zur Konsistenzsicherung und Wiederverwendung bei der Modellierung und Implementierung von Softwaresystemen.

Realisierung in Java

Beispielhaft soll das Klassendiagramm aus Abbildung 2.50 implementiert werden.

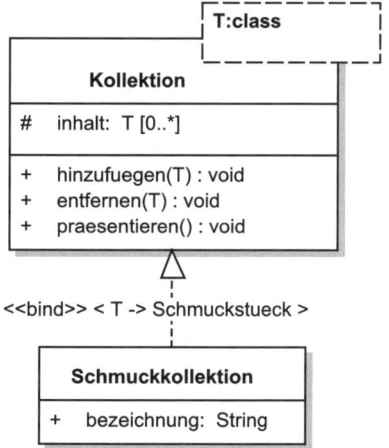

Abbildung 2.50 Template-Beispiel

Zunächst wird das Template `Kollektion` realisiert:

```
A class Kollektion<T>
  {
B   protected ArrayList<T> inhalt;
C   public Kollektion()
    {
       inhalt = new ArrayList<T>();
    }
D   public void hinzufuegen(T elem)
    {
       inhalt.add(elem);
    }
E   public void entfernen(T elem)
    {
       inhalt.remove(elem);
    }
F   public void praesentieren()
    {
        for (T temp : inhalt)
          System.out.println(temp);
    }
  }
```

Listing 2.26 Buch-CD: /beispiele/java/kap2/kap_2_3_15/Kollektion.java

A: Die Klasse `Kollektion` wird als ein Template definiert, indem ihr ein Übergabeparameter `<T>` zugeordnet wird. Java führt Templates seit der Version 5 ein und verwendet dafür die Bezeichnung **Generics**.

B: Ein Attribut `inhalt` vom Typ `ArrayList<T>` wird deklariert. Beachten Sie bitte, dass die deklarierte `ArrayList<T>` nicht mehr wie eine »gewöhnliche« `ArrayList` beliebige Objekte speichert, sondern maßgeschneidert nur Objekte vom Typ `T`.

Der Typ `T` könnte zwar jede beliebige Java-Klasse darstellen, aber eben nur diese *eine* Klasse. Eine gewöhnliche `ArrayList` kann Objekte unterschiedlicher Typen *gleichzeitig* speichern. Das verletzt den eigentlichen Gedanken einer streng typisierten Programmiersprache. Beim Auslesen der Objekte aus einer gewöhnlichen `ArrayList` kann nicht sichergestellt werden, was für ein Objekt zurückgeliefert wird (außer *dass* es ein Objekt ist).

Daher verbietet die definierte *ArrayList<T>*, dass Objekte *unterschiedlicher* Typen in einer `ArrayList` gespeichert werden, ohne jedoch die Anzahl der Typen einzuschränken, die gespeichert werden können.

C: Im Konstruktur wird das Attribut `inhalt` instanziiert.

D: Die Operation `hinzufuegen` akzeptiert nur einen Parameter vom Typ T. Auch an dieser Stelle wird nochmals sichergestellt, dass nur Objekte genau eines Typen T in einer `Kollektion` gleichzeitig vorkommen (ohne den Typ T einzuschränken).

E: Ein Element vom Typ T wird mit Hilfe dieser Operation aus der Kollektion entfernt.

F: Die Operation `praesentieren` bedient sich einer in Java 5 eingeführten und sehr eleganten Iterationsmöglichkeit. Die dargestellte `for`-Schleife iteriert über alle Elemente der `ArrayList inhalt`. Das jeweils aktuelle Element des Typs T wird in der temporären Variable `temp` gespeichert und kann ausgegeben werden.

Nun wird die Klasse `Schmuckstueck` realisiert, die als Übergabeparameter für die `Schmuckkollektion` dienen wird:

```
class Schmuckstueck
{
   public String bezeichnung;
   public Schmuckstueck(String bez)
   {
      bezeichnung = bez;
   }
A  public String toString()
   {
      return bezeichnung;
   }
}
```

Listing 2.27 Buch-CD: /beispiele/java/kap2/kap_2_3_15/Schmuckstueck.java

A: Lediglich zu Ausgabezwecken wird die Operation `toString` implementiert.

Mit der folgenden Hauptoperation wird die Verwendung eines Templates demonstriert:

```
   public static void main(String[] args)
   {
A     Schmuckstueck s1 = new Schmuckstueck("Ohrring");
      Schmuckstueck s2 = new Schmuckstueck("Halskette");
      Schmuckstueck s3 = new Schmuckstueck("Diamant-Ring");
B     Kollektion<Schmuckstueck> schmuckKollektion =
                         new Kollektion<Schmuckstueck>();
```

```
C    schmuckKollektion.hinzufuegen(s1);
     schmuckKollektion.hinzufuegen(s2);
     schmuckKollektion.hinzufuegen(s3);
D    schmuckKollektion.praesentieren();
}
```

Listing 2.28   Buch-CD: /beispiele/java/kap2/kap_2_3_15/Test.java

A: Drei unterschiedliche Objekte der Klasse Schmuckstueck werden instanziiert.

B: Eine Kollektion von Schmuckstücken (schmuckKollektion) wird angelegt. Die Übergabe des im Template definierten Parameters T (binden) erfolgt einfach durch das Anhängen des Klassennamens (in spitzen Klammern) an den Templatenamen.

C: Der gerade erzeugten schmuckKollektion werden drei Schmuckstuecke hinzugefügt.

D: Die schmuckkollektion wird präsentiert. Die erwartungsgemäße Ausgabe lautet:

```
Ohrring
Halskette
Diamant-Ring
```

Realisierung in C#

C# unterstützt Templates seit der Sprachversion 2.0 und bezeichnet sie wie Java als **Generics**. Die Implementierung erfolgt ähnlich wie in Java:

```
A class Kollektion<T>
  {
B    protected List<T> inhalt;

C    public Kollektion()
     {
         inhalt = new List<T>();
     }
D    public void hinzufuegen(T elem)
     {
         inhalt.Add(elem);
     }
     public void entfernen(T elem)
     {
         inhalt.Remove(elem);
     }
```

```
E    public void praesentieren()
     {
        foreach(T temp in inhalt)
          Console.WriteLine(temp);
     }
  }
```

Listing 2.29 Buch-CD: /beispiele/c#/kap2/kap_2_3_15/Kap_2_3_15.cs

A: Auch in C# wird die Klasse Kollektion als ein Template definiert, indem ihr ein Übergabeparameter <T> zugeordnet wird.

B: Die generische Listenklasse List wird verwendet, um beliebige Objekte des Typs <T> in der Kollektion abzulegen.

C: Im Konstruktor wird die allgemeine Listenklasse mit dem Typ <T> initialisiert, ohne die Art des Objekttyps einzuschränken.

D: Die Operationen hinzufuegen und entfernen arbeiten mit allen Objekten vom Typ <T>.

E: Die Iteration über alle Elemente der Liste inhalt erfolgt über die sehr elegante foreach-Schleife.

Die Klasse Schmuckstueck wird beinahe ohne Änderungen gegenüber der entsprechenden Java-Klasse implementiert:

```
class Schmuckstueck
{
  public string bezeichnung;
  public Schmuckstueck(string bez)
  {
    bezeichnung = bez;
  }
  public override string ToString()
  {
    return bezeichnung;
  }
}
```

Listing 2.30 Buch-CD: /beispiele/c#/kap2/kap_2_3_15/Kap_2_3_15.cs

Bei der Verwendung eines Templates gibt es zwischen Java und C# keine nennenswerten Unterschiede. Sie finden den Beispiel-Quellcode auf der Buch-CD im Ordner */beispiele/c#/kap2/kap_2_3_15*.

2.3.16 Schnittstelle

Abbildung 2.51 Schnittstelle

Beschreibung

Eine **Schnittstelle** (engl. Interface) modelliert eine Art **Vertrag zwischen Klassen**, dessen Vertragsverpflichtungen dabei sowohl Attribute wie auch Operationen umfassen können und wird durch ein Klassensymbol mit dem Stereotypen <<interface>> notiert.

Die in Abbildung 2.51 gezeigte Schnittstelle spezifiziert beispielsweise, dass eine Klasse, die als Nahrung wahrgenommen werden möchte, eine Operation wirdGegessen zur Verfügung stellen muss.

Schnittstellen können nicht instanziiert werden, weil sie selbst und all ihre Operationen immer als abstract angesehen werden. Sie ähneln konzeptuell den abstrakten Klassen und werden wie sie von anderen Klassen realisiert.

Eine Schnittstelle enthält u.a. die Spezifikation der Aufrufe von Operationen, macht aber keine Aussage zur Operation selbst.

Eine Schnittstelle kann von beliebig vielen Klassen realisiert bzw. implementiert werden, wie auch eine Klasse beliebig viele Schnittstellen realisieren kann. Eine **realisierte Schnittstelle** (engl. Provided Interface) wird mit Hilfe des Ball-Symbols oder einer Realisierung (siehe Abschnitt 2.3.11) notiert (siehe Abbildung 2.52):

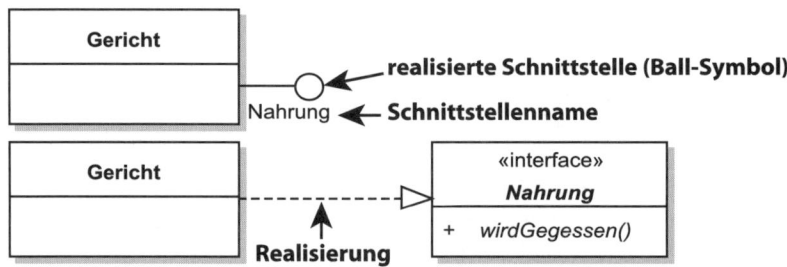

Abbildung 2.52 Realisierung einer Schnittstelle

Das Gegenstück dazu bilden Klassen, die Operationen einer Schnittstelle benötigen, um vollständig und funktionsfähig zu sein. **Benötigte Schnittstellen** (engl. Required Interfaces) können mit einem `Socket`-Symbol oder einer `<<use>>`-Abhängigkeit (siehe Abschnitt 2.3.11) modelliert werden (siehe Abbildung 2.53).

Auf Basis einer Schnittstelle (eines Vertrags) können zwei Klassen miteinander kommunizieren und interagieren. Eine solche Zusammenarbeit kann auf beide in Abbildung 2.54 dargestellte Weisen notiert werden.

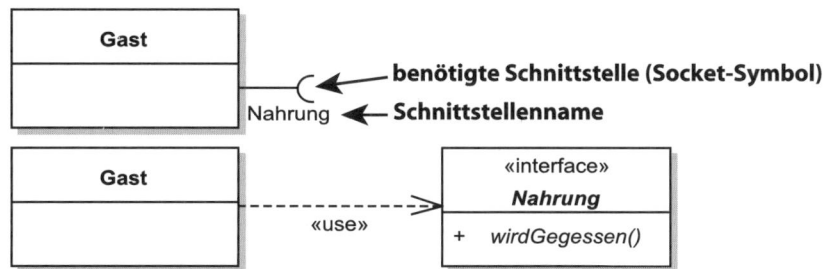

Abbildung 2.53 Benötigte Schnittstelle

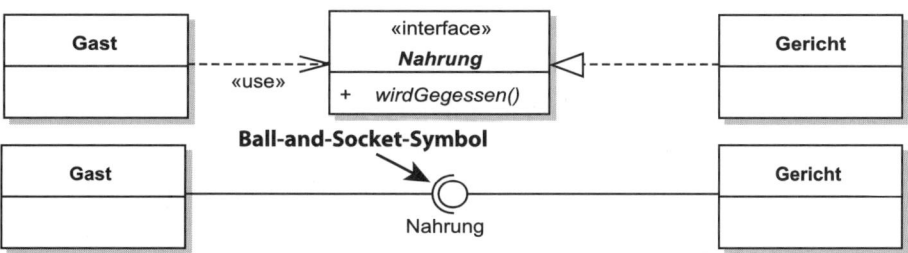

Abbildung 2.54 Zusammenarbeit über eine Schnittstelle

Verwendung

Schnittstellendefinitionen gehören zu den wichtigsten und folgenschwersten Festlegungen während der Softwareentwicklung. Schnittstellen teilen große Softwaresysteme in Teilsysteme, definieren ihre Verträge untereinander und müssen daher strengstens eingehalten werden.

Solange der Vertrag (die Schnittstelle) unverändert bleibt, kann die Implementierung der realisierenden Klasse in großen Teilen modifiziert werden, ohne dass es Auswirkungen auf die in Anspruch nehmenden (`<<use>>`-) Klassen hätte.

Es ist andererseits zumeist sehr aufwändig, bereits definierte und verwendete Schnittstellen zu ändern, weil sich die Änderungen auf alle beteiligten Klassen fortsetzen.

Realisierung in Java

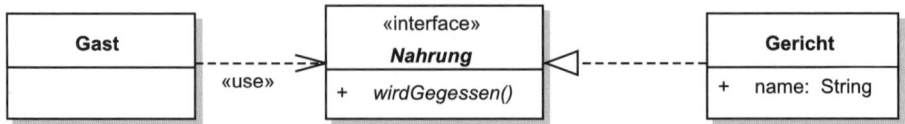

Abbildung 2.55 Schnittstellenbeispiel

Als erstes wird die Schnittstelle Nahrung aus Abbildung 2.55 definiert:

```
A public interface Nahrung
  {
B   public void wirdGegessen();
  }
```

Listing 2.31 Buch-CD: /beispiele/java/kap2/kap_2_3_16/Nahrung.java

A: Eine Schnittstelle wird in Java UML-konform mit dem Schlüsselwort interface deklariert. Da die Schnittstelle öffentlich sein muss, wird ihr das Schlüsselwort public vorangestellt.

B: Die Schnittstelle spezifiziert, dass eine realisierende Klasse die Operation wirdGegessen bereitstellen muss.

Die Klasse Gericht implementiert die Schnittstelle Nahrung:

```
A class Gericht implements Nahrung
  {
    public String name;
    public Gericht(String n)
    {
      name = n;
    }
B   public void wirdGegessen()
    {
      System.out.println("Gericht "+name+" wird gegessen");
    }
  }
```

Listing 2.32 Buch-CD: /beispiele/java/kap2/kap_2_3_16/Gericht.java

A: Die Implementierung einer Schnittstelle wird in Java mit dem Schlüsselwort implements signalisiert. Im Unterschied zu einer Generalisierungsbeziehung kann eine Klasse in Java durchaus mehrere Schnittstellen implementieren, deren Auflistung Kommata-getrennt hinter dem implements-Schlüsselwort erfolgen würde.

B: Die geforderte Operation `wirdGegessen` wird bereitgestellt. In unserem Beispiel erfolgt lediglich eine Ausgabe des Gerichts, das gerade gegessen wird.

Nun kann ein `Gast` die Schnittstelle `Nahrung` in Anspruch nehmen:

```
   class Gast
   {
A  public Nahrung mittagessen;
   public Gast()
   {
B     mittagessen = new Gericht("Wiener-Schnitzel");
   }
   }
```

Listing 2.33 Buch-CD: /beispiele/java/kap2/kap_2_3_16/Gast.java

A: Die Klasse `Gast` deklariert, dass sie die Schnittstelle `Nahrung` benötigt und bezeichnet sie als `mittagessen`.

B: Als Implementierung der Schnittstelle wird `Gericht` verwendet.

Eine kleine Hauptoperation demonstriert die Verwendung der Schnittstelle:

```
   public static void main(String[] args)
   {
A  Gast gast = new Gast();
   gast.mittagessen.wirdGegessen();
   }
```

Listing 2.34 Buch-CD: /beispiele/java/kap2/kap_2_3_16/Test.java

A: Nachdem ein neues Objekt von Typ `Gast` instanziiert wurde, greift dieser über die Schnittstelle `mittagessen` auf die Operation `wirdGegessen` zu. Die Ausgabe der Operation lautet:

```
Gericht Wiener-Schnitzel wird gegessen
```

Realisierung in C#

Die Implementierung und Verwendung einer Schnittstelle in C# ist derjenigen in Java sehr ähnlich:

```
A public interface Nahrung
  {
B   void wirdGegessen();
  }
```

Listing 2.35 Buch-CD: /beispiele/c#/kap2/kap_2_3_16/Kap_2_3_16.cs

A: In C# werden Schnittstellen ebenfalls konform zu der UML-Spezifikation mit dem Schlüsselwort `interface` deklariert.

B: Den innerhalb einer Schnittstelle verlangten Operationen braucht das Schlüsselwort `public` nicht vorangestellt werden, weil sie in C# immer als öffentlich angesehen werden.

```
A class Gericht : Nahrung
  {
    public string name;
    public Gericht(string n)
    {
      name = n;
    }
    public void wirdGegessen()
    {
      Console.WriteLine("Gericht "+name+" wird gegessen");
    }
  }
```

Listing 2.36 Buch-CD: /beispiele/c#/kap2/kap_2_3_16/Kap_2_3_16.cs

A: In C# wird die Implementierung einer Schnittstelle mit einem Doppelpunkt signalisiert.

```
  class Gast
  {
A   public Nahrung mittagessen;
    public Gast()
    {
      mittagessen = new Gericht("Wiener-Schnitzel");
    }
  }
```

Listing 2.37 Buch-CD: /beispiele/c#/kap2/kap_2_3_16/Kap_2_3_16.cs

A: Die Verwendung von Schnittstellen kann in C# wie in Java erfolgen.

2.3.17 Anmerkung

Abbildung 2.56 Anmerkung

Beschreibung

Mit einer **Anmerkung** (engl. Note) werden **Kommentare zu beliebigen Notationselementen** in einem Diagramm platziert.

Anmerkungen haben selbst keine semantische Bedeutung, können jedoch Informationen enthalten, die für das Modell durchaus relevant sind. Anmerkungen sind nicht auf Klassendiagramme beschränkt, sondern können in allen UML-Diagrammen verwendet werden.

Die Zuordnung erfolgt mit Hilfe einer gestrichelten Linie (siehe Abbildung 2.57):

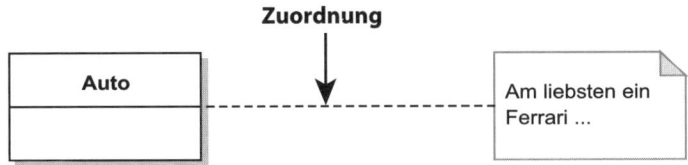

Abbildung 2.57   Zuordnung einer Anmerkung zu einer Klasse

2.4   Lesen eines Klassendiagramms

An dieser Stelle kommen wir auf das Klassendiagramm aus dem Übersicht-Abschnitt 2.2 zurück.

Das Klassendiagramm aus Abbildung 2.58 zeigt das Modell eines Restaurants.

Folgende Klassen können dem Diagramm entnommen werden:

▶ Restaurant

▶ Mitarbeiter

▶ Gast

▶ Kellner

▶ Koch

▶ Bestellung

▶ Nahrung (**Stereotyp** <<interface>>)

▶ Gericht

▶ Geschmack

▶ Geruch

▶ Menuepunkt (**Stereotyp** <<enumeration>>)

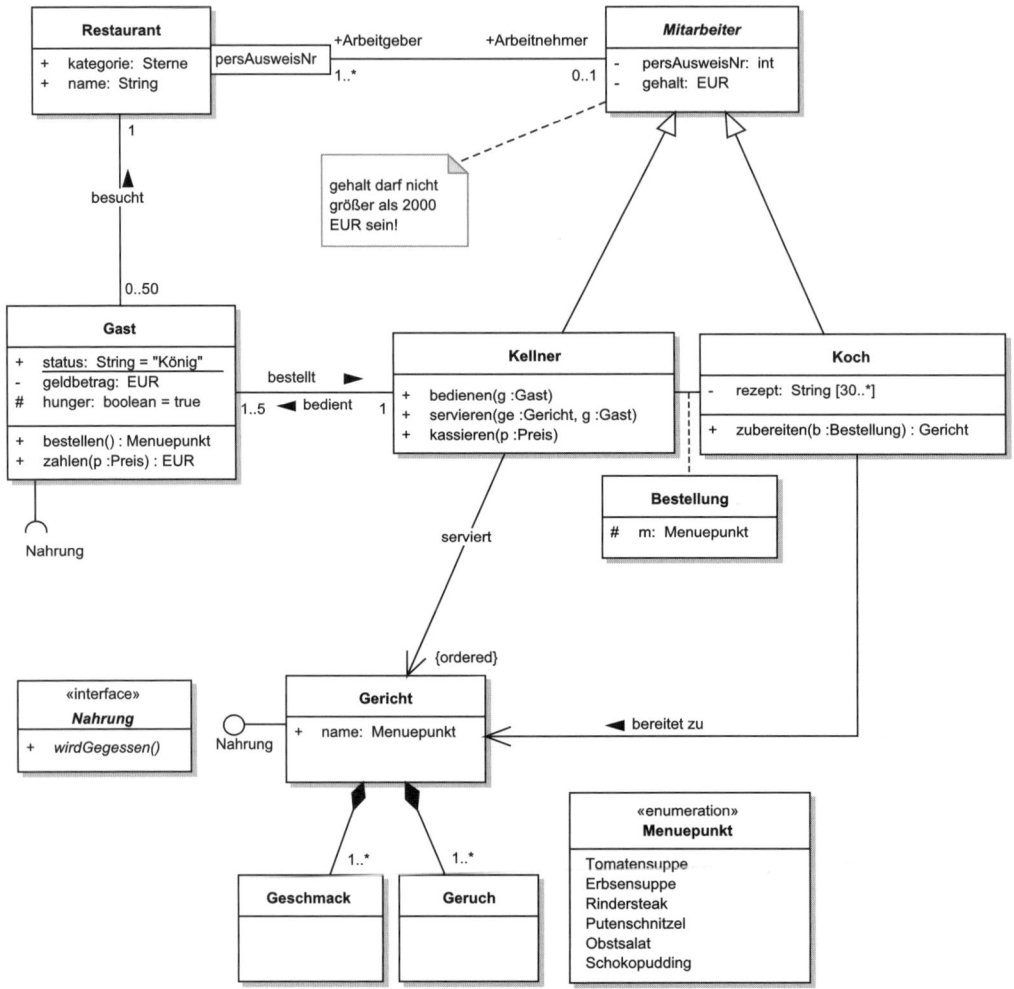

Abbildung 2.58   Ein Restaurant als Klassendiagramm

Ein Restaurant besitzt zwei öffentliche (public: +) Attribute:

▶ name vom Typ string (Zeichenkette) und

▶ kategorie des Typs Sterne.

Ein Gast besucht gleichzeitig immer nur ein Restaurant, während ein Restaurant bis zu 50 Gästen Platz bietet. Ein Klassenattribut status legt mit seinem Vorgabewert fest, dass jeder Gast ein König ist.

Ein Gast hat einen privaten (private: -) geldbetrag und ein geschütztes (protected: #) Attribut hunger, das anfangs wahr ist (= true). Die Definition als geschützt verdeutlicht, dass ein Gast Fremden gegenüber sein Hungergefühl verbirgt. Seinen »Erben« (im Sinne der Objektorientierung), z. B. seinen Kindern, gibt er sein Hungergefühl dagegen preis.

Ein Gast kann einen Menuepunkt bestellen und einen Preis zahlen. Für seine Existenz benötigt er die Schnittstelle Nahrung, er muss also essen können.

Die Attribute eines Mitarbeiters sind als private deklariert (-). Damit wird ausgedrückt, dass keinem außer einem Mitarbeiter selbst der Zugriff auf die persAusweisNr und das gehalt gewährt werden soll. Eine Anmerkung besagt weiterhin, dass sein gehalt 2000 EUR nicht übersteigen darf.

Die Rollenangaben an der qualifizierten Assoziation zwischen einem Mitarbeiter und einem Restaurant definieren, dass ein Restaurant aus der Sicht eines Mitarbeiters ein Arbeitgeber ist. Andersherum befindet sich ein Mitarbeiter einem Restaurant gegenüber in der Rolle eines Arbeitnehmers.

Die Multiplizitäten der Assoziation besagen, dass ein Arbeitnehmer bei mindestens einem aber durchaus bei beliebig vielen Restaurants arbeiten kann. Ein Restaurant kann beliebig viele Arbeitnehmer beschäftigen, referenziert diese jedoch über deren persAusweisNr. Die Verwendung des Qualifizierers senkt die mögliche Anzahl der darüber angesprochenen Arbeitnehmer auf 0 bis 1.

Durch die kursive Schreibweise des Klassennamens Mitarbeiter wird dieser als abstrakt definiert und ist damit nicht instanziierbar. Erst die beiden davon erbenden Subklassen Kellner und Koch spezialisieren die Attribute und Operationen eines Mitarbeiters, so dass ein Kellner bzw. Koch instanziiert werden können.

Ein Kellner kann 1 bis 5 Gäste bedienen, ihnen ein Gericht servieren und den Preis kassieren.

Das servieren von Gerichten führt ein Kellner in einer geordneten Reihenfolge durch (Einschränkung {ordered} an der Assoziation zu Gericht). Ein Gast sollte beispielsweise sein Dessert nicht vor der Hauptspeise erhalten. Die gerichtete Assoziation zwischen Kellner und einem Gericht zeigt ebenfalls, dass ein Kellner das von ihm zu servierende Gericht kennt. Ein Gericht muss jedoch den Kellner, von dem es serviert wird, nicht unbedingt kennen.

Ein Gericht kann nur einen namen aus der modellierten Aufzählung Menupunkt erhalten.

Die gewählte Komposition der Gerüche (Klasse Geruch) und Geschmacksrichtungen (Klasse Geschmack) macht ein Gericht erst vollständig. Weiterhin bedeutet dies, dass die Zerstörung oder Entnahme auch nur eines der Gerüche oder Geschmacksrichtungen das gesamte Gericht zerstört.

Das Gericht realisiert die Schnittstelle Nahrung, deren einzige spezifizierte Operation wirdGegessen ist.

Ein Koch dieses Restaurants kann von einem der Kellner angewiesen werden, eine Bestellung zuzubereiten. Ein Attribut Bestellung kann weder dem Kellner noch dem Koch eindeutig zugeordnet werden. Eine Bestellung spielt ihre zentrale Rolle erst bei der Zusammenarbeit der beiden Klassen und wird daher als eine Assoziationsklasse modelliert.

Weiterhin kennt ein guter Koch mindestens 30 rezepte, die er niemals verraten würde, was deren Modellierung als private notwendig macht.

2.5   Irrungen und Wirrungen

Zu den wichtigen Aufgaben von CASE-Werkzeugen (Computer Aided Software Engineering) gehört eine automatisierte Überprüfung der Konsistenz und syntaktischen Korrektheit ihres Modells, um Sie bei der Fehlervermeidung während der Modellierung zu unterstützen. Einige Test- und Vollversionen solcher Werkzeuge finden Sie auf der Buch-CD im Ordner *uml-tools*.

Nichtsdestotrotz ist es für das Verständnis der jeweiligen Diagrammart förderlich, sich einige der häufigsten Modellierungsfehler bewusst zu machen. Die häufigsten Fehler in Klassendiagrammen stellt Abbildung 2.59 vor.

A: Klassenname fehlt
Der Name einer Klasse muss angegeben werden.

B: Ungünstiger Klassenname
Verzichten Sie auf Sonderzeichen und Umlaute bei jeglichen Namen, die Sie im Modell verwenden. Klassennamen sollten mit einem Großbuchstaben beginnen und in Singular gehalten werden.

C: Wiederholte Definition
Klassennamen müssen innerhalb eines Namensraums eindeutig sein (Namensräume werden in Kapitel 7 detailliert behandelt).

D: Attributname fehlt
Der Name eines Attributs muss angegeben werden.

E: Ungünstiger Attributname
Halten Sie Attributnamen in Singular und beginnen Sie mit einem Kleinbuchstaben. Verzichten Sie auf Sonderzeichen und Umlaute.

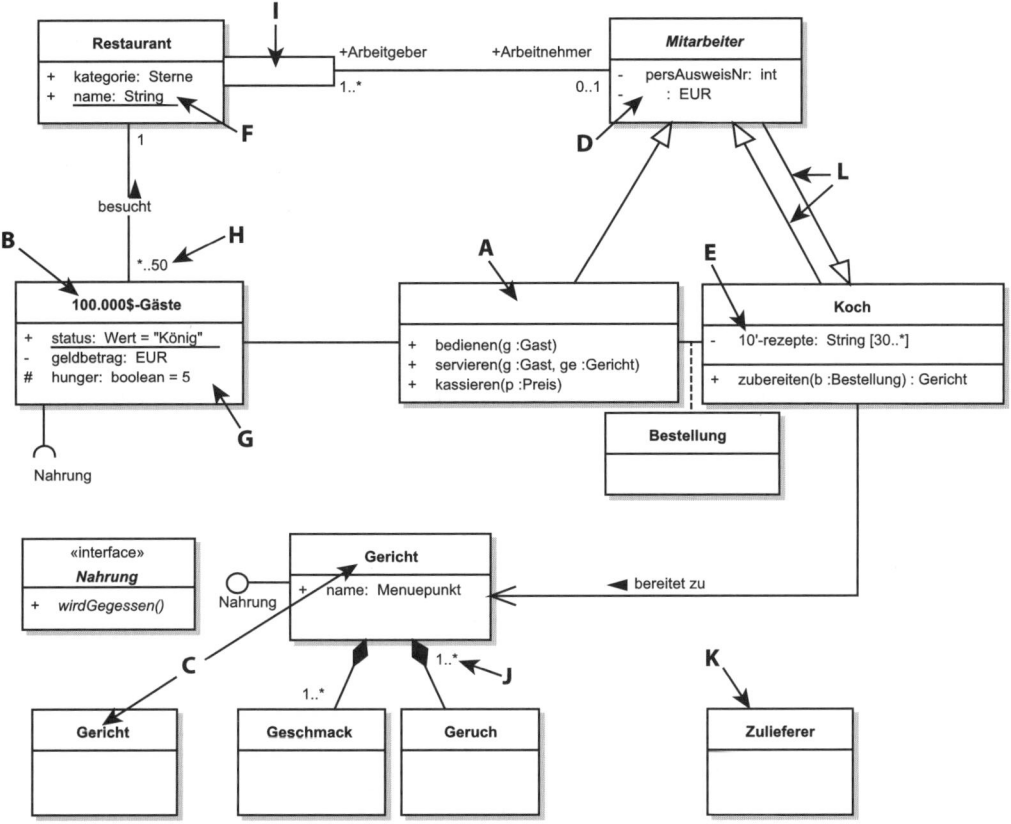

Abbildung 2.59 Mögliche Fehler in Klassendiagrammen

F: Falsche Verwendung von Klassenattributen

Das Attribut name wird nicht für alle Restaurants gleich sein und muss nicht bereits verfügbar sein, bevor das erste Restaurant-Objekt instanziiert wird. Der name wird für die meisten Instanzen eines Restaurants unterschiedlich sein und sollte daher als Instanzattribut modelliert werden.

Klassenattribute und -operationen sollten möglichst sparsam verwendet werden.

G: Ungültiger Vorgabewert

Der Vorgabewert muss zum Datentyp des Attributs passen. Bei diesem Attribut ist beispielsweise nur true oder false als Vorgabewert erlaubt.

H: Ungültige Multiplizität

Die untere Grenze darf nicht größer (* bedeutet beliebig viele) sein als die obere (50).

I: Qualifizierer fehlt

Modellieren Sie eine qualifizierte Assoziation, muss zwingend ein Attribut der gegenüberliegenden Klasse als Qualifizierer angegeben werden.

J: Multiplizität der Komposition falsch

Ein Teil-Objekt darf bei einer Komposition nicht gleichzeitig in mehreren Ganzen verwendet werden (bei der Aggregation ist dies hingegen durchaus möglich).

K: Klasse ohne Assoziation

Eine Klasse, die keine Assoziation besitzt, weist zumeist auf Fehler im Modell hin. Üblicherweise müssen Klassen miteinander interagieren, um eine Dienstleistung im Modell zu erbringen. Entweder fehlt also eine geeignete Assoziation oder die Klasse wird im aktuellen Modell tatsächlich nicht benötigt.

L: Generalisierungsbeziehung falsch

Zwei Klassen können sich nicht gleichzeitig gegenseitig spezialisieren.

2.6 Zusammenfassung

Abschließend werden die wichtigsten Notationselemente und deren Bedeutung übersichtsartig zusammengefasst:

▶ **Klassen** repräsentieren Baupläne für Objekte.

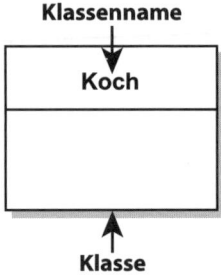

Abbildung 2.60 Klasse

▶ **Attribute** stellen die statischen Eigenschaften der Klasse dar, **Operationen** ihre dynamischen Fähigkeiten (siehe Abbildung 2.61).

▶ Eine **abstrakte Klasse** definiert einen (möglicherweise unvollständigen) Bauplan auf einer sehr abstrakten Ebene, auf der noch keine konkreten Objekte erzeugt werden können (siehe Abbildung 2.62).

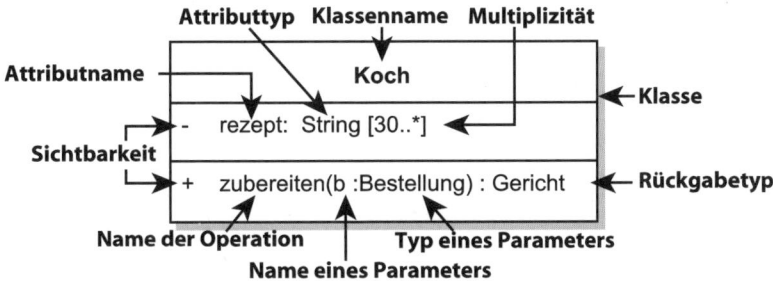

Abbildung 2.61 Attribut und Operation

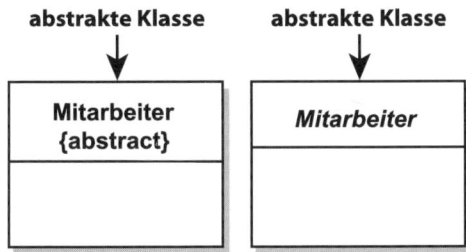

Abbildung 2.62 Abstrakte Klassse

▶ **Templates** ermöglichen durch die Parametrisierung von Klassendefinitionen eine Art Baupläne für Klassen zu entwerfen.

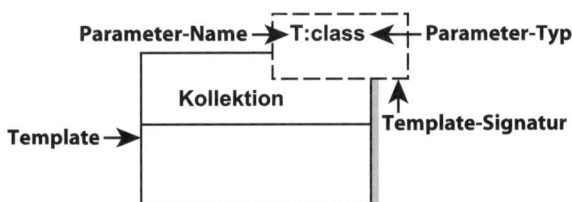

Abbildung 2.63 Template

▶ **Assoziationen** modellieren Beziehungen zwischen Klassen.

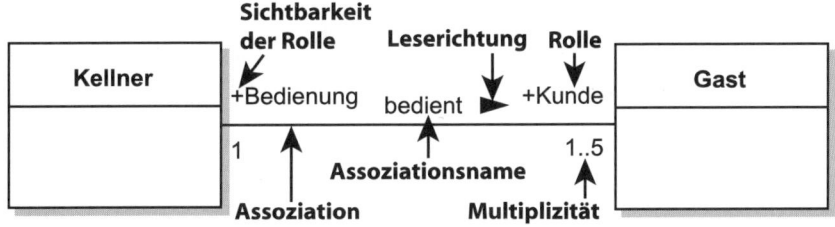

Abbildung 2.64 Assoziation

▶ Eine **Aggregation** definiert eine lose Ganzes-Teile-Beziehung zwischen Klassen, bei der die Teile vom Ganzen getrennt werden können ohne das Ganze zu zerstören.

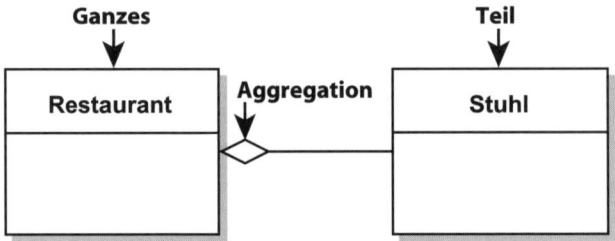

Abbildung 2.65 Aggregation

▶ Eine **Komposition** stellt eine starke Form der Aggregation dar, bei der die Verbindung zwischen dem Ganzen und den Teilen als untrennbar angesehen wird.

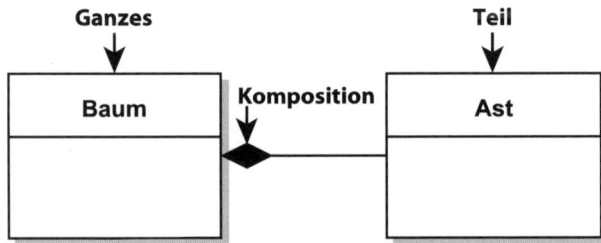

Abbildung 2.66 Komposition

▶ Die **Generalisierung** modelliert eine Beziehung zwischen einer spezifischen Subklasse und einer allgemeinen Superklasse.

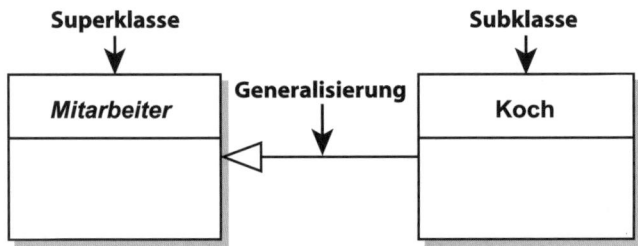

Abbildung 2.67 Generalisierung

▶ **Stereotypen** spezifizieren den Zweck oder die Art von Notationselementen.

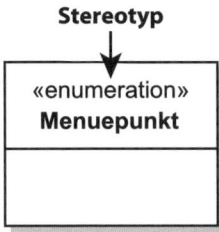

Abbildung 2.68 Stereotyp

▶ Mit einer **Schnittstelle** wird eine Art **Vertrag zwischen Klassen** definiert, dessen Inhalt sowohl Attribute wie auch Operationen umfassen kann.

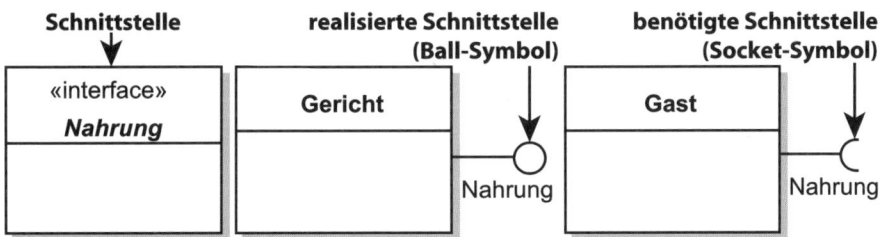

Abbildung 2.69 Schnittstelle

▶ In **Anmerkungen** können beliebige Kommentare platziert werden.

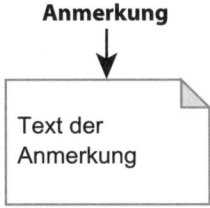

Abbildung 2.70 Anmerkung

Das Objektdiagramm zeigt eine Momentaufnahme
der Objekte eines Systems.

3 Objektdiagramm

3.1 Anwendungsbereiche

Ein Objektdiagramm (engl. Object Diagram) kann als Sonderfall eines Klassendiagramms angesehen werden.

Während ein Klassendiagramm die allgemeinen Baupläne und alle möglichen Beziehungen der Objekte untereinander modelliert, stellt das zugehörige Objektdiagramm die tatsächlich erzeugten Objekte, deren Attributwerte und Beziehungen innerhalb eines begrenzten Zeitraums zur Laufzeit dar.

Aus diesem Grund werden Objektdiagramme in allen Phasen der Softwareentwicklung parallel zu Klassendiagrammen eingesetzt. Ihre Verwendung wird zumeist jedoch nur notwendig, wenn komplexe Klassendiagramme anhand von Beispielen verdeutlicht und überprüft werden sollen.

3.2 Übersicht

Abbildung 3.1 präsentiert die wichtigsten Notationselemente von Objektdiagrammen:

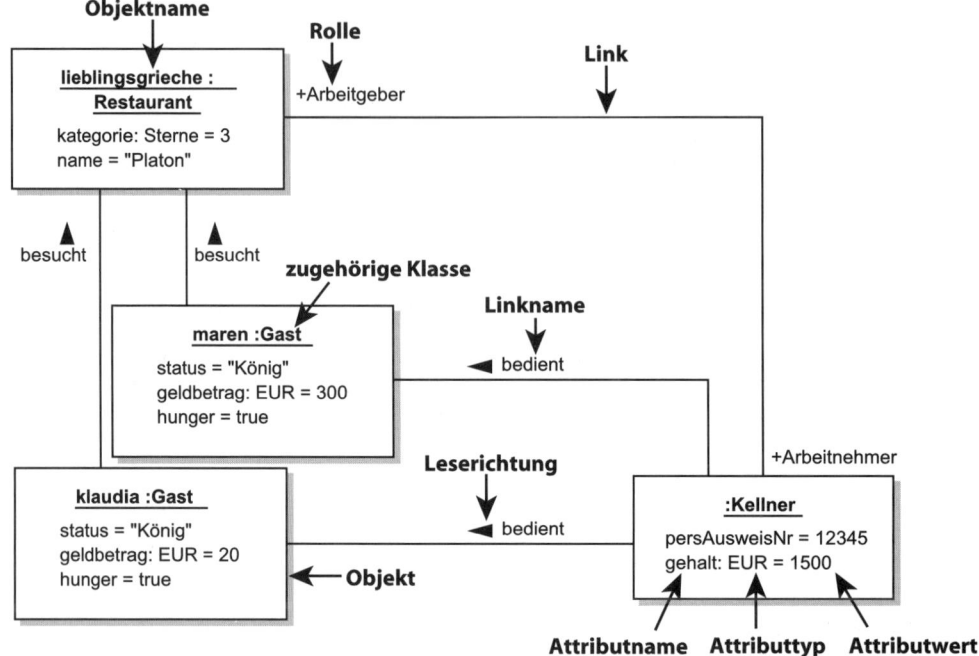

Abbildung 3.1 Notationselemente von Objektdiagrammen

3.3 Notationselemente

3.3.1 Objekt

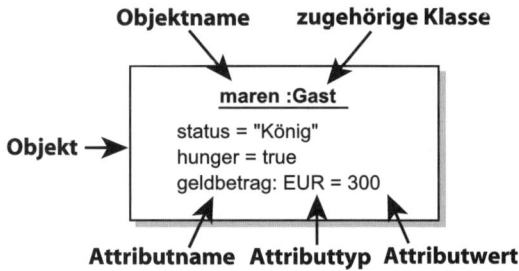

Abbildung 3.2 Objekt

Beschreibung

Ein **Objekt** (engl. Object) entsteht bei der Realisierung eines Bauplans, den eine Klasse spezifiziert. Es wird auch als **Instanz** oder **Ausprägung einer Klasse** bezeichnet.

Abbildung 3.2 zeigt ein Objekt maren und dessen Attribute mit Attributwerten, die ihren Zustand festlegen. Im Unterschied zum Notationselement einer Klasse werden Objektname und Klassenzugehörigkeit unterstrichen dargestellt. Auf Darstellung von Operationen wird bei Objekten verzichtet.

Das Objekt maren der Klasse Gast wird zu einem Zeitpunkt ihres Lebens gezeigt, in dem seine Attribute status den Wert »König«, geldbetrag vom Typ EUR den Wert 300 und hunger den Wert true aufweist. Anschaulich ausgedrückt, besitzt der Gast maren 300 EUR, ist hungrig und wird wie ein König behandelt. Die Attributwerte müssen erwartungsgemäß zu den Typen der Attribute passen.

Das Objektdiagramm beschreibt nicht, wie maren in diesen Zustand gekommen ist oder welches ihr nächster Zustand ist. Die Modellierung aller Zustände und Zustandsübergänge ist Aufgabe des Zustandsdiagramms, das Sie in Kapitel 10 kennen lernen.

Die Angabe der Attribute und Attributwerte eines Objektes kann unvollständig sein und nur diejenigen umfassen, die gerade für seinen Zustand bedeutend sind.

Abbildung 3.3 zeigt ein Objekt der Klasse Gast mit dem Namen maren während der Erteilung einer Bestellung.

Zu diesem Zeitpunkt hatte maren demnach 300 EUR und den status "König". Das Attribut hunger wird ausgeblendet, da es bei der Erteilung einer Bestellung nicht zwingend eine Rolle spielen muss.

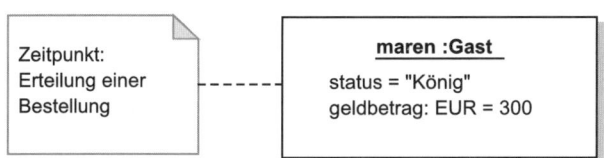

Abbildung 3.3   Unvollständige aber zulässige Objektspezifikation

Die Instanziierung einer Klasse durch ein Objekt kann auch mit Hilfe der <<instantiate>>-Abhängigkeit modelliert werden:

Abbildung 3.4   Instanziierung einer Klasse

Abbildung 3.4 zeigt, dass das Objekt maren eine Instanz der Klasse Gast darstellt. Man erkennt dies zwar auch an der Klassenbezeichnung hinter dem Doppelpunkt im Objektnamen. Die Darstellung aus Abbildung 3.4 hebt jedoch den Zusammenhang zwischen Objekt und Klasse hervor und zeigt den »Bauplan« und das »Produkt« in einem Diagramm.

Verwendung

Objektdiagramme sind hilfreich, um den konkreten Zustand einzelner Objekte in einem gegebenen Kontext darzustellen. Sie stellen i.a. die Werte der Attribute dar, die diesen Zustand charakterisieren. Alle anderen Attribute werden aus Gründen der Überschaubarkeit weggelassen.

Bei der Darstellung der Objekte können Klassendiagramme auf deren Vollständigkeit und Korrektheit überprüft werden. Benötigen Sie in einem der Objektdiagramme ein Objekt, das keiner der Klassen zugeordnet werden kann, ist Ihr Klassendiagramm unvollständig. Klassen dagegen, nach deren Bauplan kein Objekt erzeugt werden musste, können eventuell aus dem Klassendiagramm entfernt werden.

Realisierung in Java

Zur Implementierung wird das Beispiel aus Abbildung 3.4 herangezogen.

Zunächst wird eine Klasse EUR erstellt, die den Datentyp für geldbetrag realisiert. Sie kapselt lediglich eine Fließkommazahl (float):

```
class EUR
{
  public float betrag;
  public EUR(float b)
  {
    betrag = b;
  }
}
```

Listing 3.1 Buch-CD: /beispiele/java/kap3/kap_3_3_1/EUR.java

Nun kann die Klasse Gast implementiert werden:

```
class Gast
{
  public static String status = "König";
A private EUR geldbetrag;
  protected boolean hunger;
```

```
B    public Gast(EUR g, boolean h)
     {
        geldbetrag = g;
        hunger = h;
     }
B    public Gast(EUR g)
     {
        geldbetrag = g;
        hunger = true;
     }
  }
```

Listing 3.2 Buch-CD: /beispiele/java/kap3/kap_3_3_1/Gast.java

A: Der `geldbetrag` erhält den geforderten Typ `EUR`.

B: Java bietet keine Möglichkeit, Vorgabewerte für Übergabeparameter zu definieren, was für das Attribut `hunger` notwendig wäre. Daher bedient sich dieses Beispiel der Überladung von Konstruktoren und emuliert damit eine Art Vorgabewert.

Eine einfache Hauptoperation demonstriert die Instanziierung eines Objekts der Klasse `Gast`:

```
    public static void main(StringL] args)
    {
A      Gast maren = new Gast(new EUR(300), true);
    }
```

Listing 3.3 Buch-CD: /beispiele/java/kap3/kap_3_3_1/Test.java

A: Das in Abbildung 3.4 gezeigte Objekt `maren` mit einem `geldbetrag` von `300` `EUR` und `hunger = true` wird mit Hilfe des `new`-Operators instanziiert.

Das Attribut `status` muss nicht gesetzt werden, da es als Klassenattribut für alle Objekte der Klasse `Gast` verfügbar ist und bereits bei seiner Deklaration mit `"König"` vorbelegt wird.

Realisierung in C#

Die Umsetzung und Instanziierung der Klasse `Gast` unterscheidet sich in C# nicht wesentlich von der in Java:

```
   public class Gast
   {
     public static string status = "König";
     private EUR geldbetrag;
A    protected bool hunger;
     public Gast(EUR g, bool h)
     {
       geldbetrag = g;
       hunger = h;
     }
     public Gast(EUR g)
     {
       geldbetrag = g;
       hunger = true;
     }
   }
```

Listing 3.4   Buch-CD: /beispiele/c#/kap3/kap_3_3_1/Kap_3_3_1.cs

A: In C# muss statt boolean der Datentyp bool verwendet werden.

```
   static void Main(string[] args)
   {
A    Gast maren = new Gast(new EUR(300), true);
   }
```

Listing 3.5   Buch-CD: /beispiele/c#/kap3/kap_3_3_1/Kap_3_3_1.cs

A: Das in Abbildung 3.4 dargestellte Objekt maren der Klasse Gast wird mit einem geldbetrag von 300 EUR und hunger = true angelegt, was in C# ebenfalls mit dem new-Operator durchgeführt wird.

3.3.2   Link

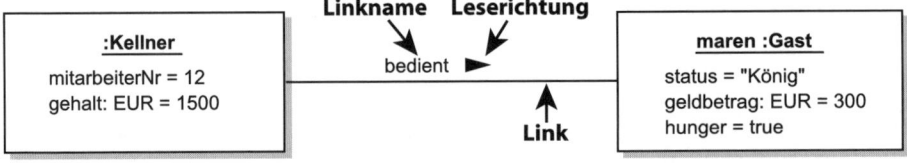

Abbildung 3.5   Link

Beschreibung

Ein **Link** repräsentiert eine **Beziehung zwischen zwei Objekten**.

In einem Klassendiagramm werden Beziehungen zwischen Klassen als Assoziationen bezeichnet. In einem Objektdiagramm ist ein Link die konkrete Ausprägung einer Assoziation.

Grafisch sind Links und Assoziationen nicht unterscheidbar. Durch ihre Verwendung zwischen Klassen bzw. Objekten sind sie jedoch nicht zu verwechseln.

Links erhalten alle Aspekte ihrer zugehörigen Assoziation, wie z.B. Rollen, Namen, Leserichtungen oder Eigenschaften. Allein eine Multiplizität höher als 1 ist nicht erlaubt, weil Links immer genau zwei Objekte verbinden. Hat eines der instanziierten Assoziationsenden eine Multiplizität größer als 1, können mehrere Links zu mehreren Objekten modelliert werden.

Verwendung

Genauso wie ein Klassendiagramm ohne Assoziationen nicht viel mehr als eine Anhäufung von beziehungslosen Klassen ist, stellt ein Objektdiagramm ohne Links eine Anhäufung von beziehungslosen Objekten dar. Verbinden Sie daher Objekte mit Links auf dieselbe Art, wie Sie Klassen mit Assoziationen verbinden.

Sollte Ihnen während der Erstellung eines Objektdiagramms auffallen, dass ein Link benötigt wird, dem keine entsprechende Assoziation im Klassendiagramm gegenübersteht, ist Ihr Klassendiagramm unvollständig und muss erweitert werden. Assoziationen aus Klassendiagrammen, die in keinem der Objektdiagramme verwendet wurden, sind darauf zu überprüfen, ob sie im Klassendiagramm wirklich benötigt werden.

Realisierung in Java

Das Objektdiagramm aus Abbildung 3.6 zeigt im oberen Teil die Klassen `Kellner` und `Gast`, die durch eine Assoziation verbunden sind.

Der untere Teil der Abbildung beinhaltet die Objekte und einen Link, die diese beiden Klassen sowie die Assoziation instanziieren.

Dieses Objektdiagramm soll im Folgenden umgesetzt werden.

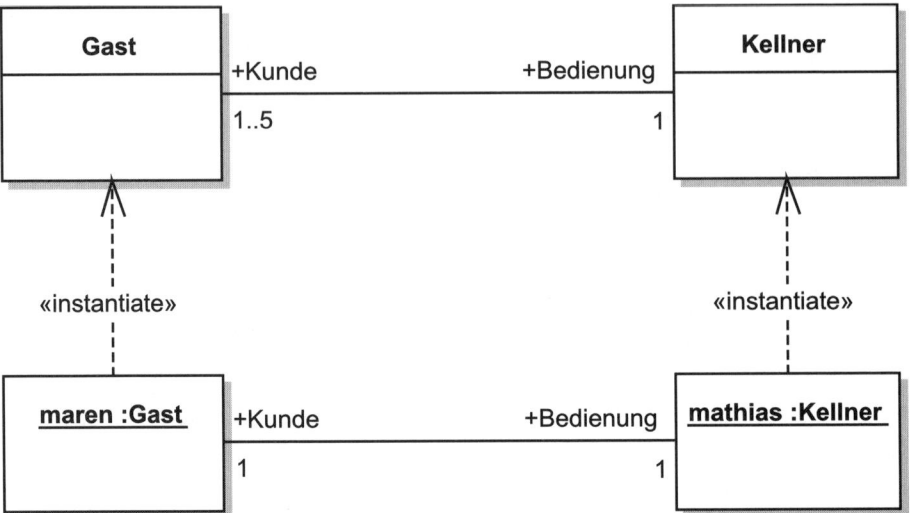

Abbildung 3.6 Link-Beispiel

Zunächst werden die Klassendefinitionen realisiert:

```
   class Kellner
   {
A    public Gast kunde;
B    public void setGast(Gast g)
     {
       kunde = g;
       g.bedienung = this;
     }
   }
   class Gast
   {
C    public Kellner bedienung;
     public void setKellner(Kellner k)
     {
       bedienung = k;
       k.kunde = this;
     }
   }
```

Listing 3.6 Buch-CD: /beispiele/java/kap3/kap_3_3_2/Kellner.java & Gast.java

A: Die Assoziation zum Gast wird deklariert.

B: Da die Assoziation in beide Richtungen navigierbar ist, werden beide Assoziationsenden gleichzeitig instanziiert: sowohl auf der Seite des `Kellners`, wie auch des `Gastes`.

Erst damit ist die Assoziation vollständig und konsistent instanziiert: Ein Link entsteht.

C: Bei der Klasse `Kunde` wird auf die selbe Art verfahren.

In einer Hauptoperation werden die Objekte instanziiert und die Links gesetzt:

```
   public static void main(String[] args)
   {
A  Gast maren = new Gast();
   Kellner mathias = new Kellner();
B  maren.setKellner(mathias);
   }
```

Listing 3.7 Buch-CD: /beispiele/java/kap3/kap_3_3_2/Test.java

A: Objekte werden in Java mit Hilfe des `new`-Operators instanziiert.

B: Die gegenseitigen Assoziationen werden gesetzt und damit zu Links instanziiert. Der Aufruf einer der beiden `set`-Operationen ist ausreichend, da jede von ihnen beide Assoziationsenden konsistent setzt und somit den gesamten Link instanziiert.

Realisierung in C#

Objekte werden in C# ebenfalls mit dem `new`-Operator instanziiert, so dass die Implementierung gegenüber dem Java-Programmcode keine erwähnenswerten Unterschiede aufweist. Sie finden den vollständigen Programmcode auf der Buch-CD im Ordner *beispiele/c#/kap3/kap_3_3_2*.

3.4 Lesen eines Objektdiagramms

Ein Objektdiagramm wird üblicherweise verwendet, um ein Klassendiagramm zu illustrieren. Aus diesem Grund wird zunächst ein Klassendiagramm (siehe Abbildung 3.7) entworfen:

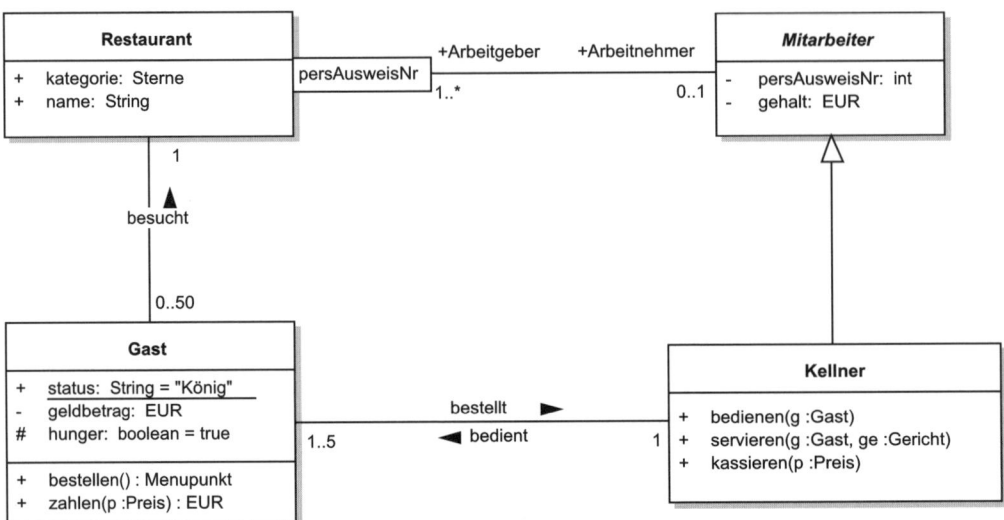

Abbildung 3.7 Klassendiagramm als Grundlage für ein Objektdiagramm

Für das Klassendiagramm aus Abbildung 3.7 wird ein Objektdiagramm (siehe Abbildung 3.8) erstellt.

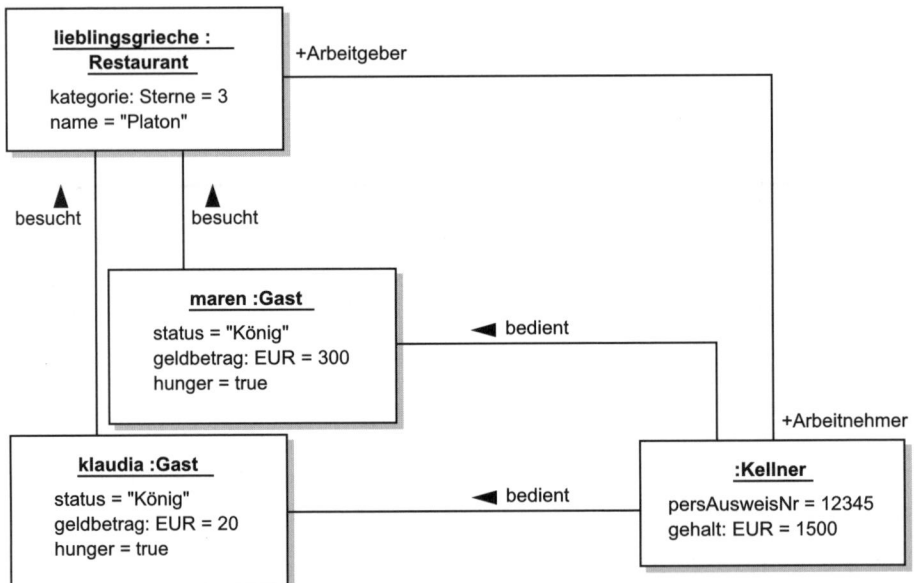

Abbildung 3.8 Beispiel-Objektdiagramm

Das Objektdiagramm aus Abbildung 3.8 zeigt vier Objekte:

▶ `lieblingsgrieche` der **Klasse** `Restaurant`

▶ **namenlosen** `Kellner`

▶ `maren` der **Klasse** `Gast`

▶ `klaudia` der **Klasse** `Gast`

Zu einem nicht näher spezifizierten Zeitpunkt besitzt der `lieblingsgrieche` den `namen "Platon"` und die `kategorie 3 Sterne`.

Als `Arbeitgeber` hat er einen Link zu seinem `Arbeitnehmer`. Zur Zeit handelt es sich dabei um einen einzigen `Kellner`, dessen Objektname nicht spezifiziert wurde, weil er hier als nicht wichtig angesehen wird.

Beachten Sie, dass kein Objekt der Klasse `Mitarbeiter` im Objektdiagramm aufgeführt wird. Wie in Abschnitt 2.3.14 erläutert, dienen abstrakte Klassen als Vorlagen für weitere Klassen und können nicht selbst instanziiert werden. Bei der Klasse `Mitarbeiter` handelt es sich um solch eine abstrakte Klasse. Sie wird von der Klasse `Kellner` spezialisiert, weshalb das namenlose `Kellner`-Objekt über alle Attribute eines `Mitarbeiters` verfügt und sie mit den Werten `12345` (`persAusweisNr`) und `1500` (`gehalt`) belegen kann.

Das Klassendiagramm aus Abbildung 3.7 definiert, dass ein `Kellner` 1 bis 5 Gäste bedienen kann. Im Objektdiagramm kann daher ein unbekannter `Kellner` zwei Gäste (`maren` und `klaudia`) bedienen, mit denen er über zwei Links verbunden ist.

`maren` und `klaudia` sind zwei Objekte der Klasse `Gast` und besitzen damit alle Attribute eines `Gastes`. Beide Objekte besuchen gerade dasselbe `Restaurant` und sind daher mit dem `lieblingsgriechen` über Links verbunden.

Bei den `Gast`-Objekten sollte zusätzlich erwähnt werden, dass jedes der `Gast`-Objekte das Attribut `status` mit dem Wert »König« besitzt, da es in der Klasse als statisches Attribut deklariert und mit eben diesem Wert vorbelegt wird (statische Attribute wurden bereits in Abschnitt 2.3.2 behandelt).

3.5 Irrungen und Wirrungen

Abbildung 3.9 zeigt ein fehlerhaftes Objektdiagramm, das ein Beispiel des Klassendiagramms aus Abbildung 3.7 sein *sollte*:

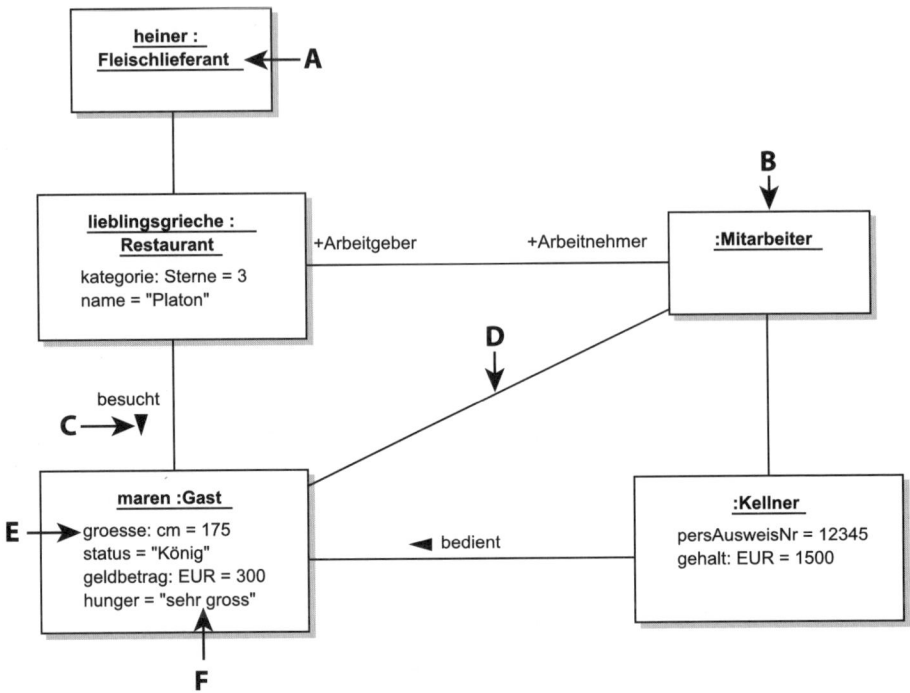

Abbildung 3.9 Mögliche Fehler in Objektdiagrammen

A: Unbekannte Klasse
Es dürfen nur Objekte erstellt werden, die aus Klassen des zugrunde liegenden Klassendiagramms erzeugt werden können.

Werden Objekte neuer Klassen benötigt, ist das Klassendiagramm unvollständig und muss erweitert werden.

B: Instanz einer abstrakten Klasse
Aus abstrakten Klassen können keine Instanzen erzeugt werden.

C: Falsche Leserichtung
Die Links eines Objektdiagramms müssen den Assoziationen des Klassendiagramms in den Assoziationsnamen, Leserichtungen, Rollen, Navigationsrichtungen und Eigenschaften entsprechen und dürfen sie nicht verändern.

Zeichnet sich bei der Erstellung eines Objektdiagramms ab, dass eine andere Assoziation benötigt wird, muss das Klassendiagramm modifiziert werden.

D: Neue Assoziation
Ein Objektdiagramm darf keine Links beinhalten, die nicht im Klassendiagramm als Assoziationen vorhanden sind. Andererseits sollten Assoziationen

aus dem zugehörigen Klassendiagramm auch als Links im Objektdiagramm nicht fehlen.

Macht das Objektdiagramm deutlich, dass ein zusätzlicher Link notwendig ist, muss das Klassendiagramm um die entsprechende Assoziation ergänzt werden.

E: Neues Attribut
Objekte dürfen keine Attribute mit Werten belegen, die nicht bereits in der Klasse deklariert sind. Das Objekt würde andernfalls die Definition der Klasse und damit seinen eigenen Bauplan verändern.

Neue benötigte Attribute müssen zunächst in der Klasse hinzugefügt werden.

F: Attributwert falsch
Die Attributwerte der Objekte müssen dem Datentyp der Attribute entsprechen. Attribut `hunger` ist vom Typ `boolean` und erlaubt damit nur die Werte `true` und `false`.

3.6 Zusammenfassung

Die wichtigsten Notationselemente von Objektdiagrammen und deren Bedeutung werden im Folgenden noch einmal rekapituliert:

▶ Ein **Objekt** wird auch als Instanz oder Ausprägung einer Klasse bezeichnet und entsteht als Produkt der Realisierung eines Klassen-Bauplans.

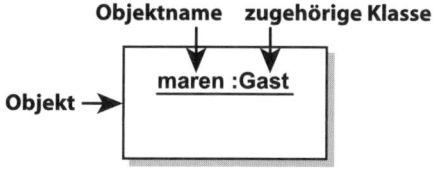

Abbildung 3.10　Objekt

▶ **Links** zeigen Beziehungen zwischen Objekten.

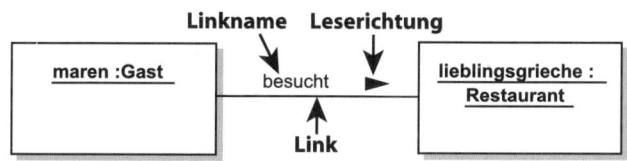

Abbildung 3.11　Link

Das Kompositionsstrukturdiagramm modelliert die internen
Strukturen von Komponenten zusammen mit ihren gemeinsamen
Interaktionspunkten.

4 Kompositionsstrukturdiagramm

4.1 Anwendungsbereiche

Kompositionsstrukturdiagramme (engl. Composite Structure Diagrams) definieren die internen Strukturen von Komponenten (die so genannte »White-Box-Darstellung«) und deren Interaktionspunkte zu weiteren Komponenten des Systems.

Sie zeigen die innere Architektur von Komponenten, wie ihre einzelnen Bestandteile gemeinsam die gewünschten Aufgaben verrichten und werden auch als Architekturdiagramme bezeichnet.

Kompositionsstrukturdiagramme werden überwiegend in den frühen Phasen der Softwareentwicklung wie Analyse/Definition oder Entwurf/Design erstellt. Im Verlauf des Entwicklungsprozesses werden sie üblicherweise im Sinne der »Top-Down-Methode« iterativ präzisiert und verfeinert.

Weiterhin empfiehlt die UML ihren Einsatz bei der Definition von Lösungsmustern für wiederkehrende Problemstellungen, die konsistent bei der Entwicklung des Systems wiederverwendet werden können.

4.2 Übersicht

Abbildung 4.1 benennt die wichtigsten Notationselemente von Kompositionsstrukturdiagrammen:

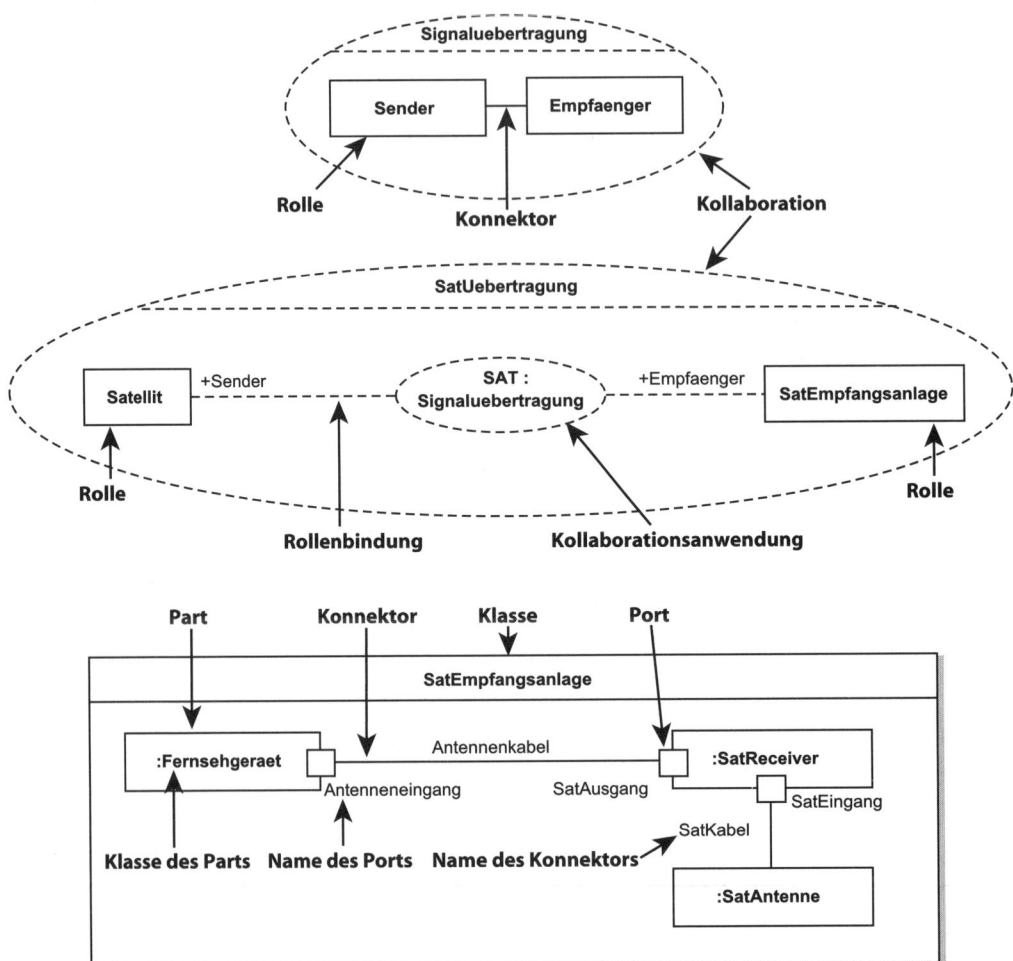

Abbildung 4.1   Notationselemente von Kompositionsstrukturdiagrammen

4.3   Notationselemente

4.3.1   Part

Beschreibung

Ein **Part** modelliert eine **Untermenge möglicher Objekte**, die in einer Klasse enthalten sein könnten.

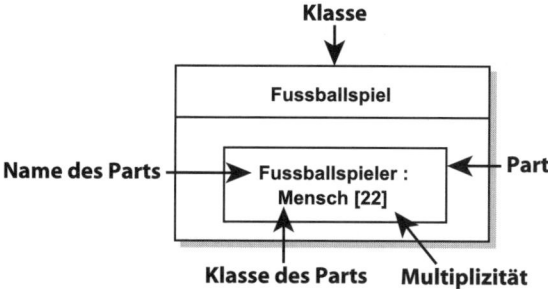

Abbildung 4.2 Part

Parts sind mit ihren enthaltenden Klassen zumeist durch Kompositionen (Abschnitt 2.3.10) verbunden. So kann der Abbildung 4.2 entnommen werden, dass ein Fussballspiel aus 22 Fussballspielern besteht.

Obwohl an einem Fussballspiel deutlich mehr Menschen teilnehmen (beispielsweise Schiedsrichter, Balljungen usw.), stellt der Part aus Abbildung 4.2 nur eine Teilmenge aller Objekte der Klasse Mensch dar: die Fussballspieler.

Die Multiplizität kann alternativ durch eine hochgestellte Zahl notiert werden:

Abbildung 4.3 Alternative Notation der Multiplizität eines Parts

Existiert keine Kompositionsbeziehung zwischen der umgebenden Klasse und dem Part, wird seine Umrandung gestrichelt gezeichnet (siehe Abbildung 4.4):

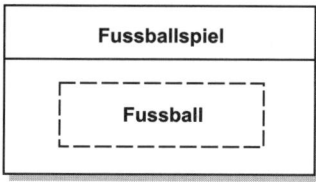

Abbildung 4.4 Ein Part ohne Kompositionsbeziehung zur umgebenden Klasse

Ein weiteres Beispiel sollte den Einsatz von Parts deutlicher machen. Die Abbildungen 4.5 und 4.6 zeigen zwei mögliche Sichten auf die Klasse Fussballspiel:

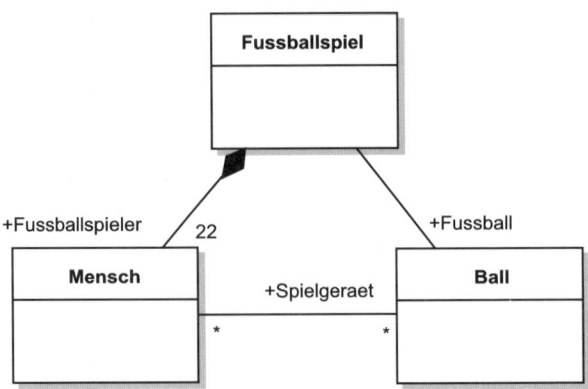

Abbildung 4.5 Ein Fußballspiel aus Komposition und Assoziation

Abbildung 4.6 Ein Fußballspiel aus Parts

Im Klassendiagramm aus Abbildung 4.5 hat die Klasse Fussballspiel eine Kompositionsbeziehung zu 22 Menschen in der Rolle Fussballspieler und eine Assoziationsbeziehung mit einem Ball in der Rolle eines Fussballs.

Abbildung 4.6 spezifiziert zunächst genau dasselbe. Durch die Verwendung von Parts wird jedoch gleichzeitig spezifiziert, dass Fussballspieler und Fussball zur inneren Struktur eines Fussballspiels gehören. Das eröffnet die Möglichkeit, Details zu modellieren, die für Fussballspieler und Fussbaelle nur im Kontext eines Fussballspiels gelten. Auf die Allgemeingültigkeit der Aussagen braucht dabei nicht geachtet zu werden.

In Abbildung 4.5 besagt beispielsweise die Assoziation zwischen Mensch und Ball, dass ein Mensch beliebig viele Baelle als Spielgeraet verwenden kann. Ebenso kann ein Ball beliebig vielen Menschen als Spielgeraet dienen. Die Verwendung einer m-zu-n-Multiplizität ist hier notwendig, da die Assoziation nicht auf den Kontext eines Fussballspiels eingeschränkt werden kann und somit für alle Interaktionen zwischen Menschen und Baellen gelten muss.

In Abbildung 4.6 braucht dagegen nur der Konnektor zwischen Fussballspielern und Fussbaellen beachtet werden und kann damit exklusiv für ein

Fussballspiel modelliert werden. Im Kontext eines Fussballspiels verwendet ein Mensch genau einen Ball als Spielgeraet, wogegen ein Ball genau 22 Menschen als Spielgeraet dient.

Zusätzlich definiert die Verwendung der Parts, dass Menschen als Fussballspieler und ein Ball in seiner Rolle als Fussball nur zusammen interagieren dürfen, wenn sie Parts desselben Fussballspiels sind. Auch dieser Zusammenhang ist dem Klassendiagramm aus Abbildung 4.6 nicht entnehmbar.

Verwendung

Parts modellieren die inneren Bestandteile von Klassen und erlauben eine passgenaue Modellierung für einen bestimmten Kontext, die außerhalb seiner Grenzen nicht unbedingt gelten muss.

Parts können im Zuge des Top-Down-Vorgehens bei der Präzisierung der inneren Struktur von Klassen effizient eingesetzt werden.

4.3.2 Port und Konnektor

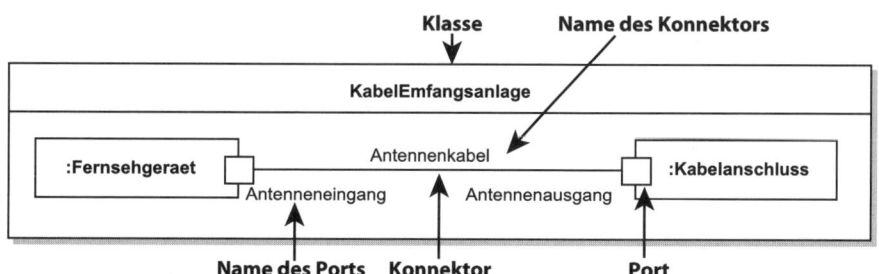

Abbildung 4.7 Port und Konnektor

Beschreibung

Ein **Port** spezifiziert einen **Interaktionspunkt** zwischen

▶ einer Klasse und ihrer Umgebung,

▶ einem Part und seiner Umgebung oder

▶ einer Klasse und ihren internen Bestandteilen.

Konnektoren (engl. Connectors) **verbinden** sowohl **Ports** wie auch **Parts** oder **Klassen** und leiten Anfragen an sie weiter.

Die Verbindung zwischen einem Port und einem Element (= Klasse oder Part) ist untrennbar. Wird die Existenz der Klasseninstanz beendet, zerstört dies auch den Port.

Abbildung 4.7 zeigt eine `KabelEmpfangsanlage`, die aus zwei Parts besteht:

▶ `Fernsehgeraet` mit einem Port `Antenneneingang`

▶ `Kabelanschluss` mit einem Port `Antennenausgang`

Die Namen der Ports sind optional und können weggelassen werden.

Beide Ports sind mit einem Konnektor `Antennenkabel` verbunden. Die Platzierung der Ports auf den Rändern der Notationselemente spezifiziert, dass sie öffentlich (`public`) und damit außerhalb von `Fernsehgeraet` bzw. `Kabelanschluss` erreichbar sind.

Ein Konnektor muss jedoch nicht zwingend zwei Ports verbinden, sondern kann beliebig zwischen Klassen, Parts und Ports modelliert werden (siehe Abbildung 4.8):

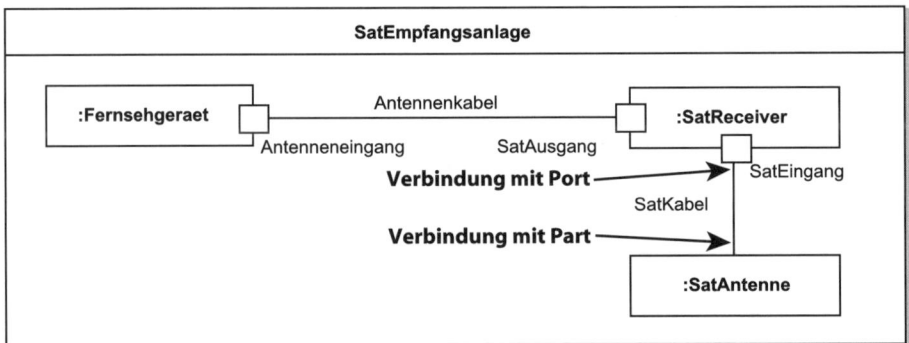

Abbildung 4.8   Konnektoren können Ports, Parts und Klassen verbinden

Der Verzicht auf die Modellierung eines Ports an der `SatAntenne` in Abbildung 4.8 drückt aus, dass das `SatKabel` direkt an die `SatAntenne` angeschlossen wird, während es mit einem Port des `SatReceivers` verbunden werden muss.

Ein Port kann durch eine ihm zugewiesene Schnittstelle (siehe auch Abschnitt 2.3.16) Dienste definieren, die eine Klasse anbietet oder auch benötigt (siehe Abbildung 4.9):

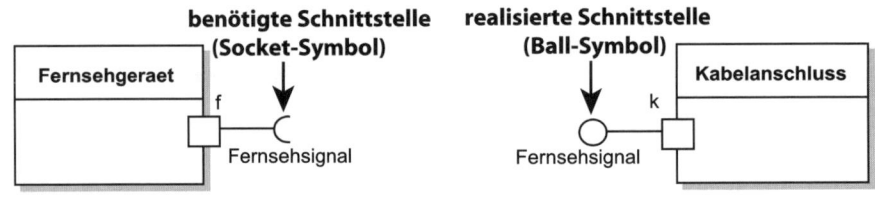

Abbildung 4.9   Ports und Schnittstellen

In Abbildung 4.9 benötigt die Klasse `Fernsehgeraet` ein `Fernsehsignal`, um arbeiten zu können (genau gesagt die Implementierung der Schnittstelle `Fernsehsignal`). Alle Daten und Anfragen werden zwischen dem `Fernsehsignal` und dem `Fernsehgeraet` über seinen Port f ausgetauscht.

Ein `Kabelanschluss` stellt dagegen einen Port k mit einer realisierten Schnittstelle `Fernsehsignal` bereit, so dass eine Zusammenarbeit zwischen den beiden Klassen möglich wäre.

Es ist ebenfalls möglich, einem Port mehrere Schnittstellen zuzuweisen. Man spricht in diesem Fall von einem **komplexen Port** (engl. Complex Port, siehe Abbildung 4.10):

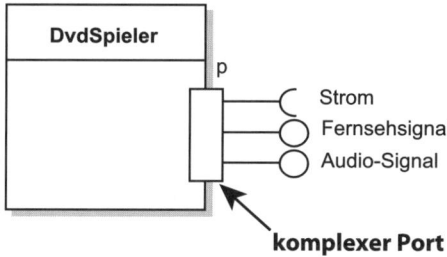

Abbildung 4.10   Komplexer Port

Abbildung 4.10 modelliert einen `DvdSpieler` mit einem komplexen Port p. Dieser Port benötigt `Strom` und stellt ein `Fernsehsignal` und ein `Audiosignal` zur Verfügung.

Leitet ein Port alle Anfragen an die entsprechenden Operationen der Klasse selbst und nicht an deren innere Bestandteile, so wird er als **Verhaltensport** (engl. Behavior Port) bezeichnet (siehe Abbildung 4.11):

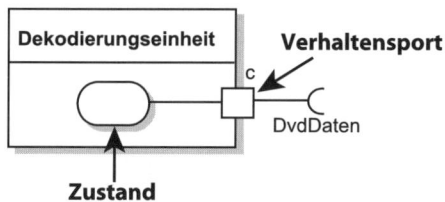

Abbildung 4.11   Verhaltensport

Ein Verhaltensport wird modelliert, indem ein gewöhnlicher Port mit einem Zustandssymbol innerhalb der Klasse verbunden wird (das Zustandssymbol repräsentiert in diesem Kontext das Verhalten der Klasse). Details über Zustandsdiagramme lernen Sie in Kapitel 10 kennen.

Verwendung

Ports werden modelliert, um die größtmögliche Kapselung von Klassen zu ihrer Umwelt zu erreichen. Ports können Schnittstellen zusammenfassen, ankommende Daten filtern oder transformieren, Anfragen weiterleiten oder verwerfen usw.

Wenn Sie das gesamte öffentlich sichtbare Verhalten der Klasse mit Hilfe von Ports kapseln, erreichen Sie die größtmögliche Kapselung der Klasse und erleichtern damit ihre Wiederverwendung.

Realisierung in Java

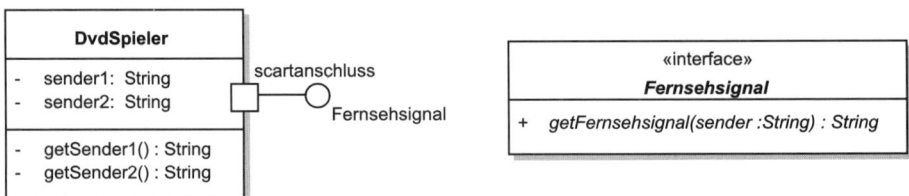

Abbildung 4.12 Beispiel für einen Port

Zunächst wird die vom Port bereitgestellte Schnittstelle Fernsehsignal definiert (siehe Abbildung 4.12):

```
public interface Fernsehsignal
{
A    public String getFernsehsignal(String sender);
}
```

Listing 4.1 Buch-CD: /beispiele/java/kap4/kap_4_3_2/Fernsehsignal.java

A: Die Schnittstelle deklariert eine bereitzustellende Operation getFernsehsignal, die einen sender in Form eines Strings als Übergabeparameter erwartet. Ihr Rückgabetyp String soll in diesem Beispiel vereinfachend ein »Fernsehsignal« repräsentieren.

Dann kann die Klasse DvdSpieler realisiert werden:

```
class DvdSpieler
{
A    private String sender1;
     private String sender2;
     private String getSender1()
     {
         return sender1;
```

```
      }
      private String getSender2()
      {
        return sender2;
      }
```

```
B     public class ScartPort implements Fernsehsignal
      {
        public String getFernsehsignal(String sender)
        {
C         if(sender.compareTo("sender1") == 0)
            return getSender1();
D         if(sender.compareTo("sender2") == 0)
            return sender2;
E         return "Schnee";
        }
      }
F     public ScartPort scartanschluss;
      public DvdSpieler()
      {
        sender1 = new String("Fernsehsignal von Sender1");
        sender2 = new String("Fernsehsignal von Sender2");
G       scartanschluss = new ScartPort();
      }
    }
```

Listing 4.2 Buch-CD: /beispiele/java/kap4/kap_4_3_2/DvdSpieler.java

A: Die Klasse DvdSpieler besitzt zwei Attribute sender1 und sender2, die in unserem Beispiel zwei Fernsehsignale unterschiedlicher Sender repräsentieren sollen.

Weiterhin verfügt sie über get-Operationen getSender1 und getSender2, die das Fernsehsignal des jeweiligen Senders bereitstellen.

Beachten Sie, dass alle Attribute und Operationen der Klasse als privat, also von außerhalb der Klasse nicht erreichbar, deklariert sind. Die gesamte Kommunikation mit der Klasse soll über den modellierten Port scartanschluss durchgeführt werden.

B: Java unterstützt das Port-Konzept nativ nicht. Daher wird in diesem Beispiel der modellierte Port als innere Klasse deklariert, die Fernsehsignal als bereitzustellende Schnittstelle implementiert.

C: Ein Port kann eine Anforderung an eine Operation der Klasse weiterleiten.

D: Ein Port kann auch direkt auf die Attribute der Klasse zugreifen.

E: Anfragen an einen Port können von ihm gefiltert und gegebenenfalls zurückgewiesen werden. Wird in diesem Beispiel ein `signal` eines unbekannten Senders gefordert, gibt der Port nur `Schnee` zurück.

F: Ein `scartanschluss` wird, wie im Modell der Abbildung 4.12 gefordert, deklariert.

G: Eine Klasse ist selbst für die Erschaffung und Beseitigung des Ports zuständig. Die Erschaffung wird hier im Konstruktor der Klasse `DvdSpieler` sichergestellt. Der Port `scartanschluss` wird als Instanzattribut automatisch mit der Klasse `DvdSpieler` beseitigt.

Eine einfache Hauptoperation demonstriert, dass Anfragen an `DvdSpieler` über den Port `scartanschluss` möglich sind. Jegliche direkten Zugriffsversuche würden zu einem Fehler des Compilers führen:

```
public static void main(String[] args)
{
  DvdSpieler dvd = new DvdSpieler();
  System.out.println(
        dvd.scartanschluss.getFernsehsignal("sender1"));
  System.out.println(
        dvd.scartanschluss.getFernsehsignal("sender2"));
  System.out.println(
        dvd.scartanschluss.getFernsehsignal("sender3"));
  //System.out.println(dvd.sender1); //Compiler-Fehler!
}
```

Listing 4.3   Buch-CD: /beispiele/java/kap4/kap_4_3_2/Test.java

Die Ausgabe lautet:

```
Fernsehsignal von Sender1
Fernsehsignal von Sender2
Schnee
```

Realisierung in C#

Die Deklaration der Schnittstelle `Fernsehsignal` unterscheidet sich nicht von der in Java und wird daher nicht aufgeführt.

Das Port-Konzept wird auch in C# nicht nativ unterstützt und daher auch in diesem Beispiel als innere Klasse realisiert. Bei der Implementierung sind jedoch sprachspezifische Unterschiede gegenüber Java zu beachten:

```
  public class DvdSpieler
  {
    private string sender1;
    private string sender2;
    private string getSender1()
    {
      return sender1;
    }
    private string getSender2()
    {
      return sender2;
    }
A   public class ScartPort : Fernsehsignal
    {
B     DvdSpieler d;
      public ScartPort(DvdSpieler dvdSpieler)
      {
        d = dvdSpieler;
      }
      public string getFernsehsignal(string sender)
      {
C       if(sender.CompareTo("sender1") == 0)
          return d.getSender1();
        if(sender.CompareTo("sender2") == 0)
          return d.sender2;
        return "Schnee";
      }
    }
    public ScartPort scartanschluss;
    public DvdSpieler()
    {
      sender1 = "Fernsehsignal von Sender1";
      sender2 = "Fernsehsignal von Sender2";
D     scartanschluss = new ScartPort(this);
    }
  }
```

Listing 4.4 Buch-CD: /beispiele/c#/kap4/kap_4_3_2/Kap_4_3_2.cs

A: Die Implementierung einer Schnittstelle wird in C# mit einem Doppelpunkt signalisiert.

B: Der Zugriff auf nicht statische Attribute oder Operationen der äußeren Klasse aus einer inneren Klasse heraus ist in C# nicht erlaubt. Um dies zu ermöglichen, ist die Übergabe einer Referenz auf eine Instanz der äußeren Klasse notwendig.

Aus diesem Grund wird ein Konstuktor zur Verfügung gestellt, der eine solche Referenz erwartet und diese im Attribut d speichert.

C: In der zu implementierenden Operation getFernsehsignal erfolgt der Zugriff auf die Attribute bzw. Operationen der äußeren Klasse über die Referenz d.

D: Bei der Instanziierung eines scartanschlusses übergibt die äußere Klasse eine Referenz auf sich selbst.

Die folgende Hauptoperation demonstriert den Zugriff über den Port scartanschluss:

```
static void Main(string[] args)
{
  DvdSpieler dvd = new DvdSpieler();
  Console.WriteLine(
        dvd.scartanschluss.getFernsehsignal("sender1"));
  Console.WriteLine(
        dvd.scartanschluss.getFernsehsignal("sender2"));
  Console.WriteLine(
        dvd.scartanschluss.getFernsehsignal("sender3"));
  //Console.WriteLine(dvd.sender1); //Compiler-Fehler
}
```

Listing 4.5 Buch-CD: /beispiele/c#/kap4/kap_4_3_2/Kap_4_3_2.cs

4.3.3 Kollaboration

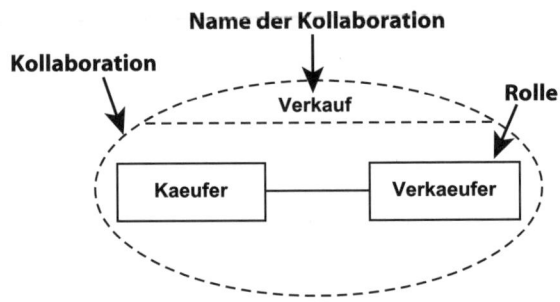

Abbildung 4.13 Kollaboration

Beschreibung

Kollaborationen (engl. Collaborations) beschreiben **Strukturen von Objekten**, die in ihren speziellen **Rollen** kollektiv gewünschte Funktionalitäten bereitstellen sowie die Verbindungen (**Konnektoren**) der Objekte untereinander.

Das primäre Ziel von Kollaborationen ist zu erläutern wie ein System intern arbeitet, weshalb sie typischerweise nur die Aspekte der Notationselemente enthalten, die für diesen Zweck unbedingt notwendig sind. Details wie Klassenzugehörigkeiten werden daher häufig ausgeblendet.

Die verwendeten **Rollen** spezifizieren Einsatzarten von Objekten, wie sie für die gewünschte Funktionalität notwendig sind. Es ist durchaus üblich, dass das selbe Objekt in unterschiedlichen Kollaborationen unterschiedliche Rollen einnimmt und jeweils auf unterschiedliche Art zur Bereitstellung der jeweiligen Funktionalität beiträgt.

Konnektoren zwischen den Rollen modellieren die benötigten Kommunikationswege zwischen den teilnehmenden Instanzen.

Abbildung 4.13 zeigt das Beispiel einer Kollaboration Verkauf. Sie definiert, dass an einem Verkauf zwei Objekte in den Rollen Kaeufer und Verkaeufer teilnehmen müssen. Der modellierte Konnektor zwischen den Rollen spezifiziert, dass eine Kommunikation zwischen Kaeufer und Verkaeufer stattfinden muss, damit ein Verkauf durchgeführt werden kann.

Müssen Objekte spezielle Attribute oder auch Operationen besitzen, um die Rollen einer Kollaboration einnehmen zu können, erlaubt die UML diese innerhalb von Klassen zu definieren:

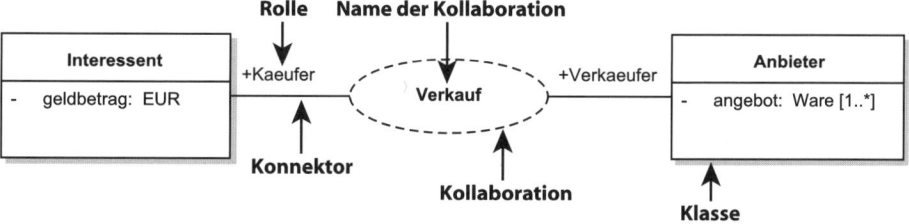

Abbildung 4.14   Spezifische Darstellung einer Kollaboration

Dem Kollaborationsdiagramm aus Abbildung 4.14 zufolge muss ein Objekt ein Attribut geldbetrag besitzen, um in die Rolle eines Kaeufers schlüpfen zu können. Auf der anderen Seite muss ein Objekt Ware anbieten können, um als Verkaeufer an der Kollaboration teilzunehmen.

Eine Kollaboration wird nicht direkt in Programmcode umgesetzt. Stattdessen wird sie durch die Einhaltung der modellierten Kooperation von Objekten implementiert.

Verwendung

Verwenden Sie Kollaborationen, um Lösungsmuster für erwartete wiederkehrende Problemstellungen in Ihrem Projekt zu spezifizieren. Kollaborationen ermöglichen damit, den gleichen genau geprüften Lösungsansatz konsistent im gesamten System anzuwenden und damit die Qualität und Wartungsfreundlichkeit Ihrer Software deutlich zu erhöhen.

Genau dieser Ansatz wird in der Softwaretechnik bereits seit dem Anfang der 90-er Jahre verfolgt. Man erkannte, dass die Software einige immer wiederkehrende Probleme lösen muss. Damit »das Rad nicht jedes mal neu erfunden werden muss«, wurden diese Probleme von erfahrenen Entwurfsexperten analysiert und Entwurfsmuster, so genannte Design-Patterns, ausgearbeitet.

Im Jahre 1994 verfasste die *Gang of Four*, wie die Autoren Erich Gamma, Richard Helm, Ralph Johnson und John Vlissides genannt werden, das erste und nach wie vor am meisten verbreitete Standardlehrbuch »Design Patterns«, das die ausgearbeiteten Entwurfsmuster katalogisierte und beschrieb.

Dem interessierten Leser ist zu empfehlen, sich einen Überblick über die folgenden gängigsten Entwurfsmuster zu verschaffen, um die häufigsten Modellierungsfehler von vornherein zu vermeiden:

▶ Erzeugungsmuster
  ▶ Factory
  ▶ Singleton
▶ Strukturmuster
  ▶ Adapter
  ▶ Composite
▶ Verhaltensmuster
  ▶ Iterator
  ▶ Observer

Das Design-Pattern *Observer* wird beispielsweise in diesem Buch in Abschnitt 9.3.5 als Entwurfsmuster verwendet.

4.3.4 Kollaborationsanwendung

Beschreibung

Mit einer **Kollaborationsanwendung** (engl. CollaborationUse) wird die **Anwendung einer bereits spezifizierten Kollaboration** auf eine spezifische Situation modelliert.

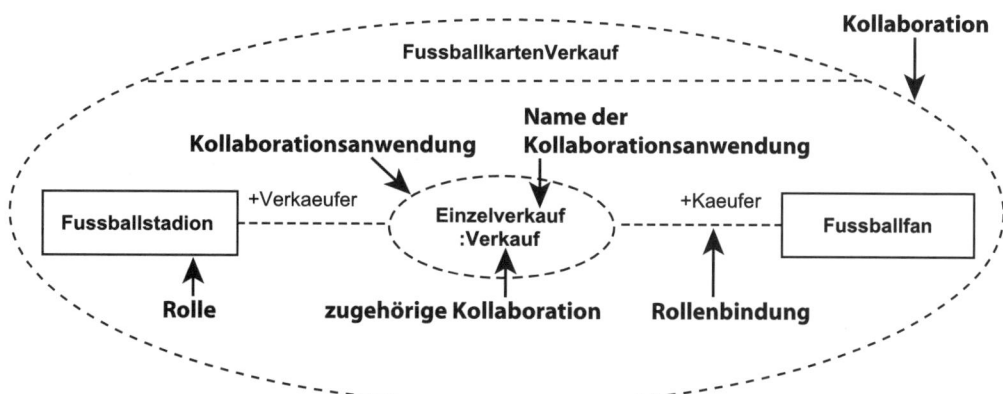

Abbildung 4.15 Kollaborationsanwendung

Eine Kollaborationsanwendung stellt damit eine Art Instanz einer Kollaboration dar. Wie auch bei Objekten von Klassen, wird in den Diagrammen der Name der Kollaborationsanwendung vom zugehörigen Namen der Kollaboration durch einen Doppelpunkt getrennt.

So zeigt Abbildung 4.15 die Anwendung der Kollaboration Verkauf aus Abbildung 4.13 auf einen FussballkartenVerkauf. Die Rolle des Verkaeufers wird vom Fussballstadion, die des Kaeufers vom Fussballfan eingenommen. Die verwendete Kollaborationsanwendung erhält den Namen Einzelverkauf.

Die UML definiert eine alternative Notation für Kollaborationsanwendungen, in der die verwendete Kollaboration und die Bindung der Rollen betont werden (siehe Abbildung 4.16):

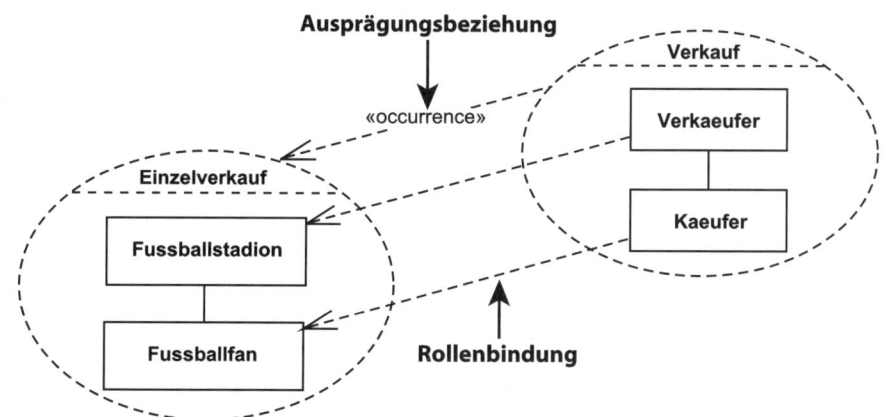

Abbildung 4.16 Alternative Notation für Kollaborationsanwendungen

Eine Kollaborationsanwendung darf durchaus mehrmals in einer Kollaboration wiederverwendet werden (siehe Abbildung 4.17):

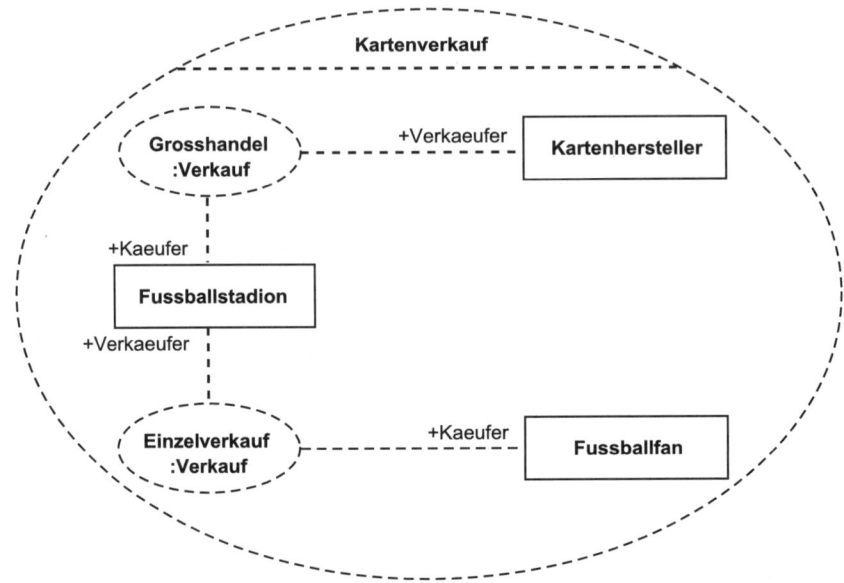

Abbildung 4.17 Kollaboration Kartenverkauf

Die Kollaboration Verkauf wird im Kompositionsstrukturdiagramm aus Abbildung 4.17 zwei mal verwendet:

▸ Als Einzelverkauf
Diese Kollaborationsanwendung zwischen Fussballstadion und Fussballfan wurde bereits oben erläutert.

▸ Als Grosshandel
Das Fussballstadion muss dabei mit dem Kartenhersteller einen ähnlichen Vorgang durchführen, wie mit dem Fussballfan. Daher kann das einmal definierte Verhaltensmuster (Kollaboration) Verkauf auch an dieser Stelle in Form der Kollaborationsanwendung Grosshandel eingesetzt werden.

Erwähnenswert ist dabei, dass das Fussballstadion gegenüber den verwendeten Kollaborationsanwendungen in unterschiedlichen Rollen auftritt:

▸ Beim Grosshandel nimmt das Fussballstadion die Rolle des Kaeufers an,

▸ beim Einzelverkauf die Rolle des Verkaeufers.

Die in Abbildung 4.17 modellierte Kollaboration Kartenverkauf kann selbst wiederum in weiteren Kollaborationen als Kollaborationsanwendung wiederverwendet werden.

Verwendung

Kollaborationsanwendungen unterstützen die Top-Down-Lösungsmethode. Zur Lösung von Problemstellungen großen Umfangs werden häufig kleine Teil-Probleme definiert und gelöst. Diese Teil-Lösungen können durch Kollaborationen als Muster dokumentiert werden. Im nächsten Schritt eröffnen Kollaborationsanwendungen die Möglichkeit, die Teil-Lösungsmuster zu einem großen Lösungsmuster zusammen zu setzen und damit das Gesamtproblem zu bewältigen.

4.4 Lesen eines Kompositionsstrukturdiagramms

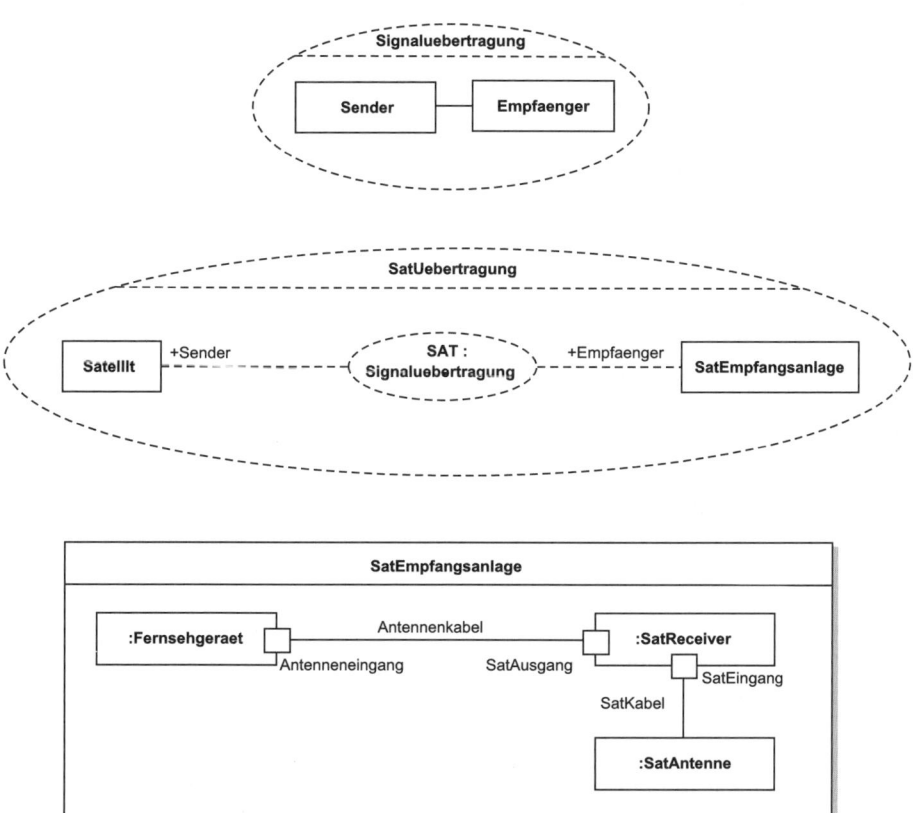

Abbildung 4.18 Beispiel-Kompositionsstrukturdiagramm

Das Kompositionsstrukturdiagramm aus Abbildung 4.18 besteht aus drei Haupt-Bestandteilen:

▶ Kollaboration Signaluebertragung

Sie spezifiziert, dass an einer Signaluebertragung zwei Rollen Sender und Empfaenger teilnehmen müssen. Der Konnektor zwischen ihnen drückt die Notwendigkeit einer Interaktion der beiden Rollen untereinander aus.

▶ Kollaboration SatUebertragung

Diese Kollaboration verwendet die zuvor spezifizierte Signaluebertragung wieder und definiert, dass in der Rolle des Senders ein Satellit bzw. in der Rolle des Empfaengers eine SatEmpfangsanlage verwendet werden soll.

▶ Klasse SatEmpfangsanlage

Modelliert die innere Struktur einer SatEmpfangsanlage. Demnach besteht sie aus einer SatAntenne, die über einen Konnektor SatKabel mit dem Port SatEingang eines SatReceivers verbunden ist.

Dieser ist selbst wiederum über seinen Port SatAusgang mit dem Port Antenneneingang eines Fernsehgeraets über einen Konnektor Antennen-kabel verbunden.

4.5 Irrungen und Wirrungen

Abbildung 4.19 weist auf einige häufig gemachte Fehler bei der Nutzung von Kompositionsstrukturdiagrammen hin.

A: Rollenbezeichnung fehlt

Rollenbezeichnungen müssen in Kollaborationen spezifiziert werden.

B: Unbekannte Rolle

An einer Kollaborationsanwendung dürfen nur Rollen teilnehmen, die in der zugehörigen Kollaboration definiert wurden.

C: Rollenzuordnung fehlt

Die Rollenzuordnung in einer Kollaborationsanwendung muss spezifiziert werden.

D: Nicht verwendete Klasse

Die Definition der Struktur einer Klasse macht zumeist wenig Sinn, wenn diese Klasse nirgendwo anders verwendet wird. Sollten Sie eine solche Klasse in Ihrem Modell entdecken, überprüfen Sie das Modell, ob die Klasse wirklich benötigt wird.

E: Name des Konnektors und des Ports fehlen

Der Name des Konnektors und des Ports sind zwar optional, es ist jedoch emp-fehlenswert, sie anzugeben, weil sie die Verbindungen zwischen den Parts deutlich klarer gestalten.

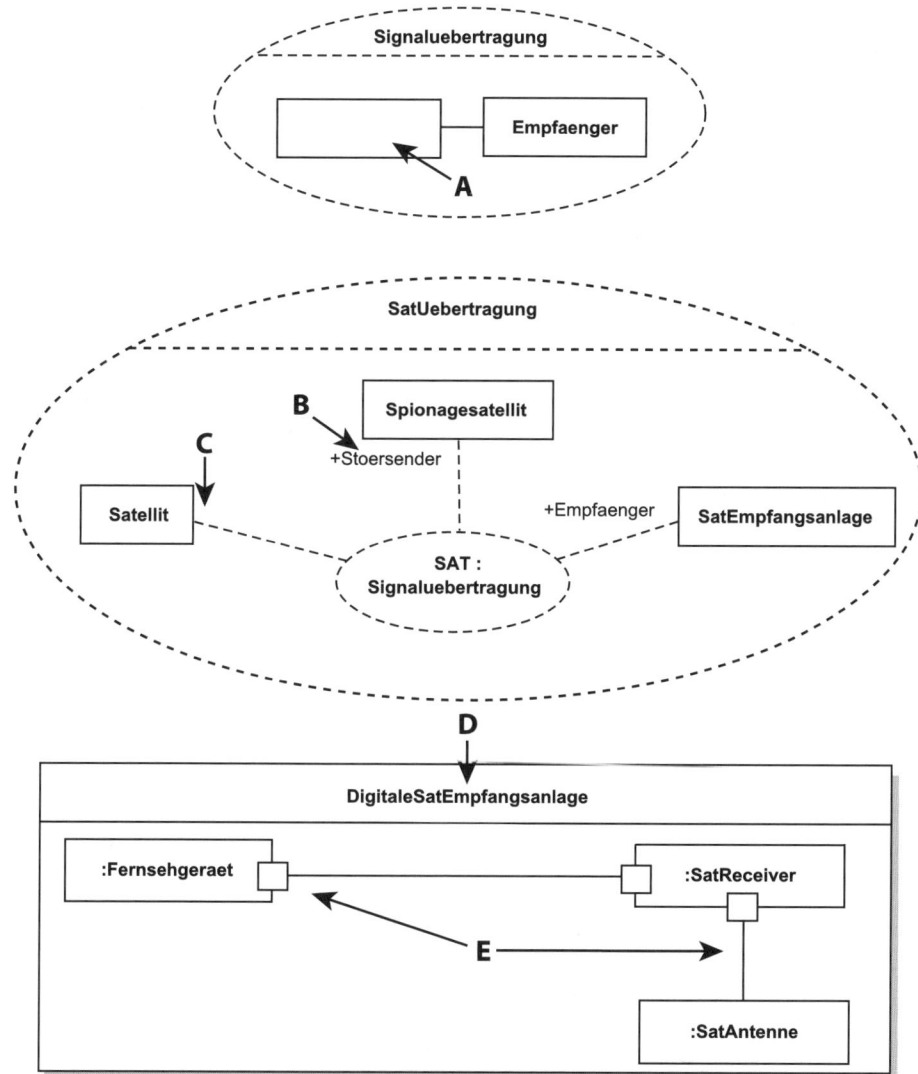

Abbildung 4.19 Mögliche Fehler in Kompositionsstrukturdiagrammen

4.6 Zusammenfassung

Die folgende Aufzählung benennt die am häufigsten verwendeten Notationselemente von Kompositionsstrukturdiagrammen:

▶ Ein **Part** modelliert eine Untermenge der möglichen Objekte einer Klasse.

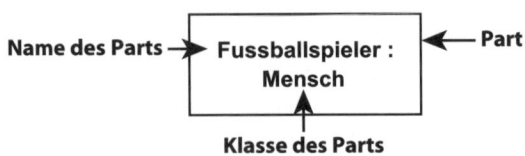

Abbildung 4.20   Part

▶ **Ports** spezifizieren Interaktionspunkte, **Konnektoren** die Verbindungen.

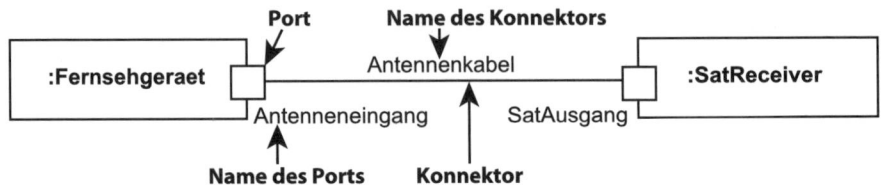

Abbildung 4.21   Port

▶ **Kollaborationen** sind abstrakte Beschreibungen von Funktionalitäten.

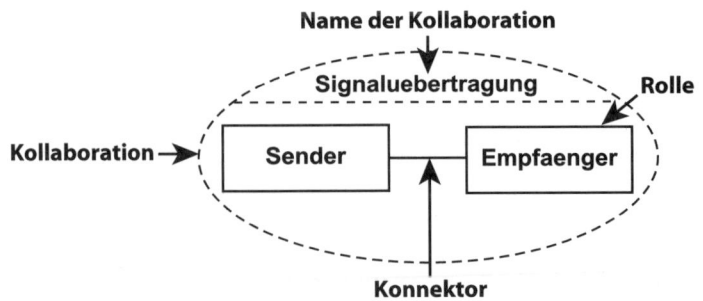

Abbildung 4.22   Kollaboration

▶ **Kollaborationsanwendungen** stellen konkrete Anwendungen der Kollaborationen dar.

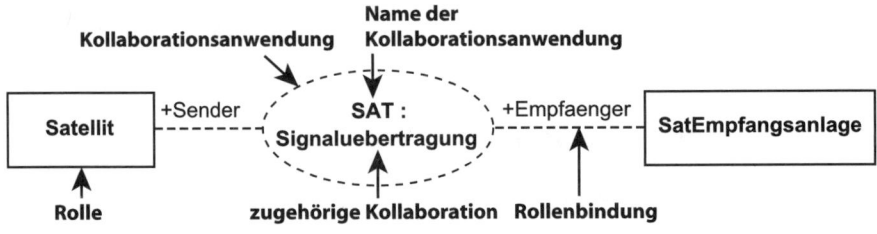

Abbildung 4.23   Kollaborationsanwendung

Das Komponentendiagramm modelliert die Organisation und Abhängigkeiten von Komponenten eines Systems.

5 Komponentendiagramm

5.1 Anwendungsbereiche

Komponentendiagramme (engl. Component Diagrams) eignen sich besonders für die Spezifikation von Softwarearchitekturen. Sie werden zumeist parallel zu Verteilungsdiagrammen (Kapitel 6) eingesetzt, in denen die Aufteilung der zu implementierenden Software auf Hardware- und Softwareumgebungen modelliert wird.

In der Phase des Entwurfs und Designs werden u.a. die Aufgaben großer Softwaresysteme auf kleinere Subsysteme verteilt. Eine häufig gewählte Aufteilung ist beispielsweise die Drei-Schicht-Architektur:

▶ Datenspeicherung wird einem Datenbankmanagementsystem überlassen

▶ Geschäftslogik wird durch eine Applikationsschicht erledigt

▶ Präsentation und Benutzerinteraktion werden in einer Präsentationschicht durchgeführt, z. B. einem Browser.

Erst nachdem die einzelnen Komponenten und ihre Aufgaben identifiziert und deren Kommunikation hinreichend definiert wurden, kann die Entwicklung auf unterschiedliche Personen oder Entwicklerteams aufgeteilt und somit die Phase der Implementierung eingeleitet werden.

Die Dokumentation von Softwarekomponenten und Schnittstellen kann in der Test-Phase als Grundlage von Integrationstests verwendet werden.

5.2 Überblick

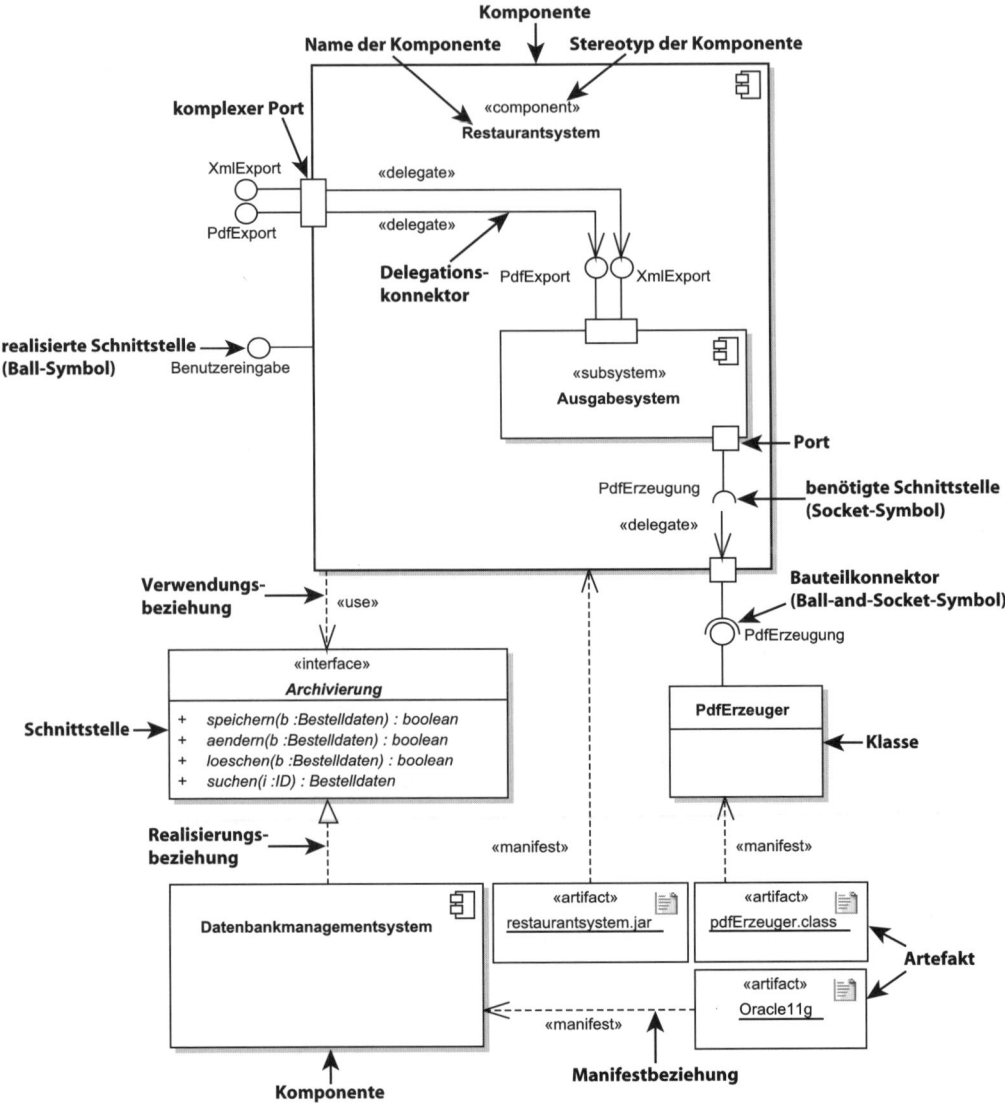

Abbildung 5.1 Notationselemente von Komponentendiagrammen

5.3 Notationselemente

5.3.1 Komponente

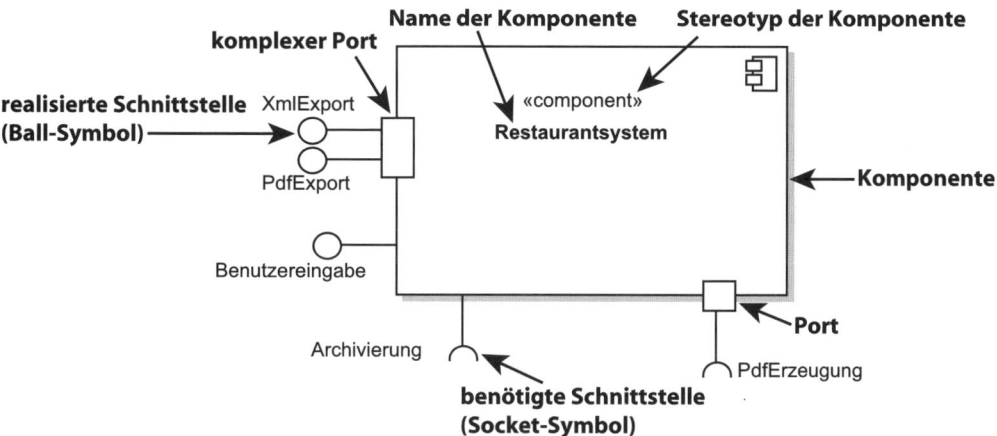

Abbildung 5.2 Komponente

Beschreibung

Eine **Komponente** (engl. Component) repräsentiert ein **ersetzbares modulares Bestandteil eines Systems**, das sein Inneres kapselt. Sie kann eine Ansammlung weniger Klassen bis hin zu großen Softwaresystemen repräsentieren.

Das Verhalten einer Komponente wird durch ihre realisierten und benötigten Schnittstellen vollständig definiert. Sind die Schnittstellen zweier Komponenten zueinander konform, können die Komponenten untereinander ausgetauscht werden.

Schnittstellen können selbst wiederum mit Hilfe von Ports organisiert und die Komponenten damit vollständig gekapselt werden.

Abbildung 5.2 definiert eine Komponente Restaurantsystem mit drei realisierten Schnittstellen XmlExport, PdfExport und Benutzereingabe. Während über die Benutzereingabe direkt mit der Komponente interagiert werden kann, müssen alle Anfragen an die Schnittstellen XmlExport und PdfExport über einen Port gerichtet werden.

Die Komponente greift ihrerseits über die Schnittstellen Archivierung und PdfErzeugung auf die Dienste anderer (in diesem Diagramm nicht modellierter) Komponenten zu.

Wie bereits in Abschnitt 2.3.16 dargestellt, kann die Realisierung und Bereitstellung von Schnittstellen auch mit den Realisierungs- bzw. Verwendungsbeziehungen notiert werden (siehe Abbildung 5.3):

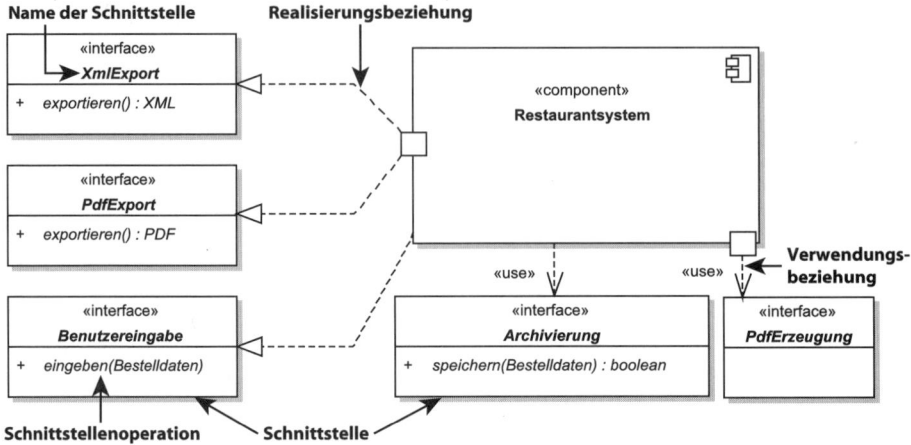

Abbildung 5.3 Alternative Notationsmöglichkeit von Schnittstellen

Sollen Operationen von Schnittstellen genau definiert werden, ist diese Notationsvariante den Ball- oder Socket-Symbolen vorzuziehen.

Die Abbildungen 5.2 und 5.3 zeigen die so genannte **Black-Box-Sicht** auf eine Komponente. Während ihr Verhalten nach außen hin durch die Schnittstellen definiert wird, bleibt ihr Inneres sozusagen als eine schwarze Box verborgen. Diese Sichtweise kann auch auf die folgende Art dokumentiert werden (siehe Abbildung 5.4):

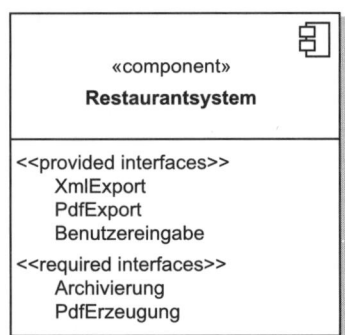

Abbildung 5.4 Black-Box-Darstellung einer Komponente

Komponenten können Klassen oder weitere Komponenten enthalten (siehe Abbildung 5.5):

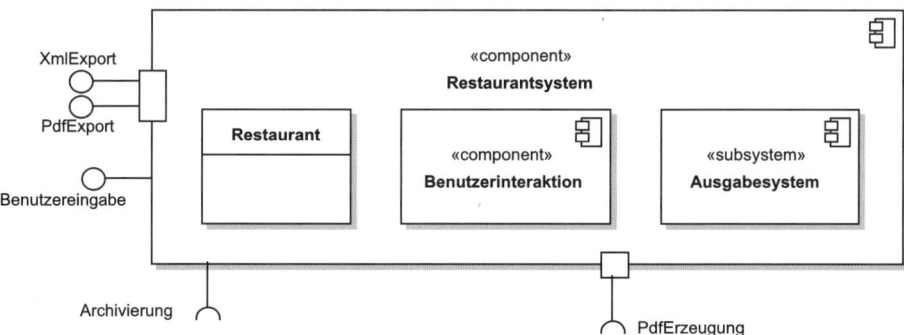

Abbildung 5.5 Komponente bestehend aus einer Klasse und zwei Komponenten

Abbildung 5.5 modelliert, dass die Komponente Restaurantsystem aus einer Klasse Restaurant, einer Komponente Benutzerinteraktion und einer Komponente Ausgabesystem besteht, die mit dem Stereotypen <<subsystem>> näher definiert wird.

Die UML stellt eine Reihe solcher Stereotypen zur Verfügung, von denen die wichtigsten im Folgenden vorgestellt werden:

► **<<implement>>**
Diese Komponente beinhaltet keinerlei eigene Spezifikationsinformationen. Sie stellt die Implementation einer anderen Komponente dar, die ihrerseits mit dem Stereotypen <<specification>> ausgezeichnet wird.

► **<<specification>>**
Diese Komponente spezifiziert lediglich bereitgestellte und benötigte Schnittstellen. Deren Realisierung übernimmt eine zugeordnete <<implement>>-Komponente.

► **<<entity>>**
Es handelt sich dabei um eine Komponente, die persistente Informationen speichert.

► **<<process>>**
Eine <<process>>-Komponente ist vollständig transaktionsbasiert. Sie folgt dem **ACID-Prinzip**:

  ► **Atomic** (unteilbar): Die Komponente führt ihre Aktion entweder vollständig oder gar nicht durch. Sollte während der Verarbeitung ein Fehler auftreten, werden alle bis dato erfolgten Änderungen rückgängig gemacht.

  ► **Consistent** (konsistent): Vor und nach Beginn der Aktion befinden sich alle Daten in einem konsistenten Zustand.

▶ **Isolated** (isoliert): Jede Aktion wird von weiteren Aktionen isoliert ausgeführt, so dass Inkonsistenzen aufgrund evtl. paralleler Datenzugriffe ausgeschlossen werden.

▶ **Durable** (dauerhaft): Jegliche Änderungen an den Daten werden dauerhaft gesichert.

▶ **<<service>>**
Die <<service>>-Komponente ist eine zustandslose, funktionelle Komponente, die üblicherweise anderen Komponenten Dienste zur Verfügung stellt (z. B. komplexe Berechnungsoperationen).

▶ **<<subsystem>>**
Eine mit dem Stereotypen <<subsystem>> ausgezeichnete Komponente wird üblicherweise zur Dekomposition großer Systeme verwendet und stellt einen abgeschlossenen Bestandteil eines größeren Systems dar.

▶ **<<buildComponent>>**
Komponenten, die nicht Teil des eigentlich zu entwickelnden Systems sind, sondern der Entwicklung des Systems dienen, werden mit dem Stereotypen <<buildComponent>> markiert. Es kann sich dabei beispielsweise um Entwicklungsumgebungen, Compiler oder Versionierungssysteme handeln.

Auch in Komponentendiagrammen erlaubt die UML, eigene Stereotypen zu definieren und zu verwenden.

Die Darstellung der inneren Bestandteile einer Komponente, wie sie in Abbildung 5.5 zu sehen ist, wird auch als **White-Box-Sicht** bezeichnet und kann alternativ wie in Abbildung 5.6 gezeigt notiert werden:

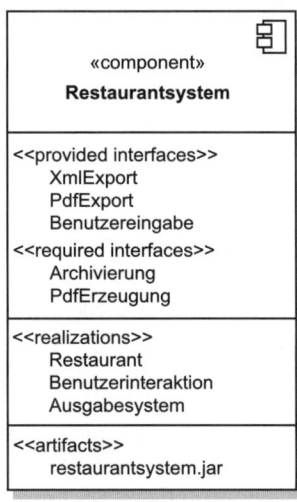

Abbildung 5.6 White-Box-Darstellung einer Komponente

Der <<realizations>>-Abschnitt definiert die realisierenden Bestandteile einer Komponente. Der <<artifacts>>-Abschnitt benennt die physische Einheit, die die Komponente implementiert (Artefakte werden in Abschnitt 5.3.3 vorgestellt).

Verwendung

Strukturieren Sie das zu entwerfende Softwaresystem durch Komponenten und identifizieren Sie Teilsysteme, die möglicherweise auch in weiteren Systemen wiederverwendet werden können.

Setzen Sie Komponenten ein, um modellierte Klassen zu physischen Implementierungseinheiten zu gruppieren.

Komponenten sollten möglichst voneinander unabhängig realisiert und getestet werden können, was am besten durch die Verwendung von Ports und Schnittstellen erreicht werden kann. Damit können Programmieraufgaben während der Implementierungsphase ohne Querabhängigkeiten zueinander verteilt und die Entwicklungsarbeiten am einfachsten parallelisiert werden.

5.3.2 Konnektor

Beschreibung

Die UML unterscheidet in Komponentendiagrammen zwei Arten von Konnektoren:

▶ **Bauteilkonnektor**

▶ **Delegationskonnektor**

Ein **Bauteilkonnektor** (engl. Assembly Connector) stellt eine **Verbindung zwischen zwei Bauteilen** dar und spezifiziert, dass ein Bauteil Dienste eines anderen Bauteils in Anspruch nimmt.

Mit dem Begriff »Bauteil« (engl. Assembly) umfasst die UML allgemein alle Elemente von Komponentendiagrammen, die Schnittstellen oder Ports besitzen können (z. B. Komponenten und Klassen).

Häufig wird der Bauteilkonnektor in der Literatur auch als Kompositionskonnektor bezeichnet. In diesem Buch wird diese Bezeichnung bewusst nicht verwendet, da der hier vorgestellte Konnektor weder eine Komposition im Sinne der UML modelliert, noch Kompositionen verbindet. Die Übersetzung »Bauteilkonnektor« wird bevorzugt, weil sie so nah wie möglich an der Originalbezeichnung »Assembly Connector« liegt.

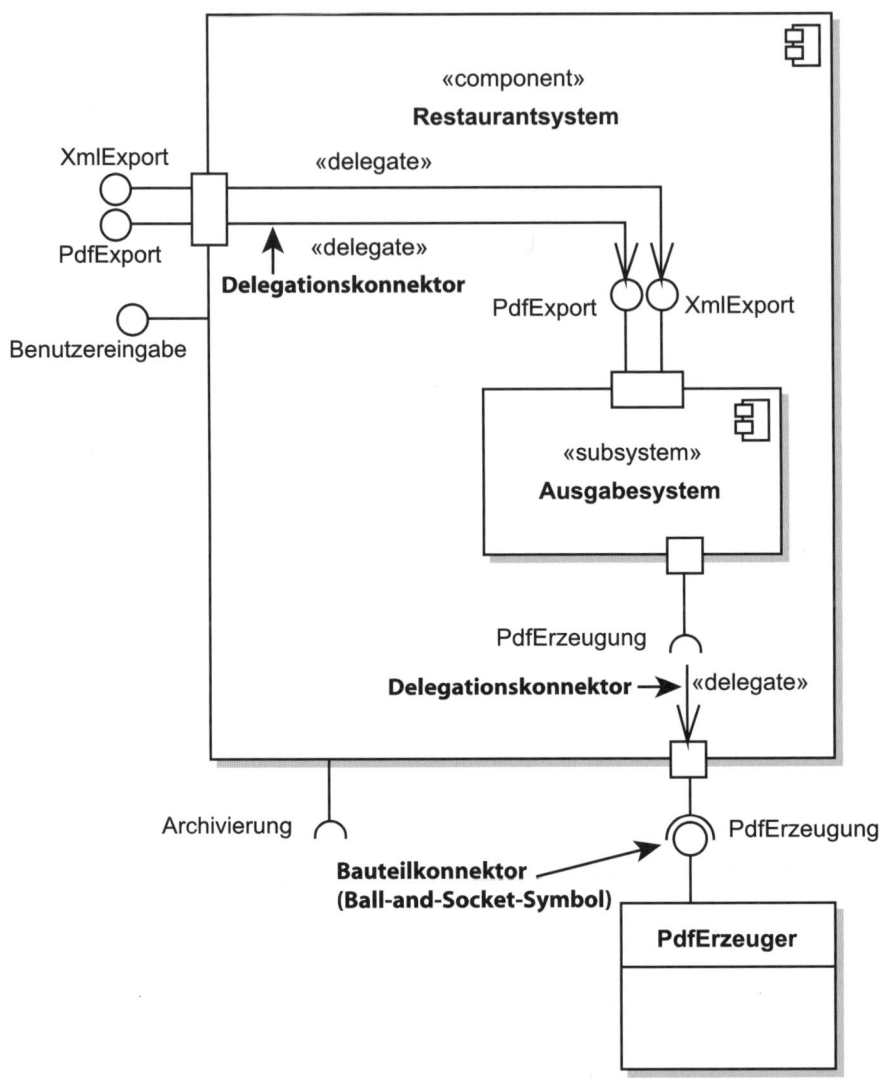

Abbildung 5.7 Konnektor

Bauteilkonnektoren werden mit dem bereits aus Abschnitt 2.3.16 bekannten Ball-and-Socket-Symbol notiert. Der in Abbildung 5.7 modellierte Bauteilkonnektor besagt, dass die vom `Restaurantsystem` benötigte Schnittstelle `PdfErzeugung` von der Klasse `PdfErzeuger` bereitgestellt wird.

Ein **Delegationskonnektor** (engl. Delegation Connector) stellt eine **Verbindung** zwischen den **externen** Schnittstellen oder Ports und den **inneren** Bestandteilen einer Komponente dar.

Ein Delegationskonnektor von einer nach außen bereitgestellten Schnittstelle zu einer inneren Komponente spezifiziert, dass ein nach außen bereitgestelltes Verhalten (Schnittstelle) nicht von der Komponente selbst, sondern von einem ihrer inneren Bestandteile realisiert wird, das kompatible Schnittstellen zur Verfügung stellt.

In Abbildung 5.7 leitet die Komponente `Restaurantsystem` beispielsweise alle Anfragen über die Schnittstellen `XmlExport` und `PdfExport` an die jeweiligen Schnittstellen ihres Subsystems `Ausgabesystem` weiter.

Verwendung

Komponentendiagramme, die lediglich aus Komponenten, Schnittstellen und Klassen bestehen, stellen lediglich die statischen Bestandteile der Softwarearchitektur dar. Erst durch das Hinzufügen von Konnektoren, die den Zusammenhang der Komponenten deutlich machen, wird das Komponentendiagramm vollständig.

5.3.3 Artefakt

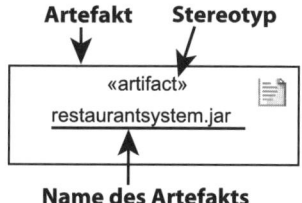

Abbildung 5.8 Artefakt

Beschreibung

Ein **Artefakt** (engl. Artifact) repräsentiert eine **physische Informationseinheit**, die beim Softwareentwicklungsprozess verwendet oder hergestellt wird.

Artefakte modellieren konkrete Bestandteile des Softwaresystems aus der realen Welt, wie z. B.:

▸ Dateien mit Programmcode
▸ ausführbare Programmdateien
▸ Datenbanken
▸ Tabellen einer Datenbank
▸ schriftliche Dokumentationen
▸ UML-Modelle

- ▶ E-Mails

- ▶ und viele weitere.

Das Artefakt aus Abbildung 5.8 spezifiziert beispielsweise ein Java-Archiv (`jar`) mit dem Namen `restaurantsystem`.

Artefakte können selbst weitere Artefakte enthalten (siehe Abbildung 5.9):

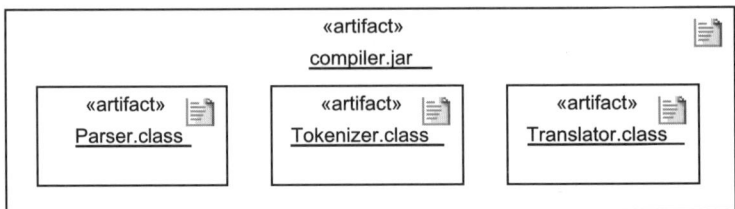

Abbildung 5.9 Geschachtelte Artefakte

Abbildung 5.9 modelliert ein Artefakt `compiler.jar`, das aus drei weiteren Artefakten besteht:

- ▶ `Parser.class`

- ▶ `Tokenizer.class`

- ▶ `Translator.class`.

Die UML definiert einige Standard-Stereotypen zur näheren Definition eines Artefakts:

- ▶ **<<script>>**
  Es handelt sich um eine Script-Datei (z. B. eine PHP-Datei), die von einem Programm interpretiert werden kann.

- ▶ **<<source>>**
  Eine `<<source>>`-Datei beinhaltet Programmcode und kann in eine `<<executable>>`-Datei kompiliert werden.

- ▶ **<<executable>>**
  Das Artefakt repräsentiert eine ausführbare Programmdatei. In Microsoft-Betriebssystemen handelt es sich dabei zumeist um Dateien mit der Endung `exe`, bei Linux besitzen sie häufig die Endung `bin`.

- ▶ **<<document>>**
  Der Stereotyp `<<document>>` spezifiziert die Art des Artefakts nur recht allgemein: Es handelt sich weder um ein `<<source>>`- noch um `<<executable>>`-Artefakt. Dieser Artefakttyp wird häufig für Dokumente verwendet, die den anderen Stereotypen nicht zugeordnet werden können.

▶ **<<file>>**

   Ein <<file>>-Artefakt kennzeichnet allgemein eine Datei.

▶ **<<library>>**

   Das Artefakt steht für eine statische oder dynamische Klassen- oder Funktions-Bibliothek.

Wie bei allen bisher vorgestellten Stereotypen stellt die UML es Ihnen frei, weitere Stereotypen zu definieren.

Artefakte können den Komponenten, die sie physisch realisieren, mit Hilfe der **<<manifest>>-Beziehung** zugeordnet werden (siehe Abbildung 5.10):

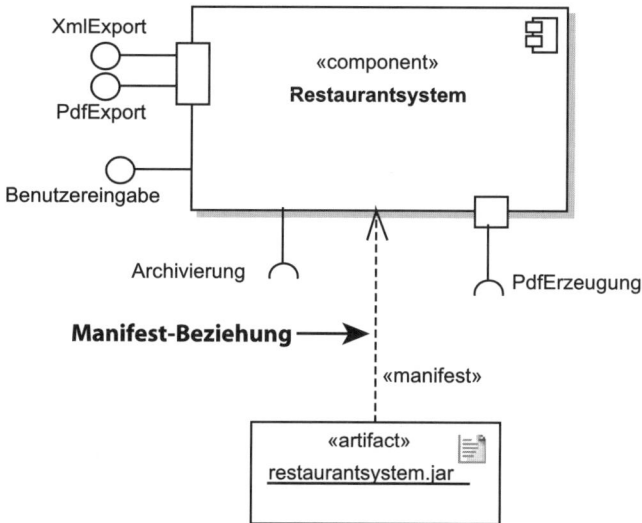

Abbildung 5.10 Manifest-Beziehung

Abbildung 5.10 drückt aus, dass die Komponente Restaurantsystem im System physisch in der Datei restaurantsystem.jar (eine Datei mit kompiliertem Class-Code) realisiert wird. Um zu verdeutlichen, dass restaurantsystem.jar den lauffähigen Code für das Restaurantsystem enthält, hätte man statt <<artifact>> als Stereotyp auch <<executable>> verwenden können.

Um die Manifestation näher zu beschreiben, definiert die UML Stereotypen für Manifestationsbeziehungen, wie z. B.:

▶ **<<tool-generated>>**

   Das Artefakt wurde von einem Tool generiert. Viele UML-Tools bieten die Funktionalität, aus einem Modell kompilierfähigen Code einer Zielprogrammiersprache zu generieren.

▶ **<<custom code>>**
Bei der Realisierung der Komponente ist es notwendig, Programmcode manuell zu entwickeln.

Erwartungsgemäß dürfen Sie auch diese Stereotypen um eigene erweitern (was in der UML-Spezifikation sogar explizit erwartet wird).

Verwendung

Artefakte bieten Ihnen die Möglichkeit, das Modell des Softwaresystems auf tatsächlich physisch vorhandene Bestandteile (einzelne Dateien, ganze Softwaresysteme, UML-Modelle usw.) aufzuteilen und somit die physische Struktur des Systems zu spezifizieren und zu dokumentieren.

5.4   Lesen eines Komponentendiagramms

Das Diagramm aus Abbildung 5.11 modelliert die Komponenten eines Restaurantsystems.

Hauptkomponente ist das `Restaurantsystem`, das von einem Artefakt `restaurantsystem.jar` realisiert wird. Das `Restaurantsystem` bietet drei Schnittstellen an:

▶ `Benutzereingabe`, die eine direkte Interaktion mit dem `Restaurantsystem` erlaubt.

▶ `XmlExport` und `PdfExport`, die über denselben Port ihre Anfragen an das `Restaurantsystem` weiterreichen.

Anfragen über die Schnittstellen `XmlExport` und `PdfExport` werden nicht vom `Restaurantsystem` selbst bearbeitet, sondern über eine `<<delegate>>`-Beziehung an die korrespondierenden Schnittstellen des Subsystems `Ausgabesystem` weitergeleitet.

Dieses benötigt für seine Arbeit eine Funktionalität, die von der Schnittstelle `PdfErzeugung` definiert wird. Da sie nicht innerhalb des `Restaurantsystems` realisiert ist, werden Anfragen über einen Port an die Klasse `PdfErzeuger` weitergeleitet, die in `PdfErzeuger.class` umgesetzt ist.

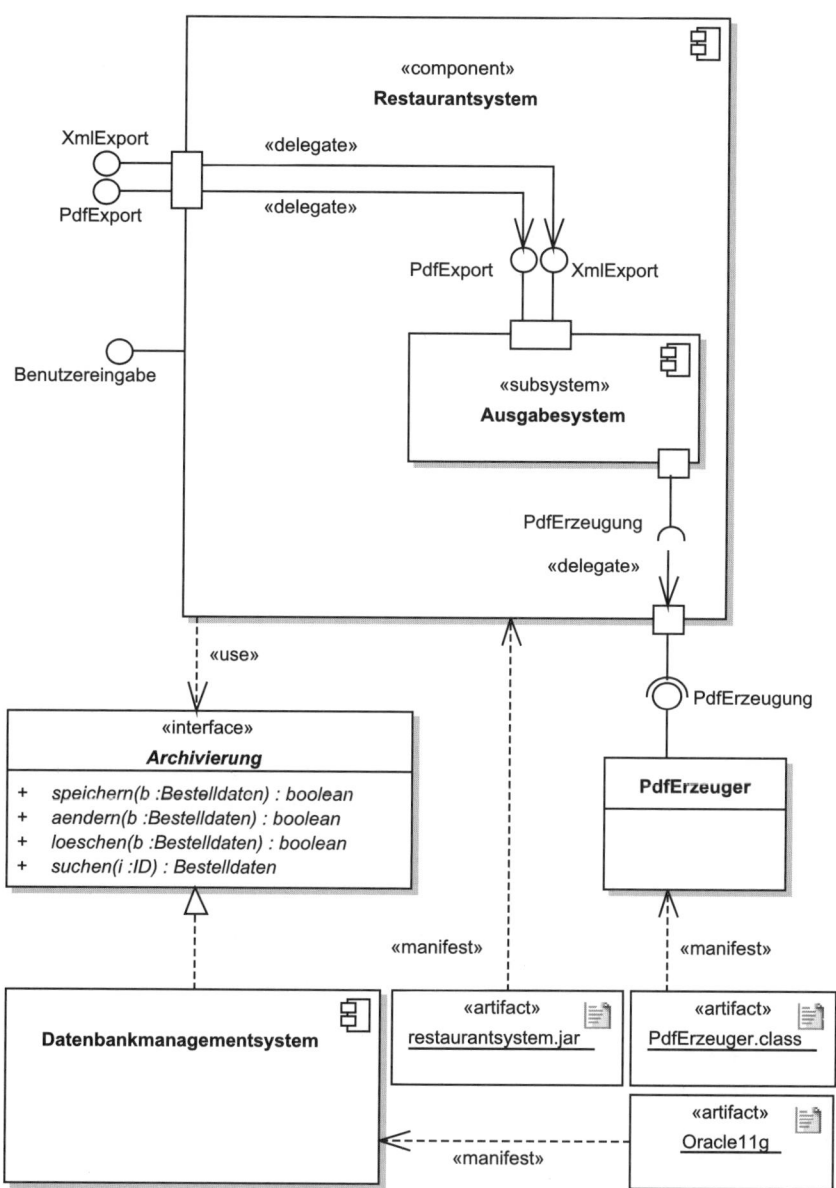

Abbildung 5.11 Komponentendiagramm eines Restaurantsystem

Die Komponente Benutzerverwaltung verwendet weiterhin die folgenden Operationen der Schnittstelle Archivierung:

▶ speichern

▶ aendern

▶ loeschen

▶ suchen

Realisiert wird diese Schnittstelle von einer Komponente Datenbankmanagement-system, die durch ein Artefakt Oracle11g bereitgestellt wird.

5.5 Irrungen und Wirrungen

Abbildung 5.12 demonstriert einige der häufig gemachten Fehler bei der Modellierung mit Komponentendiagrammen:

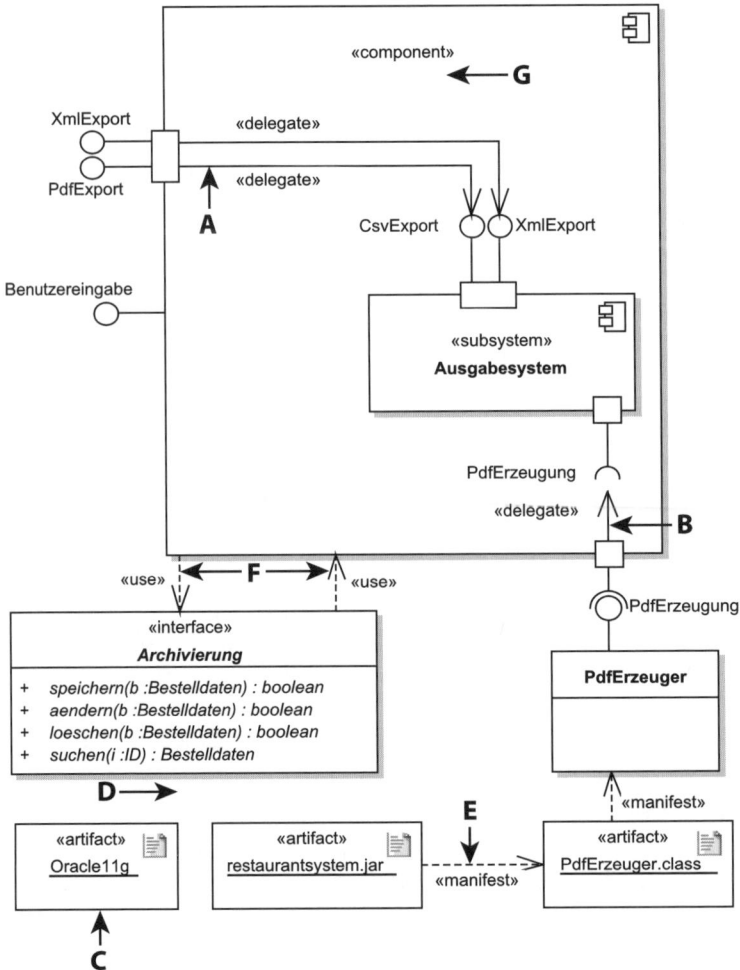

Abbildung 5.12 Ein fehlerhaftes Komponentendiagramm

A: Ungültige Delegation

Anfragen an eine Schnittstelle dürfen nur an eine kompatible Schnittstelle weitergeleitet werden.

B: Falsche Delegationsrichtung

Anfragen dürfen nur *aus* einer benötigten Schnittstelle weitergeleitet werden. Ebenso werden Anfragen üblicherweise *in* eine bereitgestellte Schnittstelle geleitet.

C: Artefakt ohne <<manifest>>-Beziehung

Artefakte sollten einer Komponente zugeordnet werden, um Missverständnisse zu vermeiden, welches Artefakt welche Komponente manifestiert und weshalb es im System notwendig ist. Kann ein Artefakt keiner Komponente zugeordnet werden, sollte überprüft werden, ob es wirklich benötigt wird.

D: Fehlende Realisierung

Komponentendiagramme werden verwendet, um die Architektur der Software zu beschreiben. Sie sollten daher spezifizieren, von welchen Komponenten die benötigten Schnittstellen realisiert werden.

E: Falsche <<manifest>>-Beziehung

Artefakte können sich nicht gegenseitig manifestieren. Ein Artefakt stellt bereits eine Realisierung einer Komponente dar und kann somit nicht nochmals realisiert werden.

F: Zirkulare Abhängigkeiten

Zwei Komponenten, die sich gegenseitig benötigen, um vollständig zu sein, können niemals vollständig werden. Stellen Sie sicher, dass in Ihrem Modell keine zirkularen Abhängigkeiten vorkommen.

G: Name der Komponente fehlt

Komponenten müssen einen Namen besitzen.

5.6 Zusammenfassung

Die wichtigsten Elemente von Komponentendiagrammen fasst die folgende Aufzählung zusammen:

▸ Eine **Komponente** repräsentiert ein Modul des Systems.

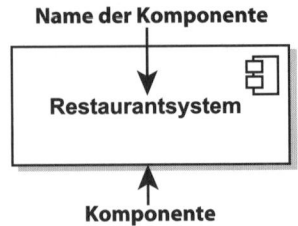

Abbildung 5.13 Komponente

▶ Komponenten kommunizieren untereinander über **Schnittstellen** und **Ports**.

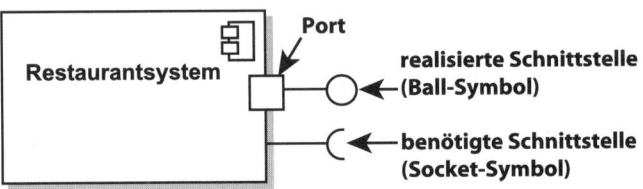

Abbildung 5.14 Schnittstelle und Port

▶ **Delegationskonnektoren** leiten Anfragen an die Ports oder Schnittstellen zu den inneren Bestandteilen der zugehörigen Komponente oder aus ihnen heraus.

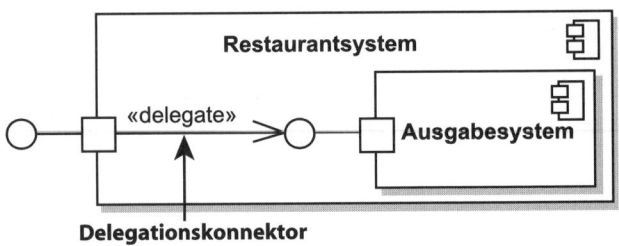

Abbildung 5.15 Delegationskonnektor

▶ **Artefakte** modellieren physische Informationseinheiten, wie Dateien, Datenbanken, Datenbanktabellen usw.

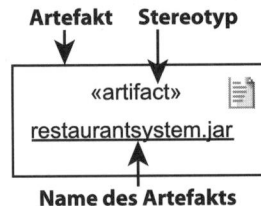

Abbildung 5.16 Artefakt

Das Verteilungsdiagramm modelliert die Architektur verteilter Systeme zur Laufzeit.

6 Verteilungsdiagramm

6.1 Anwendungsbereiche

Verteilungsdiagramme (engl. Deployment Diagrams) spezifizieren die physische Hardware- und Softwareumgebung und die Verteilung der Komponenten in dieser Umgebung. Verteilungsdiagramme werden zumeist parallel zu Komponentendiagrammen (siehe Kapitel 5) eingesetzt, die sich auf die Architektur des zu implementierenden Softwaresystems konzentrieren.

Verteilungsdiagramme werden überwiegend in der Entwurf/Design-Phase erstellt. Auf ihrer Basis werden Entscheidungen über eventuell anzuschaffende Hardware- und Softwarekomponenten und deren Kommunikationswege getroffen. Bereits während das modellierte Softwaresystem implementiert wird, kann damit seine Laufzeitumgebung aufgebaut, installiert und getestet werden.

6.2 Übersicht

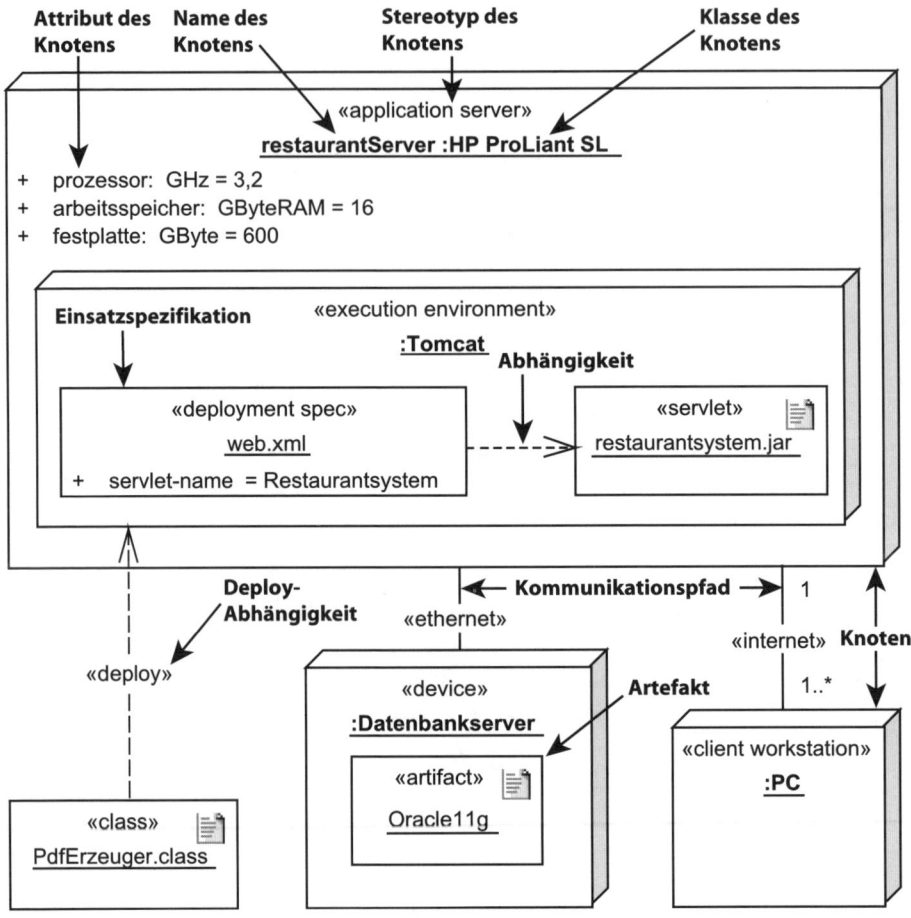

Abbildung 6.1 Notationselemente von Verteilungsdiagrammen

6.3   Notationselemente

6.3.1   Knoten

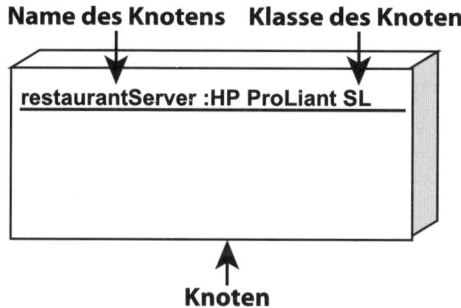

Abbildung 6.2 Knoten

Beschreibung

Ein **Knoten** (engl. Node) repräsentiert eine **Systemressource**.

Ein Knoten wird über die Bestandteile Objektname :Klasse definiert, wobei der Objektname optional ist und damit weggelassen werden kann. Da Verteilungsdiagramme üblicherweise die Architektur und Aufteilung real existierender Objekte modellieren, wird für Knoten auch die Notation für Objekte (bzw. Ausprägungen von Klassen) verwendet, wie sie bereits in Kapitel 3, »Objektdiagramm«, vorgestellt worden ist.

Die UML unterscheidet mehrere Arten von Knoten, die durch Stereotypen gekennzeichnet werden:

▸ **<<device>>**
  Ein <<device>> ist der allgemeinste Knotentyp und repräsentiert eine physische Recheneinheit, z. B. einen Server mit eigener Rechen- (CPUs) und Speicherkapazität (z. B. Festplatten). Ein <<device>> kann auch weitere <<device>>-Knoten enthalten.

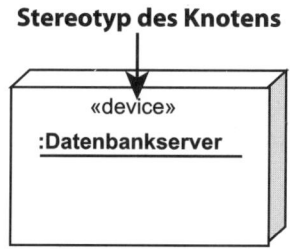

Abbildung 6.3   <<device>>-Knoten

▶ **<<execution environment>>**

Ein Knoten des Typs <<execution environment>> bietet Komponenten eine Ausführungsumgebung. Als Beispiele können ein Tomcat-Server für Java-Servlets, J2EE-Server für Enterprise JavaBeans oder ein Betriebssystem genannt werden.

▶ **<<application server>>**

Ein Knoten, der eine Applikation für einen weiteren Knoten vom Typ <<client workstation>> bereitstellt und zumeist einen oder mehrere Knoten vom Typ <<execution environment>> enthält.

▶ **<<client workstation>>**

Dieser Knoten nimmt die Dienste einer Applikation in Anspruch, die von einem Knoten des Typs <<application server>> bereitgestellt wird. Knoten des Typs <<client workstation>> und <<application server>> werden üblicherweise gemeinsam modelliert.

▶ **<<mobile device>>**

Mobile Geräte wie Notebooks, PDAs oder Handys werden durch <<mobile device>>-Knoten repräsentiert.

▶ **<<embedded device>>**

Geräte, die transparent in weitere Geräte eingebettet sind, werden mit diesem Stereotypen gekennzeichnet.

Die UML erlaubt Ihnen auch an dieser Stelle, weitere Stereotypen zu definieren.

Knoten können Attribute und Operationen zugeordnet werden (siehe Abbildung 6.4):

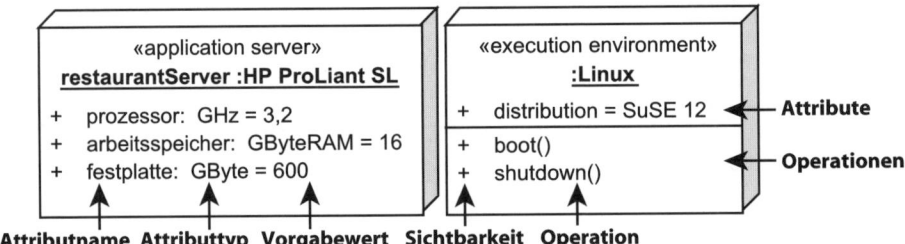

Abbildung 6.4 Knoten mit Attributen

Abbildung 6.4 stellt zwei Knoten dar: restaurantServer der Klasse HP ProLiant SL und einen der Klasse Linux, dessen Objektname nicht relevant ist und daher nicht modelliert wurde.

Der Knoten restaurantServer vom Typ <<application server>> besitzt drei öffentliche (+) Attribute:

- prozessor mit einem Vorgabewert 3,2 GHz

- arbeitsspeicher mit einem Vorgabewert von 16 GByteRAM

- festplatte mit einer Speicherkapazität von 600 Gbyte.

Der Knoten :Linux vom Typ <<execution environment>> hat

- ein öffentliches Attribut distribution mit dem Vorgabewert SuSE 12 und zwei öffentliche Operationen

- boot und

- shutdown.

Knoten können weitere Knoten oder Artefakte enthalten:

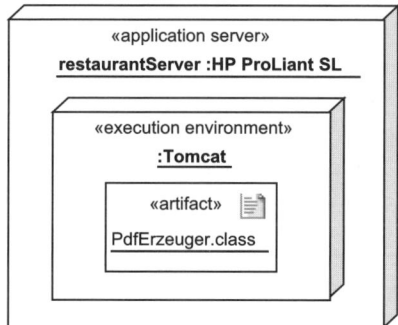

Abbildung 6.5   Hierarchie von Knoten

Das Verteilungsdiagramm aus Abbildung 6.5 modelliert, dass auf einem :HP ProLiant SL ein :Tomcat-Server als Ausführungsumgebung für eine Klasse PdfErzeuger.class arbeitet.

Der Einsatz (engl. Deployment) eines Artefakts in einem Knoten kann auch mit der **<<deploy>>-Abhängigkeit** modelliert werden (siehe Abbildung 6.6):

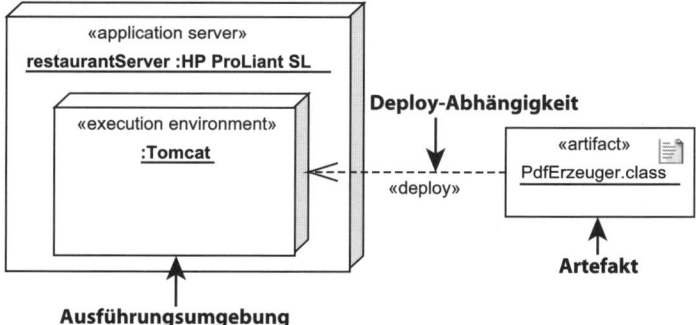

Abbildung 6.6   Deployment eines Artefakts

Manche Ausführungsumgebungen erfordern eine genaue Definition des Einsatzes eines Artefakts. Für diese Fälle sieht die UML eine besondere Art eines Artefakts vor: die **Einsatzspezifikation** (siehe Abbildung 6.7).

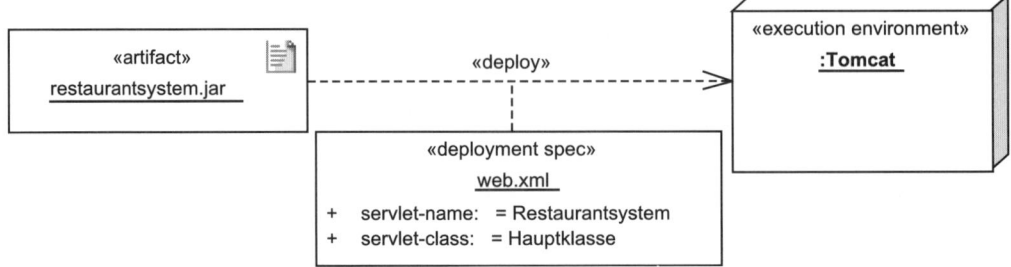

Abbildung 6.7   Einsatzspezifikation

In Abbildung 6.7 wird dem Artefakt `restaurantsystem.jar` eine Einsatzspezifikation `web.xml` zugeordnet.

> Eine **Einsatzspezifikation** (engl. DeploymentSpecification) **definiert Ausführungsparameter** eines Artefakts in einem Knoten.

Sie wird an die `<<deploy>>`-Abhängigkeit notiert und definiert die Ausführungsparameter in Form von Attributen.

Innerhalb eines Knotens kann die Einsatzspezifikation über eine Abhängigkeitsbeziehung direkt dem Artefakt zugeordnet werden (siehe Abbildung 6.8):

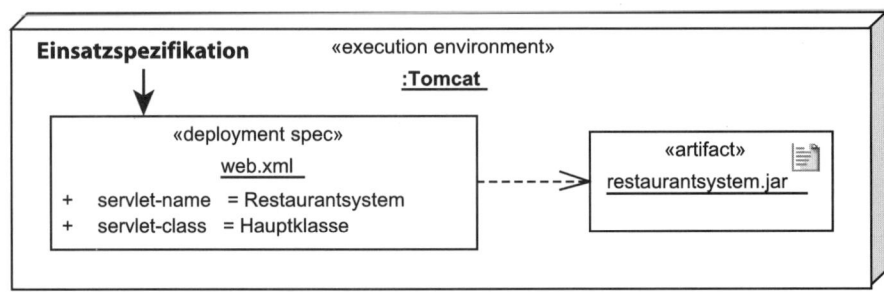

Abbildung 6.8   Einsatzspezifikation innerhalb eines Knotens

Die UML erlaubt zusätzlich, benötigte Ausführungsparameter direkt im jeweiligen Artefakt innerhalb von geschweiften Klammern zu spezifizieren und somit auf die explizite Notation einer Einsatzspezifikation vollständig zu verzichten (siehe Abbildung 6.9).

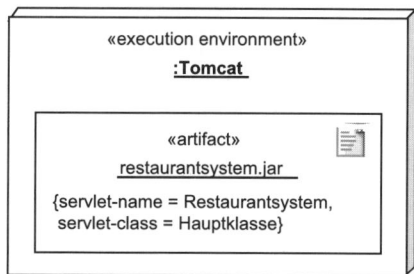

Abbildung 6.9 Einsatzspezifikation innerhalb eines Artefakts

Verwendung

Verwenden Sie Knoten, um die gesamte Hardware- wie auch Softwareumgebung Ihres Softwaresystems zu definieren. Verteilen Sie die in Komponentendiagrammen modellierten Artefakte auf die einzelnen Knoten, um die Verteilung des neuen Systems während der Laufzeit zu spezifizieren und zu dokumentieren.

6.3.2 Kommunikationspfad

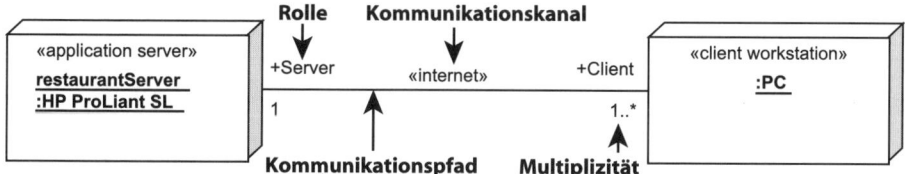

Abbildung 6.10 Kommunikationspfad

Beschreibung

> Ein **Kommunikationspfad** (engl. CommunicationPath) definiert eine **Assoziation zwischen zwei Knoten**, über die Signale und Nachrichten ausgetauscht werden können.

Da ein Kommunikationspfad eine spezielle Art einer Assoziation ist (siehe Abschnitt 2.3.4), können ihm alle Attribute einer Assoziation zugeordnet werden, wie Multiplizitäten, Rollen, Stereotypen usw.

Die Stereotypen an Kommunikationspfaden bezeichnen üblicherweise den Kommunikationskanal zwischen den Knoten. UML definiert selbst keine speziellen Stereotypen hierfür und gibt Ihnen die volle Freiheit, eigene Stereotypen zu spezifizieren.

In Abbildung 6.10 modelliert der Kommunikationspfad die Verbindung der Knoten :HP ProLiant SL und :PC über das Internet (Stereotyp <<internet>>).

Den Multiplizitäten entnimmt man, dass ein `restaurantServer` der Klasse `HP ProLiant SL` mindestens einem, aber beliebig vielen `PC`s als `<<application server>>` Dienste zur Verfügung stellt. Ein `PC` steht jedoch nur einem `restaurantServer` als `Client` gegenüber.

Verzichtet man auf eine explizite Spezifikation der Multiplizitäten, würde dies der Modellierung einer `1-zu-1`-Assoziation gleichen.

Verwendung

Ein Verteilungsdiagramm ohne Kommunikationspfade stellt lediglich eine zusammenhanglose Anhäufung von Knoten dar. Verbinden Sie die einzelnen Knoten Ihres verteilten Systems unter Verwendung von Kommunikationspfaden zu einer funktionierenden Einheit.

6.4 Lesen eines Verteilungsdiagramms

Das Verteilungsdiagramm aus Abbildung 6.11 modelliert vier Knoten:

▶ `restaurantServer` der Klasse `HP ProLiant SP` mit dem Stereotypen `<<application server>>`

▶ `Tomcat` als Ausführungsumgebung (`<<execution environment>>`)

▶ `Datenbankserver` als eine Recheneinheit (`<<device>>`)

▶ `PC` des Stereotyps `<<client workstation>>`

Der `restaurantServer` muss seinen Attributen zufolge ausgestattet sein mit:

▶ einem `prozessor` mit einer Taktfrequenz von `3,2 GHz`,

▶ einem `arbeitsspeicher` von `16 GByte` und

▶ einer `festplatte`, die `600 GByte` an Daten sichern kann.

Auf diesem `restaurantServer` läuft `Tomcat` als Ausführungsumgebung (`<<execution environment>>`) für die Klasse `PdfErzeuger.class` und das Java-Archiv `restaurantsystem.jar`, dessen Einsatz durch eine Einsatzspezifikation (`<<deployment spec>>`) beschrieben ist. Demnach kann das Servlet `restaurantsystem` im `Tomcat` unter dem Namen `Restaurantsystem` angesprochen werden.

Die Recheneinheit `Datenbankserver` ist über einen Kommunikationspfad mit dem `restaurantServer` über den Kommunikationskanal Ethernet (Stereotyp `<<ethernet>>`) verbunden und stellt seine Rechenkapazitäten `Oracle11g` zur Verfügung.

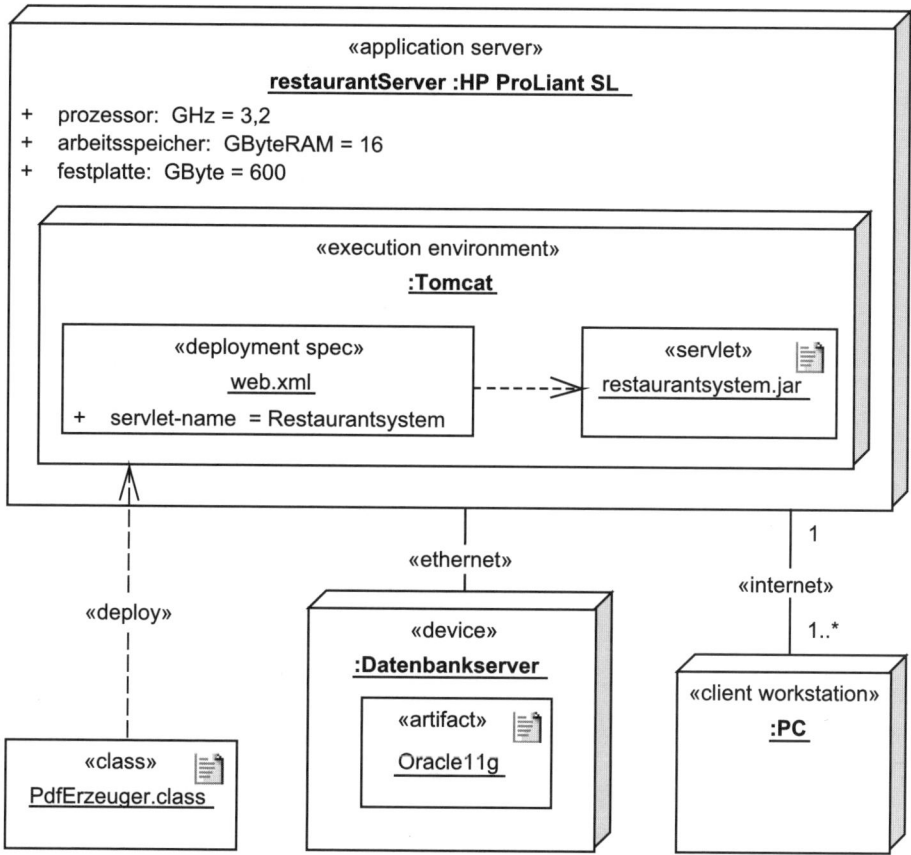

Abbildung 6.11 Beispiel für ein Verteilungsdiagramm

Der Applikationsserver stellt seine Dienste über das Internet einem bis beliebig vielen PCs zur Verfügung (Stereotypen <<application server>> und <<client workstation>>). Ein PC nimmt jedoch Dienste von genau einem Applikationsserver in Anspruch.

6.5 Irrungen und Wirrungen

Abbildung 6.12 weist auf einige der häufig gemachten Fehler bei der Nutzung von Verteilungsdiagrammen hin:

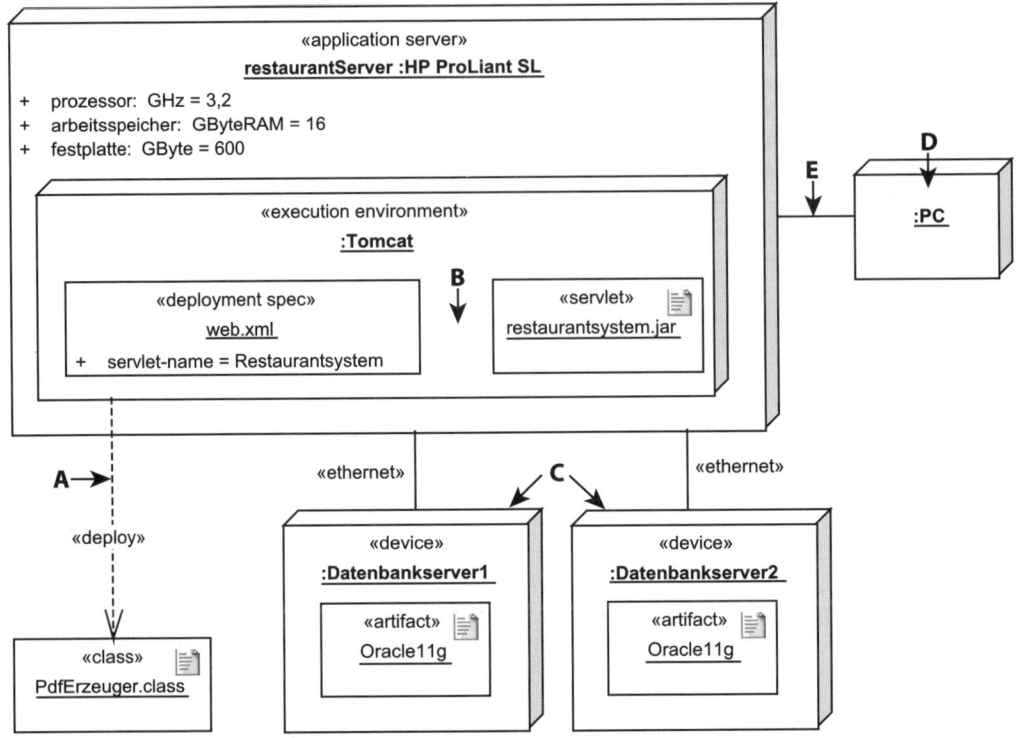

Abbildung 6.12   Häufige Fehler in Verteilungsdiagrammen

A: Richtung der <<deploy>>-Abhängigkeit falsch

Ein Artefakt kann keine Ausführungsumgebung für einen Knoten darstellen.

B: Abhängigkeit fehlt

Modellieren Sie mit Hilfe von Abhängigkeiten, für welches Artefakt eine verwendete Einsatzspezifikation vorgesehen ist, um Missverständnisse zu vermeiden.

C: Mehrfachknoten

Es ist nicht notwendig, mehrere Knoten zu modellieren, wenn zwei oder mehr Knoten vom selben Typ für den selben Zweck eingesetzt werden sollen. Verwenden Sie lieber Multiplizitäten an den Kommunikationspfaden.

D: Stereotyp fehlt

Verwenden Sie bei der Modellierung von Knoten Stereotypen. Sie machen die Architektur viel verständlicher. Machen Sie regen Gebauch von der Möglichkeit, eigene Stereotypen zu definieren.

E: Kommunikationskanal fehlt

Definieren Sie die Kommunikationspfade genau, indem Sie die Kommunikationskanäle mit Hilfe von Stereotypen benennen.

6.6 Zusammenfassung

Die bedeutendsten Notationselemente werden noch einmal kurz zusammengefasst:

▶ Ein **Knoten** repräsentiert eine Systemressource, beispielsweise einen Server oder eine Laufzeitumgebung.

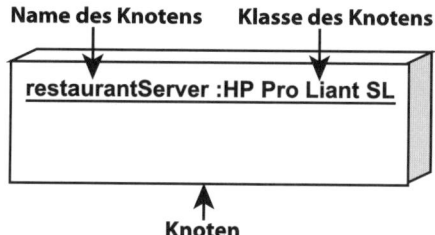

Abbildung 6.13 Knoten

▶ **Kommunikationspfade** modellieren Assoziationen zwischen Knoten und zeigen gleichzeitig Kommunikationswege zwischen ihnen auf.

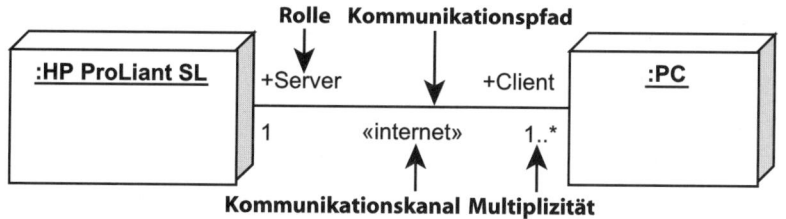

Abbildung 6.14 Kommunikationspfad

▶ **Artefakte** modellieren physische Informationseinheiten wie Dateien, Datenbanken, Datenbanktabellen usw.

Abbildung 6.15 Artefakt

171

Paketdiagramme organisieren und strukturieren Elemente in Paketen.

7 Paketdiagramm

7.1 Anwendungsbereiche

Paketdiagramme (engl. Package Diagrams) werden zumeist in den frühen Phasen der Softwareentwicklung, wie Analyse/Definition und Entwurf/Design, verwendet, um das Modell sowohl horizontal wie auch vertikal zu strukturieren.

Mit der horizontalen Strukturierung wird die Möglichkeit bezeichnet, beliebige UML-Elemente, die logisch zusammengehören, in Paketen zusammen zu fassen und damit das UML-Modell zu modularisieren.

Pakete können Unterpakete enthalten und erlauben damit eine vertikale Strukturierung. Das Paket auf der obersten Ebene kann beispielsweise das gesamte Projekt repräsentieren, während die Pakete auf den tieferen Ebenen sich den Projektdetails nähern.

Mit Hilfe der vertikalen Strukturierung werden unterschiedliche Abstraktionsebenen eines Modells definiert, und es wird die Möglichkeit geschaffen, aus einer übersichtsartigen Darstellung schrittweise in die Details zu zoomen.

Strukturieren Sie Ihr Modell sowohl horizontal wie auch vertikal, um es möglichst überschaubar und damit verständlich zu gestalten.

7.2 Übersicht

Abbildung 7.1 benennt die wichtigsten Notationselemente von Paketdiagrammen:

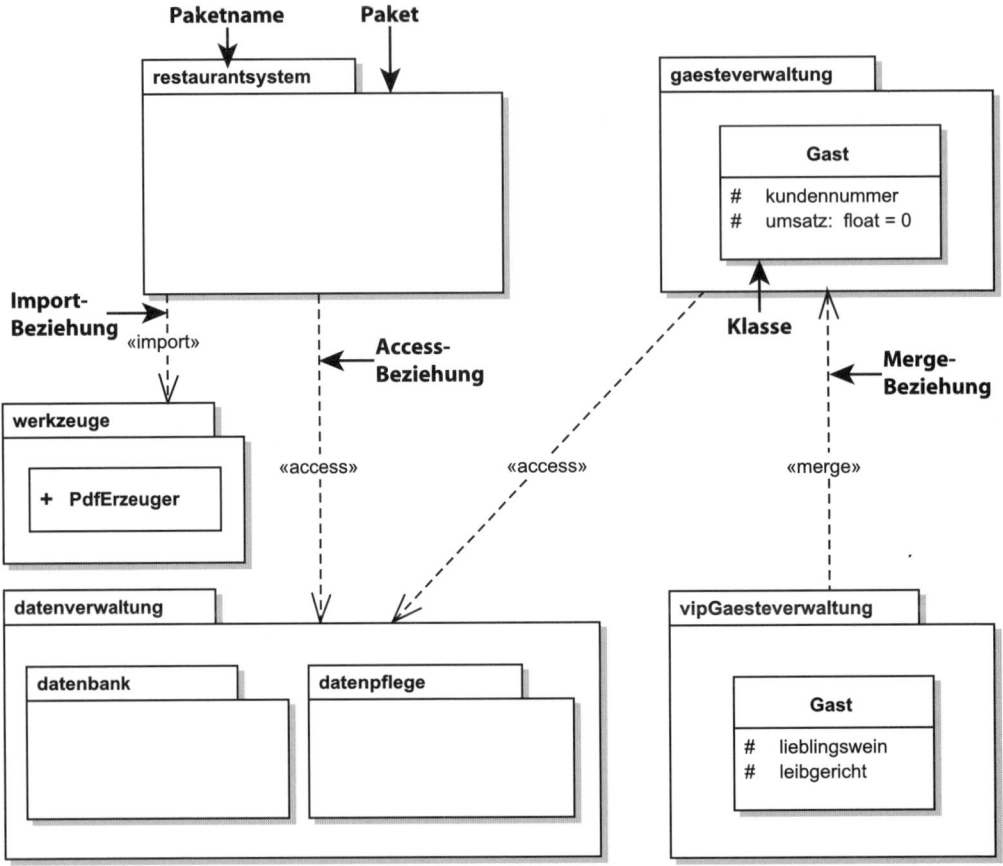

Abbildung 7.1   Notationselemente von Paketdiagrammen

7.3 Notationselemente

7.3.1 Paket

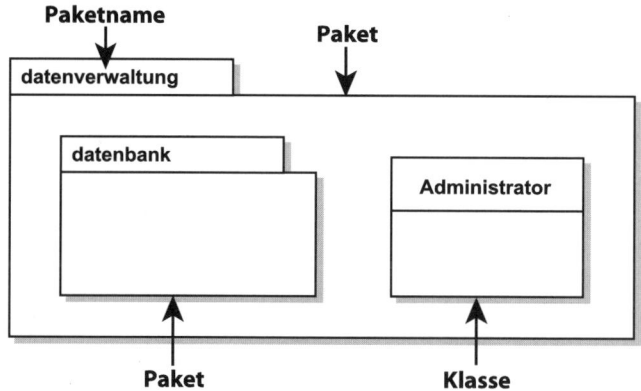

Abbildung 7.2 Paket

Beschreibung

Pakete (engl. Packages) **gruppieren** Elemente und **definieren Namensräume** (engl. Namespaces), in denen sich diese Elemente befinden.

Abbildung 7.2 zeigt ein Paket datenverwaltung, das ein Unterpaket datenbank und eine Klasse Administrator enthält und damit Elemente gruppiert, die mit der Datenverwaltung im Zusammenhang stehen.

Die UML stellt hierfür eine weitere Notationsmöglichkeit zur Verfügung (siehe Abbildung 7.3):

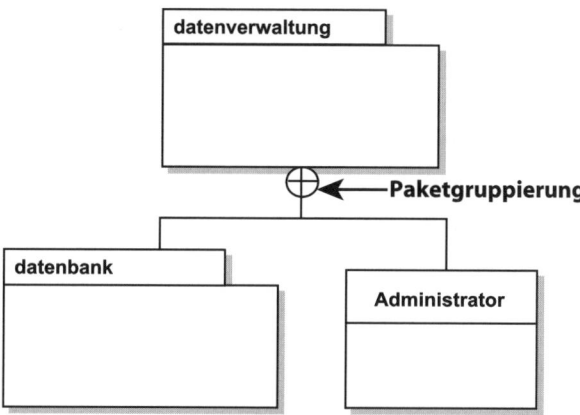

Abbildung 7.3 Gruppierung von Elementen in einem Paket

Die Diagramme aus den Abbildungen 7.2 und 7.3 sind semantisch gleich.

Alle Elemente innerhalb eines durch ein Paket definierten Namensraumes müssen unterschiedliche Namen besitzen. Innerhalb von unterschiedlichen Paketen ist es jedoch durchaus möglich, zwei Elemente mit demselben Namen zu definieren (siehe Abbildung 7.4):

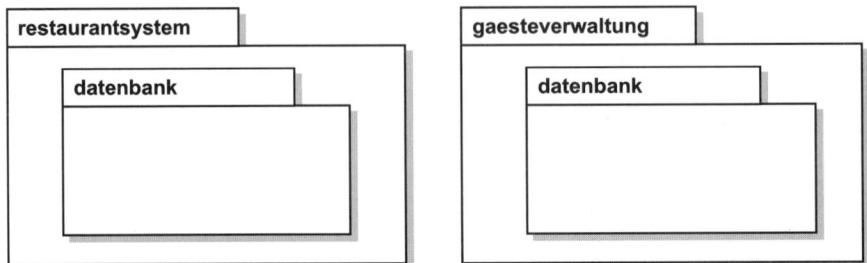

Abbildung 7.4 Pakete definieren Namensräume

Die Namen der Unterpakete `datenbank` in Abbildung 7.4 verursachen trotz ihrer Gleichheit keinen Namenskonflikt, weil sie in unterschiedlichen Paketen und damit in unterschiedlichen Namensräumen verwendet werden.

Außerhalb ihrer Pakete können sie jedoch nicht mehr über ihren **unqualifizierten Namen** `datenbank` angesprochen werden, weil dieser sie nicht eindeutig identifiziert. UML definiert hierfür die **qualifizierten Namen**, in denen zusätzlich die Paketnamen getrennt durch zwei Doppelpunkte angegeben werden müssen. Für die in Abbildung 7.4 modellierten Unterpakete lauten sie beispielsweise `restaurantsystem::datenbank` bzw. `gaesteverwaltung::datenbank`.

Der Inhalt ist mit seinem Paket untrennbar verbunden. Alle Elemente eines Pakets werden aus dem Modell entfernt, wenn das Paket gelöscht wird.

Wenn ein Paket keine Elemente aufzeigt, heißt dies nicht automatisch, dass es keine besitzt. Die UML erlaubt, den Inhalt von Paketen auszublenden, um das Paketdiagramm übersichtlicher zu gestalten.

Alle in einem Paket gruppierten Elemente sind innerhalb eines Pakets untereinander sichtbar. Ihre Sichtbarkeit außerhalb ihres Pakets kann eingeschränkt werden, indem sie als protected (#), private (-) oder package (~) (siehe auch Abschnitt 2.3.2) definiert wird (siehe Abbildung 7.5).

In Abbildung 7.5 wird ein Goldbarren als nur innerhalb des tresors sichtbar definiert (private). Von Außerhalb darf damit nicht darauf zugegriffen werden (was manchen Einbrechern durchaus Schwierigkeiten bereiten könnte).

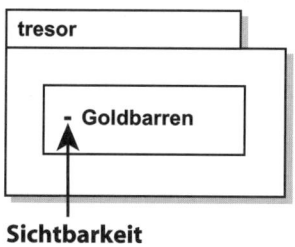

Sichtbarkeit

Abbildung 7.5   Sichtbarkeit eines Paketelements

Verzichtet man auf die Spezifikation einer Sichtbarkeit, wird `public` (+) angenommen, womit das Element auch außerhalb des Pakets über seinen qualifizierten Namen referenziert werden kann.

Verwendung

Durch die Verwendung von Paketen teilen Sie das System horizontal auf. Sie strukturieren die modellierten Klassen und sogar ganze Systeme in logisch und funktionell zusammengehörende Einheiten, modularisieren es und gestalten ein Modell damit einfacher und überschaubarer.

Hierarchieebenen von Paketen erlauben Ihnen eine vertikale Strukturierung des Modells. Sie gliedern ein Gesamtsystem damit auf abstrakter Ebene bereits in Teilsysteme und deren Bestandteile auf und schaffen damit eine wichtige Grundlage für Komponentendiagramme (siehe Kapitel 5).

Realisierung in Java

Als Beispiel soll das Paketdiagramm aus Abbildung 7.6 verwendet werden:

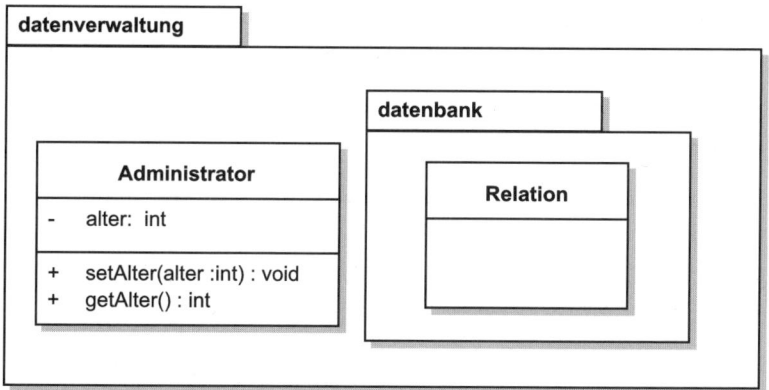

Abbildung 7.6   Beispiel eines Paketdiagramms

Java verlangt die Abbildung modellierter Pakete auf Dateisystem-Ordner und die Implementierung von Klassen in separaten Dateien mit dem Namen der Klasse und einer Dateiendung `.java`.

Soll demnach das Paketdiagramm aus Abbildung 7.6 in Java implementiert werden, muss ein Ordner mit dem Namen `datenverwaltung` im Dateisystem erstellt werden. In ihm muss eine Programmcode-Datei mit der Bezeichnung `Administrator.java` sowie ein weiterer Ordner `datenbank` angelegt werden, in dem sich wiederum eine Datei namens `Relation.java` befindet.

Die Zugehörigkeit einer Klasse zu einem Paket wird mit dem Schlüsselwort `package` deklariert:

```
A  package datenverwaltung;
   public class Administrator

   {

B     private int alter;
      public void setAlter(int alter)
      {
         this.alter = alter;
      }
      public int getAlter()
      {
         return this.alter;
      }

   }
```

Listing 7.1   Buch-CD: /beispiele/java/kap7/datenverwaltung/Administrator.java

A: Die Klasse `Administrator` gehört zum Paket `datenverwaltung`. Während die UML die Default-Sichtbarkeit von Elementen mit `public` definiert, gilt in Java `package` als Vorgabewert. Um mit dem Paketdiagramm aus Abbildung 7.6 konform zu sein, muss daher die Sichtbarkeit der Klasse explizit mit `public` angegeben werden.

B: Alle Attribute und Operationen der Klasse müssen in Java in derselben Datei implementiert werden.

```
A  package datenverwaltung.datenbank;
   public class Relation

   {
   }
```

Listing 7.2   Buch-CD: /beispiele/java/kap7/datenverwaltung/datenbank/Relation.java

A: In Java erfolgt die Deklaration von Unterpaketen mit Hilfe des Punkt-Operators. Hier wird definiert, dass die Klasse `Relation` ein Bestandteil des Pakets `datenbank` ist, das sich selbst wiederum im Paket `datenverwaltung` befindet.

Realisierung in C#

Das Paket-Konzept von C# weist einige Unterschiede zum Paket-Konzept von Java auf. C# verlangt nicht, dass jedes Paket durch einen eigenen Ordner im Dateisystem abgebildet wird. Ebenso entfällt die Beschränkung, jede Klasse in einer separaten Datei implementieren zu müssen.

C# erlaubt, unterschiedliche Pakete, Unterpakete und Klassen in der selben Datei zu deklarieren und zu implementieren:

```
A  namespace datenverwaltung
   {
B     public class Administrator
      {
         private int alter;
         public void setAlter(int alter)
         {
            this.alter = alter;
         }
         public int getAlter()
         {
            return this.alter;
         }
      }

C     namespace datenbank
      {
D        public class Relation
         {
         }
      }
   }
```

Listing 7.3 Buch-CD: /beispiele/c#/kap7/kap_7_3_1/Kap_7_3_1.cs

A: Pakete definieren Namensräume für Elemente und werden daher in C# mit dem Schlüsselwort `namespace` deklariert, was an dieser Stelle für das Paket `datenverwaltung` erfolgt.

B: Innerhalb des Namensraums wird eine Klasse `Administrator` implementiert. Bezüglich der Default-Sichtbarkeit weist C# denselben Unterschied zur UML auf wie Java (UML: `public`, C#: `package`).

C: Ein Unterpaket kann in C# intuitiv innerhalb des umfassenden Pakets deklariert werden. Hier wird ein Paket (`namespace`) `datenbank` innerhalb des Pakets
`datenverwaltung` angelegt.

D: Das Unterpaket `datenbank` enthält eine Klasse `Relation`.

Seit der Version 2.0 ist es in C# möglich, die Implementierung einzelner Klassen
auf unterschiedliche Dateien zu verteilen. So kann beispielsweise die Deklaration
der Attribute von der Implementierung der Operationen getrennt und auf beliebig viele Quellcodedateien aufgeteilt werden.

```
   namespace datenverwaltung
   {
A    public partial class Administrator
     {
B      private int alter;
     }
   }
```

Listing 7.4 Buch-CD: /beispiele/c#/kap7/kap_7_3_1/Admin_Attribute.cs

A: Die Aufteilung einer Klasse auf mehrere Quellcodedateien wird mit dem
Schlüsselwort `partial` signalisiert.

B: Es wird nur das private Attribut `alter` deklariert.

In einer weiteren Datei können dann beispielsweise die Zugriffsoperationen
implementiert werden:

```
   namespace datenverwaltung
   {
A    public partial class Administrator
     {
B      public void setAlter(int alter)
       {
          this.alter = alter;
       }
       public int getAlter()
       {
          return this.alter;
       }
     }
   }
```

Listing 7.5 Buch-CD: /beispiele/c#/kap7/kap_7_3_1/Admin_Operationen.cs

A: Auch in dieser Quellcodedatei muss die partielle Implementierung mit dem Schlüsselwort `partial` signalisiert werden.

B: Es werden nur die Operationen der Klasse implementiert.

7.3.2 Paket-Import

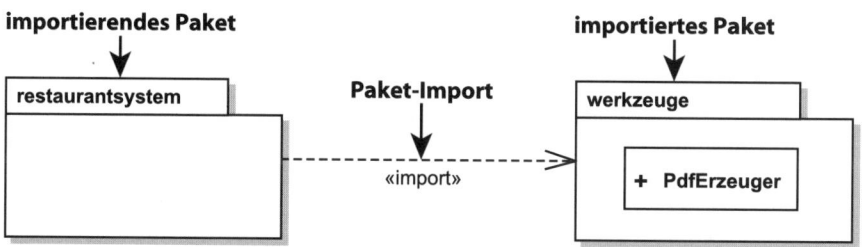

Abbildung 7.7 Paket-Import

Beschreibung

Ein **Paket-Import** (engl. PackageImport) ist eine Beziehung, die alle **Namen öffentlicher Elemente** eines Pakets zum importierenden Paket **als öffentlich** hinzufügt.

Damit wird die Referenzierung von Elementen eines Pakets über unqualifizierte Namen möglich, so als wenn das importierende Paket diese Elemente selbst enthalten würde. Wird das importierende Paket aus dem Modell entfernt, bleiben die Elemente im importierten Paket erhalten.

Laut Paketdiagramm aus Abbildung 7.7 kann `PdfErzeuger` im Paket `restaurantsystem` direkt über seinen unqualifizierten Namen angesprochen werden. In allen anderen Paketen, die `werkzeuge` nicht importieren, kann seine Referenzierung nur über den qualifizierten Namen `werkzeuge::PdfErzeuger` erfolgen.

Die importierten Elemente sind im importierenden Paket als öffentlich sichtbar. Damit kann ein weiteres Paket die Elemente erneut importieren (siehe Abbildung 7.8).

Im Paket `restaurantkette` aus Abbildung 7.8 kann `PdfErzeuger` direkt über seinen unqualifizierten Namen angesprochen werden. Er ist sowohl in `werkzeuge` wie auch im `restaurantsystem` als öffentlich zugänglich und damit auch in `restaurantkette` verfügbar.

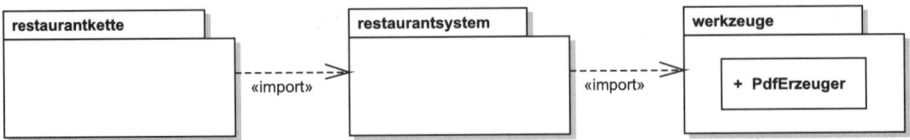

Abbildung 7.8 Mehrfacher Paket-Import

Um dies zu verhindern, bietet die UML den **Paket-Access** als eine Einschränkung des Paket-Imports.

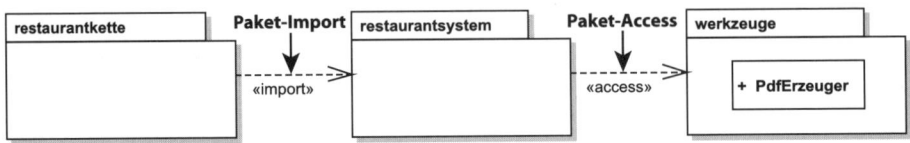

Abbildung 7.9 Paket-Access

> Ein **Paket-Access** (engl. PackageAccess) ist eine Beziehung, die alle **Namen öffentlicher Elemente** eines Pakets zum importierenden Paket **als privat** hinzufügt.

In Abbildung 7.9 importiert das Paket restaurantsystem alle Elementnamen des Pakets werkzeuge über eine <<access>>-Beziehung, wodurch sie als privat (private) deklariert werden.

Trotz der <<import>>-Beziehung zwischen restaurantkette und restaurantsystem kann damit in restaurantkette kein Zugriff auf den PdfErzeuger über seinen unqualifizierten Namen erfolgen.

Etwas kompakter kann die <<import>>- und <<access>>-Beziehung auch innerhalb von Paketen notiert werden (siehe Abbildung 7.10). Die Elemente müssen dabei über ihre qualifizierten Namen eindeutig identifiziert werden:

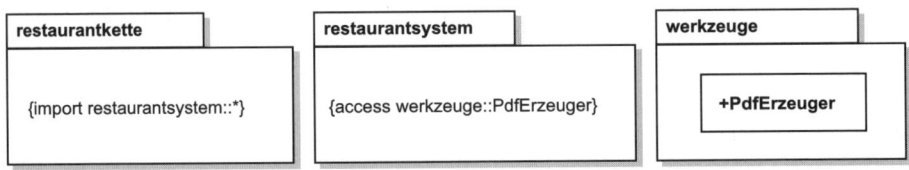

Abbildung 7.10 Alternative Notation für Paket-Import und -Access

Das Paket restaurantkette aus Abbildung 7.10 importiert alle Elemente des Pakets restaurantsystem, was an dem notierten * (Stern) hinter restaurantsystem zu erkennen ist. Das Paket restaurantsystem macht dagegen von der Möglichkeit Gebrauch, das zu importierende Element genau zu spezifizieren, indem es explizit den `PdfErzeuger` aus dem Paket `werkzeuge` benennt. Eventuelle weitere Elemente von `werkzeuge` werden nicht importiert.

Verwendung

Verwenden Sie Paket-Importe, wenn Sie Elemente eines Pakets häufig in weiteren Paketen wiederverwenden möchten. Paket-Importe ermöglichen nicht nur die Referenzierung über unqualifizierte Namen. Sie verdeutlichen auch die Struktur des Modells und die Beziehungen der Pakete untereinander.

Soll der Zugriff auf die importierten Elemente in weiteren Paketen eingeschränkt werden, ist die Access-Beziehung vorzuziehen.

Realisierung in Java

Java enthält nativ keine Unterstützung des öffentlichen Imports von Paketen, der mit dem Stereotypen `<<import>>` gekennzeichnet wird. Alle importierten Elementnamen sind nur im jeweils importierenden Paket verfügbar, was der `<<access>>`-Beziehung in der UML entspricht. Eine `<<import>>`-Beziehung muss daher in Java durch `<<access>>`-Beziehungen ersetzt werden. Dies kann z. B. auf die in Abbildung 7.11 dargestellte Art durchgeführt werden:

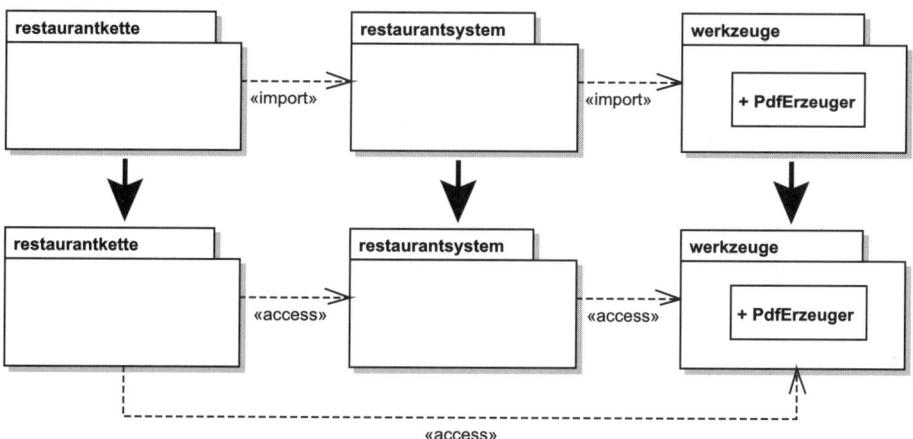

Abbildung 7.11 Umwandlung von <<import>> in <<access>>

Im oberen Teil der Abbildung 7.11 kann vom Paket `restaurantkette` sowohl auf die (nicht gezeigten) Bestandteile von `restaurantsystem` wie auch von `werkzeuge` über deren unqualifizierte Namen zugegriffen werden.

Um vergleichbare Zugriffsmöglichkeiten mit Hilfe von <<access>>-Beziehungen zu modellieren, muss von jedem einzelnen Paket zu allen zuvor direkt oder indirekt über <<import>>-Beziehungen erreichbaren Paketen eine eigene <<access>>-Beziehung modelliert werden (unterer Teil der Abbildung 7.11).

Es muss jedoch darauf hingewiesen werden, dass der obere und untere Teil der Abbildung 7.11 nicht exakt äquivalent sind: Ein weiteres Paket, das restaurant-kette importiert, hätte im oberen Teil der Abbildung direkten Zugriff auf Pdf-Erzeuger, im unteren Teil nicht.

Als Vorlage für die Java-Realisierung soll das folgende Paketdiagramm verwendet werden:

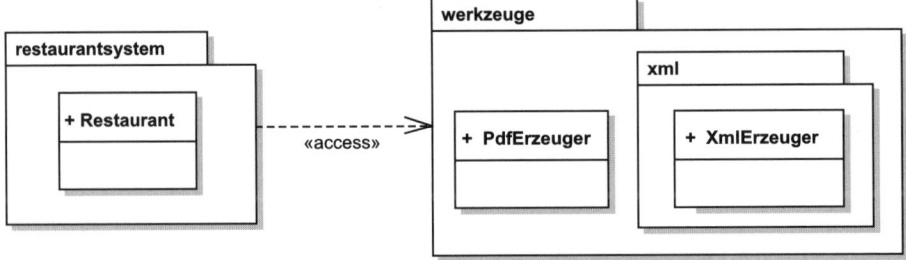

Abbildung 7.12 Beispiel für einen Paket-Import

```
A package restaurantsystem;
B import werkzeuge.PdfErzeuger;
C import werkzeuge.xml.*;
  public class Restaurant
  {
    PdfErzeuger p = new PdfErzeuger();
    XmlErzeuger x = new XmlErzeuger();
  }
```

Listing 7.6 Buch-CD: /beispiele/java/kap7/restaurantsystem/Restaurant.java

A: Die im Folgenden implementierte Klasse Restaurant befindet sich im Paket restaurantsystem.

B: Der Klassenname PdfErzeuger aus dem Paket werkzeuge wird in das aktuelle Paket importiert. Im Unterschied zur UML, in der das *Paket* externe Elemente importiert, ist dies in Java die Aufgabe einer jeden *Klasse* des jeweiligen Pakets.

Obwohl es sich im Sinne der UML strenggenommen um eine <<access>>-Beziehung handelt, verwendet Java hierfür das Schlüsselwort import.

Es sollte nochmals an dieser Stelle betont werden, dass *nicht die Klasse* selbst, sondern *nur deren Name* importiert wird. Es wird also lediglich die Referenzierung der Klasse über ihren unqualifizierten Namen PdfErzeuger ermöglicht. Wie von der UML definiert, ist die Klasse auch ohne dem Import über ihren qualifizierten Namen werkzeuge.PdfErzeuger erreichbar.

C: Unterpakete werden in Java mit dem Punkt-Operator referenziert. Das an dieser Stelle verwendete *-Zeichen stellt in Java eine Art Joker dar, durch den alle Klassennamen des Pakets importiert werden.

Realisierung in C#

Auch C# unterstützt die <<import>>-Beziehung nicht. Der folgende Programmcode realisiert das Diagramm aus Abbildung 7.12:

```
A  namespace restaurantsystem
   {
B     using werkzeuge;
      using werkzeuge.xml;
      public class Restaurant
      {
        PdfErzeuger p = new PdfErzeuger();
        XmlErzeuger x = new XmlErzeuger();
      }
   }
```

Listing 7.7 Buch-CD: /beispiele/c#/kap7/kap_7_3_2/Kap_7_3_2.cs

A: Die im Folgenden implementierten Klassen und Pakete befinden sich im Paket (namespace) restaurantsystem.

B: C# verwendet das Schlüsselwort using, um einen Paket-Access zu deklarieren.

Es werden immer alle Klassennamen des Pakets importiert. Der Import eines einzelnen Klassennamens wird von C# nicht unterstützt.

Der Zugriff auf Unterpakete erfolgt wie in Java mit Hilfe des Punkt-Operators.

7.3.3 Paket-Merge

Beschreibung

Ein **Paket-Merge** (engl. PackageMerge) definiert eine Beziehung zwischen zwei Paketen, bei der die **nicht privaten Inhalte** des Zielpakets in die Inhalte des Quellpakets **verschmolzen werden**.

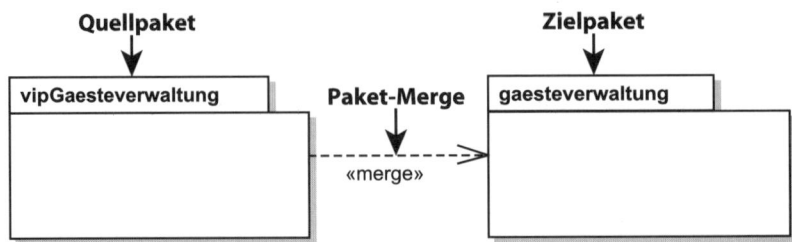

Abbildung 7.13 Paket-Merge

Im Beispiel aus Abbildung 7.13 wird der Inhalt des Pakets gaesteverwaltung in den Inhalt des Pakets vipGaesteverwaltung verschmolzen.

Im Prinzip stellt eine Merge-Beziehung eine verkürzende Notation für alle Transformationen dar, die bei der Verschmelzung des Zielpakets in das Quellpaket benötigt werden. Das Beispiel aus Abbildung 7.14 verdeutlicht die prinzipielle Funktionsweise eines Paket-Merge und zeigt die entsprechenden Transformationen:

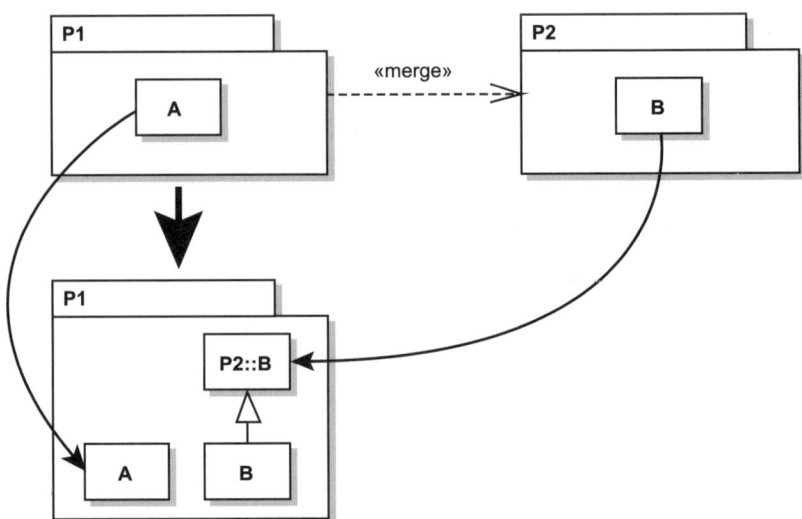

Abbildung 7.14 Merge zweier Pakete mit unterschiedlichen Elementen

Im oberen Teil der Abbildung 7.14 wird ein Paket-Merge des Pakets P2 in das Paket P1 modelliert. Paket P1 definiert ein Element A, Paket P2 ein Element B.

Der untere Teil der Abbildung zeigt die Auswirkungen des Merge auf das Paket P1. Das ursprünglich bereits vorhandene Element A bleibt erwartungsgemäß erhalten. Da das Element B zuvor nicht in P1 existent war, wird ein neues Element B definiert, das das Element B des Pakets P2 (P2::B) spezialisiert und damit nach den Regeln der Generalisierung über alle Attribute und Operationen des Elements P2::B verfügt (Generalisierung wurde in Abschnitt 2.3.12 vorgestellt).

Was passiert aber, wenn beide Pakete bereits Elemente mit denselben Namen enthalten?

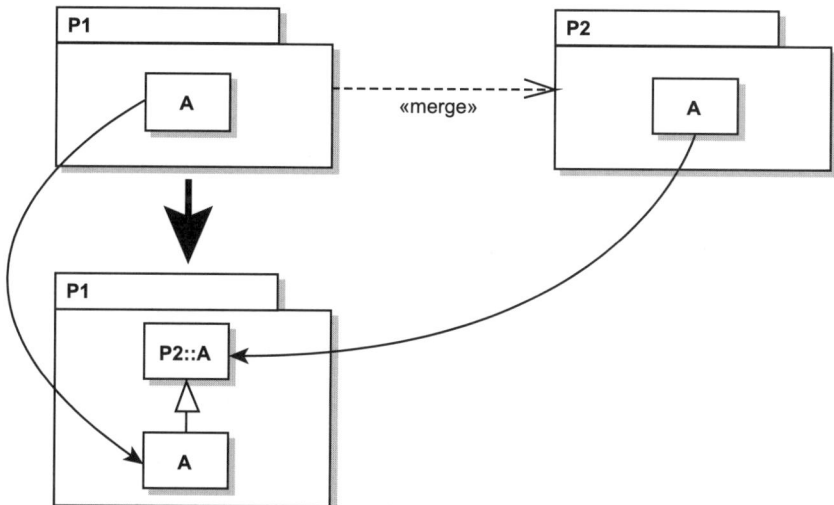

Abbildung 7.15 Merge von Elementen mit demselben Namen

Die Pakete P1 und P2 enthalten im oberen Teil der Abbildung 7.15 beide ein Element A. Bei einem Paket-Merge wird zwischen dem Element aus Paket P2 (P2::A) und dem Element aus Paket P1 (A) eine Generalisierungsbeziehung hinzugefügt, wie im unteren Teil der Abbildung dargestellt.

Damit erweitert das Element A seine eigenen Attribute und Operationen durch diejenigen des Elements P2::A. Es entsteht somit ein neues Element, das nach den Regeln der Generalisierung alle Attribute und Operationen der Elemente P1::A und P2::A besitzt.

Betrachten wir noch ein weiteres Beispiel, in dem ein leeres Paket zwei weitere Pakete mergt, die beide dasselbe Element enthalten (siehe Abbildung 7.16).

In Abbildung 7.16 werden zwei Pakete P1 und P2, die jeweils ein Element A definieren, in ein leeres Paket P3 gemergt. Bei der Verschmelzung wird ein neues Element A definiert, das von P1::A und P2::A erbt und damit alle Attribute und Operationen beider Elemente nach den Regeln der Generalisierung in sich vereinigt.

Es ist durchaus üblich, dass in den einzelnen Paketen bereits Generalisierungen und Assoziationen definiert sind. Eine Merge-Beziehung verändert die Generalisierungen und Assoziationen nicht.

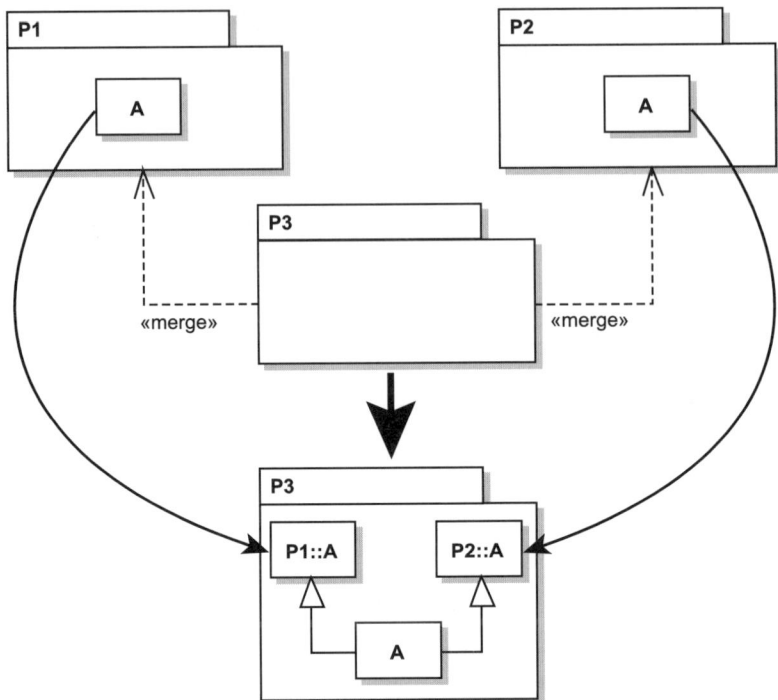

Abbildung 7.16 Leeres Paket mergt Elemente mit demselben Namen

Sie verändert lediglich die Elemente, die an ihnen teilnehmen, was am Beispiel der Abbildung 7.17 verdeutlicht wird.

Im oberen Teil der Abbildung 7.17 definiert Paket P1 ein Element B, das von A spezialisiert wird. Im Paket P2 wird dagegen B vom Element C spezialisiert, das wiederum eine Assoziation zu D besitzt. Paket P3 mergt die beiden Pakete P1 und P2 und definiert gleichzeitig zwei Elemente D und E, die miteinander durch eine Assoziation verbunden sind.

Der untere Teil der Abbildung zeigt die fünf durch den Merge entstandenen Elemente A, B, C, D und E. Deren Struktur hat sich durchaus verändert, die ursprünglichen Generalisierungen und Assoziationen (hervorgehoben) bleiben jedoch erhalten.

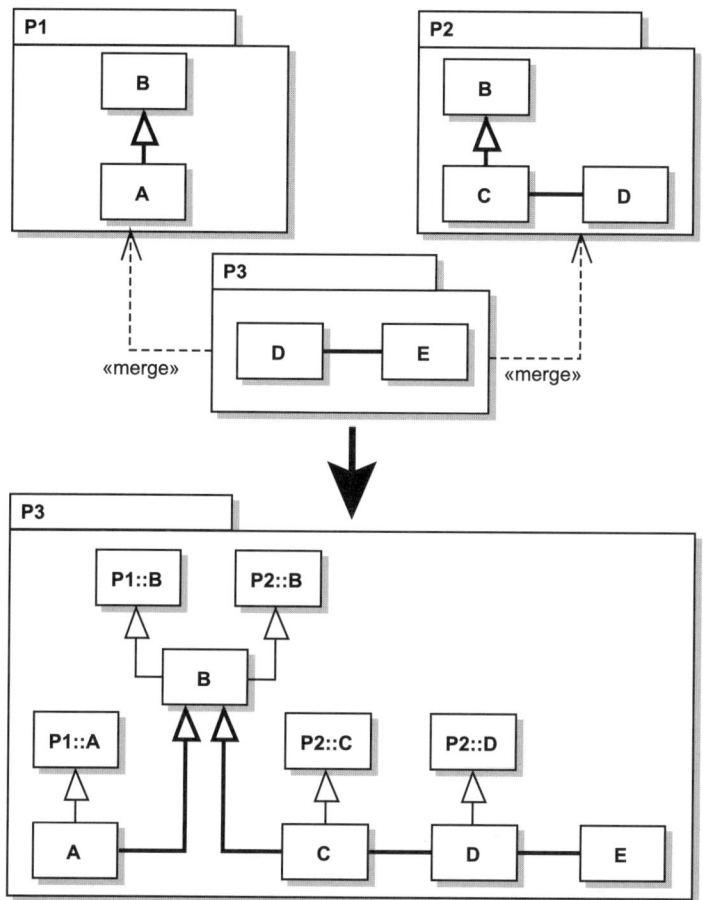

Abbildung 7.17 Merge von Elementen mit Generalisierungen und Assoziationen

Es bleibt noch zu klären, was bei einem Merge mit Paketen passiert, die selbst in weiteren Paketen enthalten sind. Den einfachsten Fall zeigt Abbildung 7.18.

Im oberen Teil der Abbildung 7.18 beinhaltet das Paket P1 das Paket P3 nicht. Daher wird beim Merge (unterer Teil der Abbildung) in P1 ein neues Paket P3 definiert, das mit dem Unterpaket P3 aus P2 (P2::P3) eine Merge-Beziehung eingeht.

Wie durch dieses Beispiel angedeutet, folgen die Unterpakete bei Merge denselben Regeln wie innere Elemente von Paketen. Während die Elemente durch die Verwendung von Generalisierungen verschmolzen werden, geschieht dies bei Paketen durch Merge-Beziehungen.

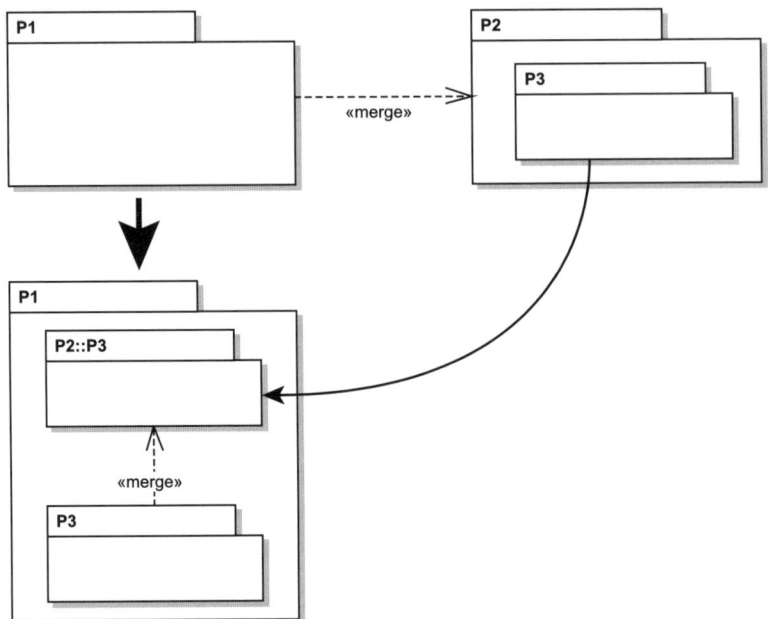

Abbildung 7.18 Merge eines Unterpakets

Weitere Beziehungen zwischen Paketen (<<import>> und <<access>>) bleiben bei einem Paket-Merge erhalten:

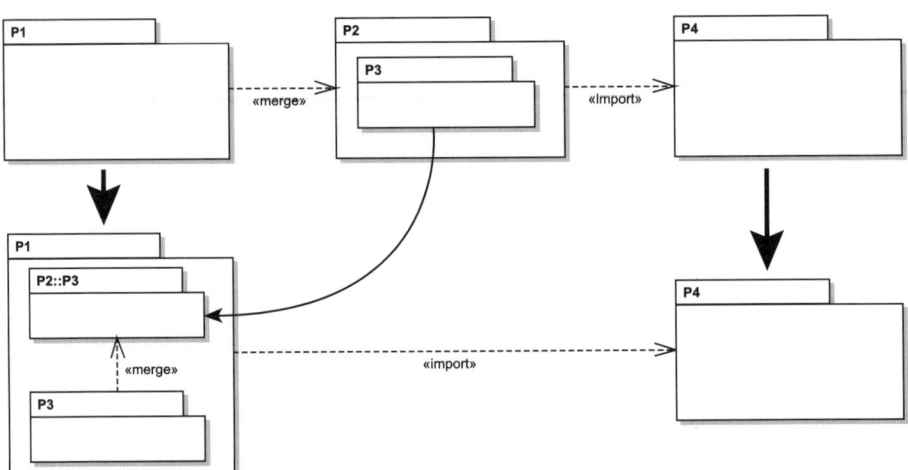

Abbildung 7.19 Import-Beziehungen bleiben beim Merge erhalten

Der obere Teil der Abbildung 7.19 modelliert ein Merge zwischen dem Paket P1 und dem Paket P2, das seinerseits P4 importiert.

Trotz des Merge muss die Import-Beziehung erhalten bleiben, da das Paket P2::P3 andernfalls nicht mehr funktionsfähig wäre. Daher entsteht eine <<import>>-Beziehung zwischen dem Quellpaket P1 und dem Paket P4, wie im unteren Teil der Abbildung 7.19 dargestellt.

Verwendung

Merge-Beziehungen werden verwendet, wenn im Modell Pakete vorhanden sind, deren Inhalte und Konzepte sich ergänzen und daher zu neuer Gesamtheit zusammengesetzt werden können.

Wie eingangs erwähnt, stellt eine Merge-Beziehung lediglich eine abkürzende Notation für Transformationen der einzelnen Elemente aus Paketen unter Zuhilfenahme von Generalisierungen dar. Erkennen Sie den Bedarf an der Spezialisierung vieler Objekte aus unterschiedlichen Paketen, um ein ähnlich arbeitendes Paket zu erhalten, kann die Merge-Beziehung eingesetzt werden.

Sie sollten die entstehende Vererbungshierarchie jedoch genau überprüfen, da mit der Verwendung der Merge-Beziehung auch unerwünschte Effekte auftreten können (Beispiel in Abbildung 7.20).

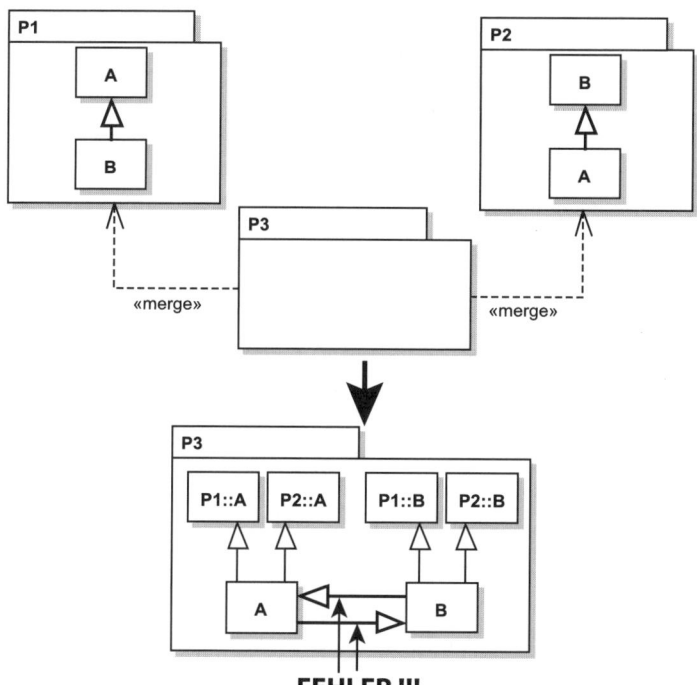

Abbildung 7.20 Gefahr der Merge-Beziehung

Abbildung 7.20 zeigt zwei Pakete P1 und P2. Im Paket P1 spezialisiert das Element B ein Element A, in Paket P2 ist es genau umgekehrt: A spezialisiert B.

Werden die beiden Pakete mit Hilfe der Merge-Beziehung in Paket P3 verschmolzen, entsteht eine fehlerhafte Generalisierungshierarchie, in der sowohl A von B als auch B von A erbt, wovor bereits in Kapitel 2.5 (»Irrungen und Wirrungen«) gewarnt wurde.

Verwenden Sie die Merge-Beziehung daher nur unter großer Vorsicht.

Realisierung in Java

Java bietet kein Sprachmittel, das einem Paket-Merge entspräche, so dass die entstehende Hierarchie der Generalisierungen einzeln realisiert werden muss. Wie man in Java eine Generalisierung implementiert, erläutert Abschnitt 2.3.12.

Realisierung in C#

Für C# gilt bei der Merge-Beziehung dasselbe wie für Java.

7.4 Lesen eines Paketdiagramms

Das Paketdiagramm aus Abbildung 7.21 definiert sieben Pakete:

▶ restaurantsystem

▶ gaesteverwaltung

▶ werkzeuge

▶ datenverwaltung mit zwei Unterpaketen datenbank und datenpflege

▶ vipGaesteverwaltung

Das Paket restaurantsystem importiert den Klassennamen PdfErzeuger aus dem Paket werkzeuge als öffentlich, die Bestandteile der datenverwaltung als privat. Damit wird der direkte Zugriff auf Elemente der datenverwaltung von allen weiteren Paketen, die restaurantsystem importieren, verboten.

Auch das Paket gaesteverwaltung importiert die datenverwaltung als privat und verbietet damit allen weiteren Paketen den direkten Zugriff.

Die Klasse Gast ist sowohl im Paket gaesteverwaltung, wie auch in vipGaesteverwaltung enthalten. Da beide Pakete unterschiedliche Namensräume definieren, entsteht dadurch kein Namenskonflikt.

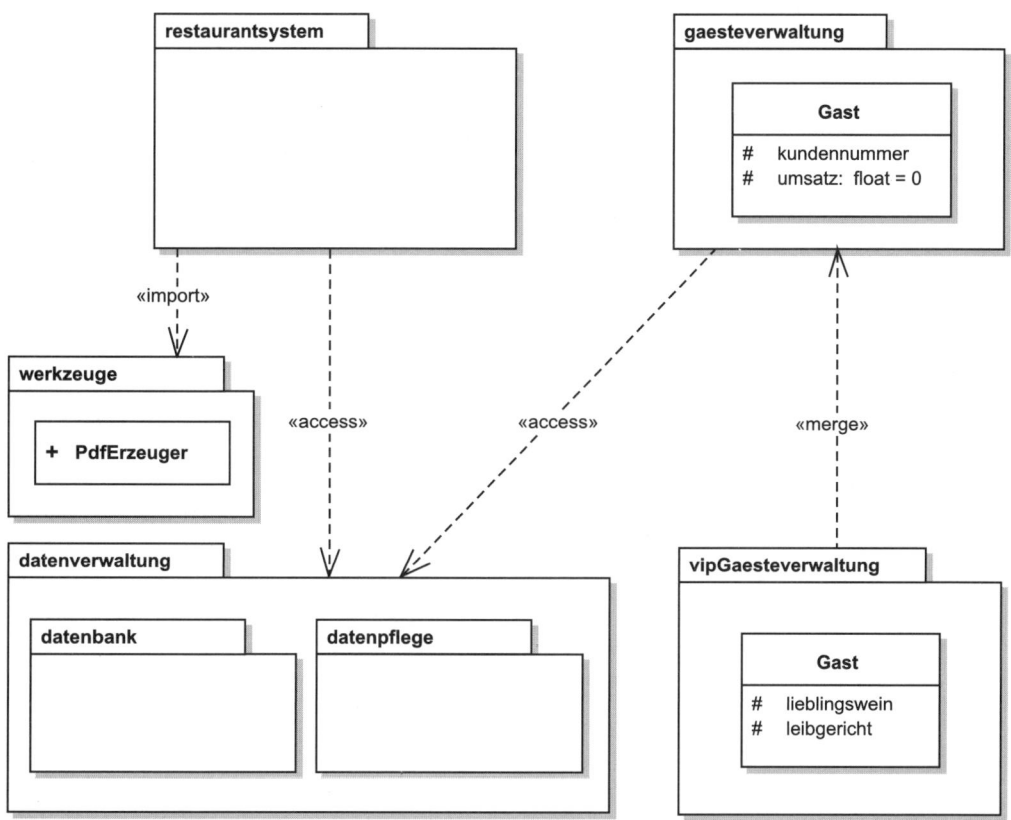

Abbildung 7.21 Beispiel eines Paketdiagramms

Das Paket `vipGaesteverwaltung` mergt jedoch die `gaesteverwaltung`, wodurch eine Generalisierung zwischen den beiden `Gast`-Klassen definiert wird und die Klasse `vipGaesteverwaltung::Gast` damit alle Attribute der Klasse `gaesteverwaltung::Gast` erbt.

7.5   Irrungen und Wirrungen

Abbildung 7.22 zeigt eine Auswahl der häufigsten Fehler bei der Modellierung mit Paketdiagrammen:

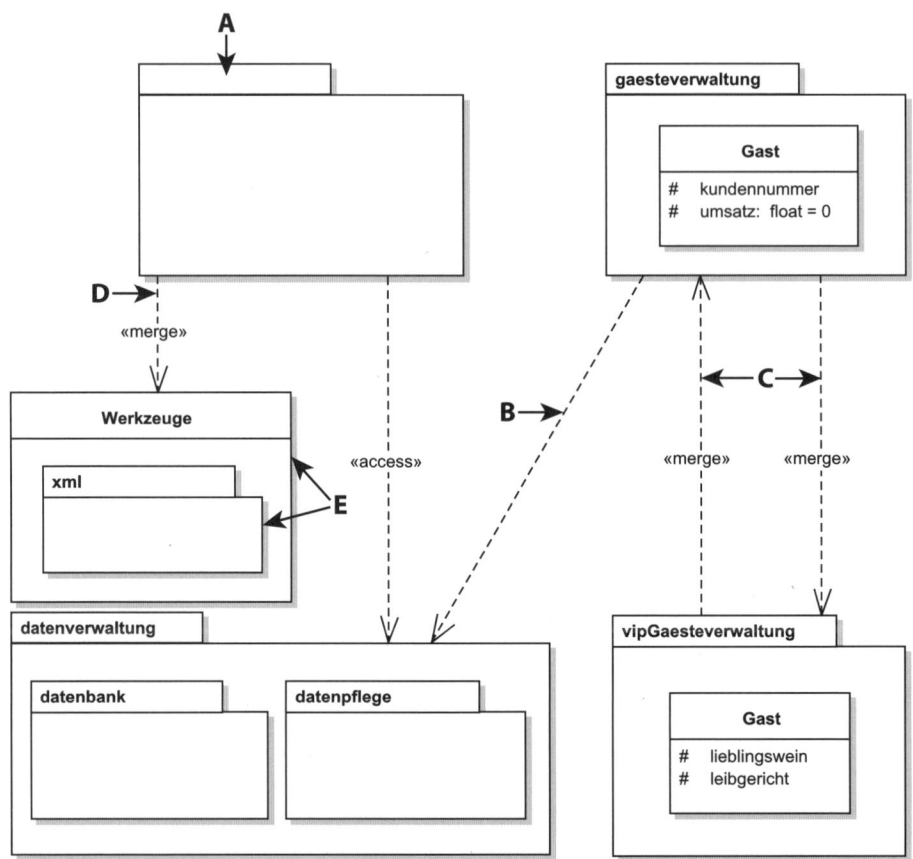

Abbildung 7.22 Ein fehlerhaftes Paketdiagramm

A: Paketname fehlt

Pakete müssen mit Namen eindeutig definiert werden.

B: Bezeichnung der Beziehung fehlt

Definieren Sie die Art der modellierten Beziehung. Handelt es sich um eine <<import>>-, <<access>>- oder eine <<merge>>-Beziehung?

C: Zirkulare <<merge>>-Beziehung

Zwei Pakete dürfen sich nicht gegenseitig mergen. Achten Sie auch darauf, dass keine zirkulare Beziehung zwischen mehreren Paketen entsteht, die möglicherweise nicht so einfach, wie in diesem Beispiel, zu erkennen ist.

D: Ungültige <<merge>>-Beziehung

Die <<merge>>-Beziehung darf nur zwischen Paketen modelliert werden. Ein Merge einer Klasse mit einem Paket ist nicht definiert.

E: Falsche Hierarchie

Klassen können weitere Klassen, jedoch keine Pakete enthalten. Andersherum ist es Paketen durchaus gestattet, Klassen in sich zu gruppieren.

7.6 Zusammenfassung

Abschließend werden die wichtigsten Notationselemente kurz aufgeführt:

▸ **Pakete** gruppieren Elemente wie Klassen oder weitere Pakete und definieren Namensräume.

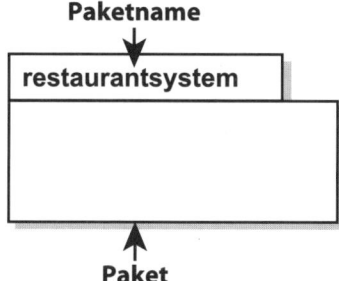

Abbildung 7.23 Paket

▸ Ein **Paket-Import** importiert alle Namen des importierten Pakets als öffentlich, ein **Paket-Access** als privat.

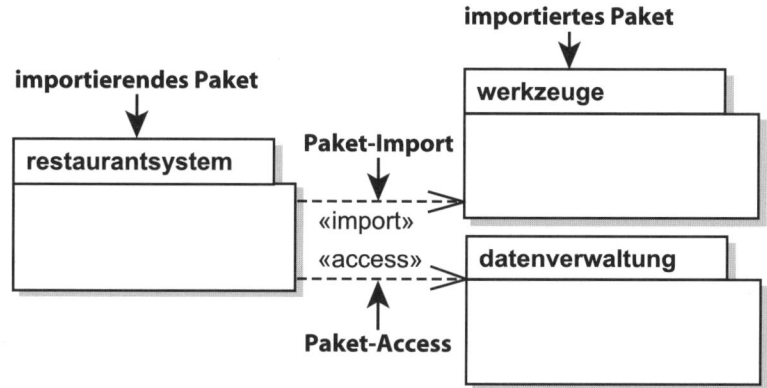

Abbildung 7.24 Paket-Import und -Access

▸ Mit Hilfe eines **Paket-Merge** können die Inhalte von Paketen verschmolzen werden.

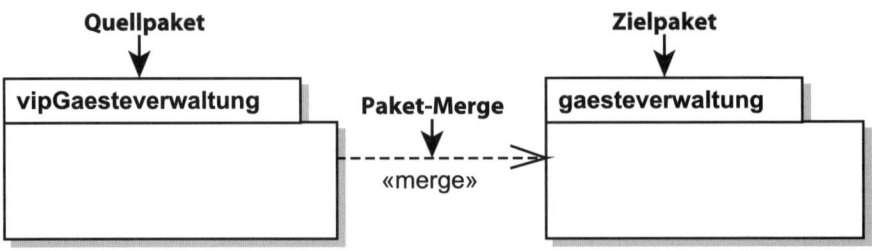

Abbildung 7.25 Paket-Merge

TEIL II
Verhaltensdiagramme

Nachdem die Gruppe der Strukturdiagramme, die sich auf die statischen Elemente eines Systems konzentriert, ausführlich behandelt wurde, wenden wir uns der zweiten großen Gruppe von UML-Diagrammen zu, den Verhaltensdiagrammen. Sie legen den Fokus auf die dynamischen Aspekte, auf das Verhalten eines Systems. In den folgenden drei Kapiteln werden zunächst die Anwendungsfall-, Aktivitäts- und Zustandsdiagramme behandelt (siehe Abbildung 8.0).

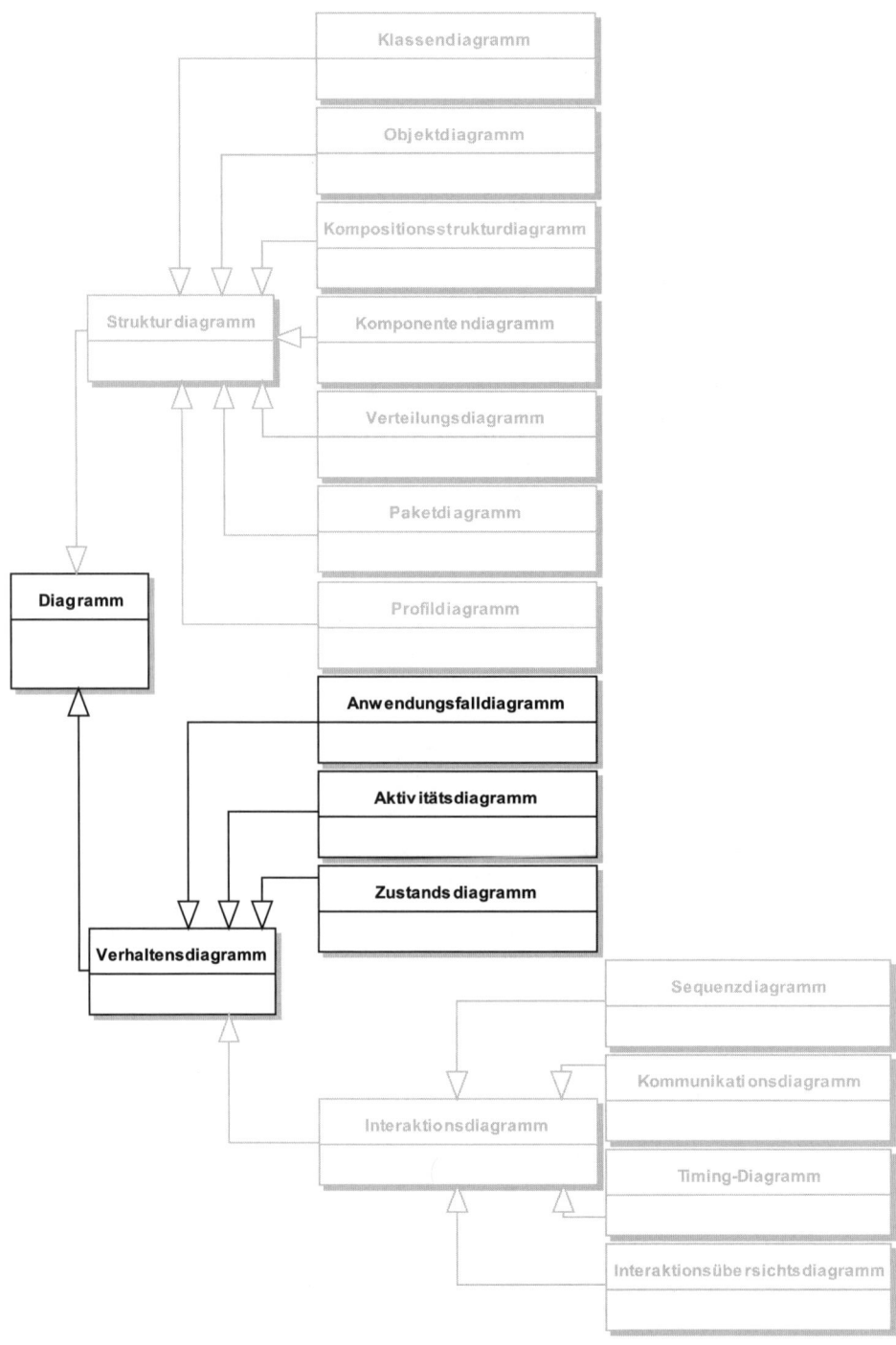

Abbildung 8.0 Diagramstruktur der UML

Anwendungsfalldiagramme modellieren Anwendungsfälle eines Systems aus der Sicht externer Akteure.

8 Anwendungsfalldiagramm

8.1 Anwendungsbereiche

Anwendungsfalldiagramme (engl. Use Case Diagrams) modellieren die Funktionalität des Systems auf einem hohen Abstraktionsniveau aus der sogenannten Black-Box-Sicht des Anwenders. Es werden nur die Anwendungsfälle definiert, die ein externer Anwender wahrnehmen kann und deren Ausführung ihm einen erkennbaren Nutzen erbringt.

Die Modellierung beschreibt, *was* für Anwendungsfälle das System anbietet und nicht, *wie* sie im System realisiert werden. So wird weder eine Reihenfolge modelliert, in der die Anwendungsfälle abgerufen werden sollten, noch was während der Anwendungsfälle im System eigentlich geschieht. Der Fokus wird darauf gelegt, was ein Anwender von dem System erwarten kann.

Beispielsweise ist es für einen Gast zwar interessant, dass er in einem Restaurant ein Gericht bestellen kann. Es ist für ihn jedoch unbedeutend, wie seine Bestellung vom Kellner zum Koch gereicht wird und wie viele Köche an der Zubereitung beteiligt sind (zumindest solange sie »den Brei nicht verderben«).

Anwendungsfalldiagramme werden überwiegend während der Analyse und Definition im frühen Stadium eines Softwareprojekts eingesetzt. Mit ihrer Hilfe werden Anwenderwünsche erfasst und dokumentiert. Auf der Grundlage der Modellierungsergebnisse werden Anforderungen an das System mit den Anwendern und/oder Auftraggebern diskutiert und auf Vollständigkeit und Korrektheit überprüft. Aus diesem Grund verwenden Anwendungsfalldiagramme nur wenige Notationselemente und sollten auch möglichst einfach gehalten werden.

Von den Anwendungsfalldiagrammen ausgehend, die eine grobe Sicht auf die Funktionalität des Systems darstellen, kann das dynamische Verhalten in einem Top-Down-Verfahren durch den Einsatz weiterer Verhaltensdiagramme verfeinert und präzisiert werden.

8.2 Übersicht

Abbildung 8.1 benennt die Notationselemente von Anwendungsfalldiagrammen.

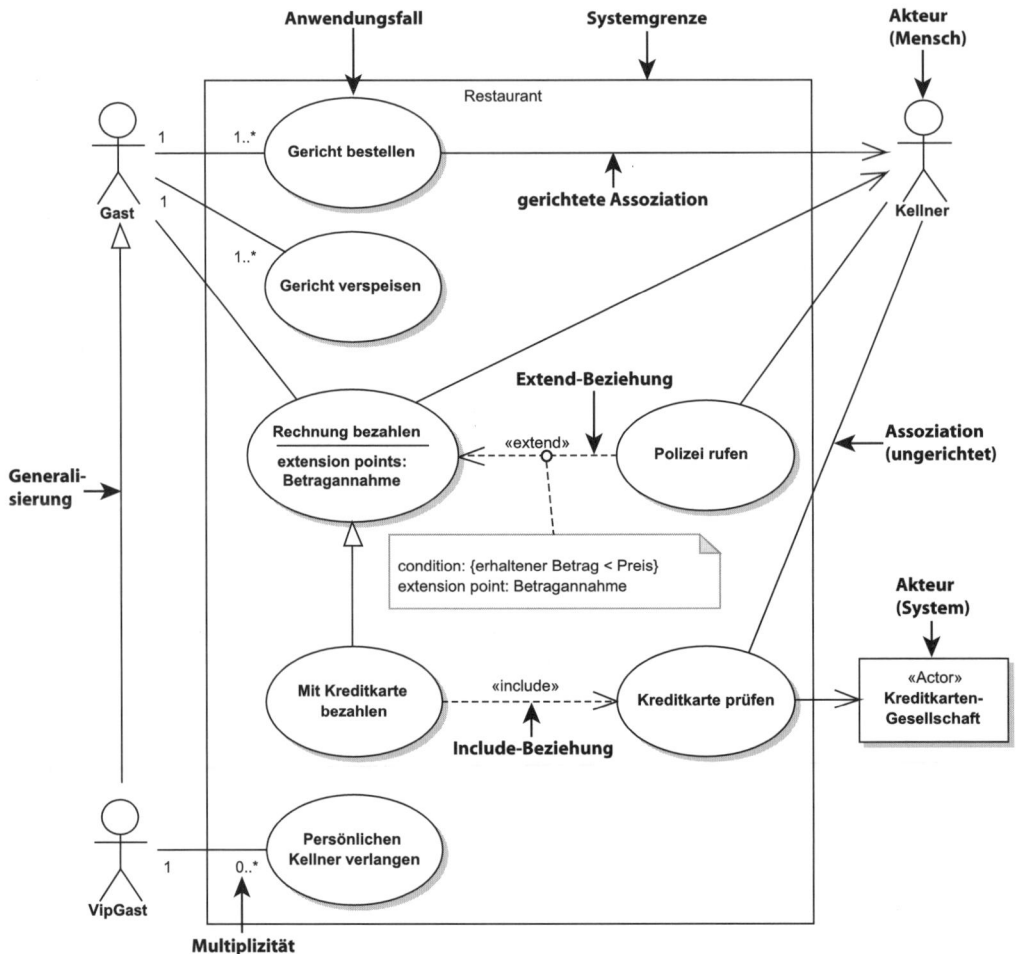

Abbildung 8.1 Notationselemente von Anwendungsfalldiagrammen

8.3   Notationselemente

8.3.1   Systemgrenze

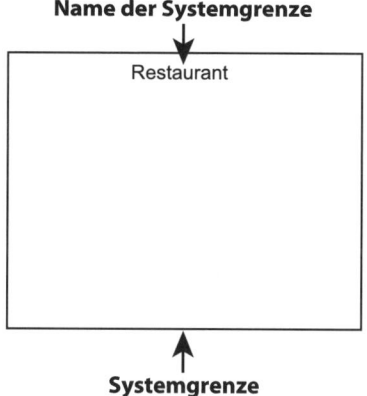

Abbildung 8.2   Systemgrenze

Beschreibung

Die **Systemgrenze** (engl. System Boundary) **umfasst ein System**, das die benötigten Anwendungsfälle bereitstellt und mit dem die Anwender interagieren.

Alle Elemente, die innerhalb der Systemgrenzen platziert werden, stellen Bestandteile des Systems dar. Werden beispielsweise Anwendungsfälle innerhalb der Systemgrenzen modelliert, muss das System die spezifizierte Funktionalität bereitstellen.

Verwendung

Die Modellierung einer Systemgrenze wird von der UML nicht verlangt. Es ist jedoch empfehlenswert, das Softwaresystem von seinen Akteuren und externen Systemen abzugrenzen.

8.3.2   Akteur

Beschreibung

Ein **Akteur** (engl. Actor) modelliert einen **Typ oder eine Rolle**, die ein externer Benutzer oder ein externes System während der Interaktion mit einem System einnimmt.

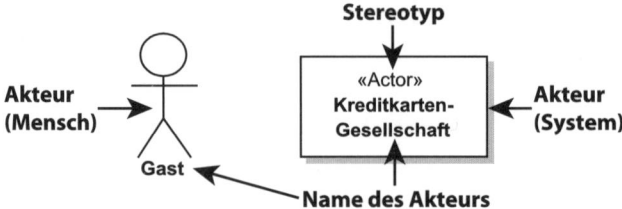

Abbildung 8.3 Akteur

Abbildung 8.3 zeigt ein Beispiel für einen menschlichen Akteur Gast sowie ein System Kreditkarten-Gesellschaft. Die UML verbietet nicht, die Rechteck-Notation auch für Menschen bzw. die Strichmännchen-Notation für weitere Systeme zu verwenden. Die unterschiedliche Verwendung der beiden Notationselemente hat sich im Laufe der Zeit eingebürgert, weil sie die Unterscheidung der Akteure vereinfacht.

Zusätzlich erlaubt die UML, eigene evtl. aussagekräftigere Symbole für Akteure zu verwenden. Abbildung 8.4 zeigt beispielsweise einen Akteur Autor, für den das Logo von Galileo Press als Symbol gewählt wurde:

Abbildung 8.4 Eigenes Symbol für einen Akteur

Akteure werden immer außerhalb der Systemgrenzen modelliert (siehe Abbildung 8.5):

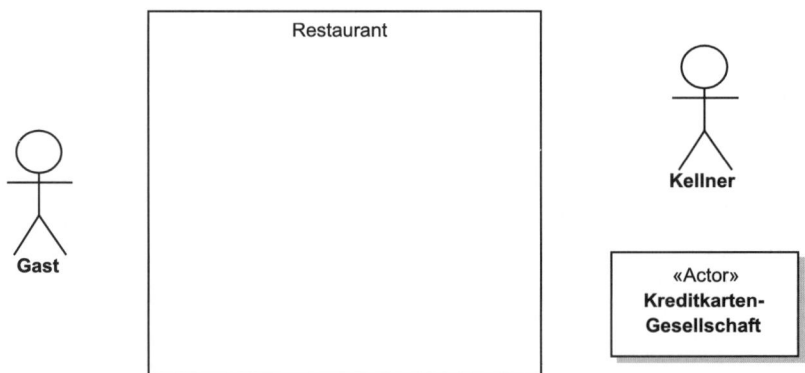

Abbildung 8.5 Akteure sind zum System immer extern

Ein Akteur muss nicht zwingend eine *einzige* physische Instanz repräsentieren. Unterschiedliche Anwender oder externe Systeme können in Abhängigkeit von ihrer aktuellen Funktion in wechselnden Rollen dem System gegenüber auftreten. Beispielsweise kann die selbe Person, die in Abbildung 8.5 heute in der Rolle eines `Kellners` auftritt, morgen schon als `Gast` die Dienste des Restaurants beanspruchen.

Verwendung

Modellieren Sie Akteure, um Anwender eines Systems oder weitere externe Systeme zu modellieren, die an Interaktionen mit dem System beteiligt sind.

Behalten Sie bitte im Auge, dass Akteure keine physikalischen Instanzen von Personen oder Systemen, sondern Rollen gegenüber dem modellierten System definieren.

8.3.3   Anwendungsfall

Abbildung 8.6   Anwendungsfall

Beschreibung

Ein **Anwendungsfall** (engl. Use Case) spezifiziert eine abgeschlossene Menge von **Aktionen**, die von einem **System bereitgestellt** werden und einen **erkennbaren Nutzen** für einen oder mehrere Akteure erbringen.

Anwendungsfälle definieren, *dass* eine Funktionalität bereitgestellt wird, ohne zu spezifizieren, *wie* dies zu geschehen hat. Der Anwendungsfall aus Abbildung 8.6 definiert beispielsweise, dass ein `Gericht bestellt` werden kann, ohne auszudrücken, welche einzelnen Aktionen dabei ablaufen oder in welcher Reihenfolge und von wem die Aktionen durchgeführt werden müssen (z. B. Kellner rufen, Bestellung mitteilen, Bestellung an den Koch weiterleiten usw.).

Wie in Abbildung 8.7 dargestellt, erlaubt die UML, Anwendungsfälle auf drei Arten zu notieren.

Semantisch gibt es keinen Unterschied zwischen den drei in Abbildung 8.7 gezeigten Notationsarten.

Abbildung 8.7 Drei Notationsarten von Anwendungsfällen

Die Positionierung von Anwendungsfällen innerhalb von Systemgrenzen definiert, welche Anwendungsfälle von welchen Systemen bereitgestellt werden (siehe Abbildung 8.8):

Abbildung 8.8 Anwendungsfall innerhalb einer Systemgrenze

Abbildung 8.8 modelliert, dass der Anwendungsfall Gericht bestellen vom System Restaurant bereitgestellt wird.

Verwendung

Anwendungsfälle werden zumeist eingesetzt, um eine initiale grobe Sicht auf die funktionalen Anforderungen an ein System zu modellieren. Fassen Sie daher Aktionen, die zu einem einzigen für den Akteur sichtbaren Ergebnis führen, auch zu einem einzigen Anwendungsfall zusammen.

Bedenken Sie, dass Anwendungsfälle die Kommunikation zwischen Anwendern/Auftraggebern und dem Software-Ingenieur erleichtern sollen und verzichten Sie daher auf eine zu feine Aufteilung der Anwendungsfälle.

Oft ist es hierzu hilfreich, sich die wahrnehmbare Funktionalität des Systems aus der Sicht des Anwenders vorzustellen oder nach Möglichkeit ihn selbst seine Sicht erläutern zu lassen, um nicht in die Modellierung von technischen Details oder Abläufen zu geraten.

8.3.4 Assoziation

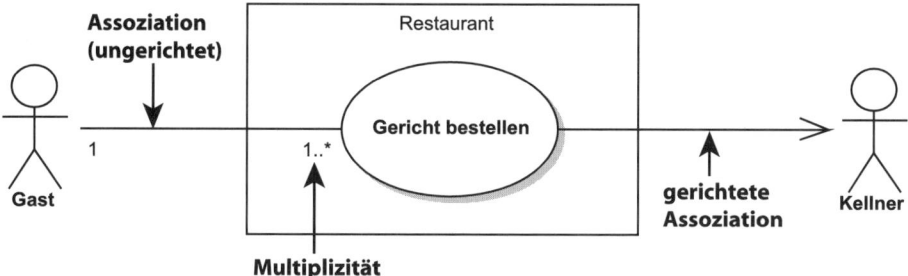

Abbildung 8.9 Assoziation

Beschreibung

Eine **Assoziation** (engl. Association) modelliert in Anwendungsfalldiagrammen eine **Beziehung zwischen Akteuren und Anwendungsfällen**.

Es handelt sich hierbei um die bereits aus Klassendiagrammen bekannten binären Assoziationen (Abschnitt 2.3.4). Erwartungsgemäß können sie ebenfalls mit Multiplizitäten oder Navigationsrichtungen versehen werden. N-äre Assoziationen werden in Anwendungsfalldiagrammen nicht verwendet.

Das Anwendungsfalldiagramm aus Abbildung 8.9 modelliert einen Gast, der in einem Restaurant ein bis beliebig viele Gerichte bei einem Kellner bestellen kann. Ein Gericht wird jedoch gleichzeitig nur von einem Gast bei einem Kellner bestellt.

Die Modellierung von Assoziationen zwischen *einem* Anwendungsfall und *mehreren* Akteuren verlangt, dass *alle* Akteure mit einer Assoziation zum jeweiligen Anwendungsfall für die Ausführung des Anwendungsfalls benötigt werden. Abbildung 8.9 spezifiziert, dass sowohl ein Gast als auch ein Kellner notwendig sind, um den Anwendungsfall Gericht bestellen auszuführen.

Eine gerichtete Assoziation spezifiziert die erlaubte Kommunikationsrichtung zwischen dem Anwendungsfall und dem Akteur. In Abbildung 8.9 definiert sie beispielsweise, dass ein Kellner zwar am Anwendungsfall beteiligt sein muss, er den Anwendungsfall jedoch nicht selbst initiieren kann. Die Kommunikation kann nur unidirektional vom Anwendungsfall zum Kellner stattfinden.

Zwischen Gast und Gericht bestellen bleibt die Navigations- und damit Kommunikationsrichtung unspezifiziert, was eine bidirektionale Kommunikation zwischen ihnen erlaubt. Ein Gast kann damit sowohl den Anwendungsfall aufrufen, als auch Informationen von ihm erhalten.

Verwendung

Modellieren Sie mit Hilfe von Assoziationen, welche Anwendungsfälle von welchen Akteuren ausgeführt werden dürfen.

8.3.5 Generalisierung/Spezialisierung

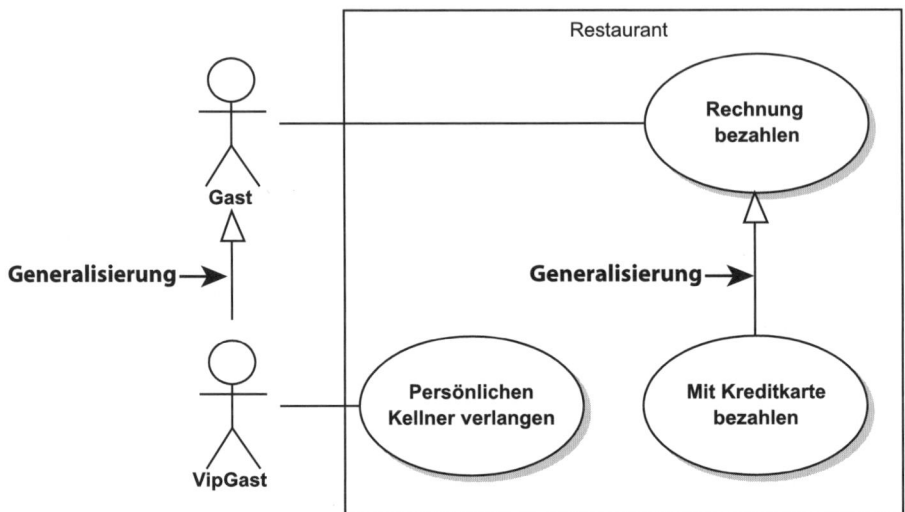

Abbildung 8.10 Generalisierung/Spezialisierung

Beschreibung

Eine **Generalisierung** (engl. Generalization) kann in Anwendungsfalldiagrammen zwischen Akteuren oder Anwendungsfällen modelliert werden und definiert eine **Beziehung zwischen einem spezifischen und einem allgemeinen Element**.

Abbildung 8.10 zeigt ein Anwendungsfalldiagramm, das eine Generalisierung, wie sie bereits aus Klassendiagrammen bekannt ist (Abschnitt 2.3.12), zwischen einem Gast und einem VipGast modelliert.

Ein Gast besitzt eine Assoziation zum Anwendungsfall Rechnung bezahlen. Der ihn spezialisierende VipGast erbt alle seine Fähigkeiten und darf somit den Anwendungsfall ebenfalls in Anspruch nehmen, auch wenn keine direkte Assoziation zwischen VipGast und Rechnung bezahlen modelliert ist.

Zusätzlich darf ein VipGast einen persönlichen Kellner verlangen, was dem »einfachen« Gast jedoch nicht gestattet ist.

Der Anwendungsfall Rechnung bezahlen wird vom Anwendungsfall Mit Kreditkarte bezahlen spezialisiert. Die in Rechnung bezahlen definierte Menge an Aktionen wird damit vom Anwendungsfall Mit Kreditkarte bezahlen geerbt und verfeinert.

Die Assoziation von Rechnung bezahlen zu Gast wird ebenfalls vererbt. Ein Gast und ein VipGast können somit auch Mit Kreditkarte bezahlen, auch wenn keine gesonderten Assoziationen zwischen ihnen und dem spezialisierenden Anwendungsfall modelliert wurde.

Verwendung

Generalisierungen und Spezialisierungen erlauben, Anwendungsfälle mit ähnlichen Funktionalitäten hierarchisch zu ordnen und wiederzuverwenden.

Im Zusammenhang mit Akteuren werden Generalisierungen/Spezialisierungen zumeist eingesetzt, um unterschiedliche Rechte zu modellieren und deren Beziehung hervorzuheben (Bsp.: Anwender und Administrator).

8.3.6 Include-Beziehung

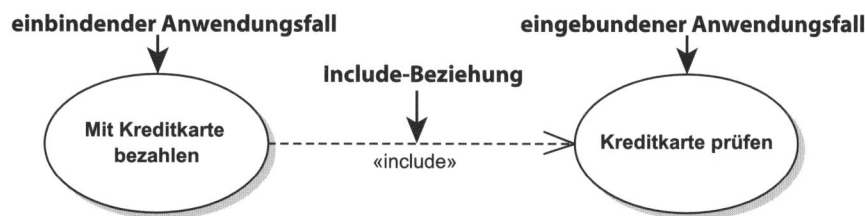

Abbildung 8.11 Include-Beziehung

Beschreibung

Eine **Include-Beziehung** (engl. Include Relationship) modelliert die **unbedingte Einbindung der Funktionalität eines Anwendungsfalls** in einen anderen Anwendungsfall.

Jedes Mal, wenn der einbindende Anwendungsfall ausgeführt wird, *muss* auch der eingebundene Anwendungsfall aufgerufen werden. Der einbindende Anwendungsfall ist abhängig vom Ausführungsergebnis des eingebundenen Anwendungsfalls und ist damit ohne ihn nicht vollständig. Insgesamt kann die Include-Beziehung auch mit dem Aufruf einer Unterfunktion verglichen werden.

Ein Anwendungsfall kann von beliebig vielen Anwendungsfällen eingebunden werden und kann auch selbst Anwendungsfälle einbinden (achten Sie jedoch darauf, keine Zyklen entstehen zu lassen).

Die Include-Beziehung aus Abbildung 8.11 modelliert, dass der Anwendungsfall Mit Kreditkarte bezahlen die Funktionalität des Anwendungsfalls Kreditkarte prüfen einbindet. *Jedes Mal*, wenn eine Zahlung mit der Kreditkarte erfolgt, *muss* die Kreditkarte geprüft werden. Die Funktionalität des Anwendungsfalls Mit Kreditkarte bezahlen ist vom Ergebnis der Kreditkarten-Prüfung abhängig und kann ohne sie nicht durchgeführt werden.

Verwendung

Die Include-Beziehung wird zumeist bei der Wiederverwendung von Anwendungsfällen eingesetzt. Häufig gibt es im Modell Anwendungsfälle mit gleicher Teilfunktionalität, die als ein eigenständiger Anwendungsfall ausgegliedert und zentral gepflegt werden können.

Sie verdeutlicht die Zusammenhänge zwischen den Anwendungsfällen und steigert die Ausdrucksstärke des Diagramms.

Wie bereits erwähnt, kann die Include-Beziehung als eine Art Unterfunktionsaufruf betrachtet werden, wobei die »Unterfunktion« ein vollständiger Anwendungsfall ist. Bedenken Sie bei der Modellierung, dass Anwendungsfälle die Funktionalität eines Systems übersichtsartig darstellen und erliegen Sie nicht der Versuchung, tatsächliche Unterfunktionsaufrufe im Sinne des Programmablaufs zu modellieren.

8.3.7 Extend-Beziehung

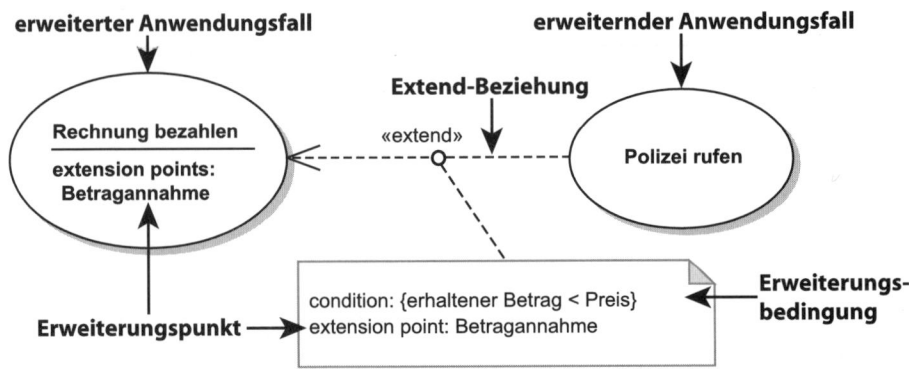

Abbildung 8.12 Extend-Beziehung

Beschreibung

Eine **Extend-Beziehung** (engl. Extend Relationship) modelliert die **bedingte Einbindung der Funktionalität eines Anwendungsfalls** in einen weiteren Anwendungsfall.

Die Funktionalität des erweiternden Anwendungsfalls *kann* in die Funktionalität des erweiterten Anwendungsfalls am Erweiterungspunkt eingebunden werden. Im Unterschied zu einer Include-Beziehung ist der erweiterte Anwendungsfall vom erweiternden unabhängig und kann auch ohne ihn ausgeführt werden.

Ein Anwendungsfall kann beliebig viele weitere Anwendungsfälle erweitern und selbst durch weitere Anwendungsfälle erweitert werden (achten Sie auch hierbei, keine Zyklen entstehen zu lassen).

Die Liste der möglichen Erweiterungspunkte wird unterhalb eines Trennstrichs mit der Überschrift **extension points** notiert. Eine optionale Anmerkung an der Extend-Beziehung spezifiziert den Erweiterungspunkt, an dem der erweiternde Anwendungsfall eingefügt werden kann sowie die Bedingung (engl. Condition), wann dies geschieht. Die Funktionalität des erweiternden Anwendungsfalls wird aufgerufen, falls diese Bedingung während der Durchführung des erweiterten Anwendungsfalls zu wahr ausgewertet wird oder wenn keine Bedingung angegeben ist (in diesem Fall handelt es sich eigentlich um eine <<include>>-Beziehung, da die Funktionalität des erweiternden Anwendungsfalls immer aufgerufen wird).

Im Beispiel der Abbildung 8.12 erweitert der Anwendungsfall Polizei rufen den Anwendungsfall Rechnung bezahlen und drückt damit aus, dass im Laufe der Bezahlung die Polizei gerufen werden *kann*. Eine Rechnung kann ebenso gut bezahlt werden, ohne dass die Polizei gerufen wird.

Der Erweiterungspunkt ist im Anwendungsfall Rechnung bezahlen mit Betragannahme definiert. Der zugehörigen Anmerkung entnimmt man, dass die Erweiterung durchgeführt und damit die Polizei gerufen wird, falls der erhaltene Betrag kleiner als der eigentliche Preis ist.

Verwendung

Die Extend-Beziehung erlaubt es, Anwendungsfälle mit Teilfunktionalität wiederzuverwenden und die Abhängigkeiten zwischen ihnen hervorzuheben. Im Gegensatz zu der Include-Beziehung muss die Funktionalität des erweiternden Anwendungsfalls nicht zwingend eingebunden werden.

Obwohl die Extend-Beziehung eine Art »If-Then-Else-Modellierung« erlaubt, sei an dieser Stelle davon abgeraten, Programmabläufe zu modellieren. Es ist empfehlenswert, durch den Einsatz von Anwendungsfalldiagrammen einen Überblick über die benötigten Funktionalitäten des Systems zu erhalten, bevor die Details mit weiteren Verhaltensdiagrammen modelliert werden.

8.4   Lesen eines Anwendungsfalldiagramms

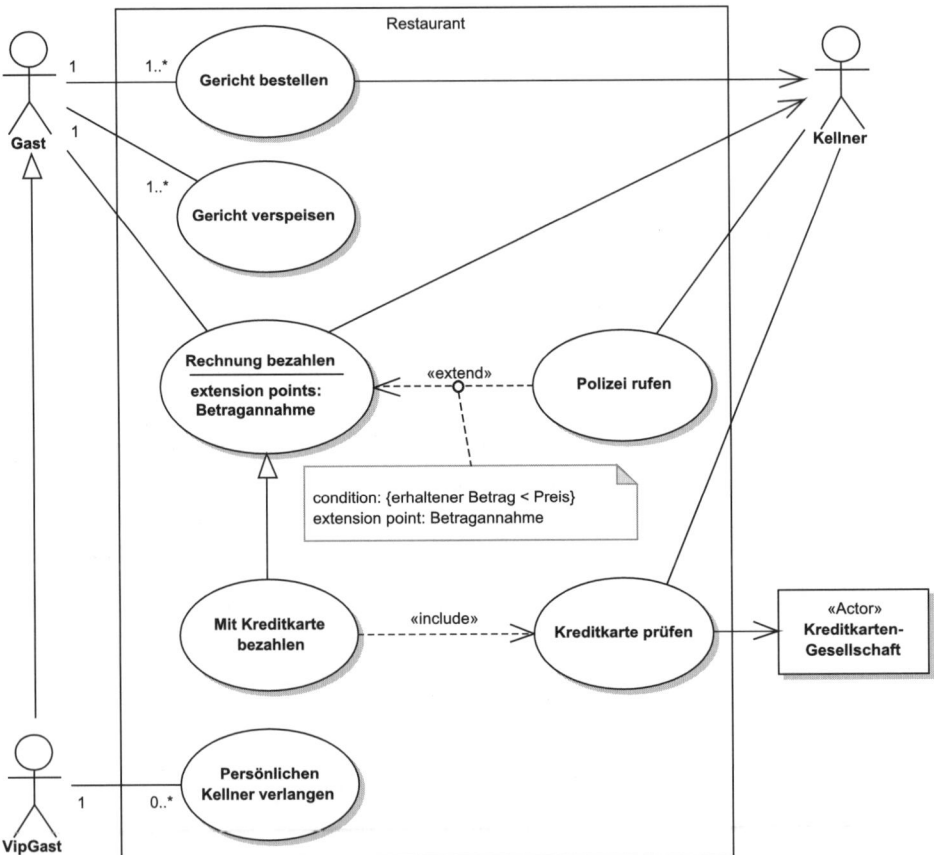

Abbildung 8.13   Beispiel eines Anwendungsfalldiagramms

Das Anwendungsfalldiagramm aus Abbildung 8.13 modelliert ein System
Restaurant und vier Akteure:

▶ Gast

▶ VipGast

▶ Kellner

▶ Kreditkarten-Gesellschaft

Ein menschlicher Akteur Gast darf im Restaurant ein bis beliebig viele Gerichte
bestellen und Gerichte verspeisen. An der Bestellung eines Gerichts ist weiterhin ein menschlicher Akteur Kellner beteiligt, der die Bestellung jedoch nicht
selbst initiieren kann (gerichtete Assoziation).

Dem Kellner ist es ebenfalls nicht erlaubt, Gerichte zu verspeisen (fehlende Assoziation zwischen Gericht verspeisen und Kellner).

Ein Gast bezahlt seine Rechnung genau ein mal (keine Multiplizitätsangabe an der Assoziation gleicht einer 1-zu-1-Assoziation). Während der Betragannahme kann die Polizei vom Kellner gerufen werden, falls der erhaltene Betrag kleiner ist als der Preis.

Ein Gast kann die Bezahlung auch mit einer Kreditkarte vornehmen. In diesem Fall muss ein Kellner in Zusammenarbeit mit einer Kreditkarten-Gesellschaft die Kreditkarte prüfen. Obwohl die Kreditkarten-Gesellschaft bei diesem Anwendungsfall zwingend erforderlich ist, kann sie die Prüfung nicht selbst veranlassen (gerichtete Assoziation).

Der menschliche Akteur VipGast spezialisiert den Akteur Gast. Alle Anwendungsfälle, die ein Gast wahrnehmen kann, können auch vom VipGast in Anspruch genommen werden. Zusätzlich darf ein VipGast beliebig oft (auch kein Mal) einen Persönlichen Kellner verlangen.

8.5 Irrungen und Wirrungen

Das folgende Diagramm weist auf einige der häufig gemachten Fehler bei der Modellierung mit Anwendungsfalldiagrammen hin.

A: Name des Akteurs fehlt
Akteure müssen einen Namen erhalten, der ihre Rollen eindeutig definiert.

B: Akteur innerhalb des Systems
Akteure definieren Rollen, die gegenüber einem System auftreten und können damit nicht als ein Teil des Systems modelliert werden.

C: Falsche Bedingung oder falsche Erweiterungsbeziehung
Die Bedingung in der Anmerkung ist immer wahr (true), weshalb die Erweiterung immer durchgeführt wird.

Soll der Anwendungsfall Gericht bezahlen nur in speziellen Fällen erweitert werden, muss die Bedingung korrigiert werden.

Ist es gewünscht, die Funktionalität des Anwendungsfalls Polizei rufen immer einzubinden, ist eine <<include>>-Beziehung die bessere Wahl.

D: Unbekannter Erweiterungspunkt
Die Anmerkung weist dem erweiternden Anwendungsfall Polizei rufen einen Erweiterungspunkt Zahlung zu, der im erweiterten Anwendungsfall Gericht bezahlen nicht definiert ist.

Einem erweiternden Anwendungsfall dürfen nur bereits definierte Erweiterungspunkte zugewiesen werden.

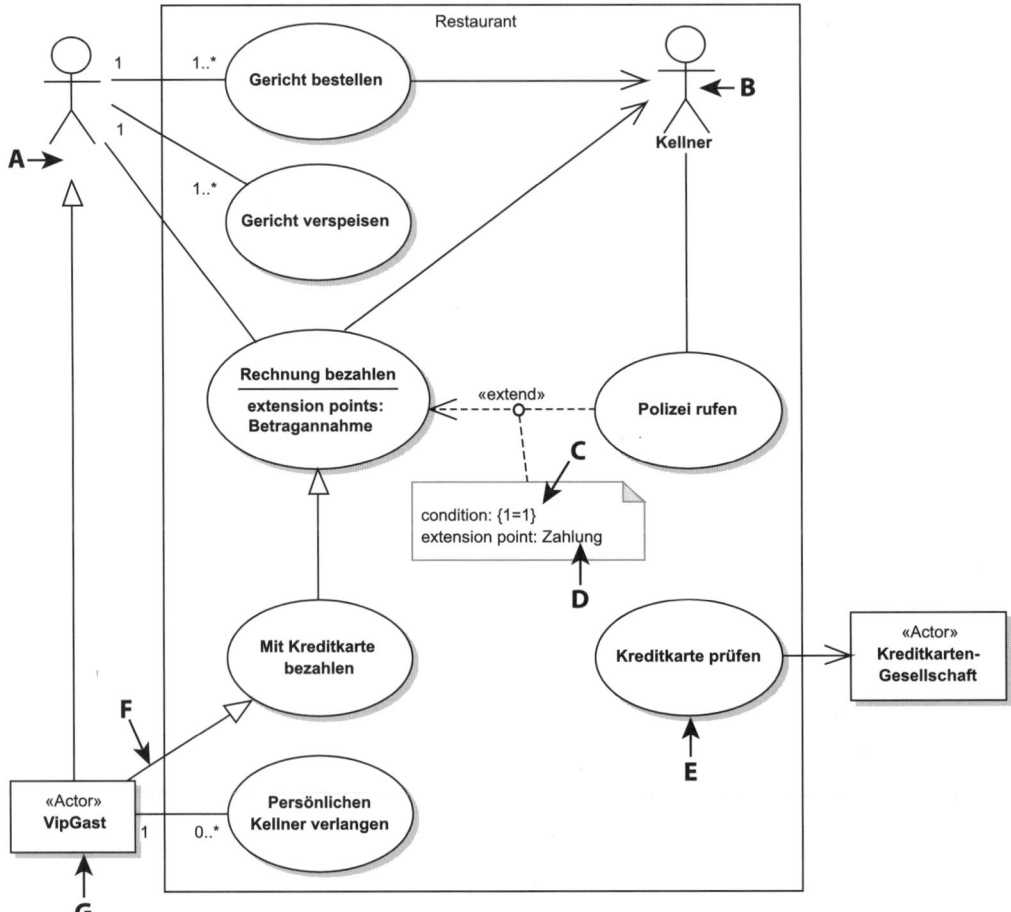

Abbildung 8.14 Ein fehlerhaftes Anwendungsfalldiagramm

E: Nicht durchführbarer Anwendungsfall

Der Anwendungsfall Kreditkarte prüfen besitzt eine gerichtete Assoziation zu dem Akteur Kreditkarten-Gesellschaft, weshalb diese den Anwendungsfall selbst nicht initiieren kann. Die Funktionalität des Anwendungsfalls kann nicht abgerufen werden, weil er weder weitere Assoziationen zu Akteuren noch Beziehungen zu Anwendungsfällen hat.

Überprüfen Sie in solchen Fällen das Diagramm, ob Assoziationen fehlen oder der Anwendungsfall entfernt werden kann.

F: Falsche Generalisierung

Generalisierungen dürfen nur zwischen Akteuren *oder* zwischen Anwendungsfällen modelliert werden, nicht zwischen Akteuren *und* Anwendungsfällen.

Soll eine Kommunikationsrichtung modelliert werden, sollte die gerichtete Navigation verwendet werden.

G: Rechtecksymbol für einen menschliche Akteur

Es ist empfehlenswert, für menschliche Akteure das »Strichmännchensymbol« und für externe Systeme das »Rechtecksymbol« zu modellieren. Die UML schreibt eine solche Verwendung zwar nicht vor, sie hilft jedoch die Art der Akteure zu unterscheiden und macht das Diagramm damit leichter verständlich.

8.6 Zusammenfassung

Eine Kurzübersicht der wichtigsten Notationselemente von Anwendungsfalldiagrammen bietet die folgende Aufzählung:

▶ **Akteure** modellieren Rollen von Benutzern oder externen Systemen gegenüber einem System.

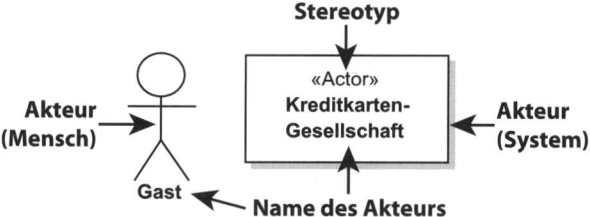

Abbildung 8.15 Akteur

▶ **Anwendungsfälle** definieren abgeschlossene Mengen von Aktionen mit erkennbarem Nutzen für einen oder mehrere Akteure.

Abbildung 8.16 Anwendungsfall

▶ **Assoziationen** verbinden Akteure und Anwendungsfälle und setzen damit fest, welcher Akteur welche Anwendungsfälle wahrnehmen darf.

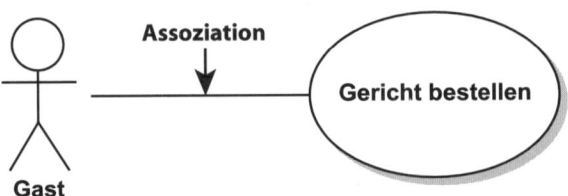

Abbildung 8.17 Assoziation

▶ **Generalisierungen** werden zwischen Akteuren oder Anwendungsfällen modelliert und spezifizieren Vererbungshierarchien zwischen den beteiligten Elementen.

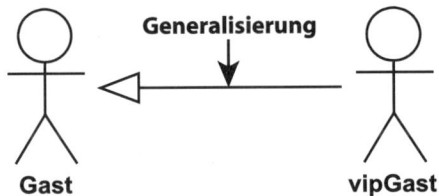

Abbildung 8.18 Generalisierung

▶ Eine **Include-Beziehung** modelliert eine unbedingte Einbindung der Funktionalität eines Anwendungsfalls in einen weiteren Anwendungsfall, die **Extend-Beziehung** eine bedingte.

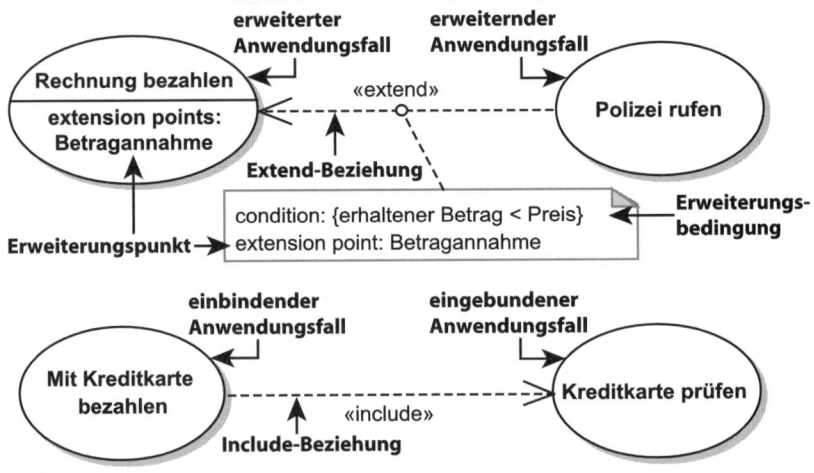

Abbildung 8.19 Extend- und Include-Beziehungen

Aktivitätsdiagramme modellieren das Verhalten von Systemen und bedienen sich dabei eines Kontroll- und Datenflussmodells.

9 Aktivitätsdiagramm

9.1 Anwendungsbereiche

Aktivitätsdiagramme (engl. ActivityDiagrams) bieten sehr viele Möglichkeiten, das Verhalten von Systemen zu modellieren. Sie stellen zahlreiche Notationselemente bereit, mit deren Hilfe beispielsweise

▶ alternative Abläufe,

▶ Reihenfolgen von Aktivitäten,

▶ parallele Aktivitäten,

▶ verschachtelte Aktivitäten,

▶ Verantwortungsbereiche oder

▶ Ausnahmen und deren Behandlung

modelliert werden können.

Aktivitätsdiagramme können in allen Phasen der Softwareentwicklung eingesetzt werden:

▶ Während der **Analyse/Definition**-Phase werden Aktivitätsdiagramme verwendet, um Geschäftsprozesse zu modellieren und zu analysieren. Sie zeigen die Reihenfolge der Prozesse und Tätigkeiten sowie mögliche Alternativabläufe.

Die visuelle Darstellung der Geschäftsprozesse erleichtert deren Analyse und Optimierung. Die entstehenden Optimierungen werden direkt wieder in Aktivitätsdiagrammen dokumentiert und können als Vorgaben zur Umsetzung verwendet werden.

Die in dieser Phase erstellten Aktivitätsdiagramme beschreiben die Prozesse aus der Sicht der Anwender und/oder der Auftraggeber. Sie verwenden nur wenige Notationselemente und sind bewusst einfach gehalten, um als Kommunikationsgrundlage zwischen dem Software-Architekt und den Anwendern/Auftraggebern dienen zu können.

Wie bereits in Kapitel 8 erläutert, werden während der Analysephase die Anforderungen an ein System durch Anwendungsfälle modelliert. Sie definieren auf einem hohen Abstraktionsniveau die Funktionalitäten, die ein System bereitzustellen hat, blenden jedoch aus, wie sie realisiert werden bzw. welche internen Abläufe sich dahinter verbergen.

Aktivitätsdiagramme werden eingesetzt, um genau diese internen Abläufe zu spezifizieren und damit die Funktionalitäten hinter den Anwendungsfällen zu präzisieren.

▶ In der **Entwurf/Design**-Phase bieten Aktivitätsdiagramme vielfältige Möglichkeiten zur Modellierung interner Systemprozesse. In dieser Phase erlangen Aktivitätsdiagramme auch ihre Hauptbedeutung.

So können beispielsweise umfangreiche Abläufe in einem System (oder zwischen unterschiedlichen Systemen) oder gar Umsetzungsvorschriften komplexer Algorithmen spezifiziert werden.

Aktivitätsdiagramme aus dieser Phase werden als Arbeitsvorlage für Programmierer entwickelt. Die Vielfalt und Mächtigkeit der Notationselemente kann daher voll ausgeschöpft werden, um das interne Verhalten der Software möglichst präzise zu beschreiben.

▶ Die spezifizierten Abläufe werden während der **Implementierung** als Realisierungsvorlage verwendet.

▶ In der **Test**-Phase können die exakten Ablaufspezifikationen als Grundlagen für Definitionen von Testfällen wiederverwendet werden.

9.2 Übersicht

Abbildung 9.1 beinhaltet eine Auswahl der Notationselemente von Aktivitätsdiagrammen:

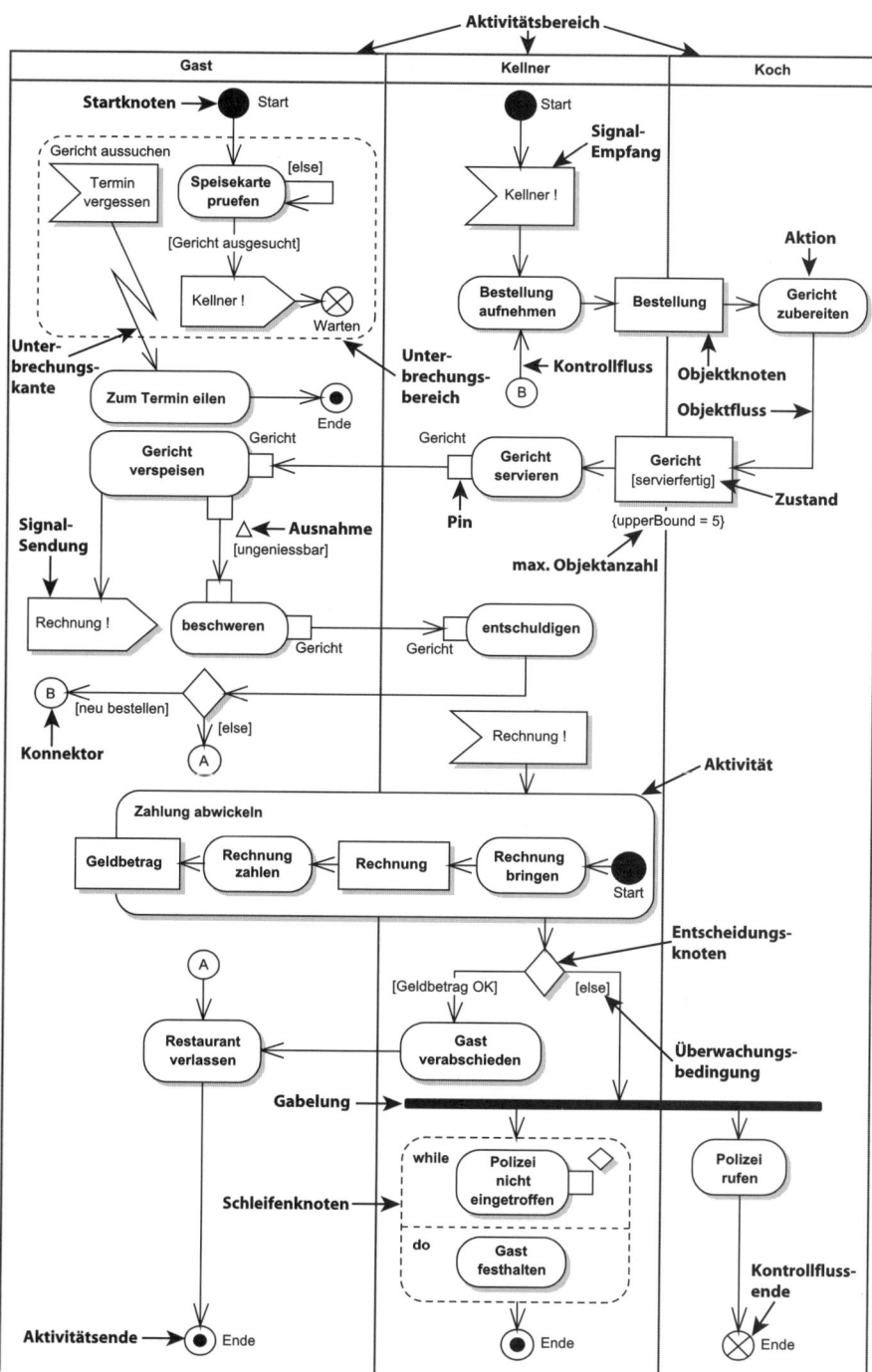

Abbildung 9.1   Notationselemente von Aktivitätsdiagrammen

9.3 Notationselemente

Bevor die einzelnen Notationselemente von Aktivitätsdiagrammen vorgestellt werden, soll Ihnen das Klassendiagramm aus Abbildung 9.2 eine erste Übersicht bieten und die Einordnung der Notationselemente vereinfachen:

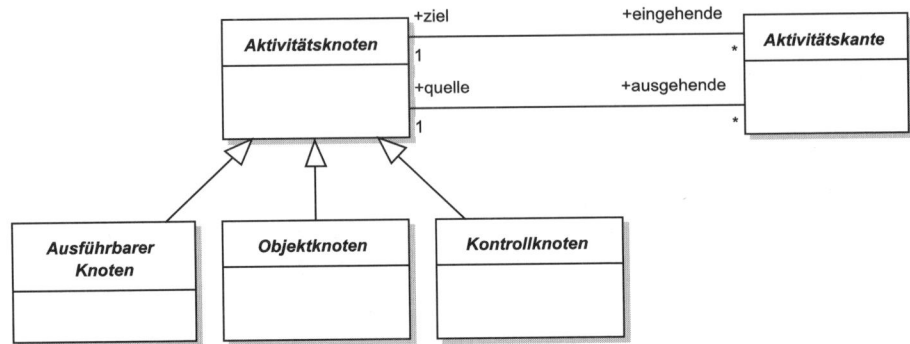

Abbildung 9.2   Unterteilung von Knotenarten in Aktivitätsdiagrammen

Die UML benennt die in Aktivitätsdiagrammen verwendeten Knotenarten als **Aktivitätsknoten** (engl. ActivityNodes) und unterteilt sie in drei Gruppen (siehe Abbildung 9.2):

▸ **Ausführbare Knoten** (engl. ExecutableNode)
In diese Gruppe werden alle Knoten eingeordnet, die Tätigkeiten durchführen können, z. B. eine Aktion (siehe Abschnitt 9.3.1).

▸ **Objektknoten** (engl. ObjectNode)
Als Objektknoten werden alle Notationselemente bezeichnet, die in Aktivitätsdiagrammen Daten speichern können, z. B. ein Datastore (siehe Abschnitt 9.3.4).

▸ **Kontrollknoten** (engl. ControlNode)
Kontrollknoten, z. B. Start- und Endknoten (siehe Abschnitt 9.3.7) oder Entscheidungs- und Verbindungsknoten (siehe Abschnitt 9.3.8), koordinieren den Ablauf zwischen anderen Knoten und bestimmen maßgeblich den Ablauf von Aktivitätsdiagrammen.

Einen weiteren wesentlichen Bestandteil von Aktivitätsdiagrammen stellen die **Aktivitätskanten** (engl. ActivityEdge) dar, zu denen beispielsweise der Kontrollfluss (siehe Abschnitt 9.3.2) oder der Objektfluss (siehe Abschnitt 9.3.4) gehören. Sie modellieren gerichtete Verbindungen zwischen den Aktivitätsknoten und legen damit die Reihenfolge des Ablaufs eines Aktivitätsdiagramms fest.

Die folgenden Seiten stellen Ihnen alle wichtigen Notationselemente der Aktivitätsdiagramme im Detail vor.

9.3.1 Aktion

Abbildung 9.3 Aktion

Beschreibung

Eine **Aktion** (engl. Action) stellt die fundamentale **Einheit ausführbarer Funktionalität** dar, die im Modell nicht weiter zerlegt wird und somit **atomar** ist.

Die Aktion ist ein ausführbarer Knoten und stellt die grundlegende Einheit einer Verhaltensspezifikation dar. Die meisten weiteren Notationselemente von Aktivitätsdiagrammen werden verwendet, um Aktionen in Reihenfolgen zu bringen, zu gruppieren, zu strukturieren, ihnen Ein- und Ausgabeparameter bereitzustellen usw.

Aktionen können sehr einfache und kurze Funktionalitäten, wie die Addition zweier Zahlen, modellieren, aber auch umfangreiche an sich nicht atomare Tätigkeiten, die jedoch im Modell als atomar angesehen werden und nicht weiter aufgeteilt werden sollen.

Abbildung 9.3 zeigt eine Aktion `Gericht servieren`, die damit als eine einzige Tätigkeit angesehen wird. Eine genauere und verfeinernde Modellierung dieser Tätigkeit wird als nicht notwendig angesehen.

Aktionen können **lokale Vor- und Nachbedingungen** (engl. LocalPreconditions/LocalPostconditions) besitzen, die vor bzw. nach der Ausführung *einer* Aktion erfüllt sein müssen:

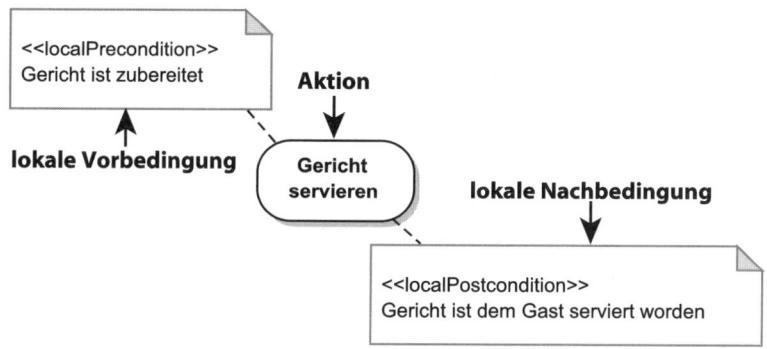

Abbildung 9.4 Aktion mit Vor- und Nachbedingungen

Abbildung 9.4 zeigt beispielhaft die vorgeschriebene Notationsart von Vor- und Nachbedingungen einer Aktion mit Hilfe von Anmerkungen.

Verwendung

Modellieren Sie mit Hilfe von Aktionen Funktionalitäten, die nicht weiter zerlegt werden sollen. Es ist dabei nicht zwingend, dass die Aktion an sich nicht mehr zerlegbar ist. Aus der Sicht des Modells sind die Einzelschritte einer Aktion nicht von Bedeutung.

So kann es durchaus vorkommen, dass eine Aktion Gericht servieren aus der Sicht eines Gastes als eine einzige Tätigkeit modelliert wird und somit eine Aktion darstellt. Aus der Sicht eines Kellners handelt es sich jedoch um mehrere Einzeltätigkeiten, die durch mehrere Aktionen modelliert würden (z. B. Gericht holen, mit der Bestellung vergleichen, Gericht zustellen).

Realisierung in Java

Eine Aktion stellt in Java einen einzigen Operationsaufruf dar.

Realisierung in C#

In C# werden Aktionen ebenfalls durch Operationsaufrufe repräsentiert.

9.3.2   Kontrollfluss

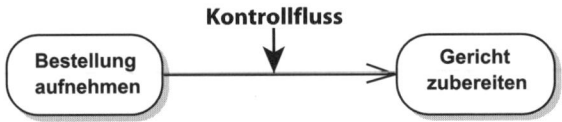

Abbildung 9.5   Kontrollfluss

Beschreibung

Der **Kontrollfluss** (engl. ControlFlow) ist eine **gerichtete Verbindung zwischen Aktivitätsknoten** und repräsentiert deren **Ausführungsreihenfolge**.

Abbildung 9.5 zeigt einen Kontrollfluss zwischen zwei Aktionen. Er spezifiziert, dass nach der Aktion Bestellung aufnehmen die Aktion Gericht zubereiten ausgeführt wird.

Würde der Kontrollfluss das Diagramm unübersichtlich machen, weil sich beispielsweise mehrere Kontrollflüsse schneiden, erlaubt die UML ihre Auftrennung durch **Konnektoren** (engl. Connector):

Abbildung 9.6 Konnektor

Die Abbildungen 9.5 und 9.6 sind semantisch äquivalent.

Jeder Konnektor muss einen eindeutigen Namen und genau einen aus- bzw. eingehenden Kontrollfluss besitzen.

Verwendung

Definieren Sie mit Hilfe von Kontrollflüssen, in welcher Reihenfolge Aktivitätsknoten ausgeführt werden sollen.

Realisierung in Java

Der Kontrollfluss wird realisiert, indem die spezifizierte Reihenfolge der aufzurufenden Aktionen eingehalten wird.

Realisierung in C#

Der Kontrollfluss wird in C# wie in Java durch die Einhaltung der Aufruf-Reihenfolge der Operationen realisiert.

9.3.3 Aktivitätsbereich

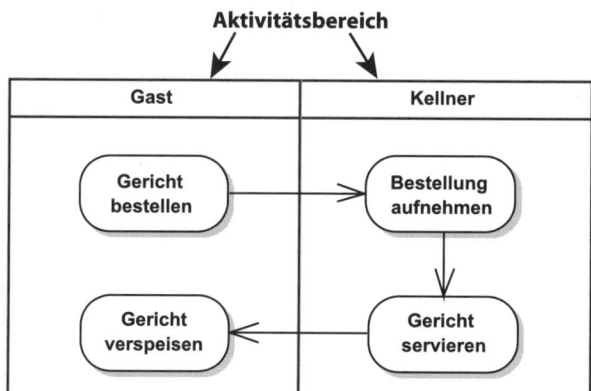

Abbildung 9.7 Aktivitätsbereiche

Beschreibung

Aktivitätsbereiche (engl. ActivityPartitions) **gruppieren Aktivitätsknoten** zu **Organisationseinheiten**.

In Abbildung 9.7 werden die dargestellten Aktionen den Aktivitätsbereichen Gast und Kellner zugeordnet, womit die Verantwortung für die Ausführung der jeweiligen Aktionen festgelegt wird. Aktivitätsbereiche werden daher auch häufig als **Verantwortungsbereiche** bezeichnet.

Aktivitätsbereiche können selbst weitere Aktivitätsbereiche enthalten (siehe Abbildung 9.8).

Abbildung 9.8 modelliert einen Aktivitätsbereich Restaurant, der die Aktivitätsbereiche von Gast und Kellner umfasst. Ein Gast bzw. ein Kellner sind damit nur innerhalb eines Restaurants für die modellierten Aktionen verantwortlich.

Aktivitätsbereiche dürfen sowohl vertikal wie auch horizontal modelliert werden und sich sogar schneiden:

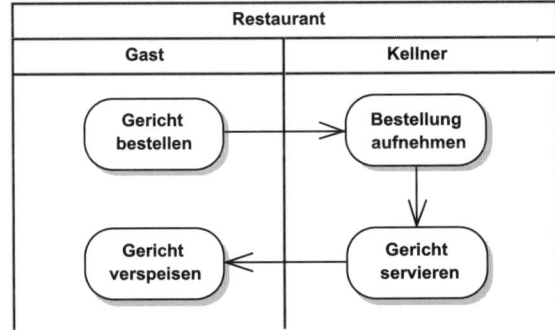

Abbildung 9.8   Hierarchie von Aktivitätsbereichen

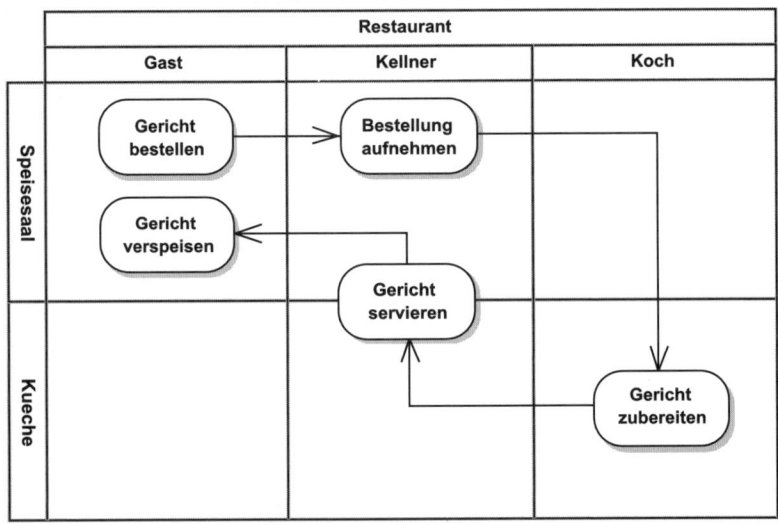

Abbildung 9.9   Überschneidung von Aktivitätsbereichen

Dem Aktivitätsdiagramm aus Abbildung 9.9 zufolge bestellt ein Gast ein Gericht in einem Speisesaal. Nachdem ein Kellner im selbigen die Bestellung aufgenommen hat, bereitet ein Koch das Gericht in einer Kueche zu. Daraufhin serviert ein Kellner das Gericht, was sowohl in der Kueche (Abholen des Gerichts) wie auch im Speisesaal (Abliefern) durchgeführt wird. Letztlich kann ein Gast im Speisesaal sein Gericht verspeisen.

Dem Diagramm ist leicht zu entnehmen, dass ein Koch keinerlei Aktionen im Speisesaal übernehmen muss und ein Gast nichts in der Kueche zu suchen hat. Ein Kellner ist dagegen sowohl im Speisesaal wie auch in der Kueche aktiv.

Wird ein Aktivitätsbereich benötigt, der mit dem Kern des Modells nur wenig zu tun hat, kann dieser mit dem Stereotypen <<external>> gekennzeichnet werden (siehe Abbildung 9.10):

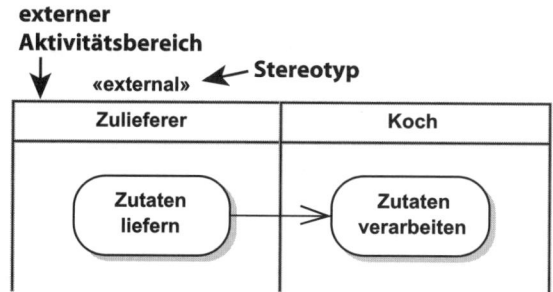

Abbildung 9.10   <<external>>-Stereotyp eines Aktivitätsbereichs

Verwendung

Aktivitätsbereiche werden verwendet, um die durchzuführenden Aufgaben eindeutig den Akteuren (Akteure wurden bereits in Abschnitt 8.3.2 vorgestellt) zuzuordnen.

Akteure repräsentieren Klassen, die bereits in einem Ihrer Klassendiagramme in einer früheren Phase des Entwicklungsprozesses modelliert worden sind. Anhand von Aktivitätsbereichen können die Operationen dieser »Akteur-Klassen« auf Vollständigkeit und Korrektheit überprüft werden.

Muss ein Akteur in seinem Aktivitätsbereich eine Aktion durchführen, die durch keine seiner Operationen abgedeckt ist, ist seine Klassendefinition zu erweitern.

Gibt es andersherum Aktionen in den Akteur-Klassen, die in keinem der Aktivitätsdiagramme abgerufen werden, sollte überprüft werden, ob sie tatsächlich benötigt werden.

9.3.4 Objektknoten und Objektfluss

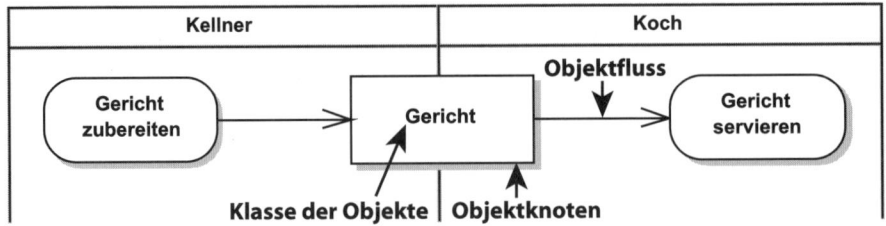

Abbildung 9.11 Objektknoten und Objektfluss

Beschreibung

Objektknoten (engl. ObjectNode) modellieren die **Übergabe von Objekten** zwischen Aktionen und können als eine Art **Speicher für Objekte der spezifizierten Klasse** betrachtet werden.

Der **Objektfluss** (engl. ObjectFlow) repräsentiert den **Transport von Objekten.**

Objekte werden zumeist von Aktivitätsknoten erzeugt und verbraucht. Abbildung 9.11 zeigt einen Speicher für ein Objekt der Klasse Gericht, das von der Aktion Gericht zubereiten produziert und an die Aktion Gericht servieren weitergereicht wird.

Die eigentliche Funktion der Objekte der Klasse Gericht als Ausgabeparameter von Gericht zubereiten und als Eingabeparameter von Gericht servieren wird durch den Einsatz der **Pin-Notation** noch deutlicher (siehe Abbildung 9.12):

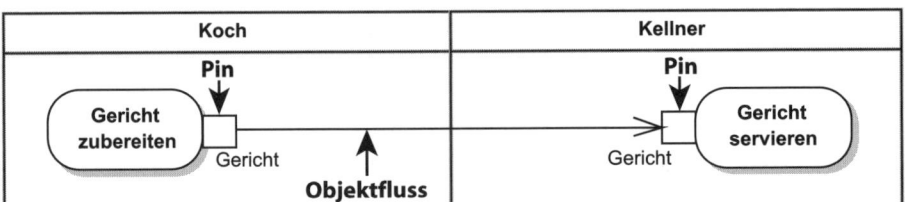

Abbildung 9.12 Pin-Notation des Objektflusses

Die UML erlaubt, den Pin über dem Objektfluss zu notieren, um den Transport des Objekts zu betonen (siehe Abbildung 9.13).

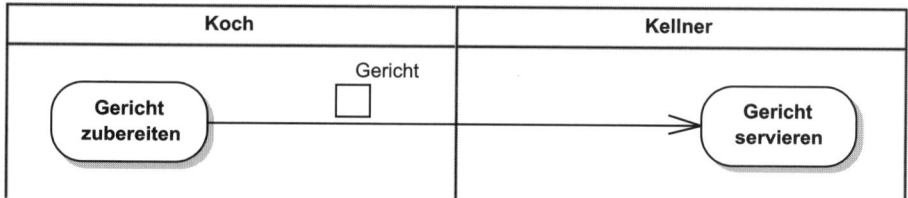

Abbildung 9.13 Pin-Notation des Objekttransports

Objekte können während ihrer Bearbeitung in Aktionen ihren Zustand ändern (Details zu Zuständen erfahren Sie in Kapitel 10, »Zustandsdiagramme«). Der Objektknoten kann daher angewiesen werden, nur Objekte in einem bestimmten Zustand zu speichern:

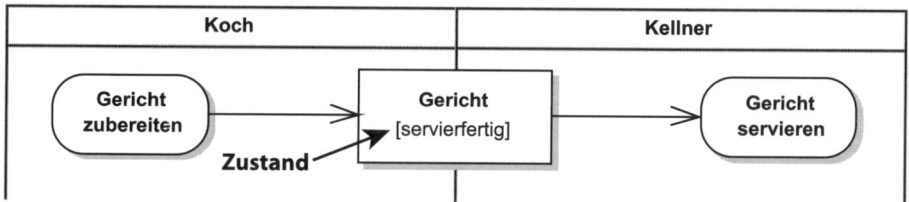

Abbildung 9.14 Objektknoten mit Zustandsangabe

Abbildung 9.14 spezifiziert, dass ein von Gericht zubereiten produziertes Objekt Gericht sich im Zustand servierfertig befindet und auch in diesem Zustand die Aktion Gericht servieren erreicht.

Auch beim Einsatz der Pin-Notation ist die Angabe von Zuständen möglich. Die Zustände müssen auf beiden Seiten des Kontrollflusses gleich sein (siehe Abbildung 9.15):

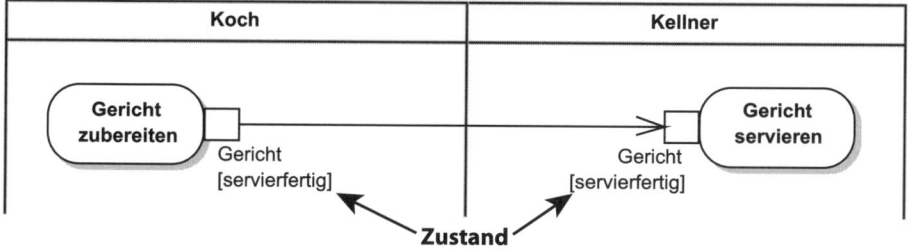

Abbildung 9.15 Pin-Notation mit Zustandsangabe

Es gibt durchaus Aktionen (z. B. bei einer Signalverarbeitung), die bereits neue Objekte als Parameter akzeptieren, obwohl sie die Abarbeitung der bereits übergebenen Objekte noch nicht beendet haben. Die Aktion ist damit fähig, Objekte in einem Datenstrom (engl. Stream) zu empfangen (siehe Abbildung 9.16):

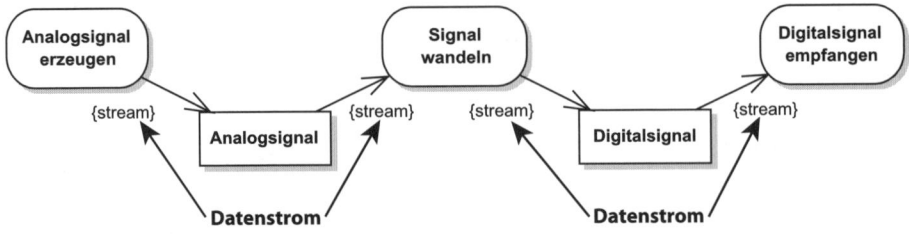

Abbildung 9.16   Stream-Objektfluss

Um einen Stream in der Pin-Notation zu spezifizieren, werden die Pins grau eingefärbt (siehe Abbildung 9.17):

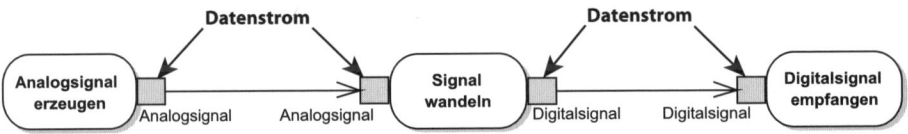

Abbildung 9.17   Stream-Objektfluss mit der Pin-Notation

Mehrere Objektknoten (Pins) können zu so genannten **Parametersätzen** (engl. ParameterSets) zusammengefasst werden:

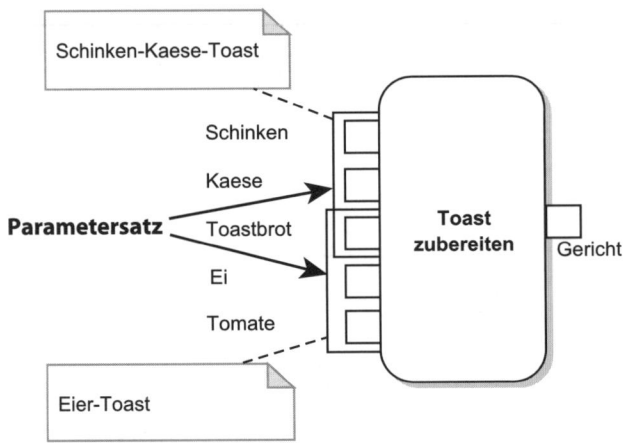

Abbildung 9.18   Parametersatz

Sowohl die Eingabe- wie auch die Ausgabepins können zu Parametersätzen gruppiert werden. Parametersätze können getrennt nebeneinander modelliert werden, oder sich, wie in Abbildung 9.18 dargestellt, überschneiden. Die Gruppierung von Pins zu Parametersätzen gleicht der Modellierung einer AND-Verbindung der einzelnen Pins innerhalb eines Parametersatzes. Zwischen unterschiedlichen Parametersätzen besteht eine XOR-Verbindung.

Dieser Sachverhalt wird anhand der Abbildung 9.18 deutlicher: Die Aktion Toast zubereiten kann beispielsweise nur ausgeführt werden, wenn **entweder** Schinken, Kaese *und* Toastbrot **oder** Toastbrot, Ei *und* Tomate verfügbar sind. Die gleichzeitige Übergabe aller Parameter ist gestattet, aufgrund der XOR-Beziehung zwischen den Parametersätzen werden jedoch gleichzeitig nur die Objekte eines Parametersatzes angenommen und verarbeitet.

Zusätzliche Pins, die keinem Parametersatz zugeordnet werden, müssen als stream gekennzeichnet werden.

Die möglicherweise bisher wenig nachvollziehbare Unterscheidung zwischen Objekt und Objektknoten als Speicher für Objekte wird deutlich, wenn man beachtet, dass Objektknoten durchaus mehrere Objekte enthalten können:

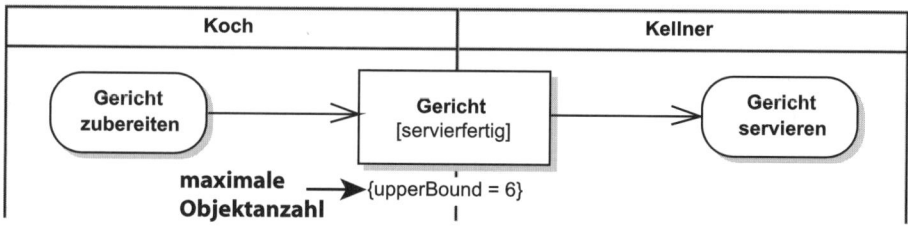

Abbildung 9.19 Objektknoten als Speicher für mehrere Objekte

Abbildung 9.19 modelliert einen Objektknoten Gericht, der aufgrund der **upperBound**-Angabe maximal sechs Objekte der Klasse Gericht im Zustand servierfertig aufnehmen kann. Ist die maximale Anzahl der erlaubten Objekte im Objektknoten erreicht, können keine weiteren abgelegt werden.

Fehlt die Spezifikation der oberen Grenze, bedeutet dies laut UML nicht, dass nur genau ein Objekt aufgenommen werden kann. Die Anzahl der maximal möglichen Objekte ist lediglich nicht spezifiziert und kann auch beliebig viele betragen. In der Praxis wird jedoch zumeist ein Objektknoten für genau ein Objekt modelliert und damit die direkte Übergabe eines Objekts zwischen zwei Aktionen ausgedrückt.

Die minimale Anzahl der Objekte, die gleichzeitig über einen Objektfluss weitergereicht werden dürfen, kann ebenfalls definiert werden:

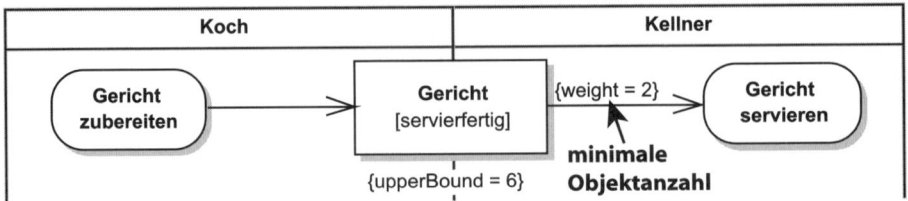

Abbildung 9.20 Objektfluss mit Angabe der Objektanzahl

Die **weight**-Angabe aus Abbildung 9.20 spezifiziert, dass immer mindestens 2 Objekte der Klasse Gericht im Zustand servierfertig im Objektknoten vorhanden sein müssen, bevor die Aktion Gericht servieren durchgeführt werden kann. Verzichtet man auf die Spezifikation der Anzahl, wird der Wert 1 angenommen.

Auch die Reihenfolge, in der die Objekte vom Objektknoten bereitgestellt werden, kann spezifiziert werden (siehe Abbildung 9.21):

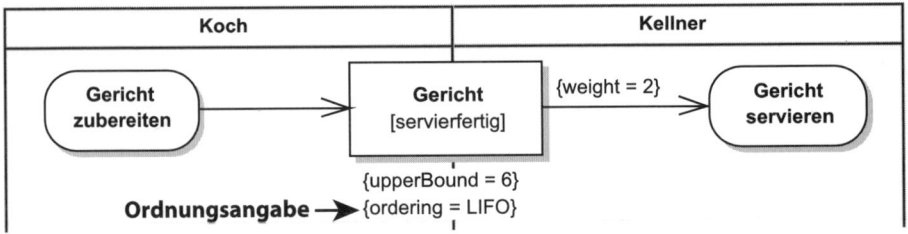

Abbildung 9.21 Ordnungsangabe der Objekte im Objektknoten

Die UML definiert vier Werte für Ordnungsangaben (engl. Ordering):

▶ **unordered**
Der Objektknoten stellt die Objekte der entnehmenden Aktion in ungeordneter, zufälliger Reihenfolge bereit.

▶ **ordered**
Die Objekte werden in einer geordneten Reihenfolge bereitgestellt.

▶ **LIFO**
LIFO steht für **L**ast **I**n **F**irst **O**ut und bedeutet, dass das zuletzt im Objektknoten eingetroffene Objekt als erstes weitergereicht wird.

▶ **FIFO**
FIFO ist das Gegenteil von LIFO und steht für **F**irst **I**n **F**irst **O**ut. Ein damit

gekennzeichneter Objektknoten gibt die Objekte in der Reihenfolge weiter, wie sie ihm überreicht wurden (das erste als erstes). Dies ist auch der Vorgabewert, falls man keine der drei weiteren Ordnungsangaben verwendet.

Weitere Vorgaben für Reihenfolgen, mit denen die Objekte vom Objektknoten bereitgestellt werden sollen, können mit Selektionsangaben modelliert werden (siehe Abbildung 9.22):

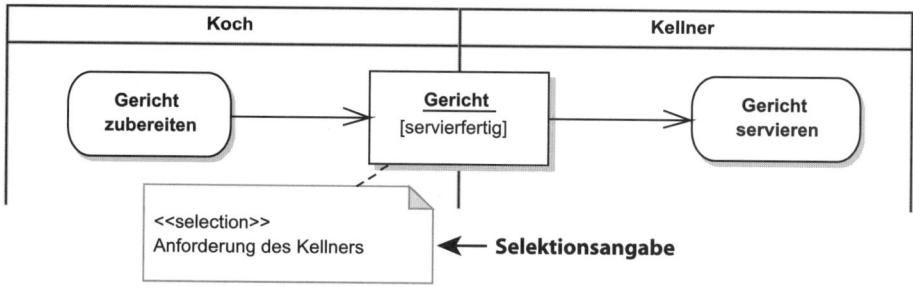

Abbildung 9.22   Selektionsangabe

Eine Selektionsangabe wird mithilfe einer Anmerkung notiert, die durch den Stereotyp <<selection>> gekennzeichnet wird.

Das Aktivitätsdiagramm aus Abbildung 9.22 modelliert beispielsweise, dass die Gerichte in der Reihenfolge bereitgestellt werden sollen, wie sie vom Kellner angefordert werden.

Ein Objektknoten kann durchaus von mehreren Aktionen befüllt und geleert werden. Er wird in dem Fall als ein **zentraler Puffer** zwischen ihnen angesehen und mit dem Stereotypen <<centralBuffer>> markiert (siehe Abbildung 9.23):

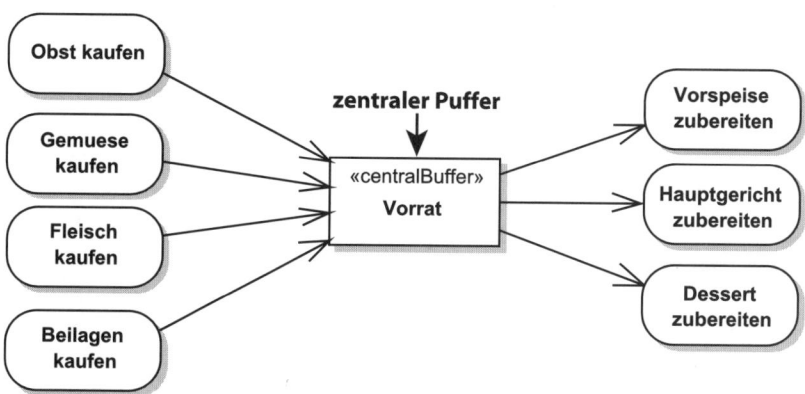

Abbildung 9.23   Objektknoten als zentraler Puffer

In Abbildung 9.23 fungiert der Objektknoten für Vorrat-Objekte als zentraler Puffer (engl. CentralBuffer) zwischen mehreren Aktionen. Er wird sowohl von den Aktionen

▶ Obst kaufen,

▶ Gemuese kaufen,

▶ Fleisch kaufen und

▶ Beilagen kaufen

befüllt, als auch von den Aktionen

▶ Vorspeise zubereiten,

▶ Hauptgericht zubereiten und

▶ Dessert zubereiten

geleert.

Soll der Objektknoten nicht geleert werden, sondern die in ihm abgelegten Objekte persistent speichern, muss er als <<datastore>> markiert werden.

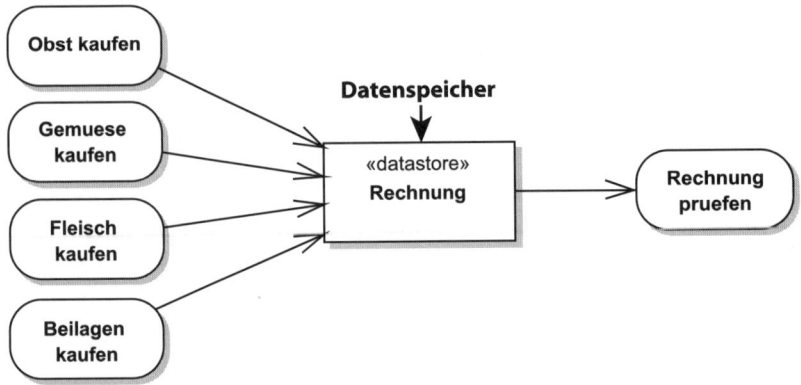

Abbildung 9.24   Objektknoten als Datenspeicher

Der Objektknoten Rechnung wird in Abbildung 9.24 von den bereits bekannten Aktionen befüllt (diesmal allerdings mit Rechnungen). Die Aktion Rechnung pruefen entnimmt ihm Rechnung-Objekte. Im Gegensatz zu einem Objektknoten des Stereotyps <<centralBuffer>> werden nicht die gespeicherten Objekte selbst, sondern immer nur deren Kopien herausgegeben. Die gespeicherten Rechnungen gehen damit nach deren Prüfung nicht verloren.

Eine spezielle Art der Objektknoten stellen die Exception-Objektknoten dar. Tritt während der Abarbeitung einer Aktion ein unerwarteter Ausnahmefall auf, so wird die Aktion abgebrochen und sendet ein Exception-Objekt an eine weitere Aktion, die als Exception-Handler bezeichnet wird:

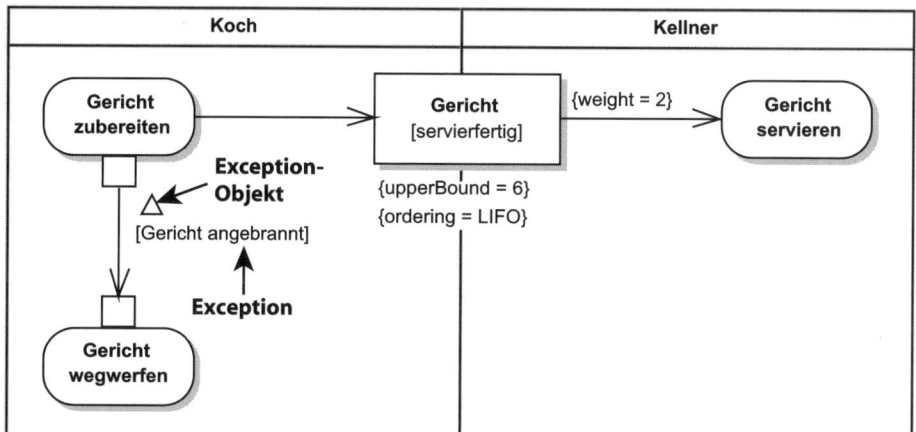

Abbildung 9.25 Exception-Objekt

Kann die Aktion Gericht zubereiten aus Abbildung 9.25 wie vorhergesehen ausgeführt werden, wird ein Gericht-Objekt an den Objektknoten gesendet und die Aktion Gericht servieren ausgeführt.

Tritt jedoch die unerwartete Ausnahme Gericht angebrannt ein, wird die Ausführung von Gericht zubereiten abgebrochen und der Exception-Handler Gericht wegwerfen aufgerufen.

Verwendung

Mit Hilfe von Objektknoten und Objektflüssen wird der Datenaustausch zwischen einzelnen Aktionen und damit der Datenfluss in einem Aktivitätsdiagramm modelliert.

Realisierung in Java

Der am häufigsten auftretende Fall, in dem genau ein Objekt von einer Aktion zur anderen gereicht wird, soll zunächst realisiert werden (siehe Abbildung 9.26):

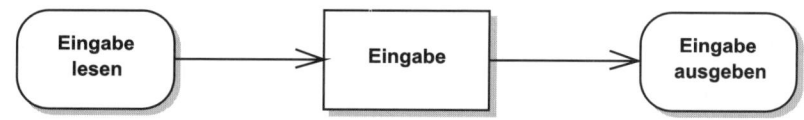

Abbildung 9.26 Beispiel für einen Objektfluss

Die Klasse Eingabe kapselt lediglich einen String:

```
class Eingabe
{
  public String e;
  public Eingabe(String e)
  {
    this.e = e;
  }
}
```

Listing 9.1 Buch-CD: /beispiele/java/kap9/kap_9_3_4/Eingabe.java

Die Realisierung des Objektflusses kann durch eine einfache Übergabe eines Eingabe-Objekts erfolgen:

```
   class Objektfluss
   {
A   public Eingabe eingabeLesen()
    {
      Eingabe eing = null;
      BufferedReader br = new BufferedReader(
                      new InputStreamReader(System.in));
      try
      {
        System.out.print("Eingabe: ");
        eing = new Eingabe(br.readLine());
      }
      catch(Exception e)
      {
        System.out.println(e.getStackTrace());
      }
      return eing;
    }
B   public void eingabeAusgeben(Eingabe eing)
    {
      System.out.println("Ausgabe: " +eing.e);
    }
    public static void main(String[] args)
    {
      Objektfluss o = new Objektfluss();
C     Eingabe eing = o.eingabeLesen();
      o.eingabeAusgeben(eing);
    }
   }
```

Listing 9.2 Buch-CD: /beispiele/java/kap9/kap_9_3_4/Objektfluss.java

A: Die Aktion `Eingabe lesen` wird durch eine Operation realisiert. Sie liest die Benutzereingabe von der Konsole, erzeugt ein neues `Eingabe`-Objekt und gibt es als Ausgabeparameter zurück.

B: Auch die Aktion `Eingabe ausgeben` wird als Operation realisiert.

C: Die Operation `eingabeLesen` erzeugt als Ausgabeparameter ein neues `Eingabe`-Objekt, das wiederum als Eingabeparameter der Operation `eingabeAusgeben` verwendet wird.

Nach der Eingabe des folgenden Strings

`Eingabe: Hello from Galileo!`

erzeugt das Programm erwartungsgemäß die folgende Ausgabe:

`Ausgabe: Hello from Galileo!`

Ein Objektknoten, der mehrere Objekte aufnehmen kann, soll anhand der Abbildung 9.27 realisiert werden:

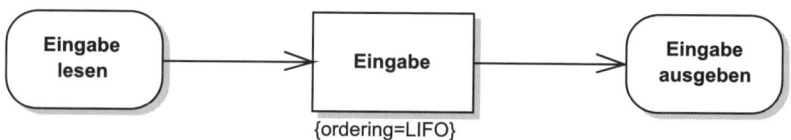

Abbildung 9.27 Objektknoten für mehrere Objekte

Die zusätzlich modellierte Eigenschaft `{ordering = LIFO}` spezifiziert, dass die `Eingabe`-Objekte vom Objektknoten in umgekehrter Reihenfolge wieder ausgegeben werden müssen.

Java stellt hierfür den `Stack` bereit, der eine beliebige Anzahl an Java-Objekten speichern und in umgekehrter Reihenfolge wieder herausgeben kann. Man kann sich einen `Stack` als eine Art Teller-Stapel vorstellen, auf dem die Teller (=Java-Objekte) immer oben abgelegt und wieder von oben herunter genommen werden.

```
  class ObjektflussStack
  {
A [...]
  public static void main(String[] args)
  {
    ObjektflussStack o = new ObjektflussStack();
    Eingabe eing = null;
B   Stack s = new Stack();
```

```
C    for(int i = 0; i < 5; i++)
     {
         eing = o.eingabeLesen();
         s.push(eing);
     }
D    for(int i = 0; i < 5; i++)
     {
         o.eingabeAusgeben((Eingabe)s.pop());
     }
   }
 }
```

Listing 9.3 Buch-CD: /beispiele/java/kap9/kap_9_3_4/ObjektflussStack.java

A: Die bereits im vorhergegangenen Beispiel implementierten Operationen bleiben unverändert und werden daher ausgeblendet.

B: Ein neuer Stack, der den modellierten Objektknoten realisiert, wird angelegt.

C: Um das Beispiel nicht unnötig zu verkomplizieren, legt die Aktion (hier als Operation implementiert) eingabeLesen zunächst 5 Eingabe-Objekte mit Hilfe der push-Operation auf dem Stack ab.

Testweise werden fünf Strings eingegeben:

```
Eingabe: Eins
Eingabe: Zwei
Eingabe: Drei
Eingabe: Vier
Eingabe: Fünf
```

D: Die Aktion eingabeAusgeben nimmt die 5 Eingabe-Objekte nacheinander wieder vom Stack herunter (Operation pop) und verarbeitet sie.

Die erzeugte Ausgabe lautet hierbei:

```
Ausgabe: Fünf
Ausgabe: Vier
Ausgabe: Drei
Ausgabe: Zwei
Ausgabe: Eins
```

Realisierung in C#

Auch in C# kann die Übergabe eines Objekts, wie sie in Abbildung 9.26 modelliert ist, auf die gleiche Art wie in Java implementiert werden:

```
    class Objektfluss
    {
A   public Eingabe eingabeLesen()
    {
        Eingabe eing;
        Console.Write("Eingabe: ");
        eing = new Eingabe(Console.ReadLine());
        return eing;
    }
B   public void eingabeAusgeben(Eingabe eing)
    {
        Console.WriteLine("Ausgabe: " +eing.e);
    }
    public static void Main(string[] args)
    {
        Objektfluss o = new Objektfluss();
C       Eingabe eing = o.eingabeLesen();
        o.eingabeAusgeben(eing);
    }
    }
```

Listing 9.4 Buch-CD: /beispiele/c#/kap9/kap_9_3_4/Objektfluss.cs

A: Die Operation liest eine Zeile von der Konsole und gibt sie in einem Eingabe-Objekt gekapselt zurück.

B: Die Implementierug der Aktion Eingabe ausgeben erwartet ein Eingabe-Objekt als Parameter und gibt seinen Inhalt aus.

C: Ein Eingabe-Objekt wird von der Operation eingabeLesen erzeugt und an eingabeAusgeben weitergereicht, ganz wie in Abbildung 9.26 modelliert.

Bei der Implementierung eines Objektknotens, der eine beliebige Anzahl von Objekten zwischenspeichern und in umgekehrter Reihenfolge weiterreichen kann (LIFO, siehe Abbildung 9.27), ist auch in C# die Klasse Stack hilfreich. Wie in Java bietet sie auch in C# die Operationen push zum Ablegen und pop zum Abrufen von Objekten:

```
    class ObjektflussStack
    {
A   [...]
    public static void Main(string[] args)
    {
        ObjektflussStack o = new ObjektflussStack();
        Eingabe eing = null;
```

```
B     Stack s = new Stack();
C     for(int i = 0; i < 5; i++)
      {
         eing = o.eingabeLesen();
         s.Push(eing);
      }
D     for(int i = 0; i < 5; i++)
      {
         o.eingabeAusgeben((Eingabe)s.Pop());
      }
   }
}
```

Listing 9.5 Buch-CD: /beispiele/c#/kap9/kap_9_3_4/ObjektflussStack.cs

A: Die unveränderten Operationen werden in diesem Beispiel ausgeblendet.

B: Ein neuer Stack wird erzeugt.

C: Fünf Eingabe-Objekte werden erzeugt und auf dem Stack abgelegt.

D: Alle Fünf werden wieder vom Stack geholt und verarbeitet.

9.3.5 Signal-Sendung und Signal-Empfang

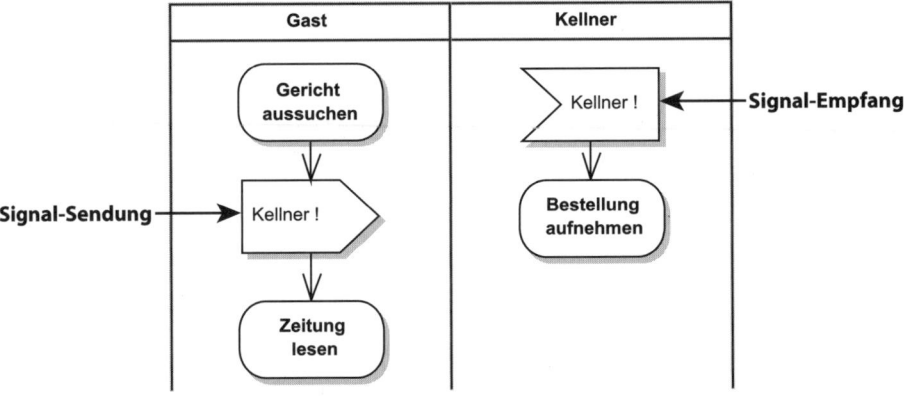

Abbildung 9.28 Signal-Sendung und Signal-Empfang

Beschreibung

Eine **Signal-Sendung** (engl. SendSignalAction) ist eine spezielle Art einer Aktion, die asynchron ein **Signal an ein Zielobjekt sendet**.

Ein **Signal-Empfang** (engl. AcceptEventAction) ist eine spezielle Art einer Aktion, die auf den **Empfang eines Signals wartet**.

Der Unterschied in den englischen Bezeichnungen Send*Signal*Action und Accept-*Event*Action beruht auf der leicht differenzierten Sichtweise der UML auf diese beiden Aktionen. Während bei *SendSignal*Action stärker das *Absenden* eines Signals im Vordergrund steht, betrachtet die UML bei *AcceptEvent*Action das *Ereignis* des Signal-Empfangs. Dieses Buch verzichtet auf den Wechsel der Sichtweisen und übersetzt die beiden Aktionsnamen daher zu Signal-Sendung und Signal-Empfang, ohne dabei vom Sinn der Originaldefinition abzuweichen.

In Abbildung 9.28 sendet beispielsweise ein `Gast` das Signal `Kellner!` an den darauf wartenden `Kellner`.

Nach dem Senden des Signals fährt der Sender sofort mit seiner Arbeit fort und wartet nicht auf eine Antwort des Empfängers.

Hat der `Gast` beispielsweise den `Kellner` gerufen, fängt er sofort mit dem Lesen der Zeitung an und wartet nicht erst, bis dieser sich aufrafft, die Bestellung aufzunehmen.

Der `Kellner` verharrt seinerseits nach dem Start in der Aktion (genauer: im Signal-Empfang) `Kellner!`, bis das erwartete Signal bei ihm eintrifft. Erst dann führt er die Aktion `Bestellung aufnehmen` durch.

Hat der Signal-Empfang eingehende Kontrollflüsse, wird er für den Empfang von Signalen aktiviert, sobald er vom Ablauf erreicht wird. Andernfalls ist er nach dem Beginn des Ablaufs (gleichgültig wo dieser beginnt) sofort aktiviert und wartet auf das Eintreffen von Signalen.

Signale können jederzeit bei einem Empfänger eintreffen und müssen auch jederzeit empfangen werden können. Ein Empfänger muss ein Signal jedoch nicht sofort nach seinem Eintreffen verarbeiten (es ist z. B. denkbar, dass während der Verarbeitung eines Signals bereits ein weiteres eintrifft).

Signale müssen nicht zwingend von einer Aktion gesendet, sondern können auch zeitlich getriggert werden:

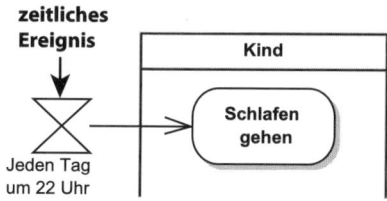

Abbildung 9.29 Zeitliches Ereignis

Der Signal-Empfang eines zeitlich ausgelösten Signals wird mit Hilfe eines Sanduhr-Symbols notiert (siehe Abbildung 9.29). Das modellierte `Kind` wird dem Aktivitätsdiagramm zufolge `jeden Tag` spätestens `um 22 Uhr` schlafen gehen. Die Zeitangabe kann sowohl Zeitpunkte (`22 Uhr`), wie auch Zeiträume definieren (`nach 20 min`).

Verwendung

Signal-Sendung und Signal-Empfang werden in Aktivitätsdiagrammen an Stellen eingesetzt, an denen ein asynchroner Nachrichtenaustausch modelliert werden soll.

Obwohl ein Signal von mehreren unterschiedlichen Aktionen ausgesendet werden kann, darf nur genau eine Aktion dieses Signal empfangen. Andernfalls kann nicht vorausgesehen werden, an welcher Stelle des Aktivitätsdiagramms der Ablauf fortgesetzt wird.

Realisierung in Java

Es soll der folgende Signalaustausch realisiert werden:

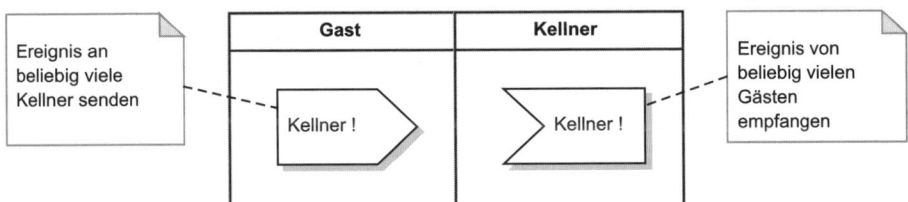

Abbildung 9.30   Beispiel eines Signalaustauschs

Ein (wohl ungeduldiger) `Gast` soll dem Diagramm aus Abbildung 9.30 zufolge an beliebig viele `Kellner` auf einmal ein Signal senden können. Ein `Kellner` muss andererseits fähig sein, von beliebig vielen `Gästen` dieses Signal zu empfangen.

Es ist in den meisten Restaurants durchaus üblich, dass ein Kellner für mehrere Gäste an unterschiedlichen Tischen zuständig ist. Die Gäste gehen wiederum üblicherweise nicht zum `Kellner` hin, um ihre Wünsche mitzuteilen, sondern geben ihm ein Signal, sei es, durch Handzeichen, Nicken oder Zurufen. Ein aufmerksamer `Kellner` *beobachtet* alle seine Gäste, um möglichst zeitnah auf deren Signale reagieren zu können.

Genau für dieses Szenario hat die *Gang of Four*, wie die Autoren Erich Gamma, Richard Helm, Ralph Johnson und John Vlissides bezeichnet werden, das Design-Pattern *Observer* (=Beobachter) entworfen (siehe auch Abschnitt 4.3.3), das wir an dieser Stelle als Entwurfsmuster heranziehen wollen:

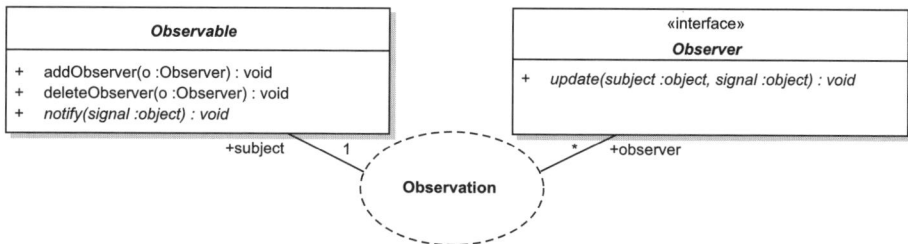

Abbildung 9.31 Kompositionsstrukturdiagramm eines Observer-Patterns

Als ein abstraktes Design-Pattern definiert Abbildung 9.31 eine Kollaboration `Observation`, an der eine abstrakte Klasse `Observable` in der Rolle des Beobachteten (`subject`) und eine Schnittstelle `Observer` in der Rolle eines Beobachters (`observer`) teilnehmen.

Den Multiplizitäten ist zu entnehmen, dass die Kollaboration die Beobachtung genau eines `Observable`-Objekts definiert, das von beliebig vielen (auch keinem) `Observer` durchgeführt werden kann.

`Observable` bietet zwei Operationen `addObserver` und `deleteObserver`, mit denen sich ein `Observer` als Beobachter anmelden bzw. abmelden kann. Weiterhin muss eine `notify`-Operation implementiert werden, die bei Bedarf jeden angemeldeten Beobachter durch ein Signal benachrichtigt.

Ein `Observer` muss eine Operation `update` implementieren, durch die er bei Eintreffen eines Signals benachrichtigt werden will.

Der Kollaboration folgend wird nun ein Klassendiagramm mit den in Abbildung 9.30 modellierten Aktivitätsbereichen `Gast` und `Kellner` entworfen, die als Klassen realisiert werden:

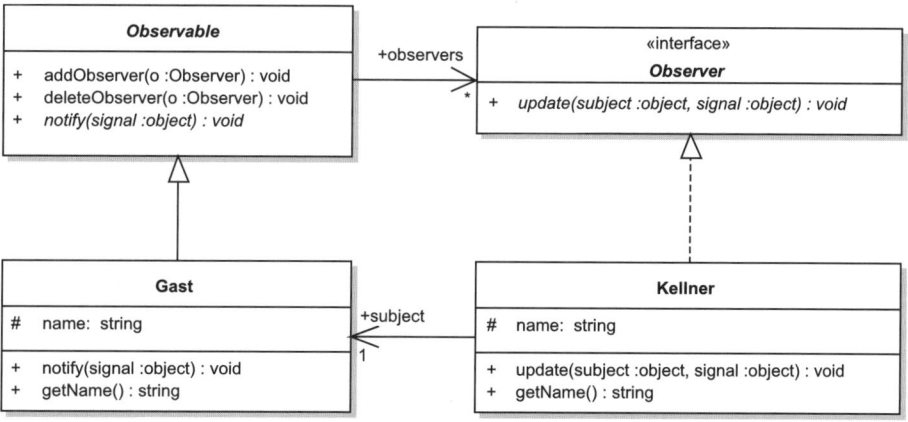

Abbildung 9.32 Klassendiagramm eines Observer-Patterns

Die Klasse `Gast` muss dem Klassendiagramm aus Abbildung 9.32 zufolge die abstrakte Klasse `Observerable` implementieren und nimmt damit die Rolle des Beobachteten ein. Zu Ausgabezwecken wird noch das Attribut `name` und die zugehörige `get`-Operation hinzugefügt.

`Kellner` implementiert das Interface `Observer` und fungiert damit als Beobachter. Das Attribut `name` wird auch hier mit seiner `get`-Operation zusätzlich hinzugefügt.

Java stellt für genau dieses Design-Pattern eine Klasse `Observable` und ein Interface `Observer` bereits zur Verfügung und vereinfacht damit die Implementierung enorm. Schauen wir uns zunächst die Klasse `Gast` an:

```
     import java.util.Observable;
A class Gast extends Observable
  {
     protected String name;
     public String getName()
     {
        return name;
     }
     public Gast(String n)
     {
        name = n;
     }
B    public void notify(Object signal)
     {
C       setChanged();
D       notifyObservers(signal);
     }
E    public void kellnerRufen()
     {
        notify("Kellner!");
     }
  }
```

Listing 9.6 Buch-CD: /beispiele/java/kap9/kap_9_3_5/Gast.java

A: Wie im Klassendiagramm der Abbildung 9.32 modelliert, spezialisiert `Gast` die Klasse `Observable`.

B: Obwohl Java die Implementation der Operation `notify` nicht explizit verlangt, wird sie in dieser Klasse durchgeführt, um mit dem ursprünglichen Design-Pattern konform zu sein.

Durch die Verwendung des Typs `Object` für `signal` können beliebige Java-Objekte als Signale übermittelt werden.

C: Bevor die Beobachter benachrichtigt werden können, muss als Besonderheit der Klasse `Observable` die Operation `setChanged` aufgerufen werden, um eine Statusänderung der Klasse anzuzeigen.

D: Die Superklasse `Observable` stellt die Operation `notifyObservers` zur Verfügung, die allen registrierten Beobachtern ein `signal` übermittelt.

E: Allen Kellnern wird das Signal `Kellner!` geschickt, wie im Aktivitätsdiagramm der Abbildung 9.30 modelliert.

Die Operationen `addObserver` und `deleteObserver` werden bereits von der Superklasse bereitgestellt und müssen nicht nochmals implementiert werden.

`Kellner` muss das Interface `Observer` implementieren:

```
public class Kellner implements Observer
{
  protected String name;
  public String getName()
  {
    return name;
  }
  public Kellner(String n)
  {
    name = n;
  }
A  public void update(Observable subject, Object signal)
  {
    System.out.println(((Gast)subject).getName()+
                      " => "+name+": "+signal);
  }
}
```

Listing 9.7   Buch-CD: /beispiele/java/kap9/kap_9_3_5/Kellner.java

A: Die einzige zu implementierende Operation `update` bescheinigt lediglich das Eintreffen eines Signals durch eine Ausgabe auf der Konsole.

Die Kommunikation zwischen `Gast` und `Kellner` lässt sich mit Hilfe einer einfachen Hauptoperation testen:

```
public static void main(String[] args)
{
A  Kellner kellner1 = new Kellner("Kellner1");
  Kellner kellner2 = new Kellner("Kellner2");
  Gast gast1 = new Gast("Gast1");
  Gast gast2 = new Gast("Gast2");
```

```
B    gast1.addObserver(kellner1);
     gast1.addObserver(kellner2);

C    gast2.addObserver(kellner2);

D    gast1.kellnerRufen();
     gast2.kellnerRufen();
  }
```

Listing 9.8   Buch-CD: /beispiele/java/kap9/kap_9_3_5/Test.java

A: Zunächst werden zwei Kellner und zwei Gäste instanziiert.

B: kellner1 wund kellner2 melden sich bei gast1 als Beobachter an. Beachten Sie, dass an dieser Stelle eine von der Superklasse Observable geerbte Operation zum Einsatz kommt.

C: kellner2 meldet sich zusätzlich bei gast2 als Beobachter an.

D: Beide Gäste rufen ihre Kellner. Die Signale werden von der Superklasse an die jeweils angemeldeten Kellner asynchron versendet. Die Ausgabe der Kellner lautet:

```
Gast1 => Kellner2: Kellner!
Gast1 => Kellner1: Kellner!
Gast2 => Kellner2: Kellner!
```

Damit ist das Aktivitätsdiagramm aus Abbildung 9.30 vollständig implementiert worden. Beachten Sie die Flexibilität und Eleganz der Lösung mit Hilfe des Observer-Patterns. Beliebig viele Kellner können sich bei beliebig vielen Gästen an- und abmelden und asynchron Nachrichten empfangen, ohne dass der Programmcode der Klasse Gast abgeändert werden muss.

Die Flexibilität geht sogar noch einen Schritt weiter: Durch die Verwendung der allgemeinen Typen Observer, Observable und Object können sich sogar beliebige Klassen, die Oberver implementieren als Beobachter bei Gast anmelden und von ihm beliebige Java-Objekte als Signale empfangen.

Realisierung in C#

Die Klasse Observable bzw. die Schnittstelle Observer wird von C# nicht wie in Java nativ bereitgestellt. Trotzdem ist es erwartungsgemäß in C# möglich, das Observer-Pattern sehr ähnlich wie in Java zu implementieren.

Im Gegensatz zu Java unterstützt C# das Konzept der Ereignisse (engl. Events) von Hause aus, von dem die folgende Implementierung Gebrauch macht:

```
   public class Gast
   {
     protected string name;
     public string getName()
     {
       return name;
     }
     public Gast(string n)
     {
       name = n;
     }
A  public delegate void BestellHandler(object subject,
                                        object ereignis);
B  public event BestellHandler BestellEvent;
C  private void notify(object signal)
   {
     BestellEvent(this, signal);
   }

D  public void kellnerRufen()
   {
     notify("Kellner!");
   }
   }
```

Listing 9.9   Buch-CD: /beispiele/c#/kap9/kap_9_3_5/Kap_9_3_5.cs

A: Das Konzept der Delegation wurde bereits in Abschnitt 5.3.2 behandelt. Delegationskonnektoren, die man sich als eine Art *Weiterleitung* an Operationen vorstellen kann, werden in C# unmittelbar durch delegates unterstützt. Der an dieser Stelle verwendete Delegationskonnektor definiert, dass eine Operation, auf die eine Weiterleitung erfolgen soll, zwei Eingabeparameter vom Typ object erwarten und keinen Parameter (void) zurückgeben soll.

B: Ein erwartetes Ereignis (event) mit dem Namen BestellEvent wird deklariert und an den Delegationskonnektor BestellHandler gebunden. Wenn ein BestellEvent auftritt, können damit nur Operationen mit der selben Parametersignatur wie der BestellHandler aufgerufen werden.

C: In der zu implementierenden Methode notify (siehe Abbildung 9.32) wird ein BestellEvent mit dem übergebenen signal ausgelöst. Durch die Verwendung des Parametertyps object kann jedes beliebige C#-Objekt als Signal gesendet werden.

D: Das Signal `Kellner!` wird mit Hilfe dieser Operation an alle als Beobachter angemeldeten Objekte (in diesem Beispiel `Kellner`) gesendet.

Die `Kellner`-Klasse muss im Wesentlichen nur die `update`-Operation implementieren:

```
    public class Kellner
    {
    string name;
    public Kellner(string n)
    {
      name = n;
    }
A   public void update(object subject, object signal)
    {
        Console.WriteLine(((Gast)subject).getName()+
                        " => "+name+": "+signal);
    }
```

Listing 9.10 Buch-CD: /beispiele/c#/kap9/kap_9_3_5/Kap_9_3_5.cs

A: Durch die `update`-Operation wird ein `Kellner` benachrichtigt, von wem (`subject`) er ein `signal` empfangen hat. Die Operation muss die selbe Signatur aufweisen, wie der in `Gast` deklarierte Delegationskonnektor `Bestell-Handler`.

Beachten Sie bitte, dass auch an dieser Stelle durch die Verwendung der `object`-Typen beliebige Signale von beliebigen C#-Objekten empfangen werden können.

Das folgende Test-Programm verdeutlicht das Zusammenspiel bei der Kommunikation zwischen Kellnern und Gästen:

```
    public static void Main(string[] args)
    {
A   Kellner kellner1 = new Kellner("Kellner1");
    Kellner kellner2 = new Kellner("Kellner2");
    Gast gast1 = new Gast("Gast1");
    Gast gast2 = new Gast("Gast2");

B   gast1.BestellEvent +=
                new Gast.BestellHandler(kellner1.update);
    gast1.BestellEvent +=
                new Gast.BestellHandler(kellner2.update);
```

```
C    gast2.BestellEvent +=
                    new Gast.BestellHandler(kellner2.update);

D    gast1.kellnerRufen();
     gast2.kellnerRufen();
    }
```

Listing 9.11   Buch-CD: /beispiele/c#/kap9/kap_9_3_5/Kap_9_3_5.cs

A: Zwei Kellner und zwei Gäste werden zunächst instanziiert.

B: Dem `BestellEvent` von `gast1` werden zwei neue `BestellHandler` zugewiesen, die auf die jeweiligen `update`-Operationen von `kellner1` bzw. `kellner2` verweisen. Bei jedem Eintreffen eines `BestellEvents` werden damit die `update`-Operationen der beiden `Kellner` aufgerufen.

C: `Kellner2` registriert sich auch bei `gast2` als Beobachter.

D: Sowohl `gast1` wie auch `gast2` erzeugen die Ereignisse `BestellEvent`, wodurch eine automatische Benachrichtigung an alle angemeldeten Objekte (in diesem Beispiel die `Kellner`) gesendet werden. Die Ausgabe des Programms lautet erwartungsgemäß:

```
Gast1 => Kellner1: Kellner!
Gast1 => Kellner2: Kellner!
Gast2 => Kellner2: Kellner!
```

9.3.6   Aktivität

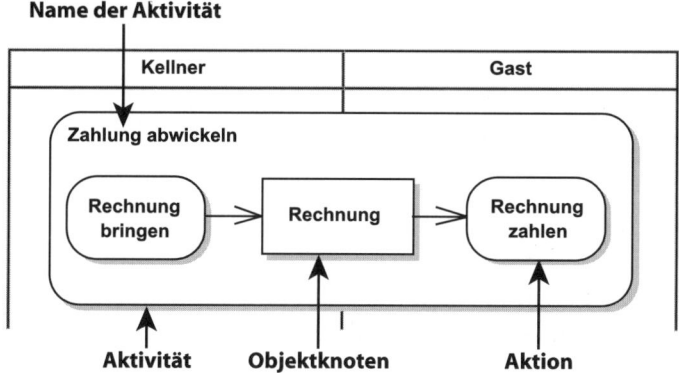

Abbildung 9.33   Aktivität

Beschreibung

Eine **Aktivität** (engl. Activity) umfasst eine geordnete **Folge von Aktivitäts-knoten**.

Abbildung 9.33 zeigt eine Aktivität `Zahlung abwickeln`, die zwei Aktionen und einen Objektknoten umfasst. Als Aktivität kann sie in weiteren Aktivitätsdiagrammen konsistent wiederverwendet werden.

Abbildung 9.34 modelliert den Aufruf einer Aktivität mittels einer Aktion (erkennbar am annotierten »Gabel«-Symbol).

Abbildung 9.34   Aufruf einer Aktivität mittels einer Aktion

Aktivitäten können mit **Vor- und Nachbedingungen** (engl. Preconditions/Postconditions) versehen werden, die vor bzw. nach der Ausführung einer Aktivität erfüllt sein müssen. Im Gegensatz zu den lokalen Vor- und Nachbedingungen von Aktionen (siehe Abschnitt 9.3.1) werden sie innerhalb von Aktivitäten notiert und müssen für die gesamte Aktivität erfüllt sein (nicht für jede Aktion einzeln, siehe Abbildung 9.35):

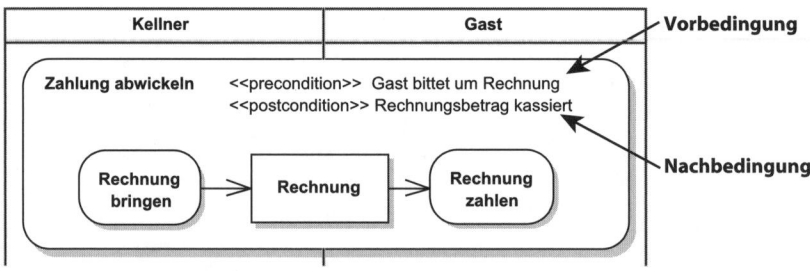

Abbildung 9.35   Aktivität mit Vor- und Nachbedingungen

Die UML erlaubt weiterhin, Aktivitäten mit **Eingabe- und Ausgabeparametern** (engl. InputParameters/OutputParameters) zu versehen:

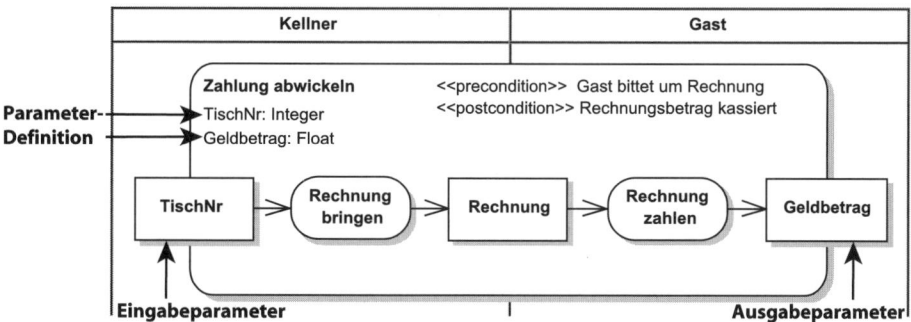

Abbildung 9.36 Parametrisierte Aktivität

Die Aktivität Zahlung abwickeln wird in Abbildung 9.36 durch einen Eingabeparameter TischNr und einen Ausgabeparameter Geldbetrag erweitert. Deren Notation auf den Rändern der Aktivität verdeutlicht, dass sie außerhalb der Aktivität sichtbar sind und in die Aktivität hinein- bzw. aus ihr hinaus fließen und somit die Schnittstelle der Aktivität bilden.

Sie stellen eine Art des bereits aus Abschnitt 9.3.4 bekannten Objektflusses dar und können ebenfalls mit Hilfe von Pins notiert werden. Ebenso gestattet die UML, sie als Stream- oder Exception-Knoten zu modellieren oder den akzeptierten Zustand zu definieren.

Die Typdefinitionen der Parameter werden unterhalb des Aktivitätsnamens in der bereits von Attributen (siehe Abschnitt 2.3.2) bekannten Weise notiert.

Verwendung

Aktivitäten werden verwendet, um Aktivitätsknoten zu übergeordneten Einheiten zu gruppieren und hierarchisch zu strukturieren. Sie eröffnen die Möglichkeit, die modellierte Funktionalität mit unterschiedlichen Detaillierungsgraden auf unterschiedlichen Ebenen darzustellen. Damit kann von einer hohen Abstraktionsebene bis in einzelne Details der Funktionalität gezoomt werden.

Jedes vollständige Aktivitätsdiagramm bildet eine abgeschlossene Aktivität, was eine konsistente Wiederverwendung einmal spezifizierter Abläufe ermöglicht.

Realisierung in Java

Die folgende Beispiel-Aktivität soll umgesetzt werden:

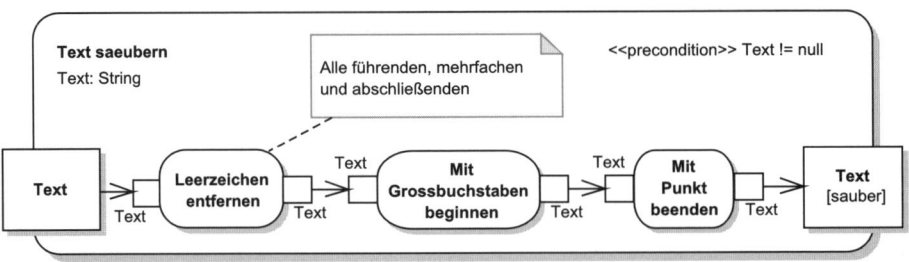

Abbildung 9.37   Beispiel-Aktivität

Zunächst werden die drei Aktionen als Operationen implementiert:

```
A  String entferneLeerzeichen(String text)
   {
      text = text.replaceAll("[ ]+"," ");
      text = text.trim();
      return text;
   }
B  String beginnGross(String text)
   {
      text = text.replaceFirst(text.substring(0,1),
                        text.substring(0,1).toUpperCase());
      return text;
   }
C  String beendeMitPunkt(String text)
   {
      text = text+".";
      return text;
   }
```

Listing 9.12   Buch-CD: /beispiele/java/kap9/kap_9_3_6/TextCleaner.java

A: Dem Diagramm entsprechend bekommt die Operation entferneLeerzeichen das String-Objekt text übergeben. Sie entfernt alle mehrfach vorkommenden Leerzeichen (replaceAll), alle am Ende und am Anfang des Strings (trim) und gibt wieder ein String-Objekt text zurück.

B: Die Operation beginnGross implementiert die Aktion Mit Grossbuchstaben beginnen. Sie erwartet ebenfalls ein String-Objekt, wandelt seinen ersten Buchstaben in einen Großbuchstaben um und gibt ein String-Objekt zurück.

C: Die Aktion Mit Punkt beenden wird von der Operation beendeMitPunkt realisiert.

Nachdem die einzelnen Aktionen realisiert wurden, kann die gesamte Aktivität textSaeubern leicht umgesetzt werden:

```
A  String textSaeubern(String text)
   {
B      if(text != null)
       {
C          text = entferneLeerzeichen(text);
           text = beginnGross(text);
           text = beendeMitPunkt(text);
       }
D      return text;
   }
```

Listing 9.13 Buch-CD: /beispiele/java/kap9/kap_9_3_6/TextCleaner.java

A: Java trifft keine Unterscheidung zwischen Aktion und Aktivität. Daher kann eine Aktivität wie eine Aktion auch durch eine Operation realisiert werden.

B: Die modellierte <<precondition>> wird überprüft. Nur wenn sie eingehalten wurde, werden die Aktionen der Aktivität ausgeführt.

C: Die Aktionen werden in der spezifizierten Reihenfolge aufgerufen. Der Pin-Notation folgend wird das String-Objekt text zwischen ihnen weitergereicht.

D: Schlussendlich gibt die Aktivität das String-Objekt text wieder zurück.

Mit einer einfachen Hauptoperation kann die Implementierung getestet werden:

```
public static void main(String[] args)
{
   String text = new String("  galileo    Computing    ");
   System.out.println("Vorher: "+text);
   TextCleaner tc = new TextCleaner();
   text = tc.textSaeubern(text);
   System.out.println("Nachher: "+text);
}
```

Listing 9.14 Buch-CD: /beispiele/java/kap9/kap_9_3_6/TextCleaner.java

Die Ausgabe lautet:

```
Vorher:   galileo    Computing
Nachher: Galileo Computing.
```

Realisierung in C#

Die Umsetzung der Aktivität aus Abbildung 9.37 erfolgt prinzipiell auf die gleiche Art wie in Java, wobei einige sprachspezifische Unterschiede beachtet werden müssen. Zunächst werden die einzelnen Aktionen implementiert:

```csharp
   string entferneLeerzeichen(string text)
   {
A    text = Regex.Replace(text, "[ ]+"," ");
     text = text.Trim();
     return text;
   }
   string beginnGross(string text)
   {
B    string temp = text.Substring(0,1).ToUpper();
     text = text.Remove(0,1);
     text = text.Insert(0, temp);
     return text;
   }
   string beendeMitPunkt(string text)
   {
     text = text+".";
     return text;
   }
```

Listing 9.15 Buch-CD: /beispiele/c#/kap9/kap_9_3_6/Kap_9_3_6.cs

A: Die Ersetzung der mehrfach vorkommenden Leerzeichen übernimmt in diesem Beispiel die Klasse Regex.

B: Buchstaben können in C#-Strings nicht ersetzt, sondern müssen erst entfernt und anschließend wieder hinzugefügt werden.

Die Aktivität aus Abbildung 9.37 kann wie in Java realisiert werden:

```csharp
   string textSaeubern(string text)
   {
     if(text != null)
     {
       text = entferneLeerzeichen(text);
       text = beginnGross(text);
       text = beendeMitPunkt(text);
     }
     return text;
   }
```

Listing 9.16 Buch-CD: /beispiele/c#/kap9/kap_9_3_6/Kap_9_3_6.cs

9.3.7 Start- und Endknoten

Beschreibung

Ein **Startknoten** (engl. InitialNode) stellt den **Startpunkt des Kontrollflusses** innerhalb einer Aktivität dar.

In Abbildung 9.38 definiert der Startknoten Start_1 den Ablaufbeginn des Diagramms. Der Startknoten Start_2 definiert den Startpunkt der Aktivität Zahlung abwickeln. In ihm beginnt die Abarbeitung der Aktivität, sobald diese vom Kontrollfluss erreicht wird.

Sollen innerhalb einer Aktivität mehrere Abläufe gleichzeitig starten, können auch mehrere Startknoten modelliert werden (siehe Abbildung 9.39).

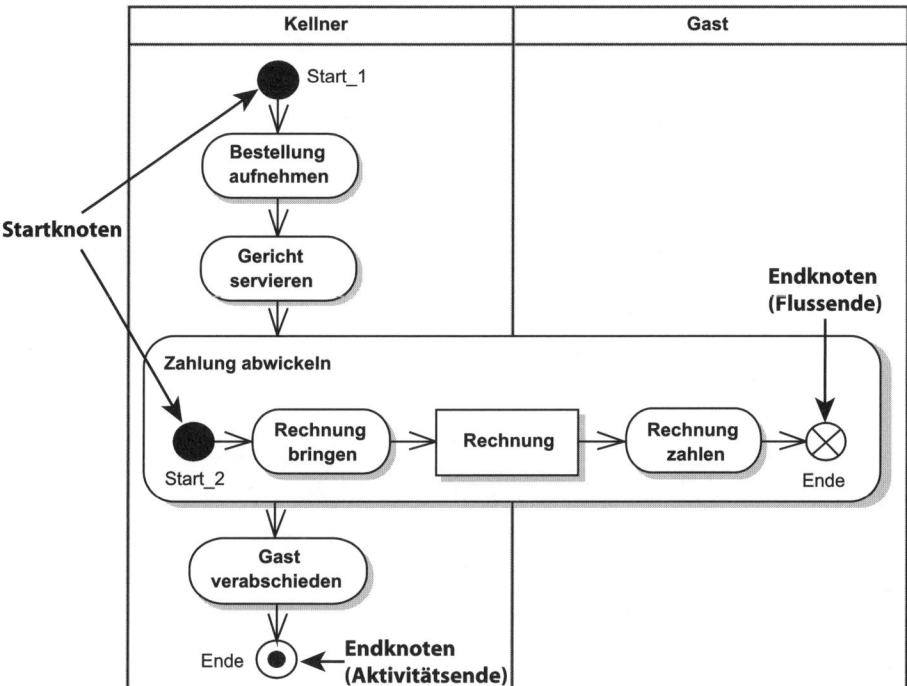

Abbildung 9.38 Start- und Endknoten

Abbildung 9.39 zeigt eine Aktivität, die zwei Startknoten enthält. Wird ein Gericht verspeist, sollen demnach gleichzeitig und parallel die Gabel und das Messer benutzt werden.

251

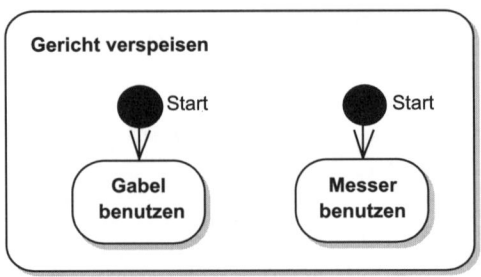

Abbildung 9.39   Aktivität mit mehreren Startknoten

Die UML definiert zwei unterschiedliche **Endknoten**:

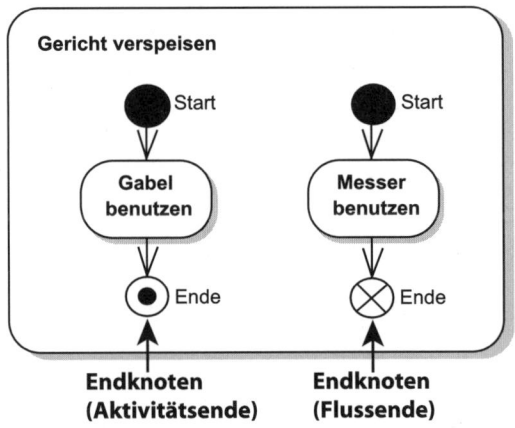

Abbildung 9.40   Endknoten

> Das **Flussende** (engl. FlowFinalNode) **beendet nur den in ihn hineinlaufen-
> den Kontrollfluss**. Er hat keine Auswirkung auf die weiteren Kontrollflüsse
> der Aktivität.
>
> Das **Aktivitätsende** (engl. ActivityFinalNode) **beendet alle Kontrollflüsse** der
> Aktivität und somit die Aktivität selbst.

In Abbildung 9.40 ist der rechte Ablauf beendet, sobald die Aktion Messer
benutzen endet. Der verwendete Flussende-Knoten drückt aus, dass der linke
Ablauf davon nicht betroffen ist. Ein Gericht kann also auch weiterhin nur mit
einer Gabel verspeist werden. Auf der anderen Seite wird durch die Modellierung des Aktivitätsendes im linken Ablauf die gesamte Aktivität und damit auch
die Aktion Messer benutzen beendet, sobald die Aktion Gabel benutzen abge-
schlossen wird.

Im Gegensatz zu den in Abschnitt 9.3.4 beschriebenen Ausnahmen (eng. Exceptions), brechen die Endknoten die Aktivität nicht abrupt ab, sondern beenden sie wie geplant und geben eventuelle Ausgangsobjekte der Aktivität zurück.

Eine Aktivität darf durchaus mehrere Endknoten besitzen. Das erste Aktivitätsende, das vom Ablauf erreicht wird, beendet alle weiteren Abläufe und damit die Aktivität.

Verwendung

Start- und Endknoten werden verwendet, um den Beginn bzw. das Ende des Ablaufs einer Aktivität eindeutig zu definieren.

9.3.8 Entscheidungs- und Verbindungsknoten

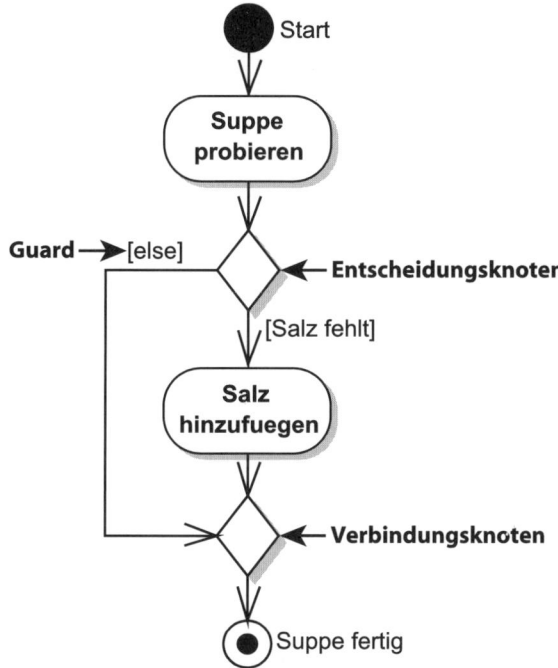

Abbildung 9.41 Entscheidungs- und Verbindungsknoten

Beschreibung

Ein **Entscheidungsknoten** (engl. DecisionNode) stellt eine **Verzweigung des Kontrollflusses** dar, an der genau einer der möglichen Kontrollflüsse ausgewählt wird.

Ein Entscheidungsknoten hat einen eingehenden und beliebig viele ausgehende Kontrollflüsse, von denen bei der Ausführung genau einer fortgeführt wird. Die **Überwachungsbedingungen** (engl. Guards) werden in eckigen Klammern an den ausgehenden Kontrollflüssen notiert und bestimmen den weiteren Kontrollfluss. Die Überwachungsbedingungen müssen zueinander disjunkt (gegenseitig ausschließend) sein und alle Auswahlmöglichkeiten abdecken. Andernfalls kann der weitere Kontrollfluss nicht eindeutig bestimmt werden. Die Reihenfolge, in der die Überwachungsbedingungen ausgewertet werden, ist nicht festgelegt.

In Abbildung 9.41 wird am dargestellten Entscheidungsknoten gewählt, ob der Suppe noch `Salz hinzugefügt` werden soll. Trifft die Bedingung nicht zu (`else`), ist die `Suppe fertig`.

Die Entscheidungsgrundlage kann am Entscheidungsknoten in Form einer Anmerkung notiert werden:

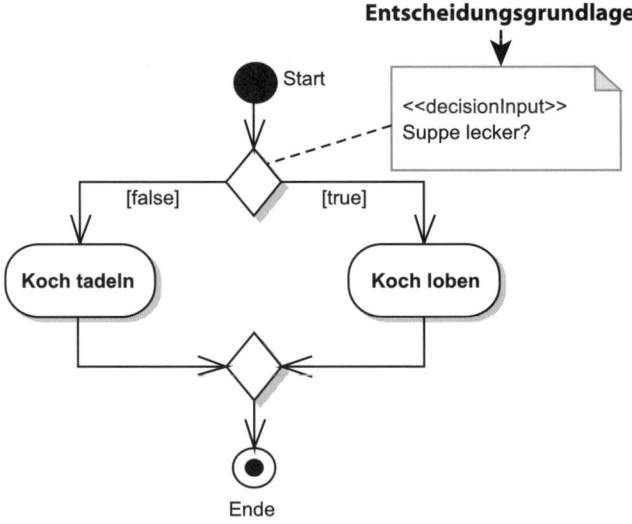

Abbildung 9.42   Entscheidungsgrundlage

Die Frage `Suppe lecker?` dient als Entscheidungsgrundlage (engl. DecisionInput) in Abbildung 9.42. Trifft sie zu (`true`), wird der Koch gelobt, andernfalls getadelt.

Als Gegenteil des Entscheidungsknotens definiert die UML den Verbindungsknoten (siehe Abbildung 9.41).

Ein **Verbindungsknoten** (engl. MergeNode) **fasst** mehrere alternative **Kontrollflüsse zusammen.**

Nur einer der beliebig vielen eingehenden Kontrollflüsse wird in genau einem ausgehenden Kontrollfluss fortgeführt.

Die UML erlaubt die Kombination von Entscheidungs- und Verbindungsknoten zu einem Notationselement, um mehrere ein- und ausgehende Kontrollflüsse an einem einzigen Knoten zu ermöglichen (siehe Abbildung 9.43).

Im Aktivitätsdiagramm der Abbildung 9.43 wird nach dem ersten Entscheidungsknoten und den jeweiligen Aktionen `Koch tadeln` oder `Koch loben` der Kontrollfluss durch einen Verbindungsknoten wieder zusammengeführt. Gleichzeitig verzweigt ein Entscheidungsknoten den Kontrollfluss zu der Aktion `Kellner tadeln` oder `Kellner loben`. Die beiden Knoten werden zu einem Diagrammelement zusammengefasst.

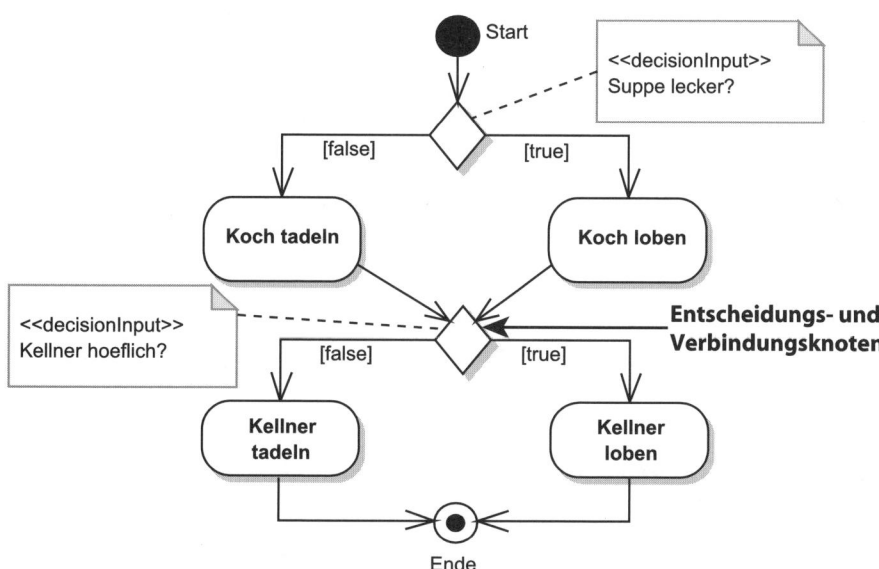

Abbildung 9.43 Entscheidungs- und Verbindungsknoten

Entscheidungs- und Verbindungsknoten erlauben ebenfalls die Modellierung von Schleifen in Aktivitätsdiagrammen (siehe Abbildung 9.44).

Fehlt nach dem ersten Probieren der Suppe Salz, so wird es hinzugefügt. Der Kontrollfluss führt daraufhin wieder zurück zur Aktion `Suppe probieren` und der erneuten Entscheidung, ob `Salz fehlt`. Dieser Vorgang wird so oft wiederholt, bis kein Salz in der Suppe fehlt (`[else]`). Im Gegensatz zu Abbildung 9.41, kann in diesem Aktivitätsdiagramm Salz demnach beliebig häufig hinzugefügt werden.

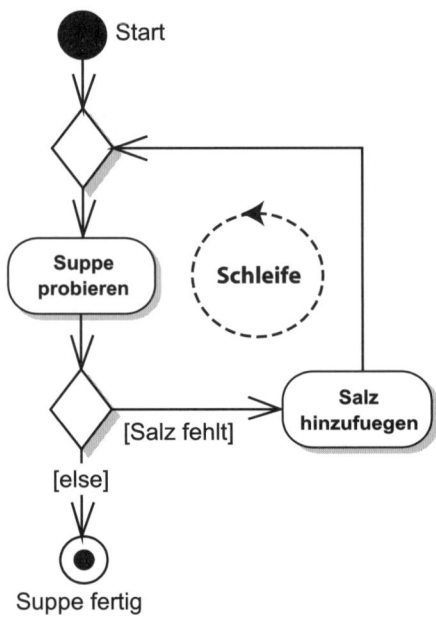

Abbildung 9.44 Schleife mit Entscheidungs- und Verbindungsknoten

Verwendung

Verwenden Sie Entscheidungs- und Verbindungsknoten, um einfache alternative Abläufe und Schleifen in einem Aktivitätsdiagramm zu modellieren. Für die Modellierung komplexer Schleifen und Alternativen bietet die UML spezielle Knoten an, die in den Abschnitten 9.3.10 und 9.3.11 vorgestellt werden.

Beachten Sie bitte, dass die spezifizierten Überwachungsbedingungen an den ausgehenden Kontrollflüssen eines Entscheidungsknotens disjunkt sein müssen, sich also gegenseitig ausschließen. Werden beispielsweise Überwachungsbedingungen wie zahl < 10 und zahl > 7 an zwei Kontrollflüssen notiert, kann der weitere Kontrollfluss bei zahl = 8 nicht eindeutig bestimmt werden, weil beide zutreffen.

Durch die gewählten Überwachungsbedingungen müssen weiterhin alle Auswahlmöglichkeiten abgedeckt werden. Lauten z. B. die Überwachungsbedingungen zahl < 0 und zahl > 0, so trifft keine der beiden zu, falls zahl = 0 ist, was zur Folge hat, dass der Kontrollfluss stehen bleibt.

Falls es nicht möglich oder notwendig ist, jede Alternative des Kontrollflusses einzeln zu betrachten, fügen Sie eine Überwachungsbedingung [else] hinzu, die alle nicht bereits definierten Überwachungsbedingungen umfasst.

Es ist in der UML durchaus gestattet, mehrere Kontrollflüsse von einer Aktion oder Aktivität ausgehend zu modellieren, sie mit Überwachungsbedingungen zu versehen und damit auf Entscheidungsknoten zu verzichten. Ebenfalls können mehrere Kontrollflüsse in eine Aktion oder Aktivität eintreten, wodurch die Verwendung von Verbindungsknoten umgangen werden kann. Während von dieser Option in der Praxis häufig bei Verbindungsknoten Gebrauch gemacht wird, verzichtet man sehr selten auf die Modellierung von Entscheidungsknoten, da sie die mögliche Verzweigung des Kontrollflusses und seine Alternativen eindeutig hervorheben und das Diagramm übersichtlicher gestalten.

Realisierung in Java

Als Umsetzungsvorgabe soll das nachfolgende Aktivitätsdiagramm verwendet werden:

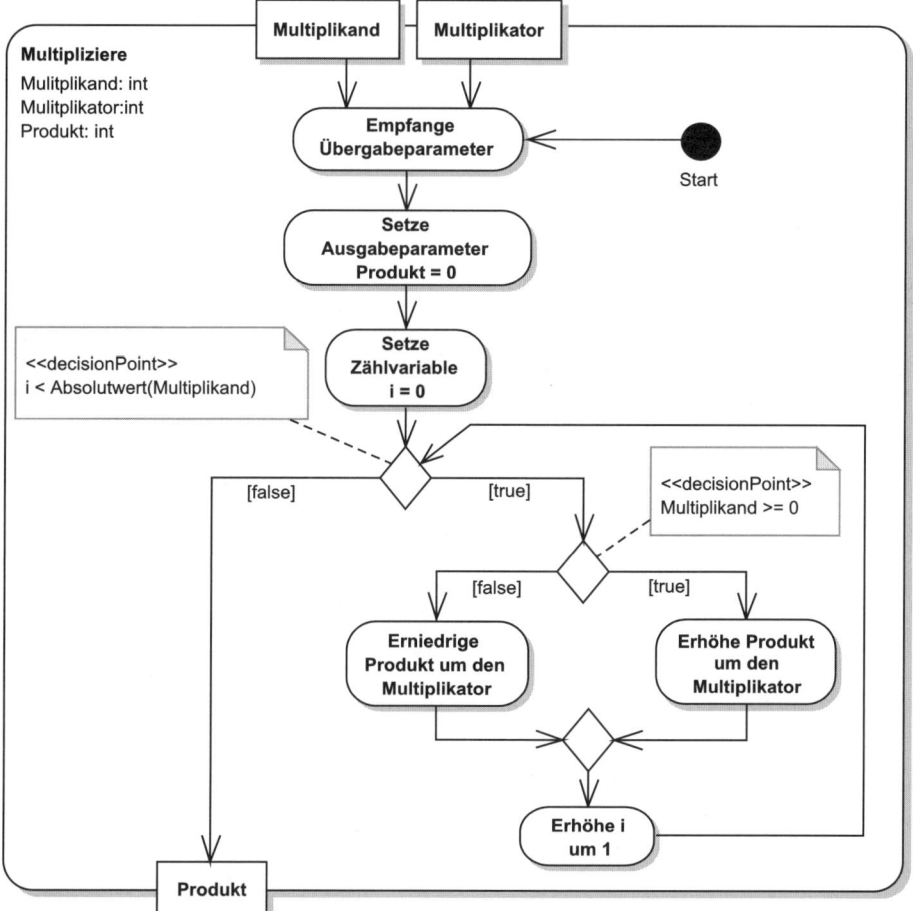

Abbildung 9.45 Verwendungsbeispiel für Entscheidungs- und Verbindungsknoten

Das Diagramm aus Abbildung 9.45 modelliert die Durchführung einer Multiplikation von zwei `int`-Zahlen, bei der nur die Addition und Subtraktion als mathematische Operationen verwendet werden dürfen.

```
A  public int multipliziere(int multiplikator,
                            int multiplikand)
   {
B      int produkt = 0;
C      int i = 0;
D      while(i < Math.abs(multiplikand))
       {
E          if(multiplikand >= 0)
               produkt = produkt + multiplikator;
           else
               produkt = produkt - multiplikator;


F          i++;
       }
G      return produkt;
   }
```

Listing 9.17 Buch-CD: /beispiele/java/kap9/kap_9_3_8/Multiplikation.java

A: Die Aktivität wird als eine Operation implementiert. Dem Aktivitätsdiagramm entsprechend werden zwei `int`-Zahlen als Übergabeparameter erwartet und eine `int`-Zahl als Ausgabeparameter zurückgegeben.

B: Der Ausgabeparameter `produkt` wird erzeugt und mit 0 initialisiert.

C: Die Zählvariable `i` wird mit 0 initialisiert.

D: Das Aktivitätsdiagramm modelliert mit Hilfe der Entscheidungs- und Verbindungsknoten eine Schleife. Java unterscheidet drei Schleifenkonstrukte (`for`, `while`, `do`), von denen an dieser Stelle die `while`-Schleife verwendet wird.

Die Schleife wird wiederholt, solange die Zählvariable `i` den Absolutwert des `multiplikanden` nicht erreicht.

E: Ein einfacher Entscheidungsknoten kann in Java mit Hilfe eine `if`-Abfrage realisiert werden.

F: Bevor die Schleife wieder von vorne beginnt, wird die Zählvariable `i` um 1 erhöht.

G: Sind keine Schleifendurchläufe mehr durchzuführen, wird das `produkt` zurückgegeben und die Aktivität beendet.

Realisierung in C#

C# unterstützt die Schleifenkonstrukte (for, while, do) und if-Abfragen auf die selbe Art wie Java, so dass sich die Implementierung in C# nicht wesentlich unterscheidet und daher nicht gesondert aufgeführt wird. Sie kann auf der Buch-CD in der Datei *beispiele/kap9/kap_9_3_8/Kap_9_3_8.cs* gefunden werden.

9.3.9 Gabelung und Vereinigung

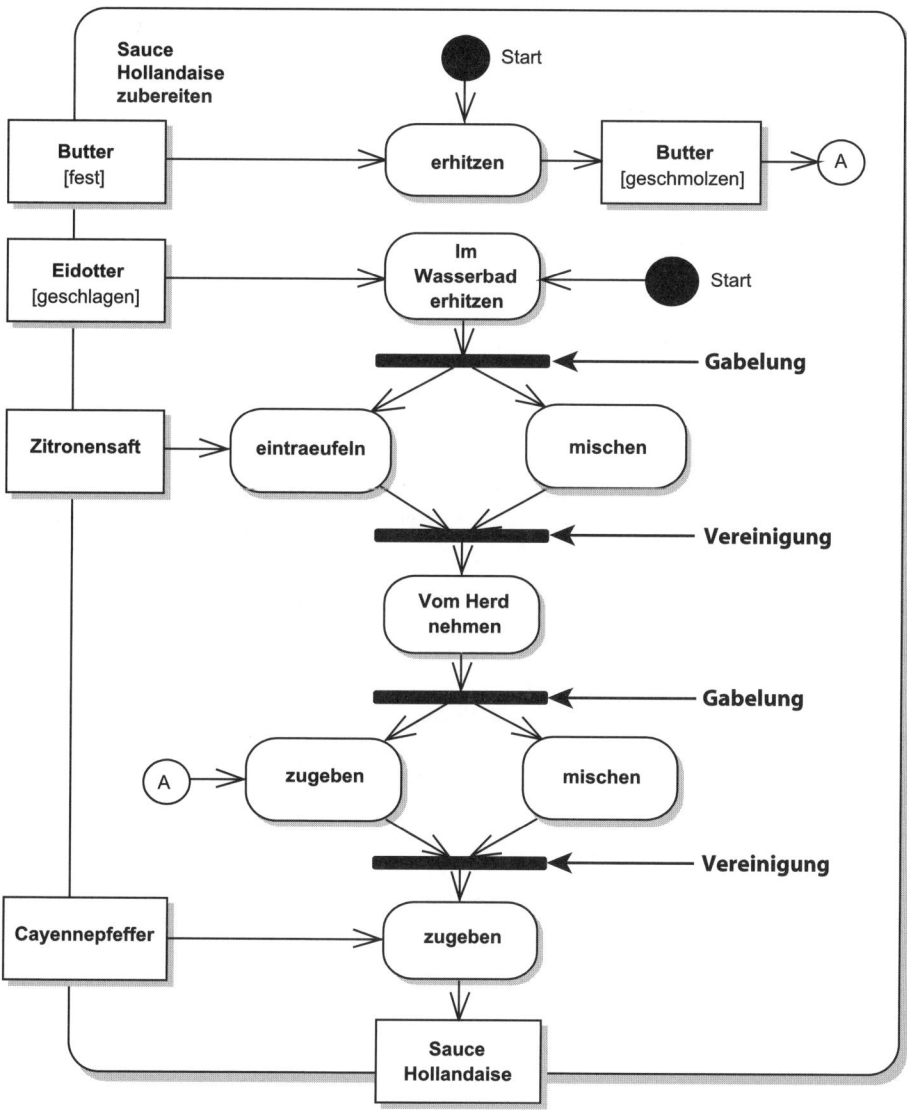

Abbildung 9.46 Gabelung und Vereinigung

Beschreibung

Eine **Gabelung** (engl. ForkNode) **teilt einen Kontrollfluss** in mehrere parallele Kontrollflüsse auf.

Eine **Vereinigung** (engl. JoinNode) **fasst mehrere Kontrollflüsse** zu einem einzigen Kontrollfluss **zusammen**.

Im Gegensatz zu einem Entscheidungsknoten (Abschnitt 9.3.8), bei dem genau einer der möglichen ausgehenden Kontrollflüsse ausgewählt wird, entstehen durch die Verwendung einer Gabelung zwei parallele (auch »nebenläufig« genannte) Abläufe, die unabhängig voneinander abgearbeitet werden.

Abbildung 9.46 enthält solche parallel ablaufenden Kontrollflüsse. Beispielsweise muss das Eintraeufeln von Zitronensaft parallel zum mischen durchgeführt werden. Das Erhitzen von Butter und des Eidotters werden durch die Modellierung zweier Startknoten ebenfalls parallel durchgeführt.

Die Vereinigung erfüllt den Gegenpart der Gabelung. Sie synchronisiert (fasst zusammen) mehrere Kontrollflüsse zu einem einzigen Ablauf, indem sie den sie verlassenden Kontrollfluss erst freigibt, nachdem *alle* in sie eingehenden Kontrollflüsse tatsächlich an ihr angelangt sind (AND-Verknüpfung). Sie »wartet« sozusagen auf alle parallelen Abläufe, die sie synchronisieren soll.

Soll eine andere Verknüpfung zur Vereinigung von Kontrollflüssen verwendet werden, kann dies durch eine Vereinigungsspezifikation (engl. JoinSpec) spezifiziert werden:

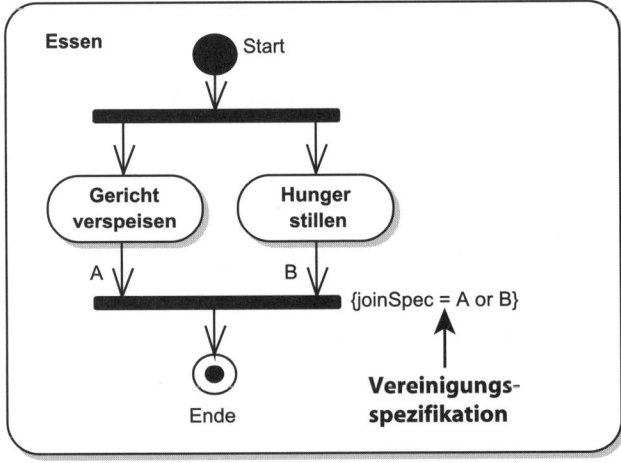

Abbildung 9.47 Join-Spezifikation

Die Vereinigungsspezifikation in Abbildung 9.47 definiert, dass der Kontrollfluss nach der Vereinigung weitergeführt werden kann, sobald einer der beiden Kontrollflüsse A oder B den Knoten erreicht.

Während der Aktivität Essen wird demnach gleichzeitig ein Gericht verspeist und der Hunger gestillt. Sobald *eine* der beiden Aktionen beendet ist, wird auch die Aktivität Essen beendet.

Wie die Entscheidungs- und Verbindungsknoten (siehe Abschnitt 9.3.8), können Gabelung und Vereinigung zu einem Diagrammelement zusammengefasst werden (siehe Abbildung 9.47):

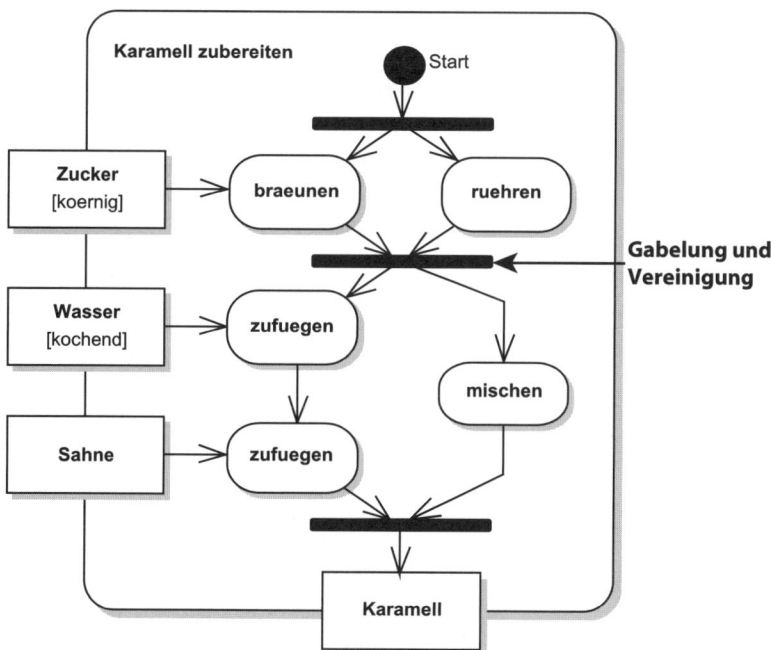

Abbildung 9.48 Gabelung und Vereinigung

Das Aktivitätsdiagramm aus Abbildung 9.48 modelliert die Zubereitung von Karamell. Zunächst muss der Zucker unter ständigem Rühren gebräunt werden. Nachdem nacheinander kochendes Wasser und Sahne hinzugemischt wurden, ist das Karamell fertig.

Verwendung

Verwenden Sie die Gabelung, um einen sequenziellen Kontrollfluss in mehrere parallele Kontrollflüsse aufzuteilen und die Vereinigung, um parallele Kontrollflüsse zu synchronisieren.

Realisierung in Java

Als Umsetzungsvorgabe wird das folgende Diagramm verwendet:

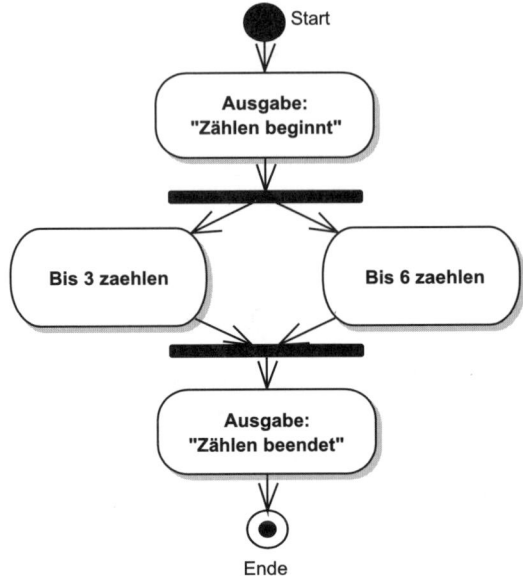

Abbildung 9.49 Beispieldiagramm für Gabelung und Vereinigung

Dem Aktivitätsdiagramm aus Abbildung 9.49 zufolge, soll parallel bis 3 bzw. bis 6 gezählt werden.

Da die Programmierung paralleler Abläufe ein sehr umfangreiches Gebiet darstellt, können die folgenden Beispiele nur einen kleinen Ausschnitt der damit einhergehenden Möglichkeiten und Schwierigkeiten präsentieren. Dem interessierten Leser empfehle ich umfangreiche Werke zu Java und C#, wie z. B. »Java ist auch eine Insel« von Christian Ullenboom und »Visual C#« von Andreas Kühnel.

Java unterstützt die parallele Verarbeitung mit ihrem Thread-Konzept und bietet hierfür eine Superklasse, deren Funktionalität nur noch an die jeweilige Aufgabe mittels Spezialisierung (siehe Abschnitt 2.3.12) angepasst werden muss:

```
A class Zaehler extends Thread
  {
    protected int zahl;
B   public Zaehler(String name, int z)
    {
      super(name);
      zahl = z;
    }
```

```
C   public void run()
    {
D     for (int i = 1; i <= zahl; i++)
      {
        System.out.println(getName() + ": " + i);
        try
        {
          sleep(100);
        }
        catch (InterruptedException e) {}
      }
    }
  }
```

Listing 9.18 Buch-CD: /beispiele/java/kap9/kap_9_3_9/Zaehler.java

A: Soll die Funktionalität einer Klasse parallel ablaufen können, muss sie Attribute und Operationen der Superklasse Thread erben.

B: Im Konstruktor wird der Name des Threads und die Zahl gesetzt, bis zu der hochgezählt werden soll.

C: Beim Aufruf der Klasse als Thread, kommt per Definition ihre run-Operation zum Einsatz, die an dieser Stelle überschrieben wird.

D: Die Operation zählt von 1 bis zahl. Nach jedem Hochzählen legt sie sich selbst für 100 msec schlafen.

Nun kann die in Abbildung 9.49 modellierte Aktivität vollständig implementiert werden:

```
class Aktivitaet
{
  public static void main(String[] args)
  {
A     System.out.println("Zählen beginnt");

B     Zaehler z1 = new Zaehler("Thread A", 3);
      Zaehler z2 = new Zaehler("Thread B", 6);
      z1.start();
      z2.start();

C     while(z1.isAlive() && z2.isAlive())
      {
        try
```

```
        {
          Thread.sleep(1000);
        }
        catch (InterruptedException e){}
      }

D     System.out.println("Zählen beendet");
    }
  }
```

Listing 9.19   Buch-CD: /beispiele/java/kap9/kap_9_3_9/Aktivitaet.java

A: Zunächst erfolgt die im Aktivitätsdiagramm der Abbildung 9.49 modellierte Ausgabe.

B: Dann werden zwei neue `Zaehler` z1 und z2 initialisiert und durch den Aufruf der von `Thread` geerbten Operation `start` parallel aufgerufen.

C: Die modellierte Synchronisation erfolgt in dieser Schleife. Solange der parallele Ablauf beider `Zaehler` nicht beendet ist, wird der weitere sequentielle Ablauf immer wieder für `1000` msec verzögert (schlafen gelegt).

D: An diese Stelle gelangt der Kontrollfluss erst, wenn beide `Zaehler` beendet sind. Wie in Abbildung 9.49 modelliert, erfolgt lediglich eine Ausgabe.

Es ist interessant, den beiden `Zaehlern` bei ihrer Arbeit »zuzusehen«. Das Programm erzeugt die folgende Ausgabe:

```
Zählen beginnt
Thread A: 1
Thread B: 1
Thread A: 2
Thread B: 2
Thread A: 3
Thread B: 3
Thread B: 4
Thread B: 5
Thread B: 6
Zählen beendet
```

Man erkennt an der Ausgabe deutlich, dass zunächst `Thread` A und B parallel hoch zählen. Nachdem `Thread` A seine Arbeit beendet hat (bis 3 gezählt), kommt nur noch `Thread` B zur Ausführung bis auch er seinen Ablauf beendet, also bis 6 gezählt hat. Erst nachdem beide `Threads` abgearbeitet wurden, erfolgt die abschließende Ausgabe `Zählen beendet`.

Realisierung in C#

Die Sprache C# stellt ebenfalls ein Thread-Konzept zur Parallelisierung von Abläufen bereit, das jedoch etwas anders als in Java implementiert ist.

Zunächst wird eine einfache Klasse `Zaehler` implementiert, die in C# von keiner besonderen Superklasse erben muss:

```
class Zaehler
{
   protected string name;
   protected int zahl;
   public Zaehler(string n, int z)
   {
      zahl = z;
      name = n;
   }
A  public void zaehle()
   {
      for (int i = 1; i <= zahl; i++)
      {
         Console.WriteLine(name + ": " + i);
         Thread.Sleep(100);
      }
   }
}
```

Listing 9.20 Buch-CD: /beispiele/c#/kap9/kap_9_3_9/Kap_9_3_9.cs

A: Beachten Sie, dass eine einfache Operation `zaehle` das modellierte Hochzählen implementiert. Da in C# von keiner besonderen Superklasse geerbt werden muss, braucht auch keine definierte Operation überschrieben werden.

Die `Aktivitaet`-Klasse implementiert den in Abbildung 9.49 modellierten Kontrollfluss:

```
class Aktivitaet
{
   public static void Main(string[] args)
   {
A     Console.WriteLine("Zählen beginnt");

B     Zaehler z1 = new Zaehler("Thread A", 3);
      Zaehler z2 = new Zaehler("Thread B", 6);
```

```
C    Thread t1 = new Thread(new ThreadStart(z1.zaehle));
     Thread t2 = new Thread(new ThreadStart(z2.zaehle));


D    t1.Start();
     t2.Start();


E    t1.Join();
     t2.Join();


F    Console.WriteLine("Zählen beendet");
   }
 }
```

Listing 9.21 Buch-CD: /beispiele/c#/kap9/kap_9_3_9/Kap_9_3_9.cs

A: Die modellierte Ausgabe wird implementiert.

B: Zwei neue Zaehler z1 und z2 werden instanziiert.

C: Zwei neue Threads t1 und t2 werden instanziiert. Als Parameter wird mit ThreadStart eine Delegation (siehe auch Abschnitt 5.3.2) auf eine beliebige parameterlose Operation übergeben, die beim Start des Threads aufgerufen werden soll. In unserem Falle ist dies die Operation zaehle.

D: Beide Threads werden zur Ausführung gebracht.

E: Die Synchronisation der Threads lässt sich in C# sehr elegant mit der Join-Operation bewerkstelligen. Sie bewirkt, dass die aufrufende Operation auf die Beendigung des aufgerufenen Threads wartet, was eine in Java notwendige Warteschleife obsolet macht. Hier soll die Operation auf die Beendigung beider Threads warten.

F: Nachdem beide Threads ihre Zähl-Arbeit beendet haben, erfolgt die letzte in Abbildung 9.49 modellierte Ausgabe.

Das C#-Programm erzeugt erwartungsgemäß eine äquivalente Ausgabe wie sein Java-Pendant.

9.3.10 Schleifenknoten

Beschreibung

Ein **Schleifenknoten** (engl. LoopNode) ist eine **zusammengesetzte Aktivität**, die eine **Initialisierung** (for-Bereich), einen **Test** (while-Bereich) und einen **Schleifenkörper** (do-Bereich) repräsentiert.

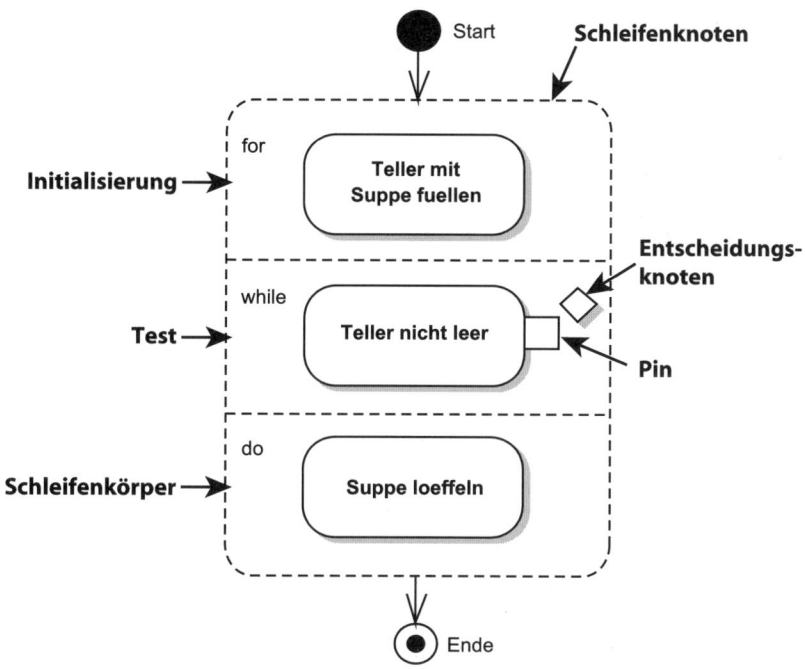

Abbildung 9.50   Schleifenknoten

Die Initialisierung wird genau einmal beim erstmaligen Betreten des Schleifenknotens ausgeführt. Die Bereiche Test und Schleifenkörper werden iterativ aufgerufen.

Der Test-Bereich entscheidet, ob und wie oft der Schleifenkörper ausgeführt wird und muss einen boolean-Wert zurückgeben, der durch einen annotierten Pin und einen Entscheidungsknoten symbolisiert wird.

Im Schleifenkörper, der solange aufgerufen wird, bis der Test-Bereich ein false zurückgibt, werden die Aktionen und Aktivitäten modelliert, die bei jeder Iteration ausgeführt werden sollen.

Abbildung 9.50 beinhaltet einen Schleifenknoten, der den Verzehr einer Suppe modelliert. Im Initialisierungsbereich wird der Suppenteller zunächst gefüllt. Solange der Teller nicht leer ist, wird die Aktion Suppe loeffeln aufgerufen.

Der Test-Bereich kann sowohl vor wie auch nach dem Schleifenkörper modelliert werden.

Im linken Schleifenknoten der Abbildung 9.51 wird der Test (while-Bereich) vor dem Schleifenkörper (do-Bereich) ausgewertet, so dass dieser gegebenenfalls kein einziges Mal betreten wird. Im rechten Schleifenknoten wird der Schleifenkörper Suppe loeffeln mindestens einmal ausgeführt.

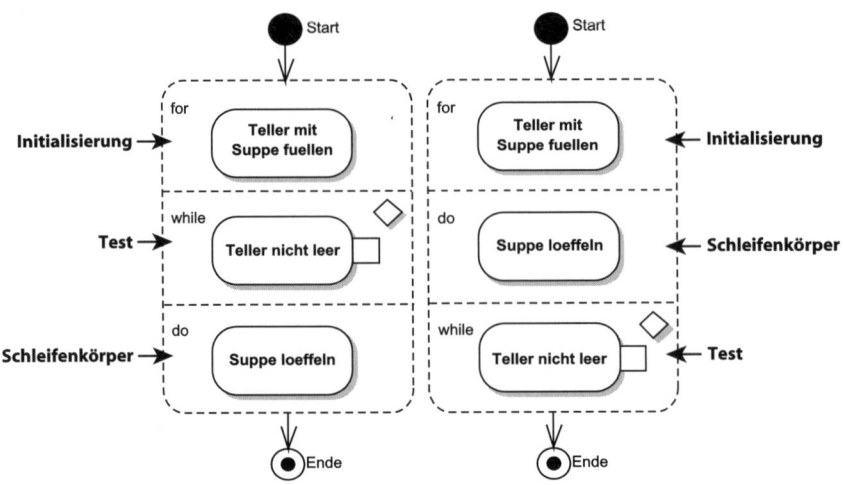

Abbildung 9.51 Vertauschmöglichkeit der do- und while-Bereiche

Erst danach erfolgt der Test (Teller nicht leer), ob ein weiterer Schleifendurchlauf erforderlich ist.

Schleifenknoten können wie andere Aktivitäten auch Objekte empfangen und zurückgeben (siehe Abbildung 9.52).

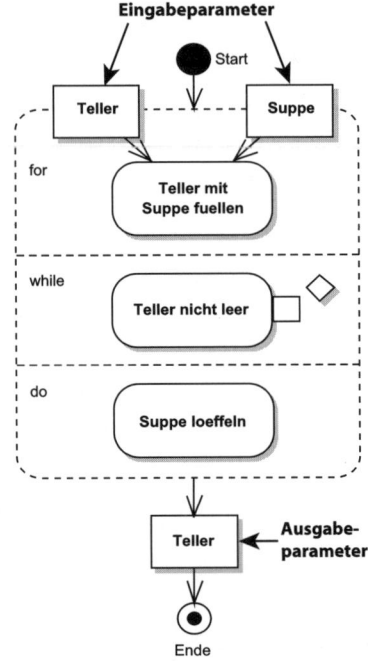

Abbildung 9.52 Objekte als Eingabe- und Ausgabeparameter von Schleifenknoten

Der Schleifenknoten in Abbildung 9.52 bekommt die Objekte `Teller` und `Suppe` als Eingabeparameter übergeben. Nachdem der Schleifenknoten beendet ist, gibt er als Ausgabeparameter den `Teller` wieder zurück.

Verwendung

Schleifen können in Aktivitätsdiagrammen auch durch Entscheidungs- und Verbindungsknoten etwas umständlich und häufig schwierig zu erkennen modelliert werden (siehe Abschnitt 9.3.8).

Schleifenknoten schaffen genau an dieser Stelle Abhilfe, indem sie eine Schleife in einem Notationselement kompakt und übersichtlich darstellen.

Realisierung in Java

Das folgende Aktivitätsdiagramm (siehe Abbildung 9.53) soll als Umsetzungsvorschrift verwendet werden:

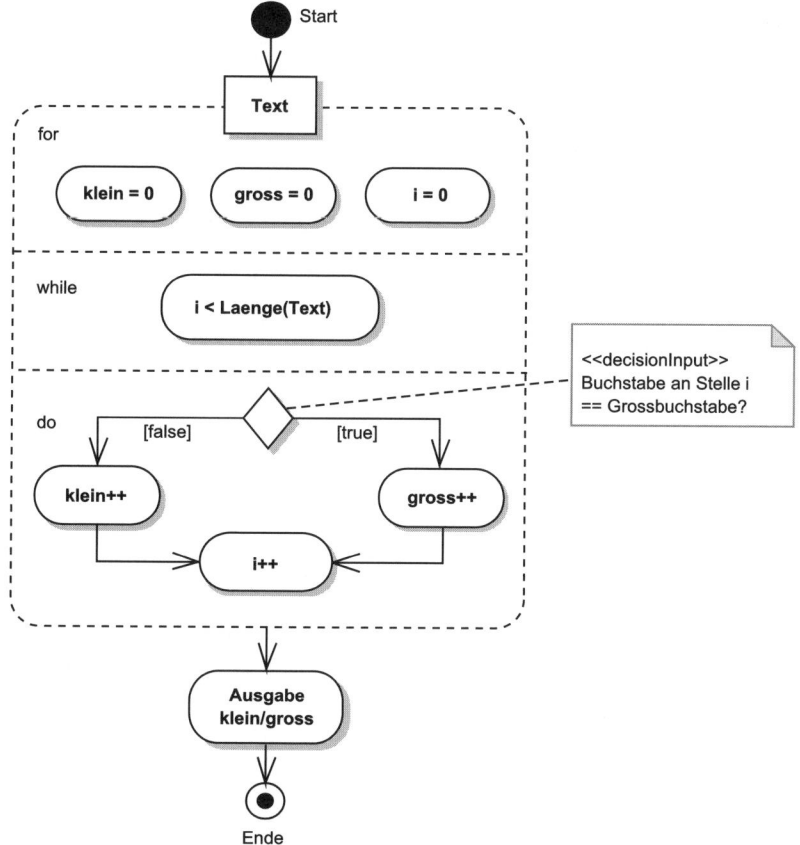

Abbildung 9.53 Beispiel eines Schleifenknotens

Der folgende Java-Code implementiert den Schleifenknoten aus Abbildung 9.53, der die Anzahl der Klein- und Grossbuchstaben eines Textes zählt:

```
    public void zaehleBuchstaben(String text)
    {
      int klein, gross, i;
A     for(klein = gross = i = 0;
B         i < text.length();
C         i++ )
      {
D       if(Character.isUpperCase(text.charAt(i)))
          gross++;
        else
          klein++;
      }
E     System.out.println("Grossbuchstaben: "+gross);
      System.out.println("Kleinbuchstaben: "+klein);
    }
```

Listing 9.22 Buch-CD: /beispiele/java/kap9/kap_9_3_10/BuchstabenZaehler.java

A: Java stellt drei Schleifenarten zur Verfügung: `for`-Schleife, `while`-Schleife und `do`-Schleife. Obwohl deren Namen den Bereichen eines UML-Schleifenknotens entsprechen, repräsentiert jede Schleifenart einen vollständigen UML-Schleifenknoten.

Bei diesem Implementierungsbeispiel wurde die `for`-Schleife gewählt. Sie besteht aus vier Bestandteilen:

- ▶ Initialisierung
- ▶ Test
- ▶ Inkrement
- ▶ Schleifenkörper

Im ersten und hier hervorgehobenen Teil, der Initialisierung, werden dem Diagramm entsprechend die Variablenwerte gesetzt.

B: Der zweite Teil der Schleife umfasst den Test (`while`-Bereich des Schleifenknotens), ob ein weiterer Schleifendurchlauf notwendig ist.

C: Im Inkrement werden die Aktionen implementiert, die *nach* jedem vollständigen Schleifendurchlauf ausgeführt werden. Dem Aktivitätsdiagramm aus Abbildung 9.53 ist zu entnehmen, dass der Wert der Variable `i` nach jedem Durchlauf um 1 erhöht werden muss (`i++`).

D: Der Schleifenkörper (do-Bereich des Schleifenknotens) implementiert die bei jeder Iteration ausgeführten Aktionen.

E: Nach Beendigung der Schleife erfolgen die im Aktivitätsdiagramm modellierten Ausgaben der Variablenwerte von gross und klein.

Realisierung in C#

Auch C# unterstützt alle drei Schleifenarten (for, while, do), so dass die Implementierung des Schleifenknotens aus Abbildung 9.53 der Java-Implementierung sehr ähnelt:

```
public void zaehleBuchstaben(string text)
{
   int klein, gross, i;
   for(klein = gross = i = 0;
       i < text.Length;
       i++ )
   {
     if(Char.IsUpper(text[i]))
       gross++;
     else
       klein++;
   }
   Console.WriteLine("Grossbuchstaben: "+gross);
   Console.WriteLine("Kleinbuchstaben: "+klein);
}
```

Listing 9.23 Buch-CD: /beispiele/c#/kap9/kap_9_3_10/Kap_9_3_10.cs

9.3.11 Bedingungsknoten

Beschreibung

Ein **Bedingungsknoten** (engl. ConditionalNode) ist eine **zusammengesetzte Aktivität**, die eine exklusive **Wahl zwischen einer oder mehreren Alternativen** repräsentiert.

Ein Bedingungsknoten besteht aus mindestens einem Test (if-Bereich) und einem Körper (then-Bereich). Seine Ausführung beginnt im Test-Bereich, wo anhand einer oder mehreren Aktionen entschieden wird, ob der Körper ausgeführt werden soll. Die Aktion muss daher einen Wert vom Typ boolean zurückgeben, was durch den verwendeten Pin und Entscheidungsknoten angedeutet wird.

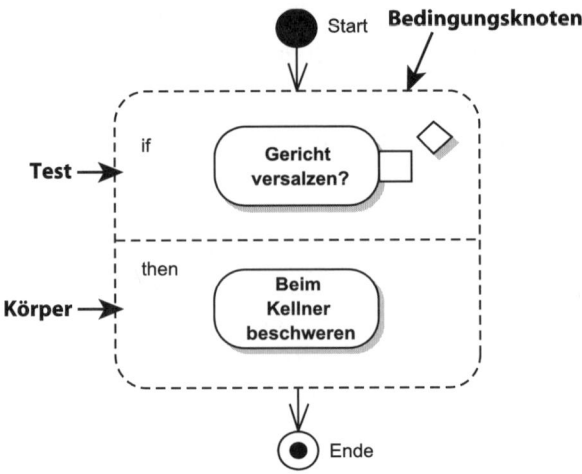

Abbildung 9.54 Bedingungsknoten

Das Aktivitätsdiagramm aus Abbildung 9.54 modelliert beispielsweise, dass eine Beschwerde beim Kellner nur erfolgt, falls das Gericht versalzen ist.

Mehrere bedingte Ausführungen können in einem einzigen Bedingungsknoten modelliert werden:

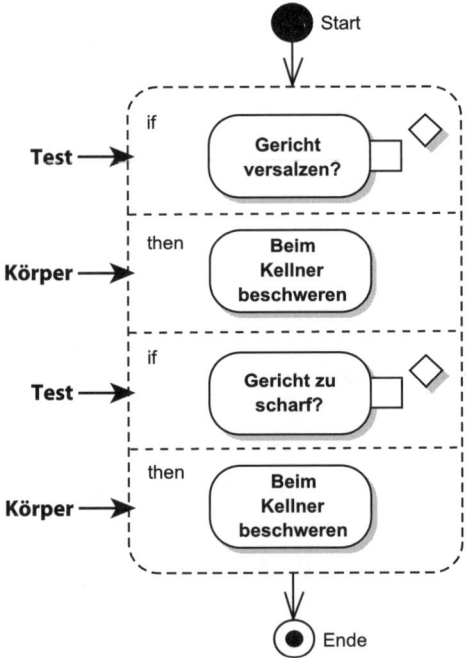

Abbildung 9.55 Bedingungsknoten mit mehreren if-Bereichen

Ist das `Gericht versalzen`, erfolgt eine Beschwerde beim Kellner; ist es `zu scharf`, erfolgt ebenfalls eine Beschwerde beim Kellner (siehe Abbildung 9.55).

Die Reihenfolge der Auswertung der `if`-Bereiche ist nicht festgelegt und kann sogar parallel erfolgen. Ist das Gericht versalzen und zu scharf, können die Beschwerden beim Kellner somit in beliebiger Reihenfolge abgegeben werden.

`If`-Bereiche, denen wie in Abbildung 9.55 derselbe `then`-Bereich folgt, können in Bedingungsknoten kaskadiert werden:

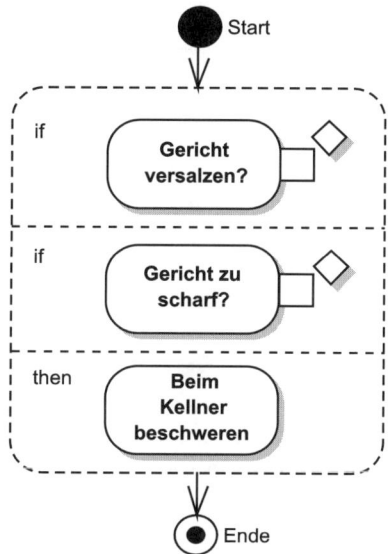

Abbildung 9.56 Kaskadierte if-Bereiche

Ist das `Gericht versalzen` *oder* `zu scharf`, erfolgt eine Beschwerde beim Kellner (siehe Abbildung 9.56).

Soll eine Aktion nur ausgeführt werden, wenn keine der zuvor definierten `if`-Bedingungen erfüllt wird, kann diese im `else`-Bereich modelliert werden.

Ist laut Abbildung 9.57 das `Gericht versalzen` oder `zu scharf`, erfolgt eine Beschwerde beim Kellner, andernfalls wird der `Koch gelobt`.

Die `if`- und `else`-Bereiche können ebenfalls beliebig häufig hintereinander modelliert und verschachtelt werden.

Ist das `Gericht versalzen` oder `zu scharf`, erfolgt eine Beschwerde beim Kellner (siehe Abbildung 9.58). Trifft dies nicht zu, wird überprüft, ob das `Gericht zu heiss` ist. In diesem Fall wird `5 Min` gewartet, andernfalls wird der `Koch gelobt`.

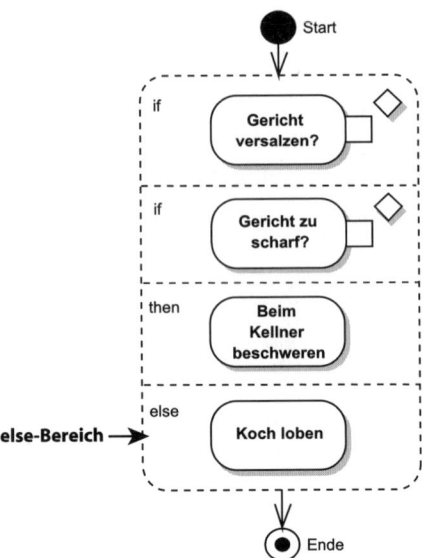

Abbildung 9.57 Else-Bereich eines Bedingungsknoten

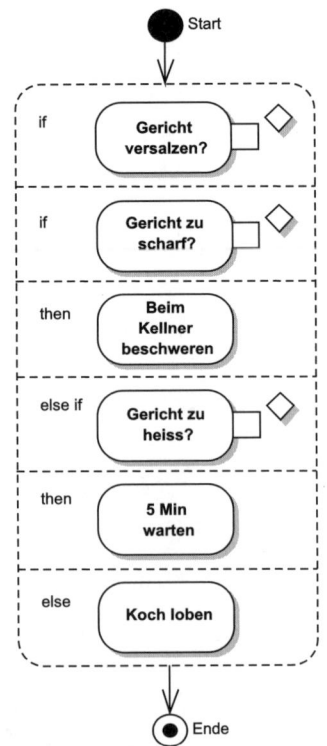

Abbildung 9.58 Kaskadierte else-Bereiche eines Bedingungsknotens

Die Verwendung von `else if`-Bereichen legt zusätzlich die Reihenfolge fest, in der die Überprüfung von `if`-Bedingungen durchgeführt werden soll. Die Bedingung `Gericht zu heiss?` wird nur überprüft, falls (und damit nachdem) die Bedingungen `Gericht versalzen?` und `Gericht zu scharf?` nicht zutreffen.

Verwendung

Alternative Abläufe können auch mit den in Abschnitt 9.3.8 vorgestellten Entscheidungs- und Verbindungsknoten modelliert werden. Für eine geringe Anzahl von Alternativen auf einer Entscheidungsebene oder einer hohen Schachtelungstiefe ist diese Modellierungsmöglichkeit durchaus sehr gut geeignet und sollte dem Bedingungsknoten bevorzugt werden.

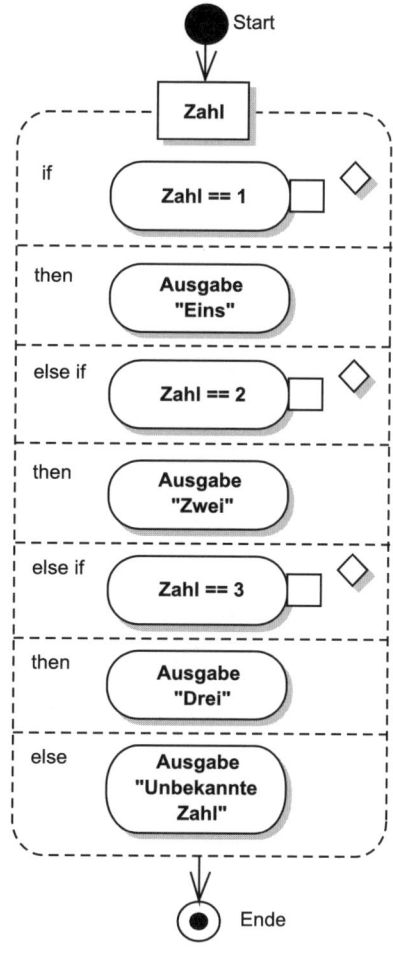

Abbildung 9.59 Beispiel eines Bedingungsknotens

Bei vielen Entscheidungsalternativen auf einer Entscheidungsebene sollte jedoch ein Bedingungsknoten verwendet werden, da er in diesem Fall eine kompaktere Darstellung ermöglicht.

Realisierung in Java

Die Umsetzung eines einfachen if-then-else-Bedingungsknotens wurde bereits im Zusammenhang mit den Entscheidungs- und Verbindungsknoten in Abschnitt 9.3.8 gezeigt. Es soll daher an dieser Stelle die Realisierung einer Folge von if-then-else-Konstrukten vorgestellt werden.

Der folgende Programmcode realisiert den Bedingungsknoten aus Abbildung 9.59:

```
    int zahl = 2;
A switch(zahl)
    {
B     case 1:
          System.out.println("Ausgabe: Eins");
          break;
      case 2:
          System.out.println("Ausgabe: Zwei");
          break;
      case 3:
          System.out.println("Ausgabe: Drei");
          break;
C     default:
          System.out.println("Ausgabe: Unbekannte Zahl");
          break;
    }
```

Listing 9.24 Buch-CD: /beispiele/java/kap9/kap_9_3_11/Bedingungsknoten.java

A: Java stellt das Schlüsselwort switch zur Verfügung, um mehrere aufeinander-folgende if-then-else Konstrukte einfach und übersichtlich abbilden zu kön-nen. Betrachtet wird in diesem Beispiel die Variable zahl.

B: Falls (engl. case) zahl == 1 ist, wird Eins ausgegeben. Das Schlüsselwort break bricht die Überprüfung der weiteren Bedingungen ab.

C: Treffen alle vorherigen Bedingungen nicht zu, wird der default-Bereich (dem else-Bereich des Diagramms entsprechend) ausgeführt.

Realisierung in C#

C# bietet wie Java das switch-Sprachelement, so dass der Bedingungsknoten wie in Java umgesetzt werden kann (Buch-CD: *beispiele/c#/kap9/kap_9_3_11/Kap_9_3_11.cs*)

9.3.12 Unterbrechungsbereich

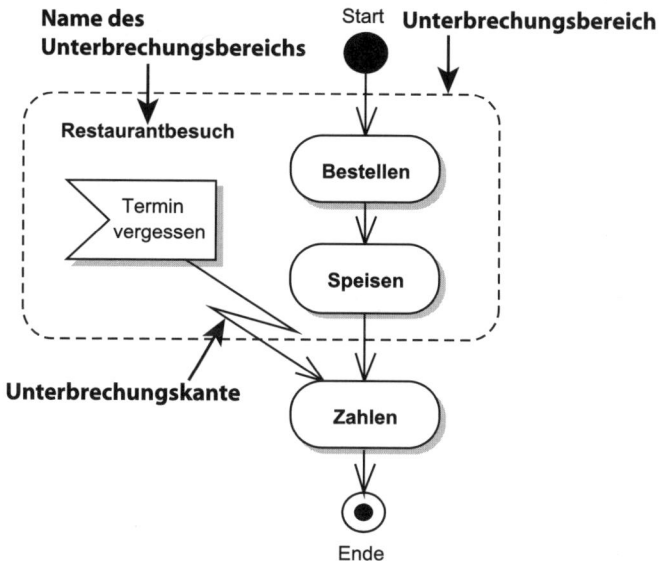

Abbildung 9.60 Unterbrechungsbereich

Beschreibung

Ein **Unterbrechungsbereich** (engl. InterruptibleAcitivityRegion) umfasst eine **Gruppe von Aktivitätsknoten**, deren **Ausführung abgebrochen** werden kann.

Bei der Unterbrechungskante handelt es sich um einen Kontrollfluss (siehe Abschnitt 9.3.2), der das abrupte Verlassen des Unterbrechungsbereichs symbolisiert. Er kann damit mit allen Attributen eines gewöhnlichen Kontrollflusses versehen werden.

Die Ausführung sämtlicher, evtl. paralleler Aktionen wird zumeist als Reaktion auf einen Signal-Empfang abgebrochen und der Unterbrechungsbereich über den Blitz-Pfeil verlassen. In Abbildung 9.60 wird beispielsweise der Restaurant-besuch abgebrochen, falls das Signal Termin vergessen empfangen wird. Es ist jedoch durchaus möglich, dass eine der Aktivitäten oder Aktionen innerhalb des Unterbrechungsbereichs einen Abbruch erzwingt.

Alternativ kann die Unterbrechungskante mit einem kleinen Blitz-Symbol über dem Kontrollfluss notiert werden (siehe Abbildung 9.61):

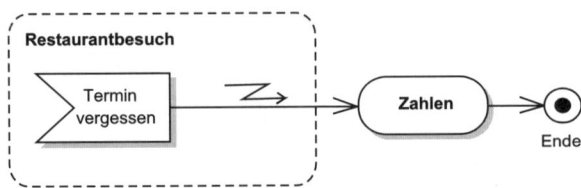

Abbildung 9.61 Alternativnotation einer Unterbrechungskante

Verwendung

Unterbrechungsbereiche werden zumeist eingesetzt, wenn mehrere verschachtelte oder parallele Abläufe auf einmal in einem Fehlerfall abgebrochen werden sollen oder die Behandlung von Fehlern in speziell dafür bereitgestellte Aktionen ausgelagert werden soll.

Realisierung in Java

Das Senden und Empfangen von Signalen wurde bereits in Abschnitt 9.3.5 vorgestellt. Im folgenden Unterbrechungsbereich wird der Abbruch daher von einer Aktivität ausgelöst:

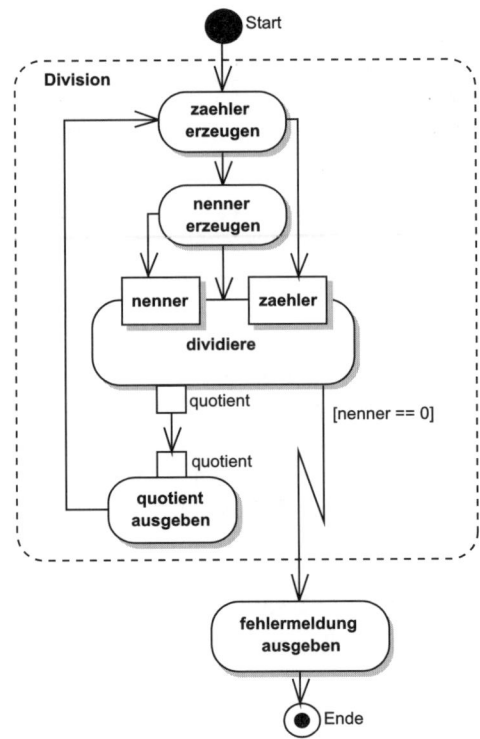

Abbildung 9.62 Beispiel eines Unterbrechungsbereichs

Zunächst werden der `zaehler` und `nenner` erzeugt (siehe Abbildung 9.62), um dann innerhalb einer Aktivität `dividiert` zu werden. Läuft die Division wie erwartet ab, wird daraufhin ein `quotient` zwecks Ausgabe zurückgegeben.

Im Normalfall wird dieser Ablauf unendlich häufig wiederholt. Wird der Aktivität `dividiere` jedoch ein `nenner` übergeben, der gleich 0 ist, erzwingt sie einen Abbruch des gesamten Bereichs.

Java unterstützt die Umsetzung von Unterbrechungsbereichen durch das Exception-Konzept:

```
A  public double dividiere(double zaehler, double nenner)
   throws Exception
   {
B    if(nenner == 0)
       throw new Exception("Zaehler ist gleich 0");
     return zaehler/nenner;
   }
```

Listing 9.25 Buch-CD: /beispiele/java/kap9/kap_9_3_12/Division.java

A: Durch den Zusatz `throws Exception` signalisiert die Operation `dividiere`, dass sie unter bestimmten Umständen ihren Ablauf in Folge einer Ausnahme (engl. Exception) unterbrechen muss und diese sozusagen »hochwerfen« wird. Im Kontext, in dem sie ausgeführt wird, muss diese Ausnahme entweder gefangen und verarbeitet oder wiederum »hochgeworfen« werden.

B: Ist der `nenner` gleich 0, wird die deklarierte Ausnahme geworfen und damit der Ablauf der Operation abgebrochen.

Die folgende Operation implementiert das Aktivitätsdiagramm aus Abbildung 9.62 und zeigt die Behandlung einer geworfenen Ausnahme:

```
   public static void main(String[] args)
   {
     Division d = new Division();
     double zaehler, nenner, quotient;
A    try
     {
B      while(true)
       {
C        zaehler = Math.round(Math.random());
         nenner = Math.round(Math.random());
         System.out.print(zaehler+" / "+nenner+" = ");
D        quotient = d.dividiere(zaehler, nenner);
```

```
        System.out.println(quotient);
      }
    }
E   catch (Exception e)
    {
      e.printStackTrace();
    }
  }
```

Listing 9.26 Buch-CD: /beispiele/java/kap9/kap_9_3_12/Test.java

A: Mit dem Schlüsselwort `try` wird der Beginn eines Unterbrechungsbereichs eingeleitet.

B: In einer Endlos-Schleife ...

C: ... werden die Variablen `zaehler` und `nenner` per Zufallsgenerator mit einer 1 oder 0 belegt ...

D: ... und dividiert.

E: Am Ende des Unterbrechungsbereichs wird eine möglicherweise geworfene Ausnahme gefangen und verarbeitet (in diesem Beispiel einfach der Grund der Ausnahme ausgegeben).

Das Programm erzeugt beispielsweise die folgende Ausgabe:

```
0.0 / 1.0 = 0.0
1.0 / 1.0 = 1.0
1.0 / 1.0 = 1.0
1.0 / 0.0 =
java.lang.Exception: Zaehler ist gleich 0
  at kap_9_3_12.Division.dividiere(Division.java:14)
  at kap_9_3_12.Division.main(Division.java:34)
```

Realisierung in C#

C# stellt ebenfalls das Exception-Konzept zur Realisierung von Unterbrechungsbereichen zur Verfügung, das dem von Java sehr ähnlich ist:

```
A public double dividiere(double zaehler, double nenner)
  {
    if(nenner == 0)
      throw new Exception("Zahler ist gleich 0");
    return zaehler/nenner;
  }
```

Listing 9.27 Buch-CD: /beispiele/c#/kap9/kap_9_3_12/Kap_9_3_12.cs

A: Der einzig erwähnenswerte Unterschied zum Exception-Konzept von Java ist der Verzicht auf die explizite Angabe eines möglichen Ausnahme-Wurfs in der Deklaration der Operation.

9.3.13 Expansionsbereich

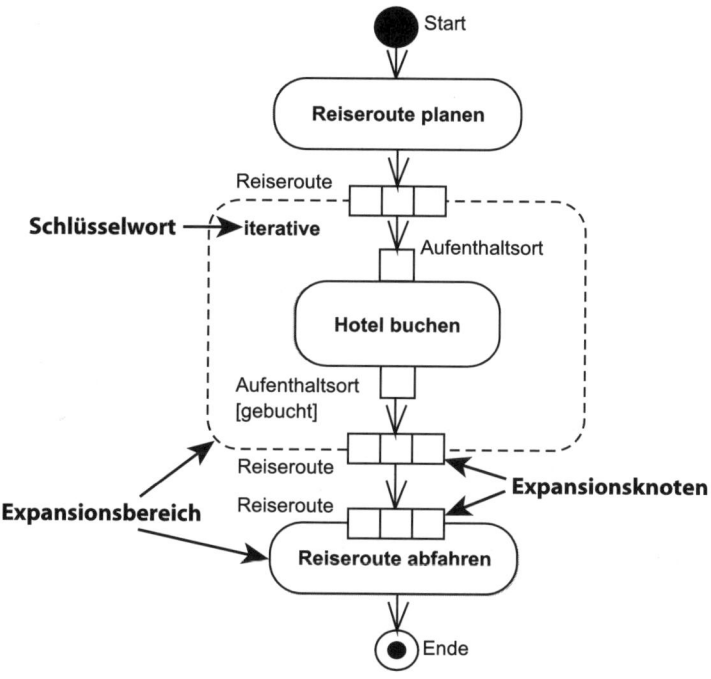

Abbildung 9.63 Expansionsbereich

Beschreibung

Ein **Expansionsbereich** (engl. ExpansionRegion) ist eine **zusammengesetzte Aktivität**, die für jedes in einer Kollektion übergebene Einzelelement **wiederholt ausgeführt** wird.

Die Eingangsparameter eines Expansionsbereichs stellen zumeist Kollektionen von Elementen dar. Die Typen der Elemente unterschiedlicher Kollektionen dürfen unterschiedlich sein. Innerhalb einer Kollektion müssen die Elemente jedoch den selben Typ aufweisen.

Während der Ausführung werden nacheinander die Elemente der Eingangskollektion einzeln entnommen, verarbeitet und an der selben Position in der Ausgangskollektion platziert. Der Ablauf des Expansionsbereiches wird für jedes Element der Eingangsposition vollständig neu durchlaufen.

Dem Expansionsbereich aus Abbildung 9.63 wird eine Kollektion von Aufenthaltsorten als Reiseroute übergeben. Für jeden einzelnen Aufenthaltsort wird ein Hotel gebucht, was seinen Zustand auf gebucht ändert. Nach der Buchung wird jeder einzelne Aufenthaltsort in der Ausgangskollektion auf der selben Position wie in der Eingangskollektion abgelegt.

Die Eingangs- und Ausgangskollektionen werden als sogenannte **Expansionsknoten** (engl. ExpansionNodes) modelliert. Außerhalb der Expansionsregion treten sie nur als Kollektionen auf, innerhalb wird jedes Element einzeln entnommen und verarbeitet.

Es ist durchaus möglich, einem Expansionsbereich ein einzelnes Objekt zu übergeben. Während der wiederholten Abarbeitung aller Elemente einer Eingangskollektion fungiert das Objekt als Konstante und wird unverändert bei jedem Durchlauf verwendet:

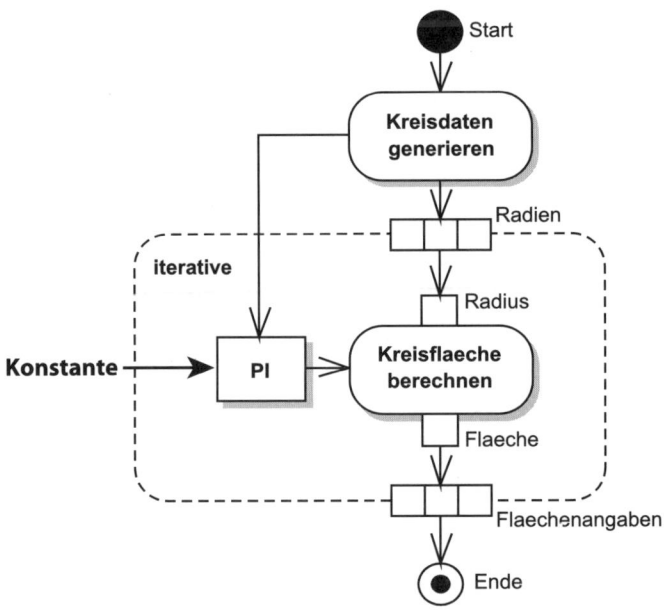

Abbildung 9.64 Übergabe einer Konstanten

Das Objekt PI wird in Abbildung 9.64 bei jedem einzelnen Durchlauf des Expansionsbereichs als Konstante wiederverwendet.

Die Verarbeitungsart der einzelnen Elemente der Eingangskollektion kann durch die folgenden Schlüsselwörter definiert werden:

▸ **parallel**

Die Abarbeitung der Elemente kann in unterschiedlichen Threads parallel erfolgen.

▸ **iterative**

Die Abarbeitung der Elemente muss nacheinander erfolgen, d.h. erst nachdem ein Element der Eingangskollektion vollständig abgearbeitet und in der Ausgangskollektion abgelegt wurde, kann mit der Abarbeitung des nächsten Elements begonnen werden.

▸ **stream**

Der Expansionsbereich arbeitet die Elemente als einen Datenstrom ab.

Umfasst der Expansionsbereich nur eine einzelne Aktivität oder Aktion, kann er auch vereinfacht auf die folgende Art notiert werden:

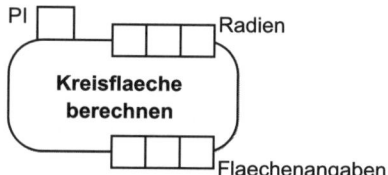

Abbildung 9.65   Vereinfachte Notation eines Expansionsbereichs

Verwendung

Soll eine Menge von Objekten auf die selbe Art bearbeitet werden, bietet sich ein Expansionsbereich an. Er kann zwar auch mit Hilfe von einzelnen Objekten, Entscheidungs- und Verbindungsknoten »emuliert« werden. Das dabei entstehende Aktivitätsdiagramm wird jedoch deutlich komplizierter und unübersichtlicher.

9.4   Lesen eines Aktivitätsdiagramms

Das Aktivitätsdiagramm ist aus drei Aktivitätsbereichen aufgebaut:

▸ Gast

▸ Kellner und

▸ Koch.

Der Ablauf beginnt parallel an beiden Startpunkten beim Gast und beim Kellner, wobei jedoch der Kellner zunächst auf das Signal Kellner! wartet.

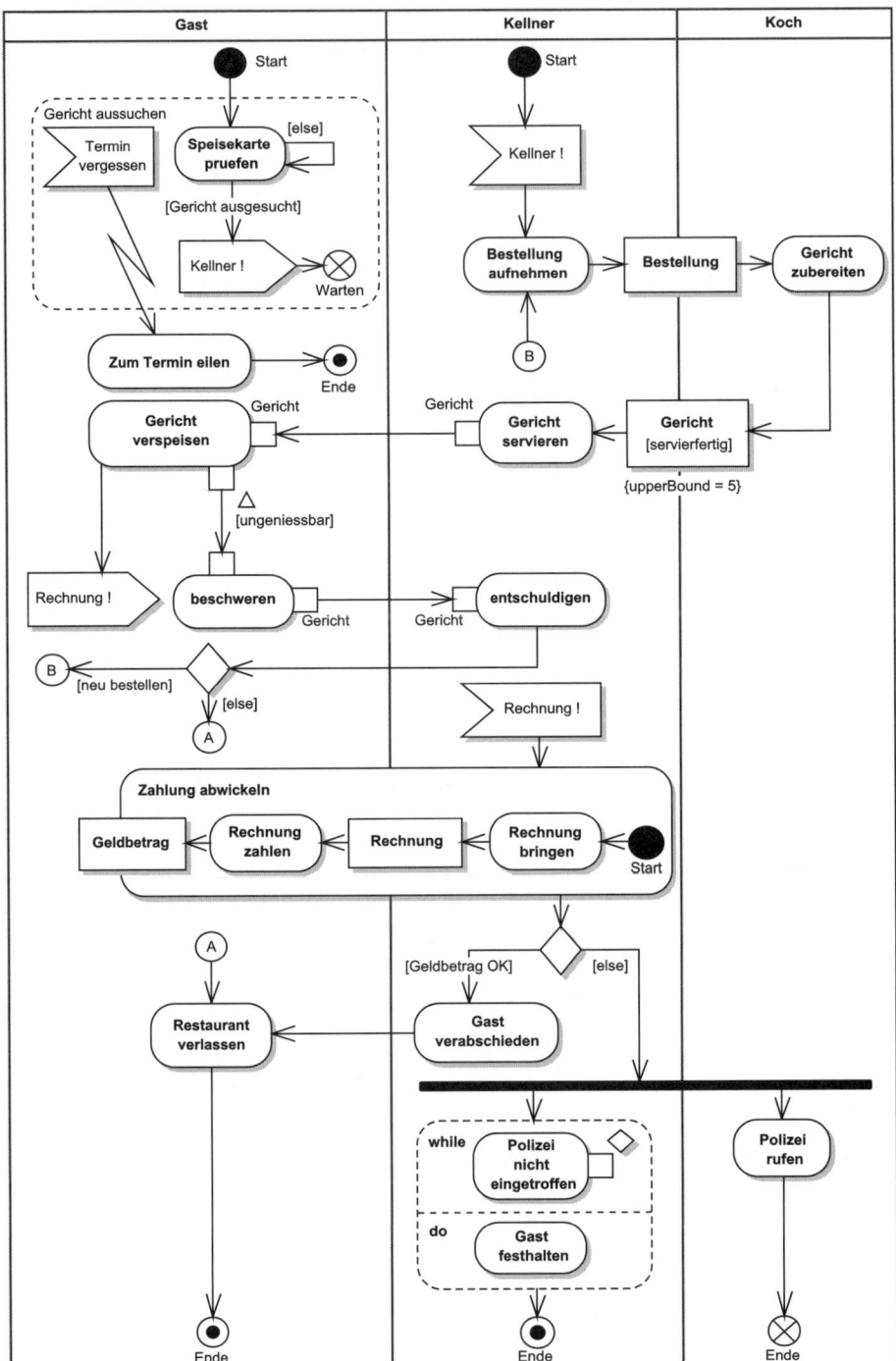

Abbildung 9.66 Ein Restaurantbesuch als Klassendiagramm

Der Gast prüft die Speisekarte solange, bis er ein Gericht ausgesucht hat, worauf er das Signal Kellner! aussendet (er ruft sozusagen nach dem Kellner). Erhält er währenddessen ein Signal Termin vergessen (er erinnert sich z. B. wieder daran oder erhält einen Anruf), wird das Aussuchen des Gerichts sofort abgebrochen und er muss zu einem Termin eilen, was den gesamten Restaurantbesuch beendet.

Erhält der Kellner das Signal Kellner!, nimmt er die Bestellung eines Gastes auf und leitet sie an den Koch weiter, der daraufhin ein Gericht zubereitet und es servierfertig dem Kellner zur Abholung bereitstellt. Maximal dürfen nur 5 Gerichte auf ihre Abholung warten.

Der Kellner serviert dem Gast sein Gericht, der es wiederum verspeist. Für gewöhnlich sendet der Gast hiernach das Signal Rechnung! an den Kellner. Realisiert der Gast jedoch, dass sein Gericht ungeniessbar ist, bricht er das Verspeisen ab, beschwert sich sofort beim Kellner und gibt das Gericht wieder zurück.

Dem Kellner bleibt nichts anderes übrig, als sich zu entschuldigen und dem Gast anzubieten, ein neues Gericht zu bestellen. Falls der Gast ein neues Gericht bestellen möchte, nimmt der Kellner erneut die Bestellung auf und der Ablauf wiederholt sich. Andernfalls verlässt der Gast das Restaurant.

Ist das Gericht genießbar, wird der Kellner das Signal Rechnung! empfangen, worauf er die Zahlung mit dem Gast abwickelt und als Ergebnis einen Geldbetrag empfängt. Nur wenn dieser OK ist, wird der Gast verabschiedet und verlässt anschließend das Restaurant. Andernfalls ruft der Koch die Polizei, während der Kellner den Gast festhält, bis die Polizei eingetroffen ist.

9.5   Irrungen und Wirrungen

Aktivitätsdiagramme stellen sehr viele Notationselemente zur Verfügung, was die Anzahl der möglichen Fehler bei ihrem Einsatz erhöht. Das folgende Diagramm stellt einige der häufigsten vor:

A: Unterbrechungskante verläßt den Unterbrechungsbereich bei Ausnahme nicht
Tritt eine Ausnahme innerhalb eines Unterbrechungsbereichs auf, werden jegliche darin enthaltene Aktivitäten abgebrochen. Der Unterbrechungsbereich muss verlassen werden.

B: Falsche Verwendung des Startknotens
Ein Startknoten darf nur ausgehende Kanten besitzen.

C: Nicht erfüllbare weight-Einschränkung
Der Objektknoten kann maximal 5 Objekte vom Typ Gericht aufnehmen. Die

weight-Angabe am zugehörigen Objektfluss spezifiziert gleichzeitig, dass mindestens 6 Gericht-Objekte beim Übergang zu Gericht servieren vorhanden sein müssen, was nicht erfüllt werden kann.

D: Unzulässige Objektübergabe

Die Aktion Gericht verspeisen erwartet ein Gericht als Eingangsparameter, bekommt von Gericht servieren jedoch Besteck übergeben.

E: Fehlende Fortsetzung des Kontrollflusses

Der Kontrollfluss aus der Aktion Gericht verspeisen wird nur fortgesetzt, falls eine Ausnahme auftritt. Wird die Aktion ordnungsgemäß beendet, fehlt ein ausgehender Kontrollfluss.

F: Fehlender Objektpin

Soll eine Objektübergabe modelliert werden, darf entweder ein Ausgangs- *und* Eingangspin *oder* ein Objektknoten verwendet werden. Ein Eingangspin alleine ist nicht ausreichend.

G: Nicht definierte Überwachungsbedingungen

Es ist zwar erlaubt, auf die Modellierung eines Entscheidungsknotens zu verzichten. Welche der ausgehenden Kontrollkanten ausgewählt wird, sollte jedoch erschöpfend und disjunkt mit Überwachungsbedingungen definiert werden.

Unterlässt man dies, wird der Kontrollfluss bei der Aktion fortgesetzt, die ihn als erste aufgreift, was nicht unbedingt vorhersagbar ist. Es könnte im gezeigten Beispiel also durchaus vorkommen, dass der Kellner sich endlos beim Gast entschuldigt.

Sollen parallele Abläufe modellieren werden, verwenden Sie eine Gabelung und Vereinigung.

H: Unbekannter Konnektor

Der verwendete Ausangskonnektor C besitzt keinen entsprechenden Eingangskonnektor. Der Ablauf kann nicht fortgesetzt werden.

I: Nicht erschöpfende Überwachungsbedingungen

Ist der Geldbetrag zu hoch, wird der Gast verabschiedet, ist er zu niedrig, wird die Polizei gerufen. Was passiert jedoch, wenn der Geldbetrag exakt die Rechnungshöhe hat?

J: Fehlender do-Bereich

Ein Schleifenknoten ohne einen Schleifenkörper iteriert, ohne irgendetwas zu tun und ist in den meisten Fällen nicht sehr sinnvoll.

K: Falsche Verwendung eines Endknotens

Der Kontrollfluss darf nur in einen Endknoten münden und kann ihn nicht wieder verlassen.

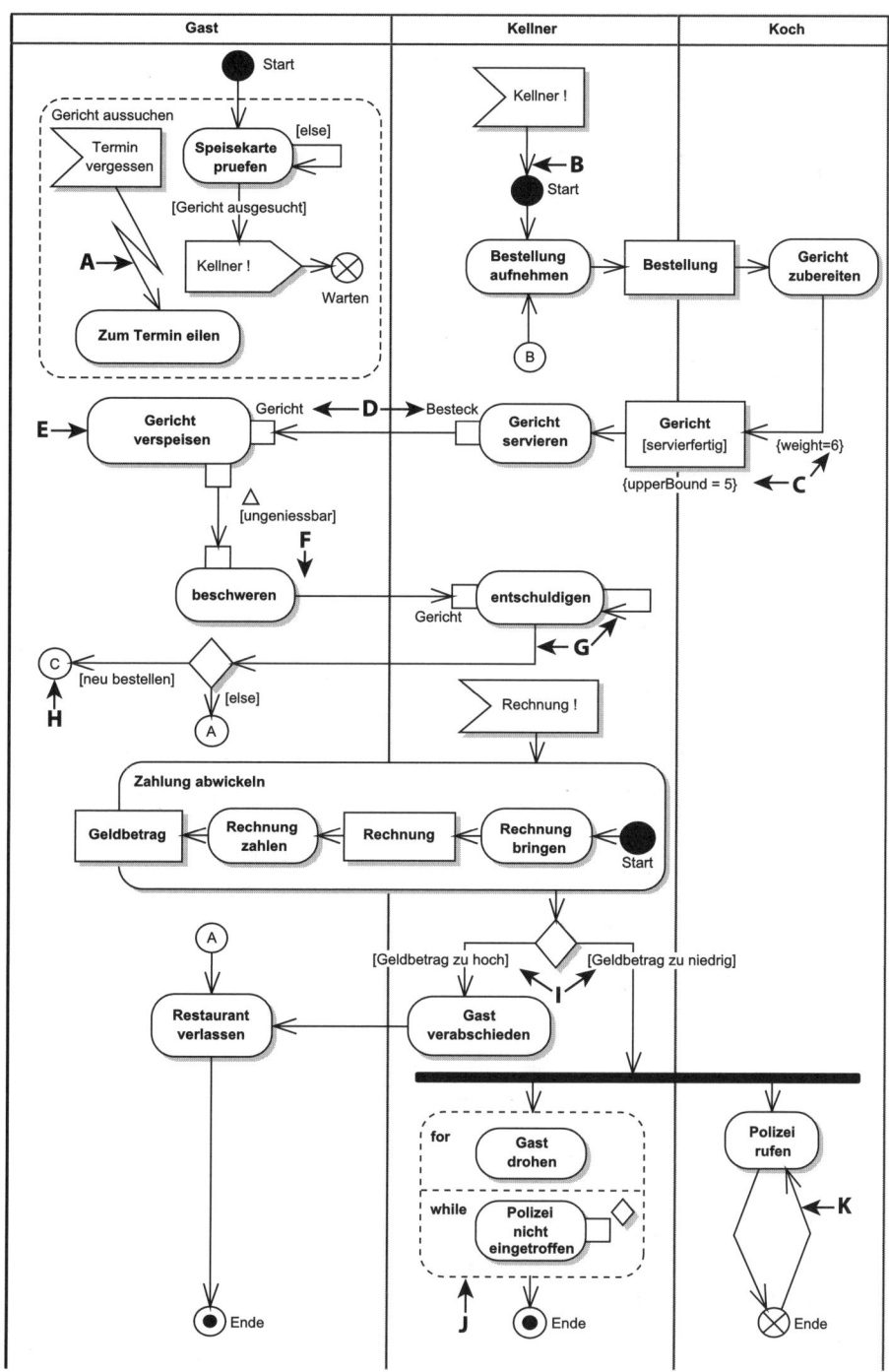

Abbildung 9.67 Ein fehlerhaftes Aktivitätsdiagramm

9.6   Zusammenfassung

Die wichtigsten Notationselemente von Aktivitätsdiagrammen rekapituliert die folgende Auflistung:

▶ Eine **Aktion** stellt die kleinste funktionale Einheit in Aktivitätsdiagrammen dar.

Abbildung 9.68   Aktion

▶ Der **Kontrollfluss** definiert die Ausführungsreihenfolge von Aktivitätsknoten.

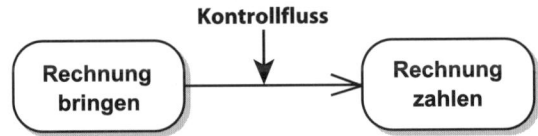

Abbildung 9.69   Kontrollfluss

▶ Aktionen können in **Aktivitäten** zu größeren Einheiten zusammengefasst werden.

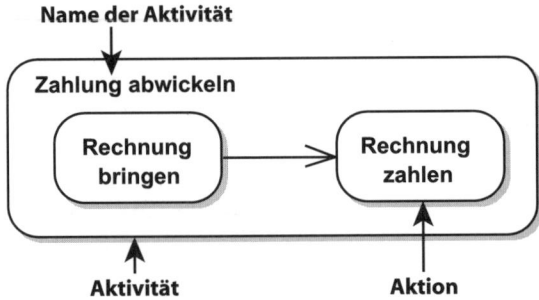

Abbildung 9.70   Aktivität

▶ **Aktivitätsbereiche** gruppieren Aktivitätsknoten zu Organisationseinheiten, und legen fest »wer was tun muss«.

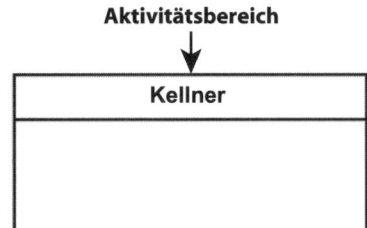

Abbildung 9.71   Aktivitätsbereich

▶ **Objektknoten** werden für den Datentransport zwischen einzelnen Aktivitätsknoten verwendet, der über den **Objektfluss** stattfindet.

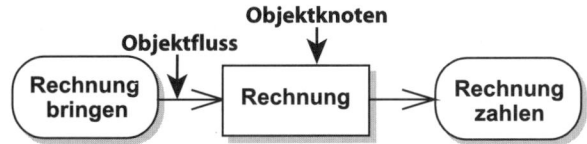

Abbildung 9.72   Objektknoten und Objektfluss

▶ Mit Hilfe der **Signal-Sendung** und des **Signal-Empfangs** kann das asynchrone Versenden und Empfangen von Nachrichten modelliert werden.

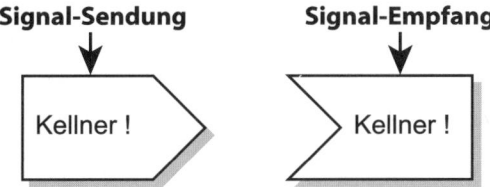

Abbildung 9.73   Signal-Sendung und -Empfang

▶ **Startknoten** legen den Beginn der Ausführung des Aktivitätsdiagramms fest, **Endknoten** das Ende.

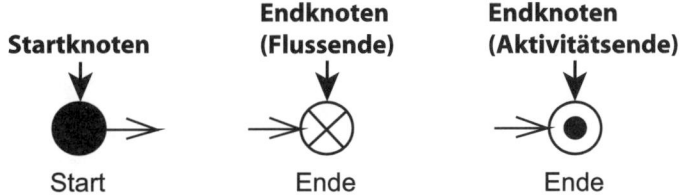

Abbildung 9.74   Start- und Endknoten

▶ Mit **Entscheidungs**- und **Verbindungsknoten** lassen sich alternative Abläufe und Schleifen definieren.

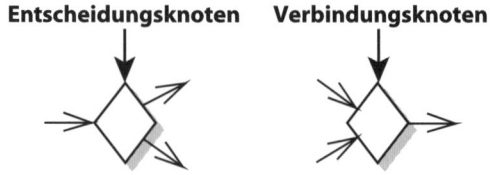

Abbildung 9.75 Entscheidungs- und Verbindungsknoten

▶ **Gabelungen** und **Vereinigungen** erlauben die Modellierung paralleler Abläufe.

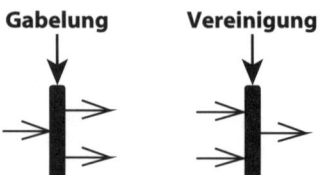

Abbildung 9.76 Gabelung und Vereinigung

▶ Eine kompakte Darstellung von Schleifen erlauben **Schleifenknoten**.

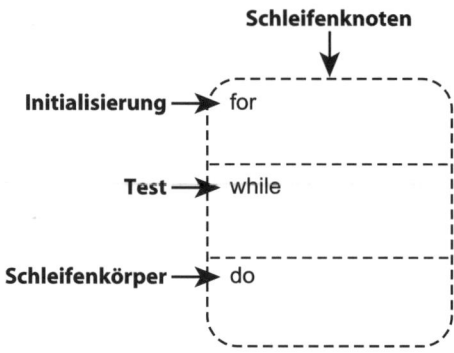

Abbildung 9.77 Schleifenknoten

▶ Mit **Bedingungsknoten** können alternative Abläufe kompakt modelliert werden.

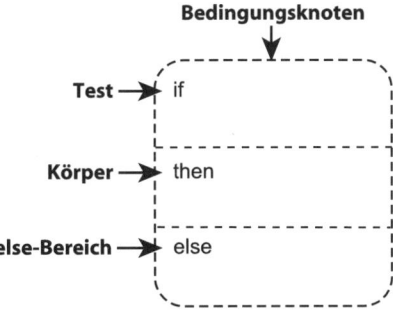

Abbildung 9.78 Bedingungsknoten

▶ **Unterbrechungsbereiche** umfassen Regionen von Aktivitätsdiagrammen, deren Ausführung unterbrochen werden kann.

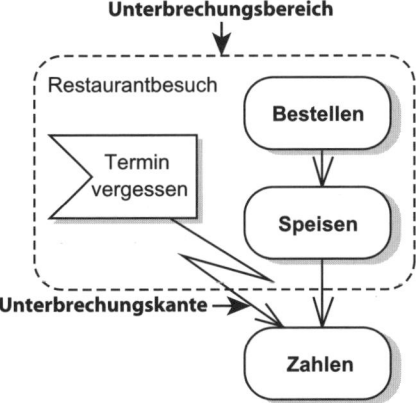

Abbildung 9.79 Unterbrechungsbereich

▶ Der Ablauf eines **Expansionsbereichs** wird für jedes in einer Kollektion übergebene Einzelelement wiederholt.

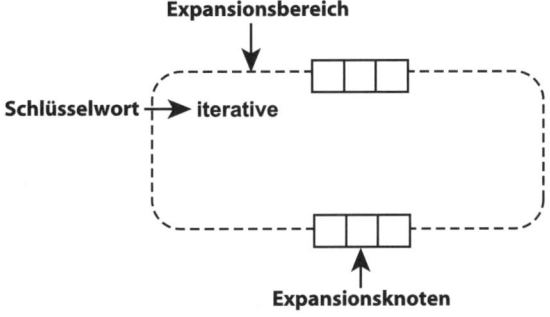

Abbildung 9.80 Expansionsbereich

Die möglichen Zustände, Zustandsübergänge, Ereignisse und Aktionen im »Leben« eines Systems, werden in einem Zustandsdiagramm modelliert. Zustandsdiagramme basieren auf dem Konzept der deterministischen, endlichen Automaten.

10   Zustandsdiagramm

10.1   Anwendungsbereiche

Zustandsdiagramme (engl. State Machine Diagrams) modellieren wie Aktivitätsdiagramme (siehe Kapitel 9) das dynamische Verhalten eines Systems. Im Gegensatz zu Aktivitätsdiagrammen, die ihren Fokus auf die Aktionen eines Systems legen, konzentrieren sich Zustandsdiagramme auf die Reaktionen eines Systems.

Aus diesem Grund eignen sich Zustandsdiagramme beispielsweise sehr gut zur Modellierung des Verhaltens von Benutzungsoberflächen, die üblicherweise nur auf Befehle von Benutzern reagieren und selbst keine eigenen Aktionen initiieren. Solche Diagramme werden als Verhaltens-Zustandsdiagramme bezeichnet.

Die Modellierung von Kommunikationsprotokollen, die Vorgaben über die Reihenfolge und Voraussetzungen von Kommunikationsschritten definieren, kann ebenfalls mit Zustandsdiagrammen durchgeführt werden. Die UML bezeichnet diese speziellen Zustandsdiagramme als Protokoll-Zustandsdiagramme.

Das Buch konzentriert sich auf die bei weitem am häufigsten verwendeten Verhaltens-Zustandsdiagramme und wird die Unterschiede zwischen den beiden Zustandsdiagrammarten am Ende des Kapitels behandeln.

Eingesetzt werden Zustandsdiagramme zumeist zur Ergänzung von Klassendiagrammen in der Analyse/Definitions- und Entwurf/Design-Phase, also dort, wo der »Lebensweg« von Objekten modelliert wird.

Jedes Objekt, das nach dem Bauplan einer Klasse erzeugt wurde, befindet sich jederzeit in einem bestimmten Zustand, der durch seine Attributwerte definiert ist. Während seiner Lebensdauer (von der Instanziierung bis zu seiner Destruktion) kann ein Objekt nur bestimmte sinnvolle Kombinationen von Attributwerten und somit Zuständen einnehmen, die mit Hilfe von Zustandsdiagrammen modelliert werden können.

In unterschiedlichen Zuständen reagiert ein Objekt auf dieselben Anfragen möglicherweise unterschiedlich. Mein Professor der Regelungstechnik brachte in seiner Vorlesung ein zutreffendes Beispiel von unterschiedlichen Reaktionen in unterschiedlichen Zuständen, das mir im Gedächtnis geblieben ist:

»Wenn mich jemand um 16 Uhr (Zustand: wach) fragt: »Wie viel ist 2+2?«, antworte ich: 4.

Ruft mich jemand um drei Uhr nachts an (Zustand: schlafend) und stellt mir dieselbe Frage, antworte ich: Ar...ch!«.

Zustandsdiagramme helfen solches Verhalten zu planen und vorherzusehen, so dass Ihnen nicht der Fehler unterläuft, Ihren Professor um drei Uhr nachts nach Lösungen von »komplexen« mathematischen Aufgaben zu fragen.

10.2 Übersicht

Die folgende Abbildung benennt die wichtigsten Notationselemente von Zustandsdiagrammen:

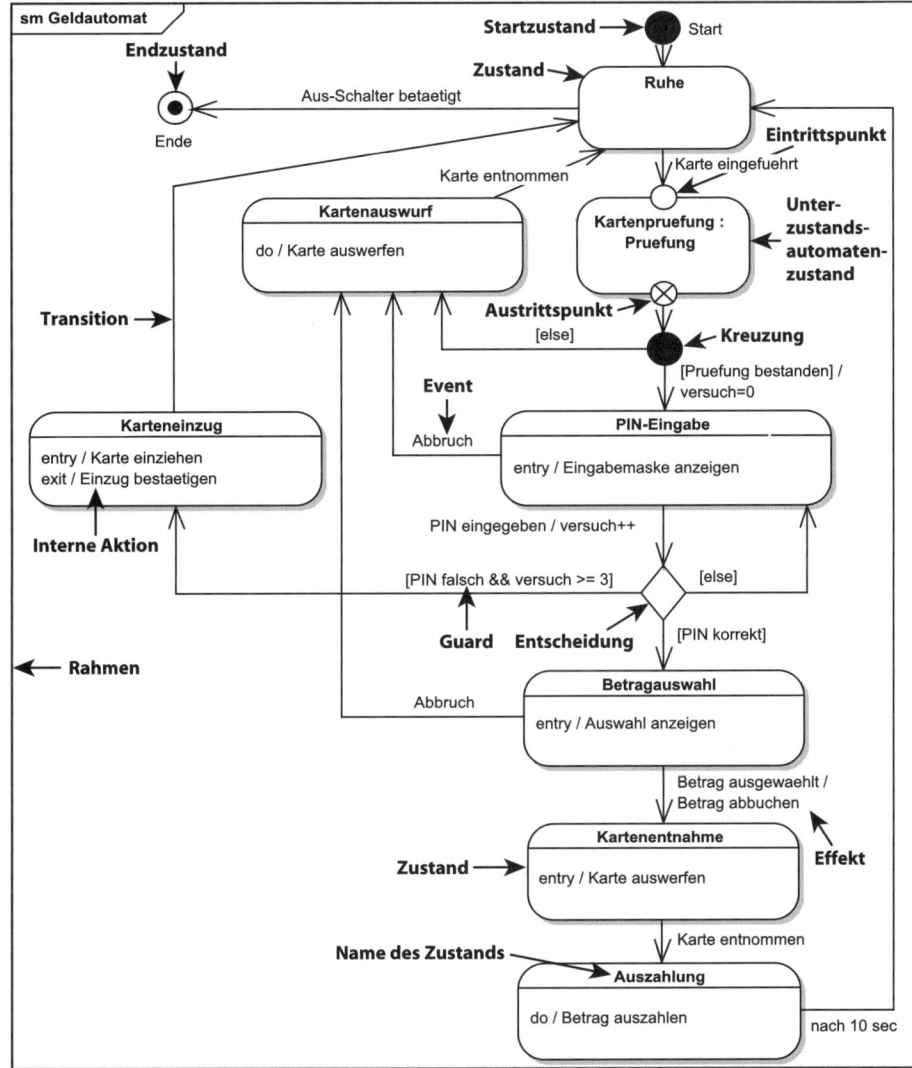

Abbildung 10.1 Notationselemente von Zustandsdiagrammen

10.3 Notationselemente

10.3.1 Zustand

Beschreibung

Ein **Zustand** (engl. SimpleState) modelliert eine **Situation**, in der gewisse, genau definierte Bedingungen gelten.

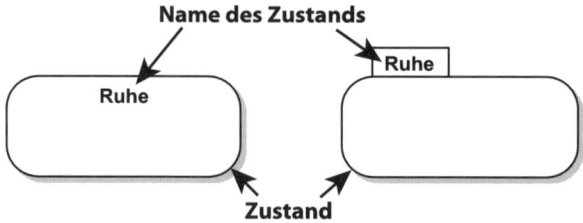

Abbildung 10.2 Zustand

Es kann sich dabei um eine statische Situation handeln, in der ein System beispielsweise auf eine Eingabe wartet, oder auch eine dynamische, wie z. B. die Ausführung einer Aufgabe.

Abbildung 10.2 zeigt beide von der UML bereitgestellten Darstellungsmöglichkeiten eines Zustands.

Der Zustand, in dem sich gerade ein Objekt befindet, wird als **aktiver Zustand** bezeichnet.

Verwendung

Modellieren Sie Zustände, um definierte Situationen im Leben eines Objekts darzustellen. In den meisten Zustandsdiagrammen ist es eine gute Idee, einen Ruhe-Zustand zu modellieren, in den das modellierte Objekt sofort nach dem Start wechselt.

Im Ruhe-Zustand kann ein Objekt verbleiben, bis ein definiertes Event eintritt, nach dem die »Arbeit« des Objekts beginnen soll. Das Objekt besitzt damit auch eine Art »Default«-Zustand, in den es jederzeit nach der Beendigung seiner Arbeit, nach einem Fehler oder einem »Reset« zurückkehren kann.

Realisierung in Java

Der aktuelle Zustand eines Objekts wird durch eine definierte Menge seiner Attributwerte festgelegt. Die Realisierung von Attributen wurde bereits in Kapitel 3 vorgestellt.

In den Abschnitten 10.3.9 und 10.3.10 sind zwei zusammenhängende Implementierungsbeispiele von Zustandsdiagrammen in Java bzw. C# enthalten, so dass auch im Folgenden auf die einzelne Darstellung der Implementierungsmöglichkeiten verzichtet wird.

10.3.2 Event und Transition

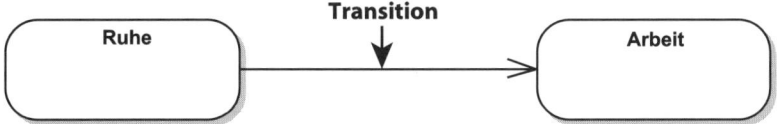

Abbildung 10.3 Transition

Beschreibung

Eine **Transition** (engl. Transition) ist eine gerichtete Beziehung zwischen zwei Zuständen und stellt einen **Zustandsübergang vom Quell- zum Zielzustand** dar.

So modelliert die Abbildung 10.3, dass nach dem Zustand Ruhe der Zustand Arbeit betreten wird.

Eine Transition wird durch so genannte Ereignisse (engl. Events) ausgelöst. In jedem aktiven Zustand, in dem sich ein Objekt während seines Lebens befindet, treffen unterschiedliche Events auf das Objekt ein. Das Objekt kann sie ignorieren oder darauf reagieren, indem es eine Aktion durchführt und/oder seinen Zustand ändert. Die Definition der Transition besteht aus den Bestandteilen **Event [Guard] / Effekt**, deren Details im Folgenden dargestellt werden:

▶ **Event**
   Die UML definiert fünf Arten von Events:

   ▷ **CallEvent**
      Repräsentiert den Empfang einer Anfrage, eine gewisse Operation durchzuführen. Der aktive Zustand reagiert darauf mit der Ausführung der geforderten Operation und einer eventuellen Transition in einen weiteren Zustand:

Abbildung 10.4 CallEvent

Wird im Zustand Ruhe die Operation arbeite aufgerufen, wechselt das Objekt in den Zustand Arbeit (siehe Abbildung 10.4).

▶ **SignalEvent**

Ein SignalEvent wird ausgelöst (man sagt auch: er »feuert«), wenn das Objekt im aktuellen Zustand ein asynchrones Signal empfängt (siehe auch Abschnitt 9.3.5):

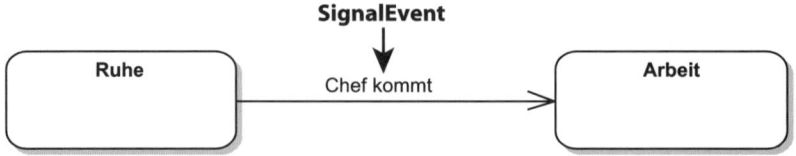

Abbildung 10.5 SignalEvent

Empfängt das Objekt im Zustand Ruhe das Signal Chef kommt, wechselt es in den Zustand Arbeit (siehe Abbildung 10.5).

▶ **ChangeEvent**

Ein ChangeEvent wird als ein boolescher Ausdruck mit einem vorange-stellten »when« notiert und wird ausgelöst, wenn sich einer oder mehrere Attributwerte des Objekts so ändern, dass der Wert des booleschen Aus-drucks von false nach true umschaltet:

Abbildung 10.6 ChangeEvent

Ändern sich im Zustand Ruhe die Attributwerte des Objekts so, dass sein Kontostand < 0 wird, wechselt es in den Zustand Arbeit (siehe Abbildung 10.6).

▶ **TimeEvent**

Ein TimeEvent definiert einen Zeitpunkt oder eine Zeitspanne, nach der die spezifizierte Reaktion stattfinden muss:

Abbildung 10.7 TimeEvent

Das Objekt führt in Abbildung 10.7 nach der Mittagspause sofort eine Transition in den Zustand Arbeit durch.

▶ **AnyReceiveEvent**

Die Reaktion auf ein AnyReceiveEvent wird bei allen eintreffenden Events ausgeführt, für die keine gesonderte Reaktion definiert ist. Ein AnyReceiveEvent wird mit dem Schlüsselwort all notiert:

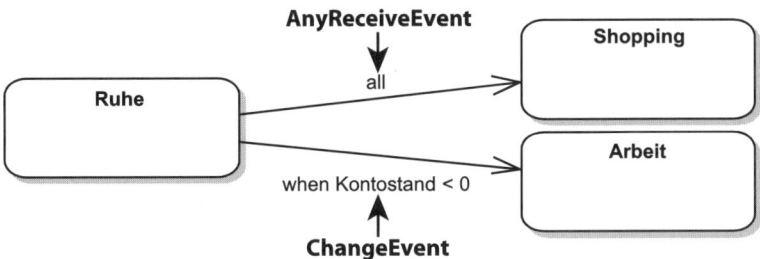

Abbildung 10.8 AnyReceiveEvent

Trifft der Event Kontostand < 0 ein, erfolgt eine Transition vom Zustand Ruhe in den Zustand Arbeit. Trifft ein beliebiges anderes Event ein (all), erfolgt ein Wechsel in den Zustand Shopping (siehe Abbildung 10.8).

Lösen Events dieselbe Transition aus, können sie, durch Kommas getrennt, hintereinander notiert werden (siehe Abbildung 10.9):

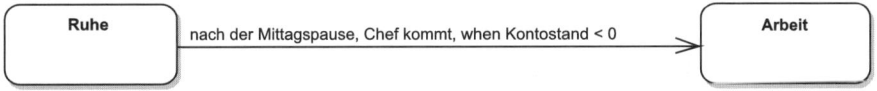

Abbildung 10.9 Mehrere Events an einer Transition

▶ **Guard**

Eine Transition wird nur ausgeführt, wenn ihr Guard zu true ausgewertet wird. Obwohl er ebenfalls mit einem booleschen Ausdruck notiert wird (eingeschlossen in eckigen Klammern), sollte er nicht mit dem ChangeEvent verwechselt werden. Es ist durchaus üblich, dass ein ChangeEvent eine Transition eigentlich triggert, sie aufgrund des Guards jedoch nicht ausgeführt wird:

Abbildung 10.10 Guard

In Abbildung 10.10 würde das Objekt eigentlich bei einem Kontostand < 0 vom Zustand Ruhe zu Arbeit wechseln. Hat es jedoch keine Lust zu Arbeiten, wird die Transition nicht ausgeführt.

▶ **Effekt**

Ein Effekt definiert Aktionen, die bei einer Transition ausgeführt werden und wird nach einem Schrägstrich notiert:

Abbildung 10.11   Effekt

Ist der Kontostand des Objekts kleiner als 0, führt es die Aktion Zur Arbeitsstelle gehen durch und wechselt danach in den Zustand Arbeit (siehe Abbildung 10.11).

Eine Sequenz von Aktionen während einer Transition kann auch auf die folgende Art notiert werden:

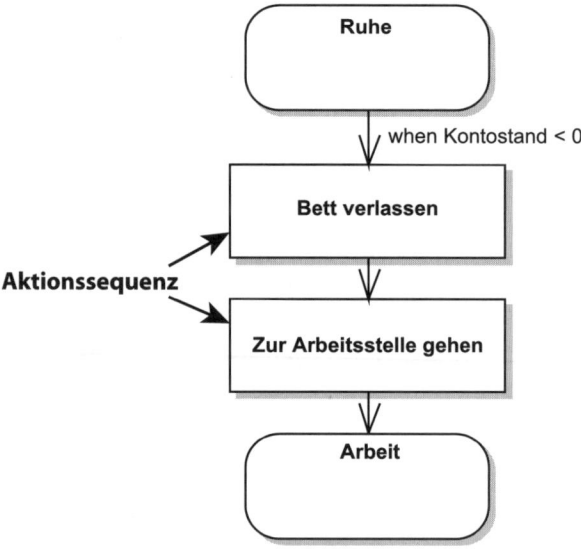

Abbildung 10.12   Aktionssequenz

Nachdem das Objekt realisisert hat, dass sein Kontostand < 0 ist, verläßt es laut dem Zustandsdiagramm aus Abbildung 10.12 sein Bett, geht zu seiner Arbeitsstelle und wechselt in den Zustand Arbeit.

Die UML erlaubt ebenfalls, während einer Transition Signale zu senden und zu empfangen (siehe auch Abschnitt 9.3.5):

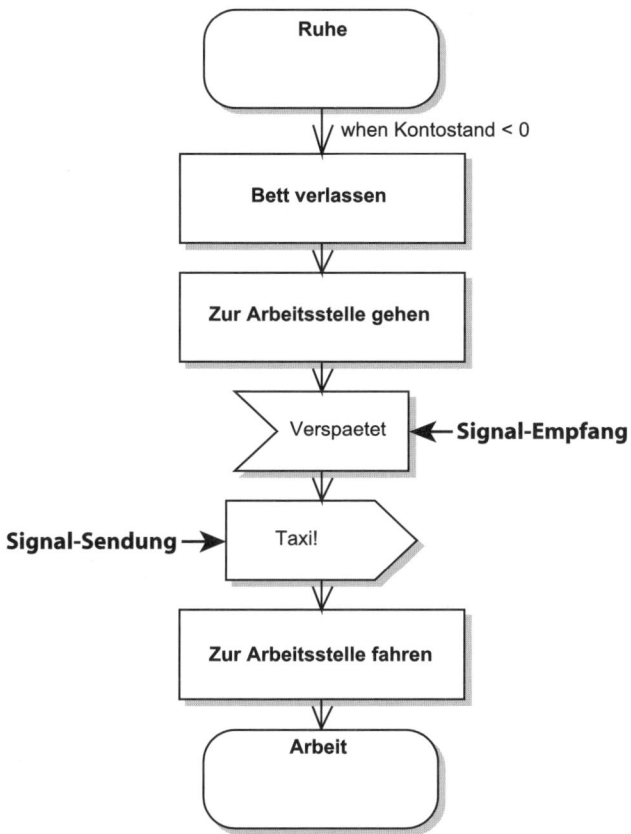

Abbildung 10.13 Signal-Sendung und Signal-Empfang

Nachdem das Objekt das Signal Verspaetet auf seinem Weg zur Arbeit empfangen hat, sendet es das Signal Taxi! und fährt zu seiner Arbeitsstelle (siehe
Abbildung 10.13).

Wie bereits zuvor erwähnt, definiert die UML unterschiedliche Arten von Reaktionen, die ein Objekt bei einem Event durchführen kann:

▶ **Ignorieren von Events**
Trifft ein Event auf einen aktiven Zustand, der keinerlei Definition enthält,
wie darauf reagiert werden soll, wird es konsumiert (es wird nicht aufbewahrt), löst jedoch keinerlei Reaktion aus.

▶ **Transition zu einem anderen Zustand**
Als Folge des Empfangs eines Events wird eine Transition zu einem anderen
Zustand durchgeführt.

▶ **Interne Aktionen**
Aufgrund eines Events wird lediglich eine Aktion ausgeführt, der Zustand wechselt nicht:

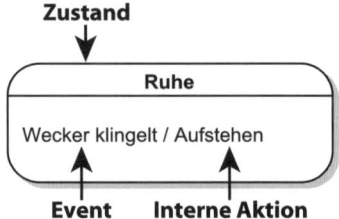

Abbildung 10.14 Interne Aktion

Trifft laut Abbildung 10.14 das Event `Wecker klingelt` auf den aktiven Zustand `Ruhe` ein, wird die Aktion `Aufstehen` ausgeführt, der Zustand wechselt jedoch nicht.

Die UML definiert zusätzlich drei spezielle Arten von internen Aktionen:

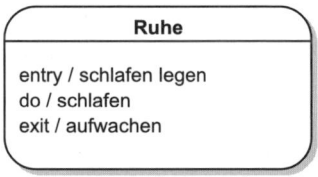

Abbildung 10.15 Spezielle interne Aktionen

▶ **entry**
Die Aktion wird beim Betreten des Zustands ausgeführt und zu Ende gebracht, bevor jegliche weitere Aktionen aufgerufen werden.

▶ **do**
Die Aktion startet nach dem Betreten des Zustands (und nach einer eventuellen `entry`-Aktion) und wird so lange ausgeführt, bis sie endet oder der Zustand wieder verlassen wird.

▶ **exit**
Vor dem Verlassen eines Zustands, jedoch nach der `entry`- oder auch `do`-Aktion, wird die `exit`-Aktion aufgerufen und vollständig abgearbeitet. Der Zustand kann erst hiernach verlassen werden.

▶ Abbildung 10.15 modelliert, dass beim Betreten des Zustandes `Ruhe` das Objekt sich `schlafen legt` (entry), es während des gesamten Zustands `schläft` und vor seinem Verlassen wieder `aufwacht`.

▶ **Verzögern von Events**

Ein bestimmtes Event kann verzögert (engl. defer) werden, falls im jeweiligen Zustand nicht darauf reagiert werden soll. Das Event wird aufbewahrt und bei jedem Zustandswechsel dem neuen Zustand angeboten, bis das Objekt einen Zustand erreicht, in dem das verzögerte Event eine Reaktion auslöst und das Event damit »verbraucht« wird:

Abbildung 10.16   Verzögerung eines Events

In Abbildung 10.16 wird das Event arbeite verzögert, wenn das Objekt keine Lust hat.

▶ **Selbst-Transition**

Die Transition erfolgt nicht zu einem anderen Zustand, sondern führt wieder zu ihrem Quellzustand zurück:

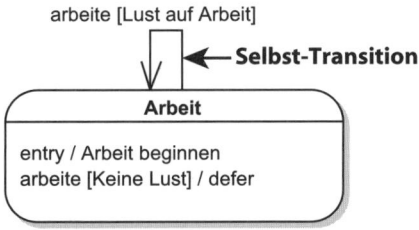

Abbildung 10.17   Selbst-Transition

Hat das Objekt im Zustand Arbeit beim Empfang des Events arbeite Lust auf Arbeit, wechselt es erneut in seinen Zustand Arbeit (siehe Abbildung 10.17).

Im Gegensatz zu einer internen Aktion wird der Zustand tatsächlich verlassen. Eventuell definerte exit- bzw. entry- Aktionen werden demnach beim Verlassen bzw. Wiederbetreten des Zustands ausgeführt.

Verwendung

Events und Transitionen erlauben die Modellierung des Verhaltens von Objekten als Reaktionen auf Einflüsse ihrer Umgebung. Wie eingangs dargestellt, kann ein Objekt in Abhängigkeit von seinem Zustand auf die gleichen Einflüsse unterschiedlich reagieren.

10.3.3   Startzustand, Endzustand und Terminator

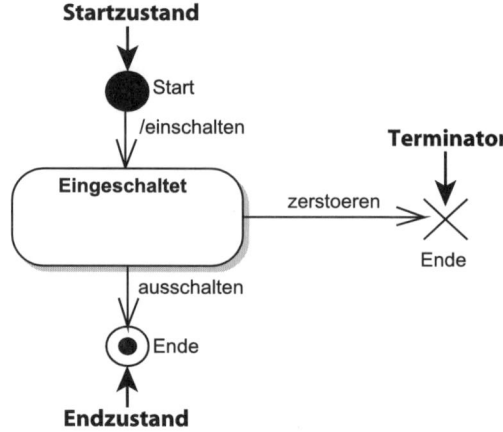

Abbildung 10.18   Startzustand, Endzustand und Terminator

Beschreibung

> Der **Startzustand** (engl. Initial) stellt den **Startpunkt** des Zustandsautomaten dar.

In einem Zustandsautomaten darf maximal ein Startzustand definiert werden. Nach der Instanziierung eines Objektes beginnt sein »Lebensweg« im Startzustand, wobei dieser sofort verlassen wird. Aus diesem Grund darf die Durchführung einer Transition aus einem Startzustand nicht durch Guards oder Events eingeschränkt werden. Die Durchführung einer Aktion ist gestattet.

> Die Ausführung einer **Region oder Ebene von Zuständen** ist bei Erreichen eines **Endzustands** (engl. FinalState) beendet.
>
> Die Ausführung eines ganzen **Zustandsautomaten** ist bei Erreichen eines **Terminators** (engl. Terminator) beendet.

Ein Zustandsautomat kann beliebig viele Endzustände und Terminatoren enthalten. Das Ende der Ausführung eines Zustandsautomaten markiert auch das »Lebensende« des Objekts, dessen Lebensweg der Zustandsautomat beschreibt.

Zustände können weitere Zustände oder Regionen enthalten (diese Fähigkeiten werden in den Abschnitten 10.3.5 und 10.3.6 detailliert behandelt). Bei Erreichen eines Endzustands wird nur die Ausführung der Region oder Ebene von Zuständen beendet, in der er sich befindet. Wird er in der höchsten Ebene modelliert, wird bei seinem Erreichen auch die Ausführung des gesamten Zustandsautomaten beendet.

Der Terminator hingegen beendet die Ausführung des gesamten Zustandsautomaten, unabhängig davon, in welcher Ebene oder Region er modelliert wird.

Verwendung

Durch den Einsatz von Start- und Endknoten können Sie den gewünschten Anfangszustand bzw. das Ausführungsende des Zustandsautomaten festlegen. Jeder vollständige Zustandsautomat muss einen Start- und mindestens einen Endknoten besitzen.

Der Terminator wird zumeist eingesetzt, um einen abrupten Abbruch zu erzwingen, was beispielsweise in schwerwiegenden Fehlerfällen wünschenswert sein kann.

10.3.4 Entscheidung und Kreuzung

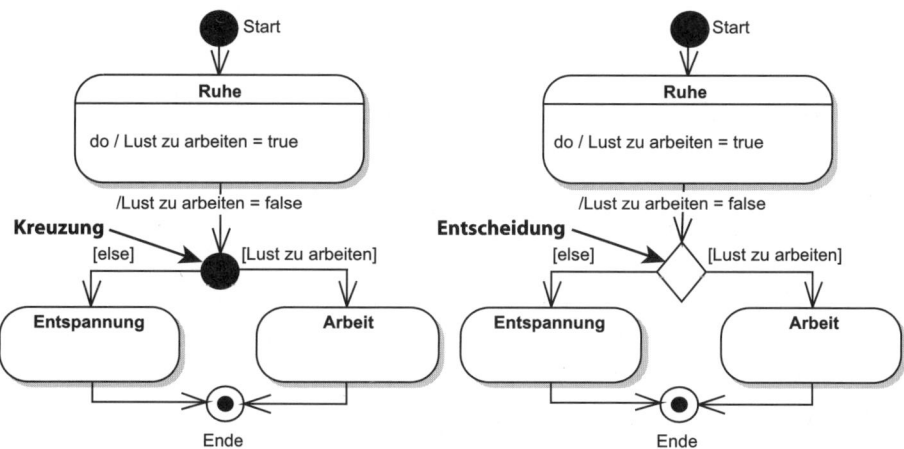

Abbildung 10.19 Entscheidung und Kreuzung

Beschreibung

Eine **Kreuzung** (engl. Junction) modelliert eine **Hintereinanderschaltung** von **Transitionen**.

Kreuzungen können verwendet werden, um mehrere eingehende Transitionen zu einer ausgehenden zu transformieren. Umgekehrt kann eine eingehende Transition in mehrere mit Guards überwachte Transitionen aufgeteilt werden, wodurch eine Art **statische Verzweigung** modelliert wird. »Statisch« bedeutet in diesem Fall, dass die Entscheidung über die ausgehende Transition bereits *vor dem Erreichen* der Kreuzung getroffen wird.

Entscheidungen (engl. Choices) modellieren **dynamische Verzweigungen**.

Eine eingehende Transition wird an einer Entscheidung in mehrere mit Guards überwachte Transitionen aufgeteilt. Im Unterschied zu einer Kreuzung (statisch) wird die ausgehende Transition dynamisch erst *beim Erreichen* der Entscheidung ausgewählt.

Der Unterschied zwischen einer statischen und dynamischen Entscheidung lässt sich anhand der Abbildung 10.19 verdeutlichen. Nach dem Start wird sowohl im rechten wie im linken Zustandsdiagramm im Zustand Ruhe das Attribut Lust zu arbeiten auf true gesetzt. Die ausgehende Transition setzt es wieder auf false.

Im rechten Zustandsdiagramm wird *zunächst* die ausgehende Transition ausgeführt, der Attributwert also auf false gesetzt, bevor an der Entscheidung die nächste Transition bestimmt wird. Der nächste Zustand würde hier Entspannung sein.

Im linken Zustandsdiagramm wird die Auswahl der nächsten Transition bereits beim Verlassen des Zustands Ruhe getroffen. Der Attributwert von Lust zu arbeiten ist an dieser Stelle noch true, so dass die Transition zum Zustand Arbeit gewählt wird.

Damit kann das linke Zustandsdiagramm auch wie in Abbildung 10.20 dargestellt notiert werden:

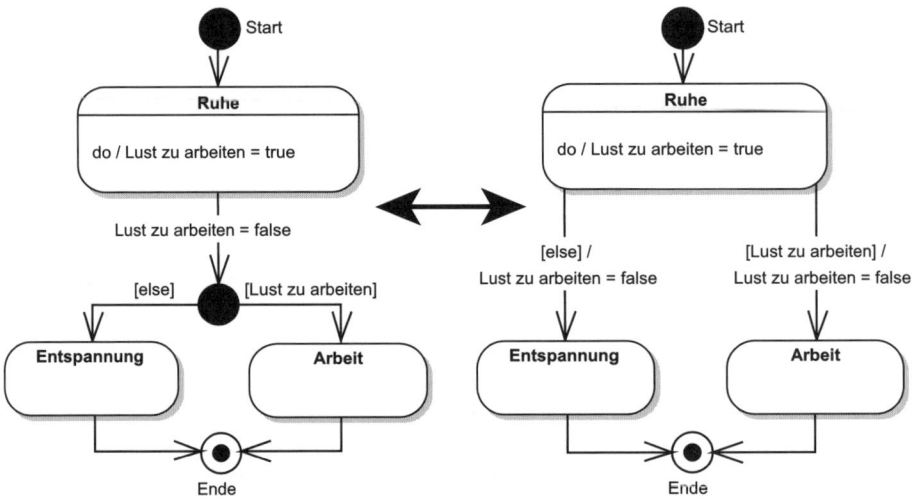

Abbildung 10.20　Ersetzung der Kreuzung durch äquivalente Transitionen

Die Zustandsdiagramme aus Abbildung 10.20 sind semantisch äquivalent.

Verwendung

Entscheidungen werden zur Modellierung alternativer »Lebenswege« eines Objekts eingesetzt. Achten Sie darauf, dass die Guards an den ausgehenden Transitionen die Übergangsbedingungen erschöpfend und disjunkt definieren. Ist dies nicht möglich oder zu aufwendig, fügen Sie einen Guard hinzu, der alle sonstigen Übergangsbedingungen zusammenfasst ([else]).

Kreuzungen können sowohl als dynamische Entscheidungen wie auch zur Zusammenfassung und Verzweigung von Transitionen verwendet werden. Ihre größten Vorteile offenbaren sich bei vielen sich kreuzenden Transitionen, deren Struktur durch den Einsatz von Kreuzungen deutlich vereinfacht wird:

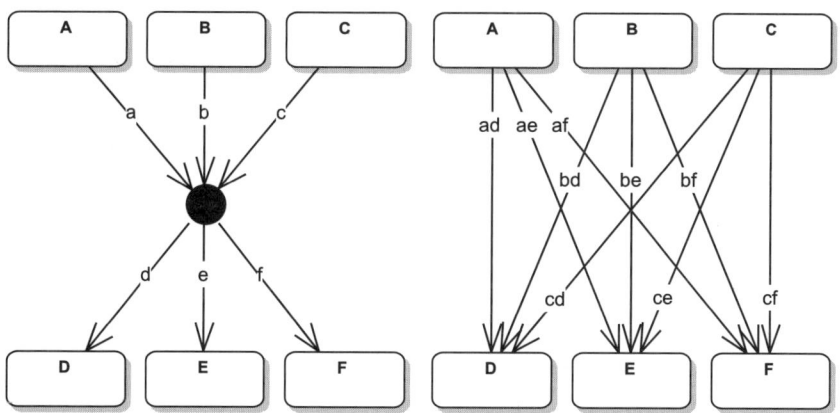

Abbildung 10.21   Vereinfachung der Transitionen durch Kreuzung

Beide Zustandsdiagramme aus Abbildung 10.21 drücken dasselbe aus. Die meisten Leser dürften jedoch das linke Zustandsdiagramm, in dem eine Kreuzung verwendet wird, als übersichtlicher und lesbarer empfinden.

10.3.5   Zusammengesetzter Zustand

Beschreibung

Zusammengesetzte Zustände (engl. Composite States) modellieren Hierarchien von Zuständen.

Abbildung 10.22 zeigt drei solche zusammengesetzte Zustände:

► Arbeit
   Dieser Zustand besteht aus einem Start- und Endzustand sowie den Zuständen Passiv und Aktiv. Der letztere wird sofort nach der Aktivierung des Zustands Arbeit betreten.

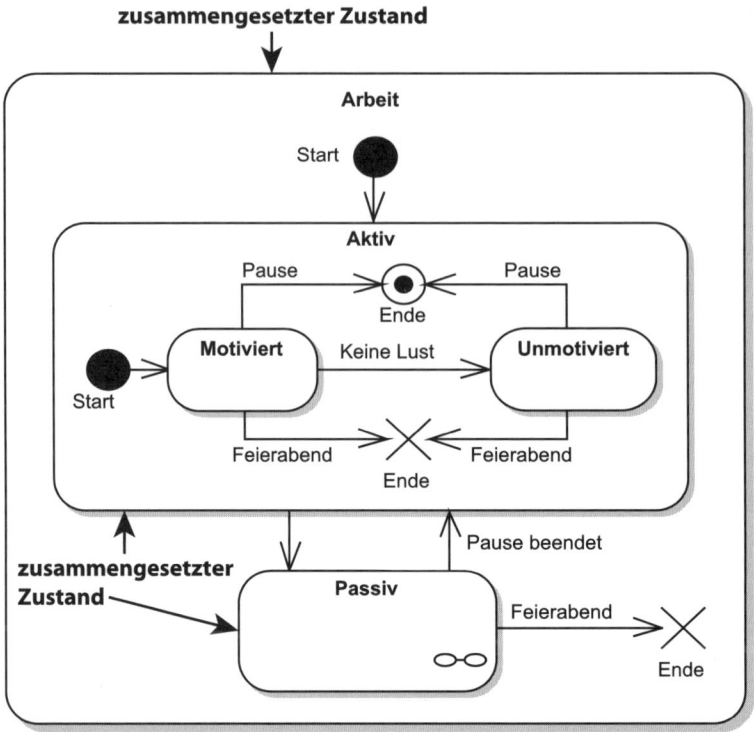

Abbildung 10.22 Zusammengesetzte Zustände

▶ `Aktiv`
Neben einem Start- und Endzustand und einem Terminator (siehe auch Abschnitt 10.3.3) beinhaltet `Aktiv` die Zustände `Motiviert` und `Unmotiviert`. Anhand dieses Beispiels wird der Unterschied zwischen einem Endzustand, der nur das Verlassen des Zustands `Aktiv` bewirkt, und einem Terminator, der das Verlassen des gesamten Zustandsautomaten veranlasst, noch deutlicher.

Unmittelbar nach dem Betreten des `Aktiv`-Zustands erfolgt eine Transition in den Zustand `Motiviert`. Hat das Objekt `Keine Lust`, wechselt es in den Zustand `Unmotiviert`. Beim Event `Feierabend` wird die Ausführung des gesamten Zustandsautomaten abgebrochen, bei `Pause` nur der Zustand `Aktiv` und es erfolgt eine Transistion in den Zustand `Passiv`.

▶ `Passiv`
`Passiv` ist ebenfalls ein zusammengesetzter Zustand, der weitere Unterzustände beinhaltet. Erkennbar ist dies an den zwei kleinen verbundenen Zuständen (»Versteckte Dekomposition«-Symbol). Seine inneren Zustände sind in diesem Diagramm ausgeblendet und müssen in einem separaten Zustandsdiagramm spezifiziert werden.

Wird in diesem Zustand das Event `Pause beendet` empfangen, erfolgt ein Wechsel in Zustand `Aktiv`, bei `Feierabend` wird die Ausführung des Zustandsautomaten beendet.

In einem hierarchischen Zustandsdiagramm, wie es durch zusammengesetzte Zustände entsteht, können mehrere Zustände, die in einer hierarchischen Beziehung zueinander stehen, gleichzeitig aktiv sein. Ist beispielsweise in Abbildung 10.22 der Zustand `Motiviert` aktiv, sind gleichzeitig alle Zustände, die in derselben hierarchischen Beziehung über ihm stehen, aktiviert (in diesem Fall `Aktiv` und `Arbeit`).

Ein zusammengesetzter Zustand kann auf fünf unterschiedliche Arten betreten werden (siehe Abbildung 10.23). Beachten Sie bitte, dass es sich hierbei um kein korrektes Zustandsdiagramm handelt, da es mehrere Startpunkte auf einer Ebene enthält. Es erfüllt jedoch seinen Zweck als anschauliches Beispiel):

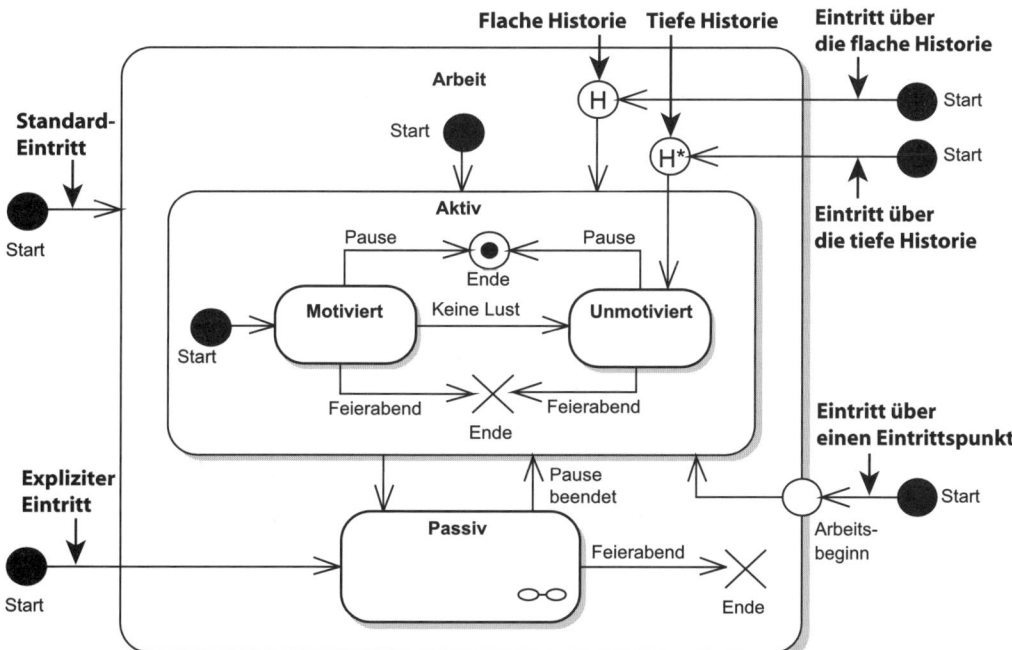

Abbildung 10.23 Fünf Arten, einen zusammengesetzten Zustand zu betreten

▶ **Standard-Eintritt** (engl. Default Entry)
Die Transition endet am Rand des zusammengesetzten Zustands, womit der modellierte Startzustand angesprungen und die Transition zum Zustand Aktiv durchgeführt wird.

▶ **Expliziter Eintritt** (engl. Explicit Entry)
Die Transition durchbricht den Rand des zusammengesetzten Zustands und führt direkt zu einem speziellen Unterzustand. Hierdurch wird der vorgegebene Startzustand umgangen und ein expliziter Unterzustand aktiv (im Beispiel der Abbildung 10.23: Passiv).

▶ **Eintritt über die flache Historie** (engl. Shallow History Entry)
Die Transition durchbricht den Rand eines zusammengesetzten Zustands und führt zum Notationselement der flachen Historie (ein H umgeben von einem Kreis). Wurde der zusammengesetzte Zustand bereits betreten, wird damit der letzte vor dem Verlassen des Zustands aktive Unterzustand *der obersten Ebene* betreten. In unserem Beispiel könnte dies Aktiv oder Passiv sein.

Bei erstmaligem Betreten des zusammengesetzten Zustands wird die von der flachen Historie ausgehende Transition ausgeführt.

▶ **Eintritt über die tiefe Historie** (engl. Deep History Entry)
Die Transition durchbricht den Rand eines zusammengesetzten Zustands und führt zum Notationselement der tiefen Historie (ein H* umgeben von einem Kreis). Wurde der zusammengesetzte Zustand bereits betreten, wird damit der letzte vor dem Verlassen des Zustands aktive Unterzustand *der tiefstmöglichen Ebene* betreten. In unserem Beispiel könnte dies Motiviert, Unmotiviert oder einer der nicht gezeigten Unterzustände von Passiv sein.

Bei erstmaligem Betreten des zusammengesetzten Zustands wird die von der tiefen Historie ausgehende Transition ausgeführt.

Flache und tiefe Historie stellen damit eine Art Gedächtnis von Zustandsautomaten dar.

▶ **Eintritt über einen Eintrittspunkt** (engl. Entry Point Entry)
Die Transition endet am Eintrittspunkt eines zusammengesetzten Zustands, womit die den Eintrittspunkt verlassende Transition ausgeführt wird (in Abbildung 10.23 zum Zustand Aktiv).

Umgekehrt ist es erwartungsgemäß auch möglich, einen zusammengesetzten Zustand auf unterschiedliche Arten zu verlassen:

▶ **Austritt über Endzustand**
Der Endzustand beendet lediglich die Ausführung des ihn enthaltenden zusammengesetzten Zustands.

In Abbildung 10.24 kann der Unterzustand Aktiv durch den Endzustand Ende beendet werden. Daraufhin wird die Transition zum Zustand Passiv ausgeführt.

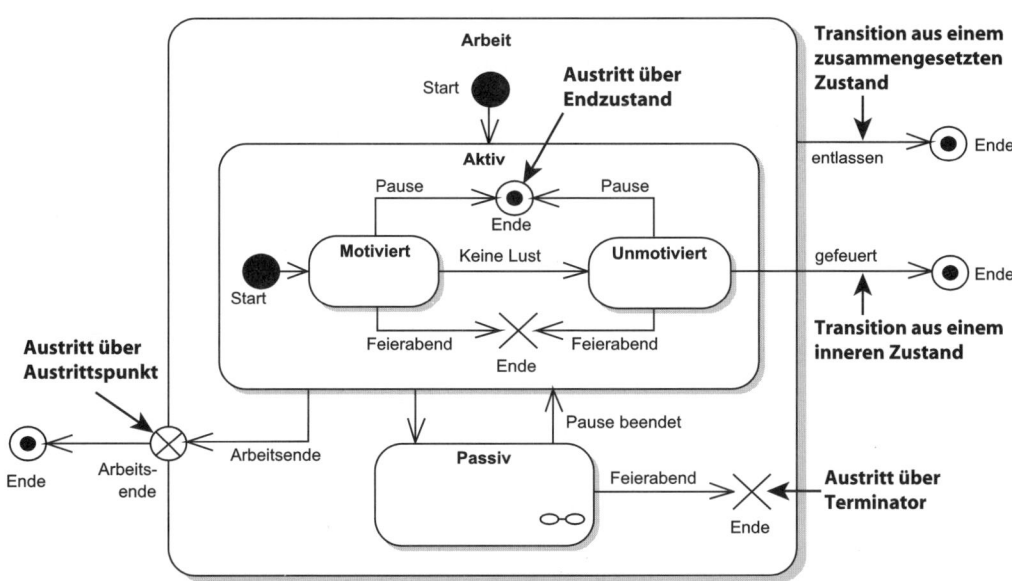

Abbildung 10.24   Fünf Arten, einen zusammengesetzten Zustand zu verlassen

▶ **Austritt über Terminator**
Durch den Terminator wird jeder Zustand »verlassen«, da die Ausführung des gesamten Zustandsautomaten beendet wird und damit der modellierte Lebensweg des Objekts endet.

▶ **Transition aus einem zusammengesetzten Zustand**
Empfängt ein zusammengesetzter Zustand ein Event, das eine ausgehende Transition aktiviert, werden die inneren Zustände und der zusammengesetzte Zustand verlassen.

Der Zustand `Arbeit` aus Abbildung 10.24 wird bei Empfang des Events `entlassen` verlassen.

▶ **Transition aus einem inneren Zustand**
Empfängt ein innerer Zustand ein Event, das eine Transition aktiviert, die ausserhalb des zusammengesetzten Zustands führt, wird dieser ebenfalls verlassen.

In Abbildung 10.24 reagiert der Zustand `Unmotiviert` auf das Event `gefeuert` mit dem Verlassen des gesamten zusammengesetzten Zustands `Arbeit`.

▶ **Austritt über Austrittspunkt** (engl. Exit Point Exit)
Nach der Ausführung einer Transition zu einem Austrittspunkt des zusammengesetzten Zustands wird dieser verlassen und die vom Austrittspunkt ausgehende Transition ausgeführt (in Abbildung 10.24 zum Endzustand `Ende`).

311

Verwendung

Zusammengesetzte Zustände erlauben Ihnen ein und dasselbe Zustandsdiagramm mit unterschiedlichen Abstrahierungsgraden zu modellieren. Ausgehend von einer groben Sicht auf das Zustandsdiagramm kann es in iterativen Schritten verfeinert und detailliert werden.

Das »Ausblenden« von internen Zuständen ermöglicht andersherum auch das Herauszoomen aus dem Diagramm.

10.3.6 Region

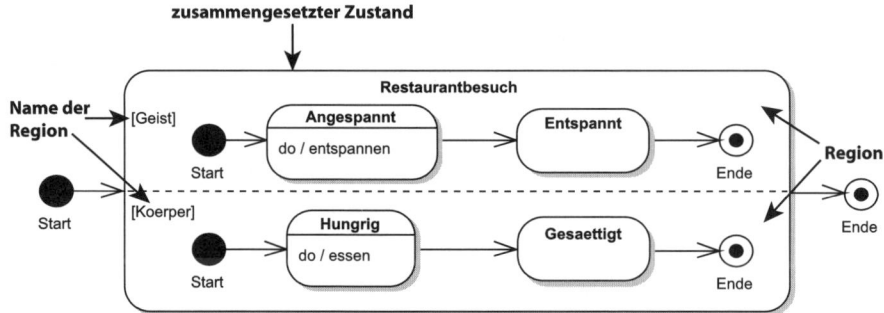

Abbildung 10.25 Region

Beschreibung

Regionen (engl. Regions) **teilen** zusammengesetzte Zustände oder ganze Zustandsautomaten **in disjunkte Bestandteile** auf.

Jede Region kann einen eigenen Start- und mehrere eigene Endzustände haben. Wird eine Region betreten, werden standardmäßig alle Startzustände aktiv und führen nebenläufig die modellierten Transitionen zu den nachfolgenden Zuständen durch (Transitionen zwischen unterschiedlichen Regionen sind verboten).

Endzustände bewirken das Verlassen der jeweiligen Region, in der sie sich befinden. Der gesamte zusammengesetzte Zustand oder Zustandsautomat wird nur verlassen, nachdem alle Regionen ihre Endzustände erreicht haben. Erreicht eine der Regionen jedoch einen Terminator, wird der gesamte Zustandsautomat oder zusammengesetzter Zustand verlassen.

Abbildung 10.25 modelliert einen Zustand Restaurantbesuch mit zwei Regionen, die mit den optionalen Namen Geist und Koerper ausgezeichnet sind.

Nach dem Aktivieren des orthogonal zusammengesetzten Zustands, wie ein Zustand mit Regionen auch bezeichnet wird, befindet sich der Geist im Zustand

Angespannt. Nachdem er sich entspannt hat, wechselt er in den Zustand
Entspannung und erreicht den Endzustand seiner Region.

Parallel hierzu wechselt der Koerper in den Zustand Hungrig, in dem die andau-
ernde Aktion essen ausgeführt wird, wonach der Zustand Gesaettigt und
anschließend der Endzustand der Region erreicht wird.

Das Betreten und Verlassen von Regionen kann ebenfalls mit Hilfe von **Gabelungen** (engl. Fork) und **Vereinigungen** (engl. Join, siehe auch Abschnitt 9.3.9)
notiert werden:

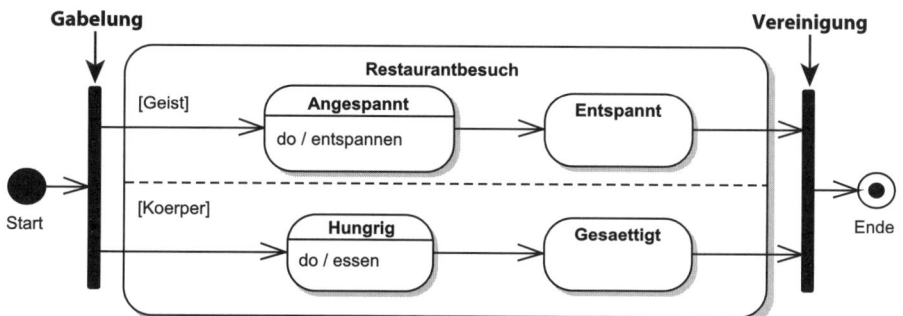

Abbildung 10.26   Gabelung und Vereinigung

Die Abbildungen 10.25 und 10.26 sind semantisch äquivalent.

Verwendung

Mit Hilfe von Regionen können gleichzeitig auftretende Zustände eines Objekts
modelliert werden. Am häufigsten wird davon bei der Zustandsmodellierung
von inneren Bestandteilen von Klassen Gebrauch gemacht.

10.3.7   Rahmen eines Zustandsautomaten

Beschreibung

Ein **Zustandsautomat** kann **von einem Rahmen** (engl. Frame) **umfasst** und
benannt werden. Das Kürzel **sm** steht für StateMachine, die englische Bezeichnung für einen Zustandsautomaten.

Durch die Umrahmung und Benennung ermöglicht man die Referenz des
Zustandsautomaten in weiteren Zustandsautomaten.

Hierzu können statt Start- und Endzuständen **Eintritts- und Austrittspunkte**
(engl. Entry Point/Exit Point) definiert werden, wodurch die Folge der Transitionen für die Wiederverwendung noch klarer wird (siehe Abbildung 10.28).

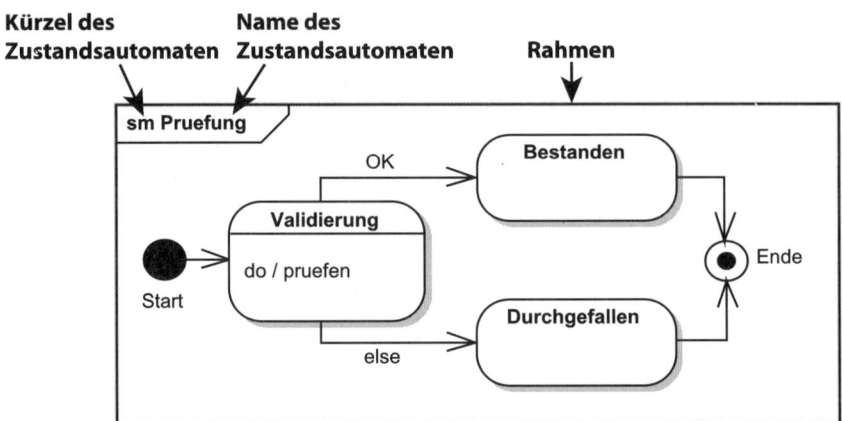

Abbildung 10.27   Rahmen eines Zustandsautomaten

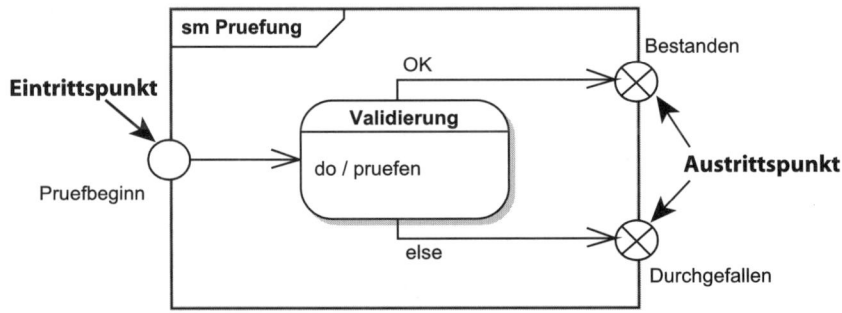

Abbildung 10.28   Zustandsautomat mit Eintritts- und Austrittspunkten

Der Zustandsautomat `Pruefung` wird durch den Eintrittspunkt `Pruefbeginn` betreten (siehe Abbildung 10.28). Verlassen wird er entweder über den Austrittspunkt `Bestanden` oder `Durchgefallen`.

Nun kann der Zustandsautomat sehr einfach wiederverwendet werden (siehe Abbildung 10.29).

Der wiederverwendete Zustandsautomat wird als ein einfacher Zustand modelliert und über Eintritts- bzw. Austrittspunkte betreten und wieder verlassen (siehe Abbildung 10.29). Hinter seiner Zustandsbezeichnung wird durch einen Doppelpunkt getrennt der Name des Zustandsautomaten notiert, der wiederverwendet wird. Die Notation deutet damit auf eine Art Instanziierung eines Zustandsautomaten hin, wie sie bereits aus Klassen (siehe Kapitel 2) und Objekten (siehe Kapitel 3) bekannt sein dürfte.

Zustände, die einen Zustandsautomaten wiederverwenden, werden auch als **Unterzustandsautomatenzustände** (engl. Submachine States) bezeichnet.

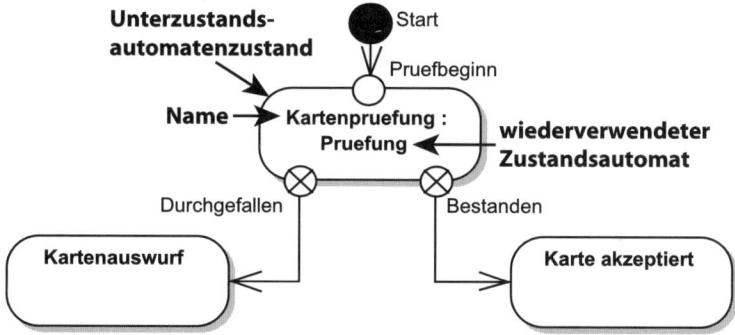

Abbildung 10.29 Unterzustandsautomatenzustand

Verwendung

Zustandsdiagramme können in der UML konsistent in weiteren Zustandsdiagrammen wiederverwendet werden. Man erreicht dies durch die Modellierung
von Rahmen, Eintritts- und Austrittspunkten und Unterzustandsautomatenzu-
ständen.

Die Verwendung von Unterzustandsautomaten strukturiert das Modell hierarchisch auf unterschiedlichen Abstraktionsstufen und macht es überschaubarer,
lesbarer und verständlicher.

10.3.8 Generalisierung/Spezialisierung

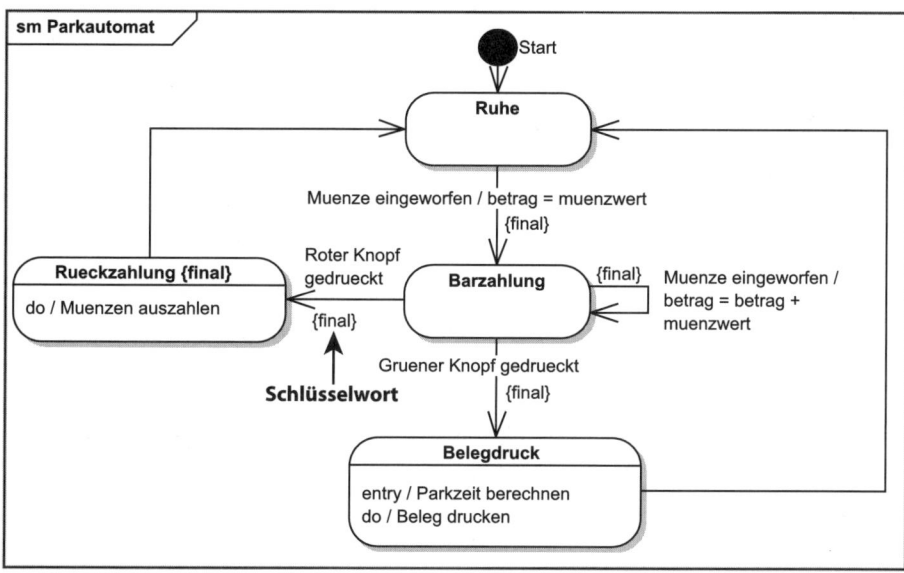

Abbildung 10.30 Einfacher Parkautomat

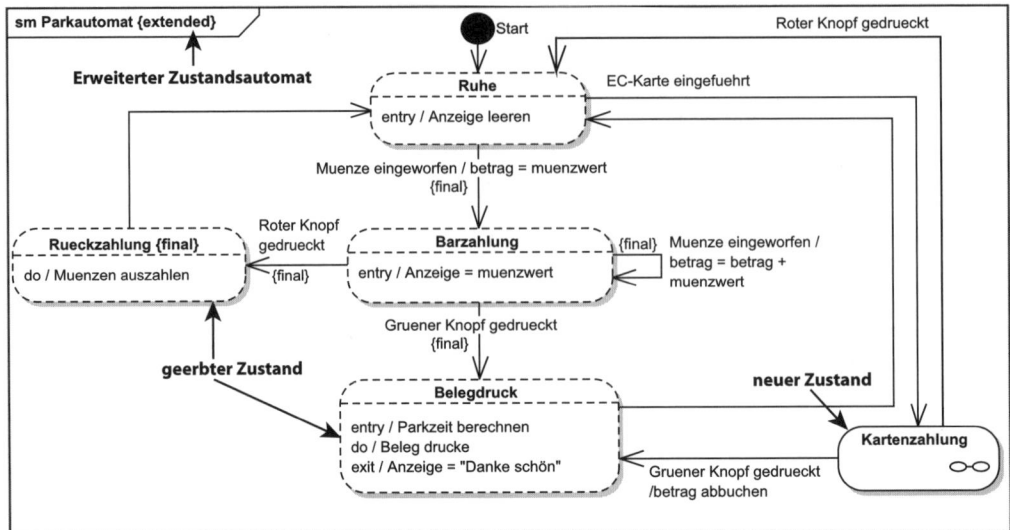

Abbildung 10.31   Erweiterter Parkautomat

Beschreibung

Zustandsdiagramme können **generalisiert** und **spezialisiert** werden (siehe auch Abschnitt 2.3.12).

Ein spezialisierendes Zustandsdiagramm erbt alle Elemente des generalisierenden Zustandsdiagramms und darf weitere Elemente (Regionen, Zustände, Transitionen) hinzufügen bzw. neu definieren, wobei die folgenden Regeln einzuhalten sind:

▶ Ein einfacher Zustand kann zu einem zusammengesetzten Zustand oder durch Regionen erweitert werden.

▶ Zustände und Transitionen einer Region können durch neue Zustände und Transitionen ersetzt werden.

▶ Neue Zustände und Transitionen können hinzugefügt werden.

▶ Ein zusammengesetzter Zustand kann durch weitere Unterzustände oder Regionen erweitert werden.

▶ Einem zusammengesetzten Zustand können Ein- und Austrittspunkte hinzugefügt werden.

▶ Ein Unterzustandsautomatenzustand kann durch einen Unterzustandsautomatenzustand ersetzt werden, der die selben Eintritts- und Austrittspunkte besitzt (weitere dürfen hinzugefügt werden).

▶ Der Zielzustand einer bestehenden Transition kann im spezialisierenden Zustandsdiagramm verändert werden, ihr Quellzustand und Event nicht.

▶ Zustände, Transitionen und Regionen, die durch Spezialisierung nicht mehr überschrieben und verändert werden sollen, müssen mit dem Schlüsselwort {final} gekennzeichnet werden.

Die Abbildungen 10.30 und 10.31 zeigen ein Beispiel der Spezialisierung von ganzen Zustandsdiagrammen.

Das Zustandsdiagramm aus Abbildung 10.30 modelliert einen einfachen Parkautomaten, der einige seiner Elemente mit {final} und damit nicht veränderbar markiert.

Nach dem Start befindet er sich zunächst im Ruhe-Zustand. Sobald eine Muenze eingeworfen wird, merkt er sich den betrag und wechselt in den Zustand Barzahlung, in dem so lange Muenzen eingeworfen werden können, bis der Benutzer einen roten Knopf, gleichzusetzen mit einem Abbruch, oder einen gruenen Knopf drückt, der als Bestätigung aufgefasst wird.

Wird der rote Knopf gedrückt, erfolgt eine Auszahlung der bisher eingeworfenen Münzen. Nach der Betätigung des grünen Knopfs berechnet der Parkautomat die bezahlte Parkzeit, druckt einen Beleg aus und wechselt wieder in den Ruhe-Zustand.

Das Zustandsdiagramm aus Abbildung 10.31 spezialisiert den Parkautomaten aus Abbildung 10.30, was am Schlüsselwort {extended} erkennbar ist. Die geerbten Zustände können an ihrem gestrichelten Rand erkannt werden.

Der Zustand Rueckzahlung ist unverändert übernommen worden (er hätte auch aufgrund des {final}-Schlüsselwortes auch nicht verändert werden dürfen), wohingegen die Zustände Ruhe, Barzahlung und Belegdruck um die Aufgabe, eine Anzeige zu verwalten, erweitert worden sind. Der Parkautomat ist mit Hilfe des neu hinzugefügten zusammengesetzten Zustands Kartenzahlung um die Fähigkeit bereichert worden, die Parkgebühr mit einer EC-Karte zu begleichen.

Verwendung

Die Spezialisierung von Zustandsautomaten erlaubt, vollständig definierte Lebensabläufe wiederzuverwenden. Häufig werden bewusst kleinere Lebensabschnitte von Objekten in eigenen Zustandsdiagrammen modelliert, um sie konsistent im gesamten Softwareprojekt und darüber hinaus wiederzuverwenden. Typische Kandidaten hierfür sind beispielsweise Prüfungen von Objekten oder auch die Modellierung einer Benutzerführung.

10.3.9 Zustandsdiagramm in Java

In den vorangegangenen Kapiteln wurden bereits alle Sprachkonstrukte einzeln vorgestellt, um einen Zustandsdiagramm in Java implementieren zu können. Aus diesem Grund soll Ihnen in diesem Kapitel ein zusammenhängendes Beispiel eine Möglichkeit der Realisierung von Zustandsdiagrammen in Java präsentieren.

Als Umsetzungsvorschrift soll der generelle Parkautomat aus Abschnitt 10.3.8 verwendet werden, der für dieses Beispiel näher an der Implementierung modelliert wird:

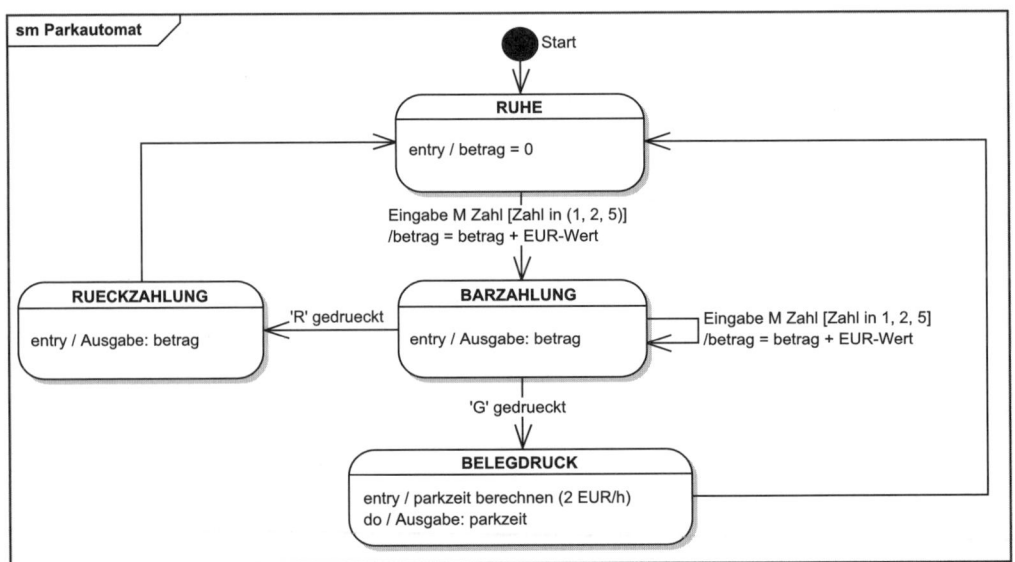

Abbildung 10.32 Beispiel-Parkautomat

Nach dem Start des Parkautomaten aus Abbildung 10.32 wechselt er sofort in den RUHE-Zustand, wo betrag zunächst auf 0 gesetzt wird. Der betrag wird nach der Eingabe eines M (für »Münze«) und darauffolgender 1, 2 oder 5 erhöht und eine Transition in den Zustand BARZAHLUNG durchgeführt, wo der betrag zunächst ausgegeben wird.

Jede weitere Eingabe einer M1, M2 oder M5 erhöht den betrag um den entsprechenden Wert. Ein 'R' (für »Rot«) bricht den Zustand ab und erzwingt einen Übergang zu RUECKZAHLUNG, wo der betrag ausgegeben wird und ein anschließender Wechsel in den RUHE-Zustand stattfindet.

Nach einem 'G' (»Grün«) erfolgt eine Transition zum Zustand BELEGDRUCK, der die parkzeit berechnet, sie ausgibt und unmittelbar in den RUHE-Zustand übergeht.

Zusätzlich (nicht modelliert) soll bei jedem Eintritt in einen Zustand sein Name ausgegeben werden, um den Parkautomaten einfacher bei seiner Arbeit beobachten zu können.

Ein Event wird als eine eigenständige Klasse realisiert, die sowohl eine Nachricht (msg) wie auch einen Wert (value) aufnehmen kann:

```java
class Event
{
  public char msg;
  public int value;
  public Event(char m, int v)
  {
    msg = m;
    value = v;
  }
}
```

Listing 10.1 Buch-CD: /beispiele/java/kap10/kap_10_3_9/Event.java

Auch der Parkautomat wird als eine eigenständige Klasse umgesetzt:

```java
class Parkautomat
{
A private final int RUHE        = 0;
  private final int BARZAHLUNG   = 1;
  private final int RUECKZAHLUNG = 2;
  private final int BELEGDRUCK   = 3;

B private int ZUSTAND;
  private int betrag;

C private BufferedReader buffReader;
  [...]
}
```

Listing 10.2 Buch-CD: /beispiele/java/kap10/kap_10_3_9/Parkautomat.java

A: Alle möglichen Zustände, die der Parkautomat einnehmen kann, werden als Attribute realisiert.

B: Weiterhin merkt sich der Parkautomat seinen aktuellen ZUSTAND sowie den bereits gezahlten betrag.

C: Ein BufferedReader zum Einlesen der Benutzereingaben wird deklariert.

Im Konstruktor des Parkautomats muss lediglich der BufferedReader instanziiert werden:

```
public Parkautomat()
{
  buffReader =
  new BufferedReader(new InputStreamReader(System.in));
}
```

Eine Operation getEvent fungiert als Schnittstelle zwischen dem Benutzer und dem Parkautomaten. Sie liest in unserem Falle lediglich die Eingaben des Benutzers ein und gibt sie als Event zurück:

```
    private Event getEvent()
    {
      String input=null;
A     while(true)
      {
B       try
        {
          System.out.print("Event: ");
          input = buffReader.readLine();
        }
        catch(Exception e)
        {
          e.printStackTrace();
        }

C       switch(input.charAt(0))
        {
          case 'M':
            switch(input.charAt(1))
            {
              case '1':
              case '2':
              case '5':
                return new Event(input.charAt(0),
                                 input.charAt(1)-'0');
              default:
                break;
            }
            break;
          case 'G':
          case 'R':
            return new Event(input.charAt(0), 0);
```

```
        default:
          break;
      }
    }
  }
```

Listing 10.3 Buch-CD: /beispiele/java/kap10/kap_10_3_9/Parkautomat.java

A: In einer Schleife ...

B: ... wird solange die Benutzereingabe eingelesen ...

C: ... bis sie als ein gültiges Event erkannt wird.

In einzelnen Operationen werden die modellierten Aufgaben eines jedes Zustands implementiert:

```
A  private int RUECKZAHLUNG()
   {
     System.out.println("\nZustand: RUECKZAHLUNG");
B    System.out.println("Rückzahlung: "+betrag);
C    return RUHE;
   }
```

Listing 10.4 Buch-CD: /beispiele/java/kap10/kap_10_3_9/Parkautomat.java

A: Die Operation `RUECKZAHLUNG` übernimmt alle Aufgaben des Zustands `RUECKZAHLUNG`.

B: Dem Zustandsdiagramm folgend wird beim Betreten des Zustands sofort der Auszahlungsbetrag ausgegeben.

C: Der Zustand, in den gewechselt werden soll, wird zurückgegeben.

Im Zustand `BELEGDRUCK` wird die `parkzeit` berechnet und ausgegeben. Unmittelbar danach wird der Zustand sofort wieder in Richtung `RUHE` verlassen:

```
   private int BELEGDRUCK()
   {
     System.out.println("\nZustand: BELEGDRUCK");
     double parkzeit = ((float)betrag)/2.0;
     System.out.println("Parkzeit: "+parkzeit+" h");
     return RUHE;
   }
```

Listing 10.5 Buch-CD: /beispiele/java/kap10/kap_10_3_9/Parkautomat.java

Der RUHE-Zustand:

```
  private int RUHE()
  {
    Event e;
    System.out.println("\nZustand: RUHE");
A   betrag = 0;

B   while(ZUSTAND == RUHE)
    {
C     e = getEvent();

D     switch (e.msg)
      {
E       case 'M':
          betrag = betrag + e.value;
          return BARZAHLUNG;
F       default:
          break;
      }
    }
G   return RUHE;
  }
```

Listing 10.6 Buch-CD: /beispiele/java/kap10/kap_10_3_9/Parkautomat.java

A: Sofort nach dem Betreten des Zustands wird seine entry-Aktion ausgeführt.

B: Solange der Parkautomat sich im RUHE-Zustand befindet ...

C: ... wartet er auf den Empfang eines Events und ...

D: ... führt in Abhängigkeit davon eine Reaktion aus.

E: Das Zustandsdiagramm aus Abbildung 10.32 modelliert, dass im RUHE-Zustand nur auf die Eingabe einer M1, M2 oder M5 reagiert werden soll. Die Reaktion umfasst das Setzen des betrag-Attributs und den Wechsel in den Zustand BARZAHLUNG.

F: Andere Events werden zwar konsumiert, jedoch verworfen.

G: Sollte irgendein unerwarteter Fehlerfall auftreten, der nicht vorhersehbar ist, bleibt der Automat im RUHE-Zustand.

Der Zustand BARZAHLUNG muss auf die meisten Events reagieren:

```
    private int BARZAHLUNG()
    {
      Event e;
      System.out.println("\nZustand: BARZAHLUNG");
A     System.out.println("Betrag: "+betrag);
      while(ZUSTAND == BARZAHLUNG)
      {
        e = getEvent();
        switch (e.msg)
        {
B         case 'M':
            betrag = betrag + e.value;
            return BARZAHLUNG;
C         case 'G':
            return BELEGDRUCK;
D         case 'R':
            return RUECKZAHLUNG;
          default:
            break;
        }
      }
      return RUHE;
    }
```

Listing 10.7   Buch-CD: /beispiele/java/kap10/kap_10_3_9/Parkautomat.java

A: Direkt nach dem Betreten des Zustands wird seine entry-Aktion ausgeführt: Ausgabe des Attributs betrag.

B: Auf die Eingabe einer M1, M2, oder M5 soll mit der Addition des values zum bisherigen betrag reagiert werden. Der Parkautomat »wechselt« zurück in den Zustand BARZAHLUNG. Das modellierte Verlassen und darauffolgende Betreten des Zustands wird durch die Rückgabe von BARZAHLUNG realisiert.

C: Die Eingabe eines 'G' für Grün bewirkt den Wechsel in den Zustand BELEGDRUCK, ...

D: ... die eines 'R' den Wechel zu RUECKZAHLUNG.

Zuallerletzt fehlt noch eine Operation, die alle Zustände zu einem Zustandsautomaten zusammenführt:

```
    public void start()
    {
A   ZUSTAND = RUHE;

B   while(true)
    {
C     switch (ZUSTAND)
      {
D       case RUHE:
            ZUSTAND = RUHE();
            break;
        case BARZAHLUNG:
            ZUSTAND = BARZAHLUNG();
            break;
        case BELEGDRUCK:
            ZUSTAND = BELEGDRUCK();
            break;
        case RUECKZAHLUNG:
            ZUSTAND = RUECKZAHLUNG();
            break;
E       default:
            System.out.println("FEHLER");
            ZUSTAND = RUHE;
            break;
      }
    }
    }
```

Listing 10.8 Buch-CD: /beispiele/java/kap10/kap_10_3_9/Parkautomat.java

A: Sofort nach dem Start wird eine Transition in den Zustand RUHE durchgeführt.

B: Das Zustandsdiagramm aus Abbildung 10.32 definiert keinen Endzustand. Damit soll der Parkautomat »unendlich« laufen, was mit Hilfe einer »Endlosschleife« realisiert wird.

C: In Abhängigkeit vom aktuellen ZUSTAND ...

D: ... wird die zugehörige Operation aufgerufen. Der Rückgabewert der Operation ist der neue Zustand des Parkautomaten.

E: Sollte der Parkautomat in einen undefinierten Zustand geraten, wird eine kurze Fehlermeldung ausgegeben und sofort wieder in den RUHE-Zustand gewechselt.

Die folgenden Zeilen stellen ein Beispiel der Interaktion mit dem Parkautomaten dar:

```
Zustand: RUHE
Event: M2
Zustand: BARZAHLUNG
Betrag: 2
Event: M5
Zustand: BARZAHLUNG
Betrag: 7
Event: G
Zustand: BELEGDRUCK
Parkzeit: 3.5 h
Zustand: RUHE
Event:
```

10.3.10 Zustandsdiagramm in C#

C# erlaubt wie Java die Implementierung des Parkautomaten aus Abbildung 10.32 auf die beschriebene Art, die für *jeden Zustand eine zugehörige Operation* bereitstellt.

Ein Zustandsautomat kann aber auch realisiert werden, indem für *jedes Event eine Operation* bereitgestellt wird. Die folgenden Seiten sollen Ihnen auch diese Realisierungsart vorstellen.

Zur Erinnerung wird der zu realisierende Parkautomat nochmals dargestellt:

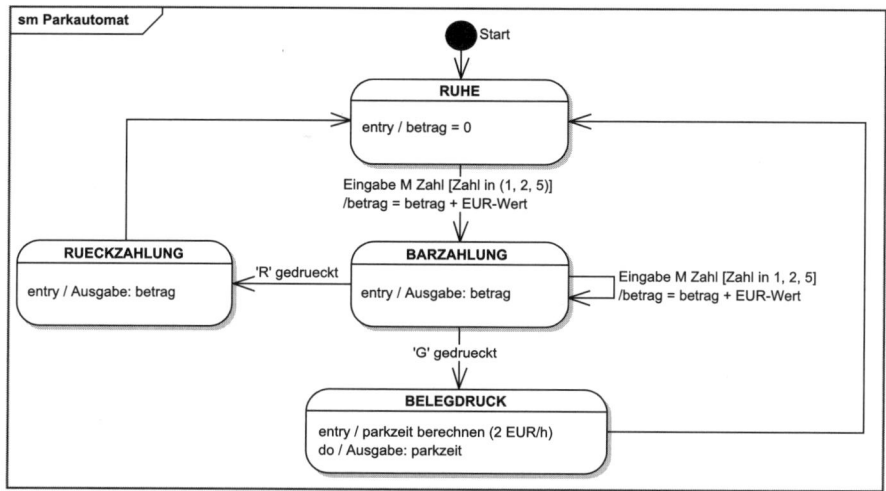

Abbildung 10.33 Beispiel-Parkautomat

Ein Event wird wieder als eine eigenständige Klasse realisiert. Gegenüber dem »Java-Event« fügen wir noch eine eindeutige id hinzu, deren Notwendigkeit etwas später deutlich wird:

```
class Event
{
  public char msg;
  public int value;
  public int id;
  public Event(char m, int v, int i)
  {
    msg = m;
    value = v;
    id = i;
  }
}
```

Listing 10.9 Buch-CD: /beispiele/c#/kap10/kap_10_3_10/Kap_10_3_10.cs

Der Parkautomat selbst wird ebenfalls als eine Klasse realisiert. Ähnlich der Implementierung in Java werden zunächst Konstanten für die erlaubten Zustände und zusätzlich die ids der Events deklariert:

```
    class Parkautomat
    {
A     private const int RUHE         = 0;
      private const int BARZAHLUNG   = 1;
      private const int RUECKZAHLUNG = 2;
      private const int BELEGDRUCK   = 3;


B     private const int MUENZE = 0;
      private const int GRUEN  = 1;
      private const int ROT    = 2;


C     private int betrag;
      private int ZUSTAND;

    ...
    }
```

Listing 10.10 Buch-CD: /beispiele/c#/kap10/kap_10_3_10/Kap_10_3_10.cs

A: Die Zustände.

B: Die Events.

C: Der bereits bezahlte betrag sowie der aktuelle ZUSTAND des Parkautomaten.

Zunächst werden zwei Hilfs-Operationen implementiert. ZeigeZustand gibt lediglich den aktuellen Zustand des Parkautomaten aus:

```csharp
private void zeigeZustand()
{
  switch(ZUSTAND)
  {
    case(RUHE):
      Console.WriteLine("\nZustand: RUHE");
      break;
    case(BARZAHLUNG):
      Console.WriteLine("\nZustand: BARZAHLUNG");
      break;
    case (RUECKZAHLUNG):
      Console.WriteLine("\nZustand: RUECKZAHLUNG");
      break;
    case (BELEGDRUCK):
      Console.WriteLine("\nZustand: BELEGDRUCK");
      break;
    default:
      break;
  }
}
```

Listing 10.11 Buch-CD: /beispiele/c#/kap10/kap_10_3_10/Kap_10_3_10.cs

GetEvent erfragt vom Benutzer so lange eine Eingabe, bis ein gültiges Event eingegeben wird:

```csharp
private Event getEvent()
{
  string input=null;
  while(true)
  {
    Console.Write("Event: ");
    input = Console.ReadLine();
    switch(input.ToCharArray()[0])
    {
      case 'M':
        switch(input.ToCharArray()[1])
        {
          case '1':
          case '2':
          case '5':
```

```
A              return new Event(input.ToCharArray()[0],
                                  input.ToCharArray()[1]-'0',
                                  MUENZE);
           default:
             break;
         }
       break;
     case 'G':
A        return new Event(input.ToCharArray()[0],0,GRUEN);
     case 'R':
A        return new Event(input.ToCharArray()[0],0,ROT);
     default:
       break;
     }
   }
}
```

Listing 10.12 Buch-CD: /beispiele/c#/kap10/kap_10_3_10/Kap_10_3_10.cs

A: Wird eine gültige Eingabe erkannt, instanziiert die Operation ein neues Event-Objekt und weist ihm eine der definierten Event-IDs zu (MUENZE, GRUEN oder ROT).

Für jedes einzelne Event wird nun eine eigenständige Operation implementiert:

```
A private static int Rot(Parkautomat p, Event e)
  {
B   Console.WriteLine("Auszahlungsbetrag: "+p.betrag);
    p.betrag = 0;
    return RUHE;
  }
```

Listing 10.13 Buch-CD: /beispiele/c#/kap10/kap_10_3_10/Kap_10_3_10.cs

A: Die Operation Rot realisiert die Reaktion des Parkautomaten auf das Event ROT. Sie wird als statisch (static) deklariert, da die Reaktionen für alle Instanzen eines Parkautomats gleich sind.

Als Übergabeparameter wird der Parkautomat p benötigt, der das ebenfalls übergebene Event gerade empfangen hat.

B: Der Parkautomat reagiert auf das Event, indem er den betrag ausgibt (entry-Aktion des Zustands RUECKZAHLUNG), ihn auf 0 setzt (entry-Aktion des Zustands RUHE) und in den RUHE-Zustand wechselt.

Behandlung des Events GRUEN:

```
private static int Gruen(Parkautomat p, Event e)
{
    float parkzeit = ((float)p.betrag)/2;
    Console.WriteLine("Parkzeit: "+parkzeit+" h");
    p.betrag = 0;
    return RUHE;
}
```

Listing 10.14   Buch-CD: /beispiele/c#/kap10/kap_10_3_10/Kap_10_3_10.cs

Reaktion auf das Event MUENZE:

```
  private static int Muenze(Parkautomat p, Event e)
  {
A   p.betrag = p.betrag + e.value;
    Console.WriteLine("Betrag: "+p.betrag);
    return BARZAHLUNG;
  }
```

Listing 10.15   Buch-CD: /beispiele/c#/kap10/kap_10_3_10/Kap_10_3_10.cs

A: Der betrag wird um den jeweiligen Wert erhöht, ausgegeben und es folgt der Wechsel in den Zustand BARZAHLUNG.

Zusätzlich wird eine Operation implementiert, die für Events zuständig sein wird, die ein Zustand nicht verarbeiten soll:

```
  private static int Keine(Parkautomat p, Event e)
  {
A   return p.ZUSTAND;
  }
```

Listing 10.16   Buch-CD: /beispiele/c#/kap10/kap_10_3_10/Kap_10_3_10.cs

A: Es erfolgt Keine Reaktion, der Parkautomat verbleibt im aktuellen Zustand.

Möglicherweise ist Ihnen bereits aufgefallen, dass alle Operationen die selbe Schnittstelle aufweisen. Im nächsten Schritt der Implementierung entpuppt sich dies als unverzichtbar.

Bis hierhin wurden lediglich die einzelnen Operationen implementiert, die den Reaktionen des Parkautomaten auf Events entsprechen. Es fehlt noch eine Definition, welche Operation in welchem Zustand auf welches Event reagieren soll, was in Form einer Tabelle durchgeführt werden kann:

	RUHE	BARZAHLUNG	RUECKZAHLUNG	BELEGDRUCK
MUENZE	Muenze	Muenze	Keine	Keine
GRUEN	Keine	Gruen	Keine	Keine
ROT	Keine	Rot	Keine	Keine

In der Tabelle können Sie beispielsweise sehen, dass im Zustand BARZAHLUNG für das Event GRUEN die Operation Gruen verantwortlich ist.

Die Realisierung dieser Tabelle bedient sich des delegate-Konzepts von C#, mit dessen Hilfe ein Verweis auf eine Operation mit einer fest vorgegebenen Schnittstelle definiert werden kann:

```
private delegate int d(Parkautomat p, int Event);
```

Listing 10.17   Buch-CD: /beispiele/c#/kap10/kap_10_3_10/Kap_10_3_10.cs

In einem zweidimensionalen Array aktion der eben definierten delegates kann nun die Tabelle umgesetzt werden (das in der Tabelle grau markierte Feld ist auch in der Array-Definition grau hinterlegt):

```
private d[,] aktion =
{
 {new d(Muenze),new d(Muenze),new d(Keine),new d(Keine)},
 {new d(Keine), new d(Gruen), new d(Keine),new d(Keine)},
 {new d(Keine), new d(Rot),   new d(Keine),new d(Keine)}
};
```

Listing 10.18   Buch-CD: /beispiele/c#/kap10/kap_10_3_10/Kap_10_3_10.cs

Nun fehlt nur noch die Operation, die alle Fäden zusammenbringt. Aufgrund der gewählten Steuerung des Automaten mit Hilfe eines Arrays von delegates fällt sie sehr einfach aus:

```
   public void start()
   {
     Event e;
A    ZUSTAND = RUHE;
     betrag = 0;
     while(true)
     {
B      zeigeZustand();
C      e = getEvent();
```

```
D       ZUSTAND = aktion[e.id, ZUSTAND](this, e);
    }
  }
```

Listing 10.19   Buch-CD: /beispiele/c#/kap10/kap_10_3_10/Kap_10_3_10.cs

A: Nach dem `Start` wechselt der Parkautomat sofort in den `RUHE`-Zustand und setzt den `betrag` auf 0.

B: Zunächst wird der aktuelle Zustand des Parkautomaten ausgegeben.

C: Der Automat wartet auf ein Event.

D: Als Reaktion muss lediglich die Operation aus dem Array `aktion` aufgerufen werden, die für das jeweilige `Event` (identifiziert über seine `id`) im jeweiligen `ZUSTAND` zuständig ist.

Der Parkautomat arbeitet auch bei dieser Realisierungsart einwandfrei:

```
Zustand: RUHE
Event: M5
Betrag: 5

Zustand: BARZAHLUNG
Event: M2
Betrag: 7

Zustand: BARZAHLUNG
Event: G
Parkzeit: 3,5 h

Zustand: RUHE
Event:
```

10.3.11 Protokoll-Zustandsautomat

Beschreibung

Protokoll-Zustandsautomaten (engl. ProtocolStateMachines) stellen eine **Sonderform der** bisher vorgestellten **Verhaltens-Zustandsautomaten** dar und werden bei der **Modellierung von Protokollen** verwendet.

Ein Protokoll-Zustandsautomat definiert

▶ welche *Operation* eines Objekts

▶ in welcher *Reihenfolge*,

▶ in welchem *Zustand* und

▶ unter welchen *Vor- und Nachbedingungen*

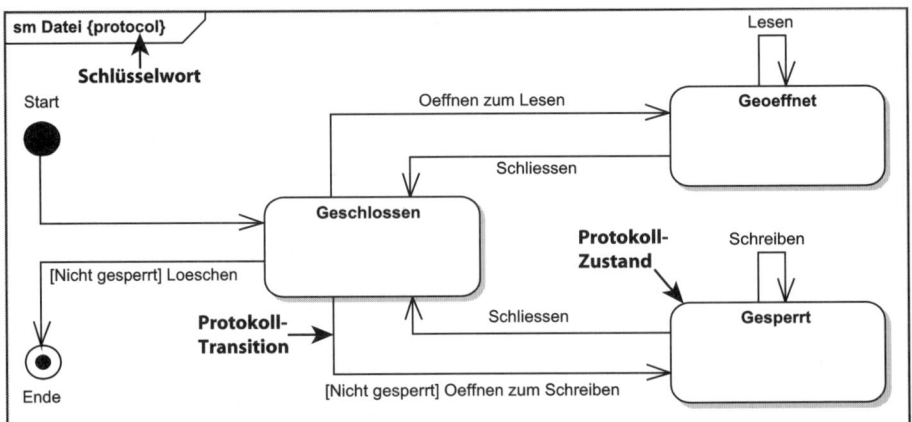

Abbildung 10.34   Protokoll-Zustandsautomat

aufgerufen werden dürfen.

Abbildung 10.34 zeigt einen Zustandsautomaten, der das (vereinfachte) Protokoll der Arbeit mit einer Datei modelliert. So wird eine Datei zunächst im Zustand Geschlossen vorgefunden und muss zunächst zum Lesen geöffnet werden, bevor sie gelesen werden kann.

Um sie zum Schreiben öffnen zu können und damit in den Zustand Gesperrt zu versetzen, darf sie nicht bereits von einem anderen Benutzer oder Programm gesperrt worden sein.

Eine Datei kann nur im Zustand Geschlossen gelöscht werden, unter der Bedingung, nicht gesperrt zu sein.

Wie mit dem Beispieldiagramm angedeutet, können Sie sich bei der Modellierung von Protokollen der meisten in diesem Kapitel vorgestellten Notationselemente bedienen, müssen jedoch einige wenige Besonderheiten beachten:

▸ Der Rahmen eines Protokoll-Zustandsautomaten wird mit dem Zusatz {protokol} hinter dem Namen des Automaten versehen (siehe Abbildung 10.34).

▸ Die Transitionen eines Protokoll-Zustandsautomaten können mit folgenden Informationen versehen werden (siehe Abbildung 10.35):

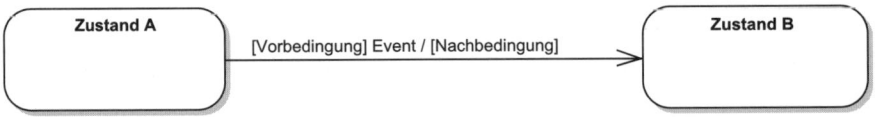

Abbildung 10.35   Protokoll-Transition

▶ **Vorbedingung** (engl. Precondition)
Definiert eine Einschränkung, die gültig sein muss, *bevor* die Transition ausgeführt wird.

▶ **Event**
Löst die Transition aus und spezifiziert in einer Protokoll-Transition immer einen Operationsaufruf (CallEvent, siehe auch Abschnitt 10.3.2).

▶ **Nachbedingung** (engl. Postcondition)
Definiert eine Einschränkung, die gültig sein muss, *nachdem* die Transition ausgeführt worden ist.

▶ Operationen, die keine Transitionen auslösen, werden nicht modelliert.

▶ Zustände dürfen in Protokoll-Zustandsautomaten keine entry-, do- oder exit-Aktionen besitzen (siehe Abschnitt 10.3.2).

▶ Die Situation des Objekts (sogenannte Invariante) kann in Protokoll-Zustandsautomaten zusätzlich in eckigen Klammern angegeben werden:

Abbildung 10.36 Invariante

▶ Die Historien-Zustände (flache und tiefe, siehe Abschnitt 10.3.5) dürfen nicht verwendet werden.

Verwendung

Protokoll-Zustandsdiagramme werden erstellt, um Kommunikationsprotokolle zwischen Objekten zu definieren. Sie werden häufig ergänzend zu Schnittstellendefinitionen eingesetzt (siehe auch Abschnitt 2.3.16), die zwar die statische Struktur beschreiben (welche Operationen gibt es?) aber nicht wie sie verwendet werden soll (in welcher Reihenfolge und unter welchen Bedingungen müssen diese Operationen aufgerufen werden?).

10.4 Lesen eines Zustandsdiagramms

Nach dem Start wechselt der Geldautomat in seinen Ruhe-Zustand. Wird eine Karte eingefuehrt, betritt der Geldautomat einen Unterzustandsautomatenzustand Kartenpruefung, der den Zustandsautomaten Pruefung instanziiert.

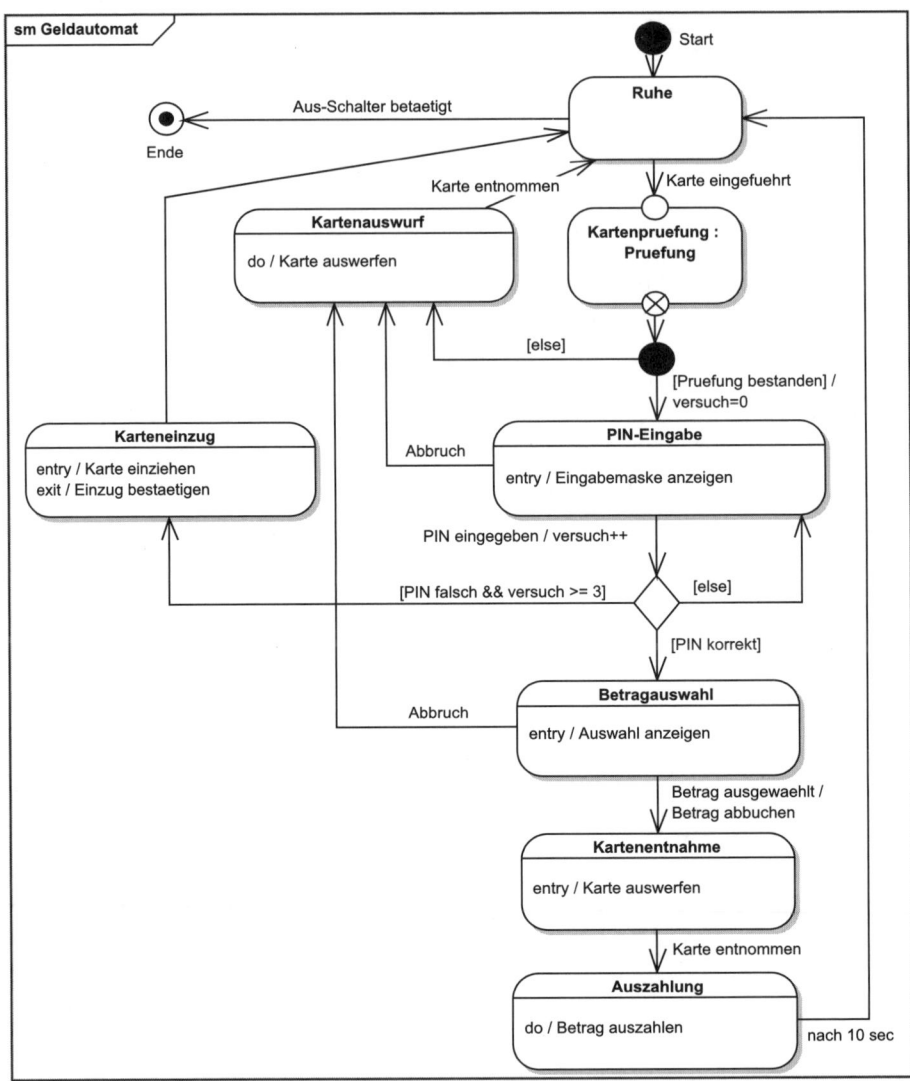

Abbildung 10.37 Zustandsdiagramm eines Geldautomaten

Beim Verlassen der Kartenpruefung ist bereits die Entscheidung gefallen, ob die Karte ihre Pruefung bestanden hat, was durch die modellierte Kreuzung hervorgehoben wird. Bei nicht bestandener Prüfung, erfolgt eine Transition in den Zustand Kartenauswurf, in dem die Karte ausgeworfen wird und der Automat nach ihrer Entnahme wieder in seinen Ruhe-Zustand wechselt.

Besteht die Karte die Prüfung, wird während der Transition zum Zustand PIN-Eingabe das Attribut versuch auf 0 gesetzt. Nach dem Anzeigen einer Eingabemaske wartet der `Geldautomat` auf die Eingabe einer PIN, wobei er durch einen `Abbruch` unterbrochen werden kann, der zum Zustand `Kartenauswurf` führt.

Nach der Eingabe einer PIN wird zunächst das Attribut `versuch` um 1 erhöht (`versuch++`). Ist die PIN zum mindestens dritten Mal (`versuch >= 3`) falsch eingegeben worden, zieht der `Geldautomat` im Zustand `Karteneinzug` die Karte ein, informiert anschließend den Benutzer darüber und geht in den Zustand `Ruhe` über. Ist die `PIN korrekt`, erfolgt ein Wechsel zum Zustand `Betragauswahl`, andernfalls kann der Benutzer die `PIN-Eingabe` wiederholen.

Beim Betreten von `Betragauswahl` wird dem Benutzer die Auswahl der möglichen Beträge angezeigt, die er abheben kann. Bricht der Benutzer die Auswahl nicht ab, was in den Zustand `Kartenauswurf` führen würde, muss er einen Betrag auswählen, wonach dieser von seinem Konto abgebucht wird.

Der `Geldautomat` geht hiernach in den Zustand `Kartenentnahme` über und wirft die Karte aus. Der gewählte Betrag wird erst ausgezahlt nachdem diese entnommen wurde. Nach weiteren `10 sec` Wartezeit ist der `Geldautomat` in seinem `Ruhe`-Zustand wieder für einen neuen Benutzer verfügbar.

Zu erwähnen bleibt noch, dass der Geldautomat nur in seinem `Ruhe`-Zustand ausgeschaltet werden darf. Alle übrigen Zustände reagieren auf das Event `Aus-Schalter betaetigt` nicht.

10.5 Irrungen und Wirrungen

Die häufigsten Fehler in Zustandsdiagrammen präsentiert Abbildung 10.38.

A: Mehrere Startzustände
Ein Zustandsdiagramm darf in einer Ebene oder Region nur genau einen Startzustand definieren. Verwenden Sie Regionen, falls ein Automat mehrere Zustände parallel einnehmen soll.

B: Vom Endzustand ausgehende Transition
Endzustände dürfen nur eingehende Transitionen besitzen.

C: In den Startzustand eingehende Transition
Transitionen dürfen einen Startzustand nur verlassen, nicht betreten.

D: Guard an der Startzustand-Transition
Eine Transition, die den Startzustand verlässt, darf nicht mit einem Guard oder einem Event versehen werden, da der Startzustand in *jedem* Fall sofort nach dem Beginn des Zustandsautomaten verlassen werden muss. Die Definition von Aktionen ist dagegen erlaubt.

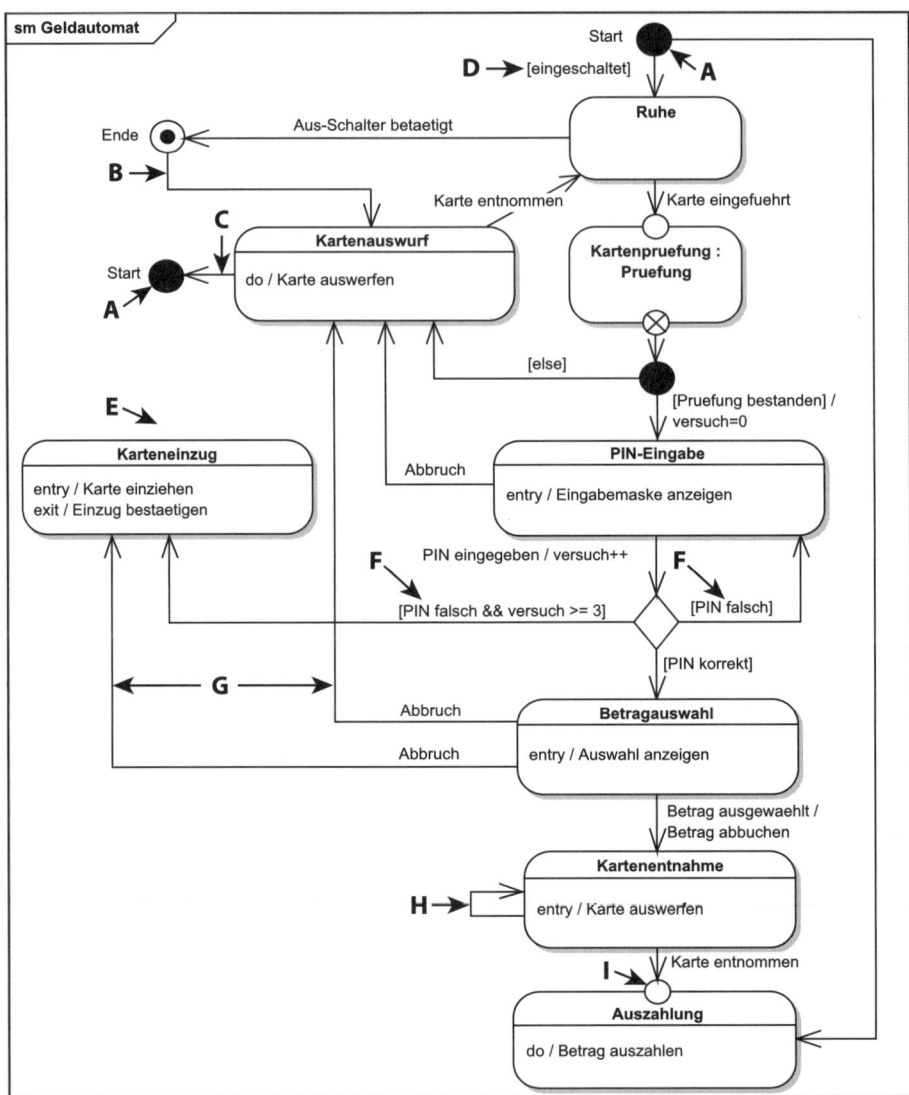

Abbildung 10.38   Ein fehlerhaftes Zustandsdiagramm

E: **Fehlende Transition**

Der Zustand `Karteneinzug` hat keine ausgehende Transition. Damit würde der Geldautomat für immer und ewig in diesem Zustand verharren. Soll das Leben eines Objekts beendet werden, ist ein Endzustand zu verwenden.

F: **Keine disjunkten Guards**

Die Guards [`PIN falsch && versuch >= 3`] und [`PIN falsch`] werden beide zu `true` ausgewertet, wenn die PIN zum dritten Mal (oder öfter) falsch eingegeben wird. Achten Sie darauf, dass die Guards disjunkt sind, sich also jederzeit gegenseitig vollständig ausschließen.

Ebenso müssen *alle* Entscheidungs-Möglichkeiten durch Guards überwacht werden. Fügen Sie gegebenenfalls einen [else]-Guard hinzu, der immer dann zutrifft, wenn alle anderen zu false ausgewertet wurden.

G: Zwei Transitionen mit dem gleichen Event

Die Reaktion eines Automaten in einem Zustand auf ein Event muss immer eindeutig sein. Es ist aus diesem Grunde nicht erlaubt, dasselbe Event (ohne Guards) an zwei unterschiedlichen Transitionen eines Zustands zu verwenden.

Ebenso falsch wäre es, dasselbe Event sowohl an einer ausgehenden Transition wie auch an einer internen Aktion eines Zustands zu notieren. Es könnte beim Auftreten des Events nicht entschieden werden, ob eine interne Aktion durchgeführt und der Automat somit im aktuellen Zustand verbleiben oder den Zustand verlassen soll.

H: Selbst-Transition ohne Guard oder Event

Eine Transition ohne einem Guard oder Event wird ausgeführt, sobald alle Aktionen des Zustands (entry, do, exit und evtl. weitere selbst definierte) vollständig beendet worden sind. Sie ist grundsätzlich durchaus nützlich, wenn sie den Zustand in Richtung eines weiteren Zustands verlässt.

Eine Selbst-Transition, die weder einen Guard noch ein Event benötigt, um ausgelöst zu werden, wird den Zustand endlos verlassen und direkt wieder betreten, was in den seltensten Fällen gewünscht sein dürfte.

I: Entry-Point an einem einfachen Zustand

Entry- wie auch Exit-Points dürfen nur zum Betreten bzw. Verlassen von Zustandsautomaten auf ihrer höchsten Ebene verwendet werden. Sie dürfen daher nur am Rahmen eines Zustandsautomaten oder am Rand eines zusammengesetzten Zustands oder Unterzustandsautomatenzustand modelliert werden.

10.6 Zusammenfassung

Die Notationselemente von Zustandsdiagrammen werden abschließend übersichtsartig dargestellt:

▶ **Zustände** modellieren Situationen, in denen gewisse, genau definierte Bedingungen gelten.

Abbildung 10.39   Zustand

▶ Den Beginn eines Zustandsdiagramms stellt der **Startzustand** dar, das Ende wird durch einen **Endzustand** oder **Terminator** markiert.

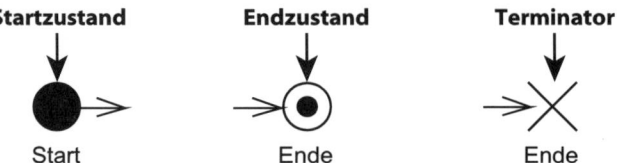

Abbildung 10.40   Start- und Endzustände

▶ Zustände können zu **zusammengesetzten Zuständen** gruppiert werden.

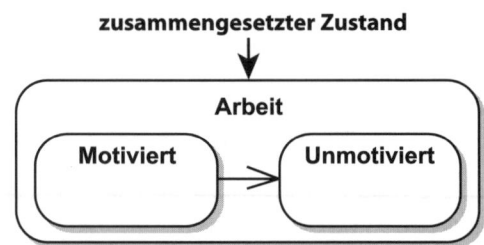

Abbildung 10.41   Zusammengesetzter Zustand

▶ **Transitionen** werden zur Darstellung von Zustandsübergängen verwendet. Zustandsübergänge werden durch **Events** ausgelöst. **Guards** überwachen die Ausführung der Transition. **Effekte** definieren Aktionen, die bei einer Transition ausgeführt werden.

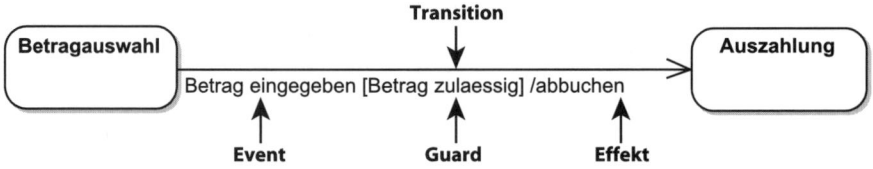

Abbildung 10.42   Transition

▶ **Kreuzungen** schalten Transitionen hintereinander und modellieren zumeist statische Verzweigungen.

Abbildung 10.43 Kreuzung

▶ **Entscheidungen** modellieren dynamische Verzweigungen.

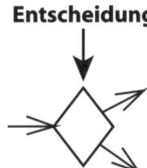

Abbildung 10.44 Entscheidung

▶ Mit Hilfe von **Regionen** können parallel eingenommene Zustände abgebildet werden.

Abbildung 10.45 Regionen

TEIL III
Interaktionsdiagramme

Innerhalb der Gruppe der Verhaltensdiagramme konzentriert sich die Untergruppe der Interaktionsdiagramme auf die Interaktionen und den Nachrichtenaustausch zwischen Objekten. Die folgenden Diagramme gehören den Interaktionsdiagrammen an und werden in den nächsten Kapiteln detailliert erläutert (siehe Abbildung 11.0).

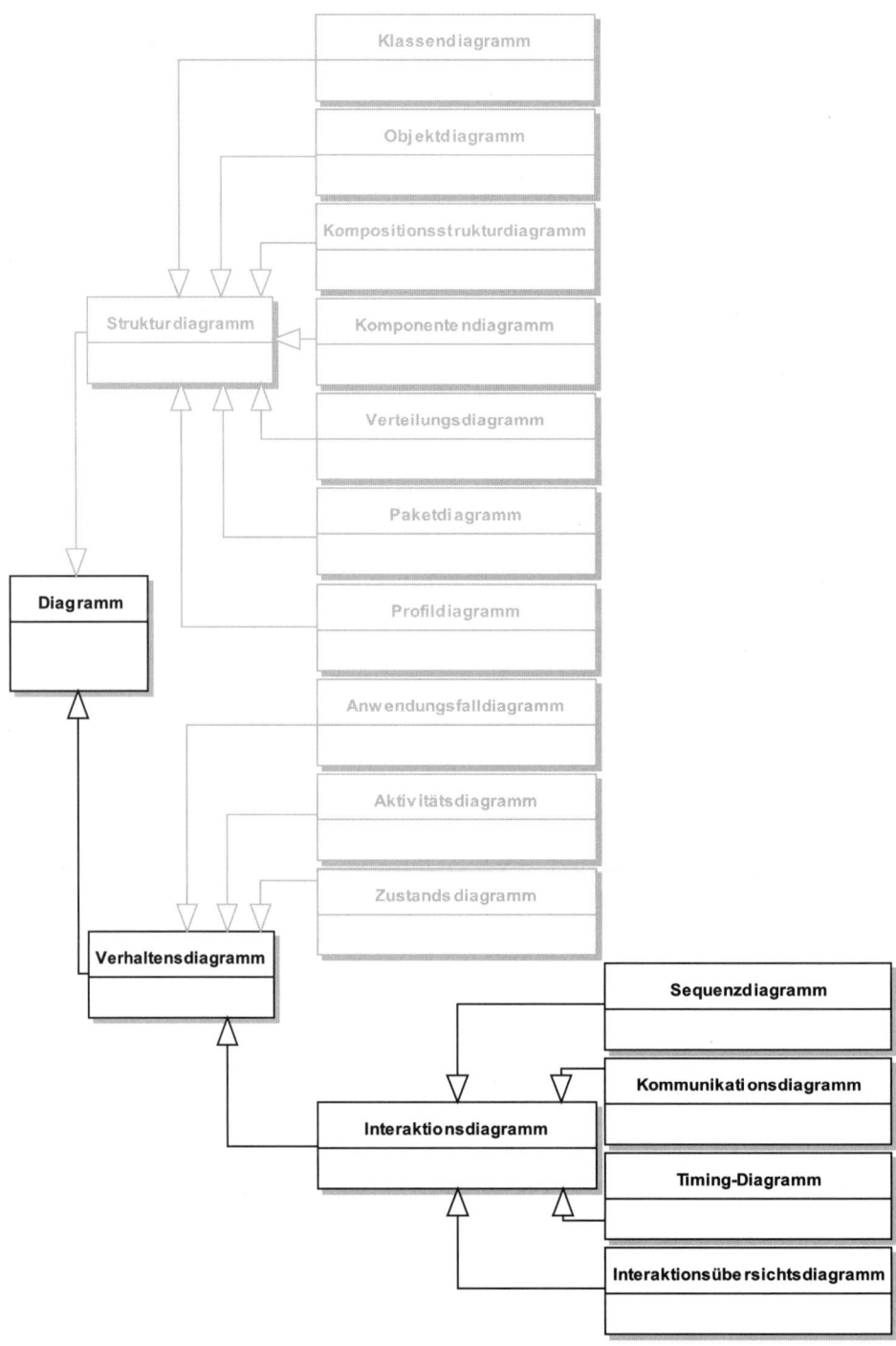

Abbildung 11.0 Diagrammstruktur der UML

Sequenzdiagramme definieren den Nachrichtenfluss zwischen Objekten. Sie zeigen den zeitlichen Ablauf der Nachrichten, beinhalten jedoch keine Informationen über Beziehungen der Objekte.

11 Sequenzdiagramm

11.1 Anwendungsbereiche

Sequenzdiagramme (engl. Sequence Diagrams) modellieren Interaktionen zwischen Objekten. Wie Aktivitätsdiagramme stellen auch sie Abläufe dar, konzentrieren sich dabei jedoch auf den Nachrichtenaustausch und nicht auf die Darstellung aller möglichen Ablaufpfade.

Die Modellierung des Nachrichtenflusses mit Hilfe von Sequenzdiagrammen kann in unterschiedlichen Phasen während der Softwareentwicklung sehr hilfreich sein:

▶ In der **Analyse/Definition** können Sequenzdiagramme verwendet werden, um Nachrichtenflüsse während der zu analysierenden Geschäftsprozesse abzubilden. Sie helfen damit dem Softwarearchitekten zu verstehen, welche Personen und Systeme auf welche Weise miteinander interagieren, um bestimmte Aufgaben zu erfüllen.

Weiterhin können Sequenzdiagramme sehr hilfreich bei der Verfeinerung von Anwendungsfällen sein. Sie werden häufig eingesetzt, um die notwendigen Interaktionen hinter einem Anwendungsfall mit den beteiligten Personen zu diskutieren und zu entwickeln.

▶ Während der **Entwurf/Design**-Phase können Sequenzdiagramme gewinnbringend bei der Modellierung der Interaktion einzelner Systembestandteile eingesetzt werden.

Häufig wird mit Sequenzdiagrammen auch die Interaktion von Benutzern mit der Benutzungsoberfläche der Software modelliert, um beispielsweise die folgenden Fragen zu klären:

▷ In welcher Reihenfolge läuft die Interaktion ab?

▷ Welche Befehle kann/muss der Benutzer der Benutzungsoberfläche erteilen, um seine Ziele zu erreichen?

▷ Welche Nachrichten kann er von der Benutzungsoberfläche als Antworten erwarten?

Auf der Grundlage dieser Sequenzdiagramme können die Eingabe- und Interaktionsmöglichkeiten der Benutzungsoberfläche und die Benutzerführung optimiert werden.

▶ In der **Implementierungsphase** werden die Sequenzdiagramme aus den Phasen **Analyse/Definition** und **Entwurf/Design** als Realisierungsvorlage verwendet.

▶ Sequenzdiagramme aus den vorausgegangenen Phasen dienen in der **Test-Phase** nicht nur als Grundlage von Testdefinitionen, sondern können gleichzeitig selbst zur Modellierung und Dokumentation von Testfällen für die Benutzungsoberfläche, Teilsysteme, Schnittstellen und das gesamte System verwendet werden.

Die Reihenfolge der Nachrichten und der erwarteten Reaktionen des Testsystems können mit Sequenzdiagrammen sehr präzise definiert werden.

11.2 Übersicht

Das folgende Diagramm benennt die wichtigsten Notationselemente von Sequenzdiagrammen:

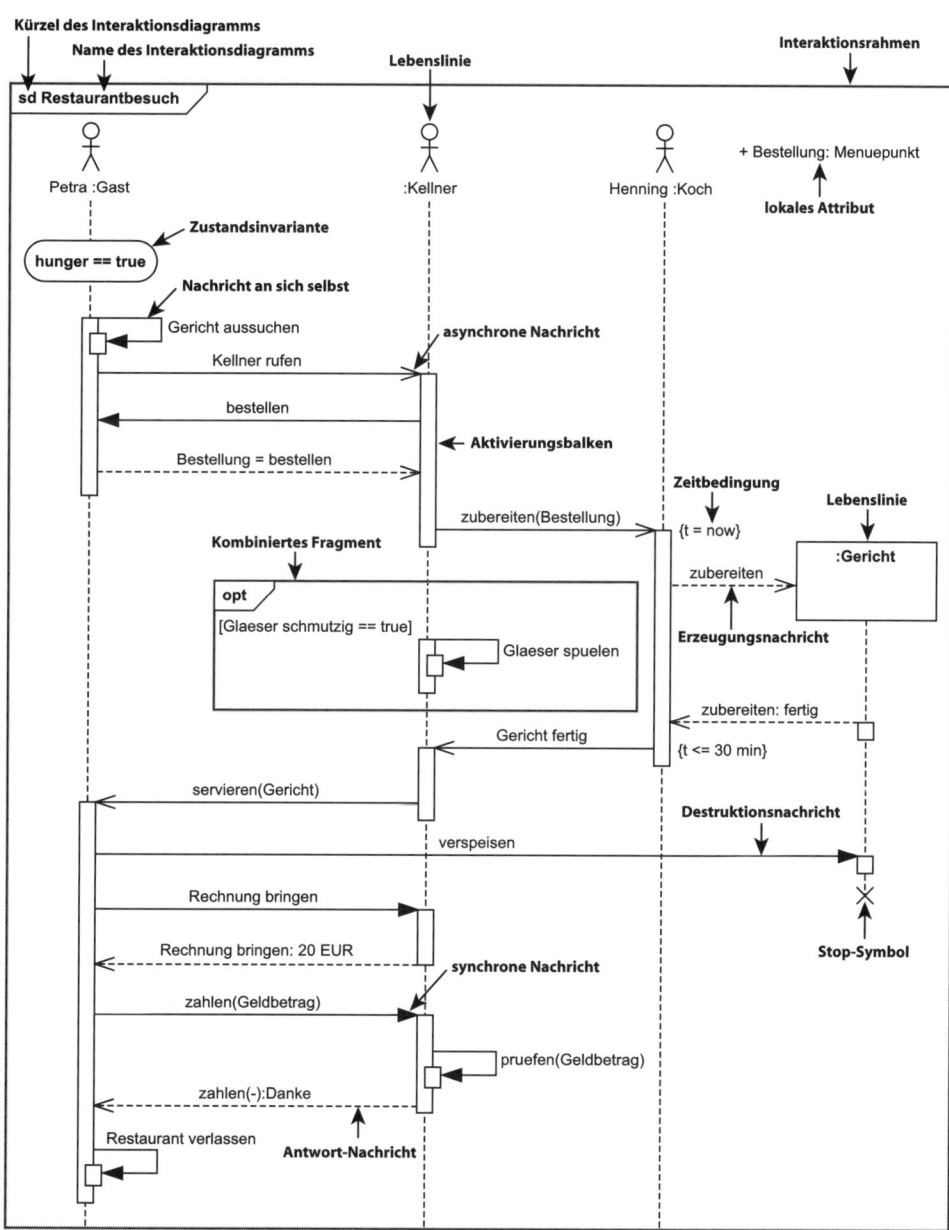

Abbildung 11.1 Notationselemente von Sequenzdiagrammen

11.3 Notationselemente

11.3.1 Lebenslinie

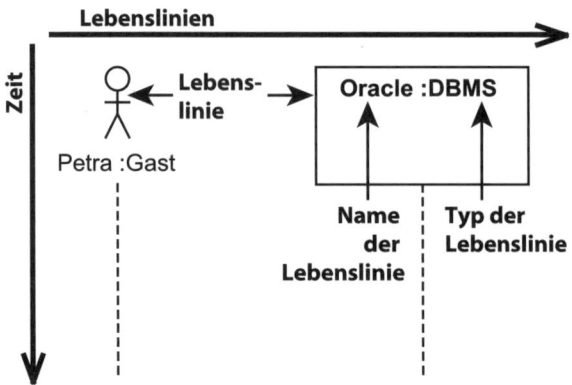

Abbildung 11.2 Lebenslinien

Beschreibung

Eine **Lebenslinie** (engl. Lifeline) repräsentiert **genau einen** individuellen **Teilnehmer einer Interaktion.**

Teilnehmer von Interaktionen werden in Sequenzdiagrammen horizontal nebeneinander angeordnet (siehe Abbildung 11.2). Die Zeit während der Interaktion läuft vertikal »von oben nach unten« ab.

Abbildung 11.2 zeigt die Lebenslinie eines Teilnehmers Petra vom Typ Gast sowie Oracle vom Typ DBMS. Während die Namen der Teilnehmer optional sind, müssen ihre Typen zwingend angegeben werden. Sollte das Sequenzdiagramm eine Operation einer einzelnen Klasse modellieren, kann das zugehörige Objekt auch mit **self** benannt werden.

Für Lebenslinien, die einen menschlichen Teilnehmer darstellen, sollte das »Strichmännchen-Symbol«, für System-Teilnehmer ein rechteckiges Symbol verwendet werden, was mit der üblichen Vorgehensweise bei Anwendungsfalldiagrammen verglichen werden kann (siehe Kapitel 8).

Die gestrichelte Linie unterhalb des Kopfs einer Lebenslinie spezifiziert die passive Lebenszeit des Teilnehmers. Seine aktive Zeit wird durch einen **Ausführungsbalken** (engl. ExecutionSpecification) dargestellt.

Die übereinander liegenden Ausführungsbalken in Abbildung 11.3 deuten auf parallele Tätigkeiten des Teilnehmers hin. Er ist der Abbildung zufolge zunächst passiv, dann aktiv und führt zwischenzeitlich parallel zwei Aufgaben aus.

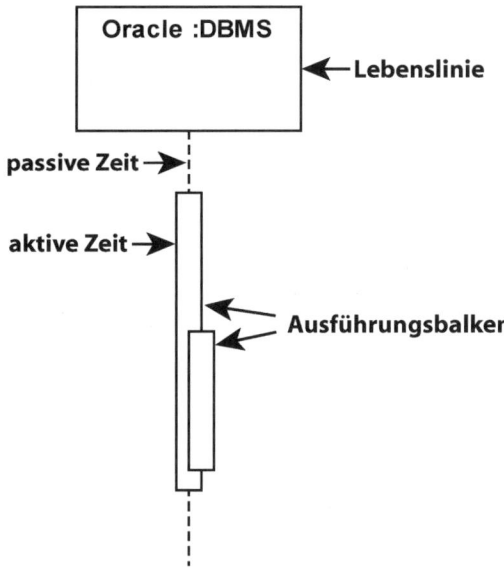

Abbildung 11.3 Ausführungsbalken

Sollte eine Lebenslinie während der Interaktion enden, was der Destruktion des zugehörigen Teilnehmers gleichgesetzt werden kann, wird dies mit einem **Stop-Symbol** notiert (siehe Abbildung 11.4):

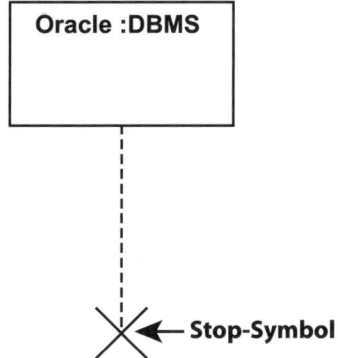

Abbildung 11.4 Ende der Lebenslinie

Mit der **Zustandsinvariante** (engl. StateInvariant) ist es möglich, den Zustand eines Teilnehmers (siehe auch Zustandsdiagramme, Kapitel 10) zu spezifizieren, der für die Teilnahme an der jeweiligen Interaktion notwendig ist. Die UML bietet hierzu drei Notationsmöglichkeiten (siehe Abbildung 11.5):

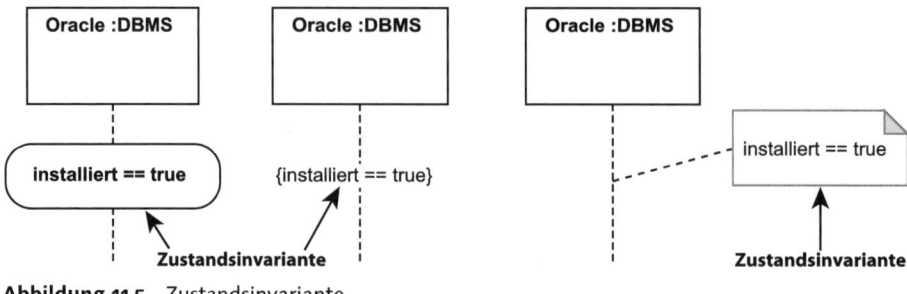

Abbildung 11.5 Zustandsinvariante

Ein Teilnehmer kann auch in einzelne Bestandteile mittels der **Dekomposition** (engl. PartDecomposition) zerlegt werden:

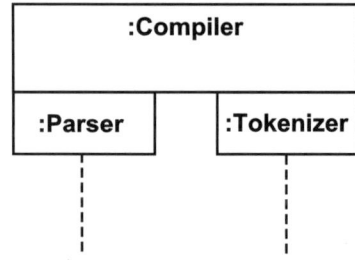

Abbildung 11.6 Dekomposition von Teilnehmern

Der in Abbildung 11.6 dargestellte Compiler besteht aus einem Parser und einem Tokenizer. Man verwendet die Dekomposition üblicherweise, wenn die Kommunikation mit den internen Bestandteilen eines Teilnehmers so bedeutend ist, dass es zu ungenau wäre, ihn im jeweiligen Sequenzdiagramm als Ganzes zu betrachten.

Verwendung

Teilnehmer einer Interaktion werden horizontal nebeneinander in einem Sequenzdiagramm angeordnet. Auch wenn die Reihenfolge der Teilnehmer nicht relevant ist, wird üblicherweise derjenige ganz links modelliert, der die Interaktion initiiert. Zumeist handelt es sich dabei um Teilnehmer, die in der Realität menschlichen Personen entsprechen.

Die Modellierung von Teilnehmern bietet Ihnen eine Möglichkeit, die bereits modellierten Klassendiagramme zu überprüfen. Für jeden Typ eines Teilnehmers muss eine entsprechende Klasse vorhanden sein. Ist dies nicht der Fall, sollte überprüft werden, ob der Typ tatsächlich benötigt wird oder eine neue Klasse hinzugefügt werden muss.

Darüber hinaus muss jeder Teilnehmer die an ihn gesendeten Nachrichten verarbeiten können, was er in den meisten Fällen mit der Bereitstellung zugehöriger Operationen sicherstellt. Sie können anhand der Sequenzdiagramme überprüfen, ob alle benötigten Operationen von den jeweiligen Klassen bereitgestellt werden.

11.3.2 Nachricht

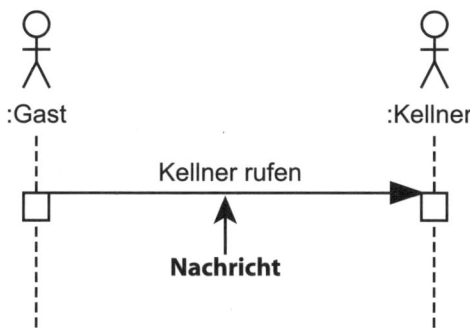

Abbildung 11.7 Nachricht

Beschreibung

Eine **Nachricht** (engl. Message) definiert eine **Kommunikation und deren Richtung** zwischen zwei Teilnehmern einer Interaktion.

In Abbildung 11.7 sendet beispielsweise ein Teilnehmer vom Typ `Gast` die Nachricht `Kellner rufen` an einen Teilnehmer vom Typ `Kellner`.

Eine Nachricht kann entweder

▸ den **Aufruf einer Operation** (siehe Abschnitt 2.3.3) oder

▸ das **Senden eines Signals** (siehe Abschnitt 9.3.5)

darstellen. Der Empfang einer Nachricht löst beim Empfänger demnach die Durchführung der gewünschten Operation oder eine Reaktion auf das gesendete Signal aus.

Nachrichten müssen nicht zwingend an einen anderen Teilnehmer der Interaktion gesendet werden. Die UML erlaubt durchaus die Modellierung von Nachrichten an sich selbst (siehe Abbildung 11.8):

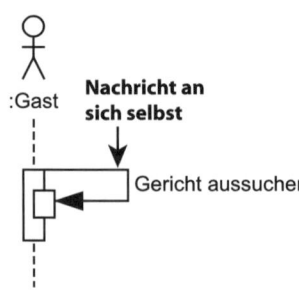

Abbildung 11.8 Nachricht an sich selbst

Nachrichten können sowohl

▶ **synchron** (ausgefüllte Pfeilspitze, der Sender wartet auf die Ausführung der Operation/Behandlung des Signals durch den Empfänger, siehe Abbildung 11.9)

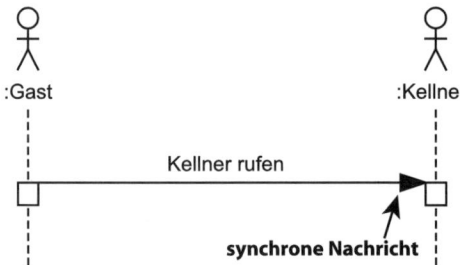

Abbildung 11.9 Synchrone Nachricht

wie auch

▶ **asynchron** gesendet werden (offene Pfeilspitze, der Sender führt nach dem Senden der Nachricht ohne zu warten mit seiner Tätigkeit fort, siehe Abbildung 11.10).

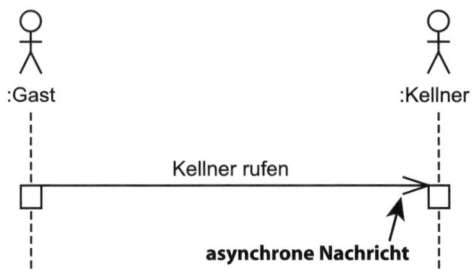

Abbildung 11.10 Asynchrone Nachricht

Die UML betrachtet die Dauer zum Senden bzw. Empfangen einer Nachricht üblicherweise als 0, überlässt es jedoch vollständig Ihnen, sowohl diese Zeitdauer wie auch weitere Zeitbedingungen zwischen unterschiedlichen Nachrichten auf vielfältige Weise zu spezifizieren:

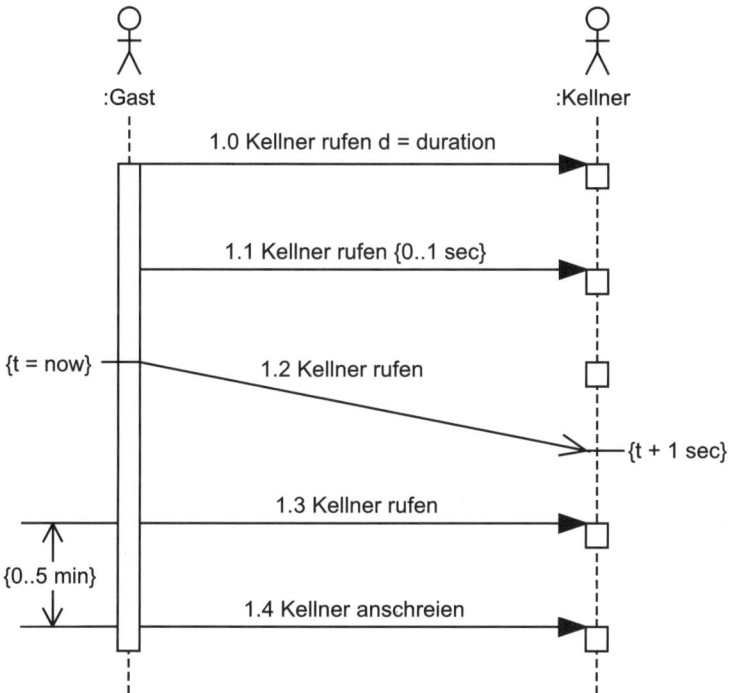

Abbildung 11.11   Zeitbedingungen

Das Sequenzdiagramm aus Abbildung 11.11 zeigt die am häufigsten verwendeten Möglichkeiten der Definition von Zeitbedingungen in Sequenzdiagrammen. Zur einfacheren Erläuterung macht es gleichzeitig Gebrauch von der optionalen Möglichkeit, die Nachrichten zu nummerieren.

▶ Mit der Angabe d = duration an der Nachricht 1.0 wird die Dauer der Übermittlung gemessen und dem Attribut d zugewiesen.

▶ Nachricht 1.1 spezifiziert, dass die Übermittlung höchstens 1 sec dauern darf.

▶ Eine andere Art der Zeitangabe stellt Nachricht 1.2 vor. Der Zeitpunkt ihrer Aussendung wird mit now (jetzt) definiert. Der Zeitpunkt des Eintreffens der Nachricht liegt genau eine Sekunde später {t + 1 sec}. Die diagonale Notation des Nachrichtenpfeils betont zusätzlich, dass die Zeitdauer der Übertragung nicht gleich 0 ist.

▶ Die Zeitangabe {0..5 min} zwischen den Nachrichten 1.3 und 1.4 definiert, dass zwischen der Aussendung der beiden Nachrichten nicht mehr als 5 min vergehen dürfen.

Nach den bis hierhin vorgestellten allgemeinen Merkmalen von Nachrichten, wenden wir uns nun den einzelnen Nachrichtentypen der UML zu:

▶ **Sende-Nachricht**

Bei den bisher gezeigten Nachrichten handelt es sich ausnahmslos um Sende-Nachrichten. Wie bereits dargestellt, stellen sie entweder einen Operationsaufruf oder das Senden eines Signals dar.

Die Syntax einer Sende-Nachricht besteht aus den folgenden Bestandteilen (eckige Klammern bedeuten, die Angabe ist optional):

name [(argument, ...)]

wobei ein **argument** aus den Bestandteilen

[parameter-name=] argument-wert oder einem Bindestrich – besteht, der einen unspezifizierten Parameter modelliert.

Zusätzlich wird die Verwendung eines ***** (Sterns) gestattet, um eine beliebige, möglicherweise noch nicht genau spezifizierte Nachricht zu modellieren.

Abbildung 11.12 zeigt zur Verdeutlichung einige Beispiele für Nachrichtendefinitionen:

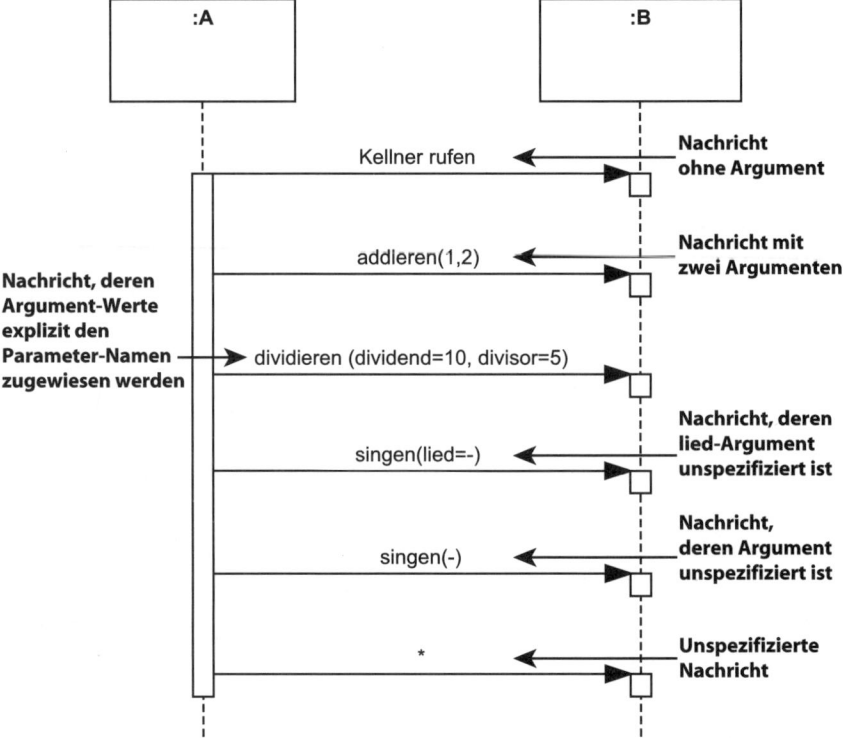

Abbildung 11.12 Beispiele für Sende-Nachrichten

▶ **Antwort-Nachricht**

Eine Antwort-Nachricht modelliert eine Antwort des Empfängers auf eine Sende-Nachricht, die einen Operationsaufruf spezifiziert hat. Antwort-Nachrichten auf Signale sind nicht zugelassen (mehr Details zu Signalen finden Sie in Abschnitt 9.3.5).

Antwort-Nachrichten werden mit einem gestrichelten Pfeil notiert. Die ursprüngliche Bezeichnung der Sende-Nachricht wird dabei wiederholt und kann mit weiteren optionalen Angaben versehen werden (siehe Abbildung 11.13):

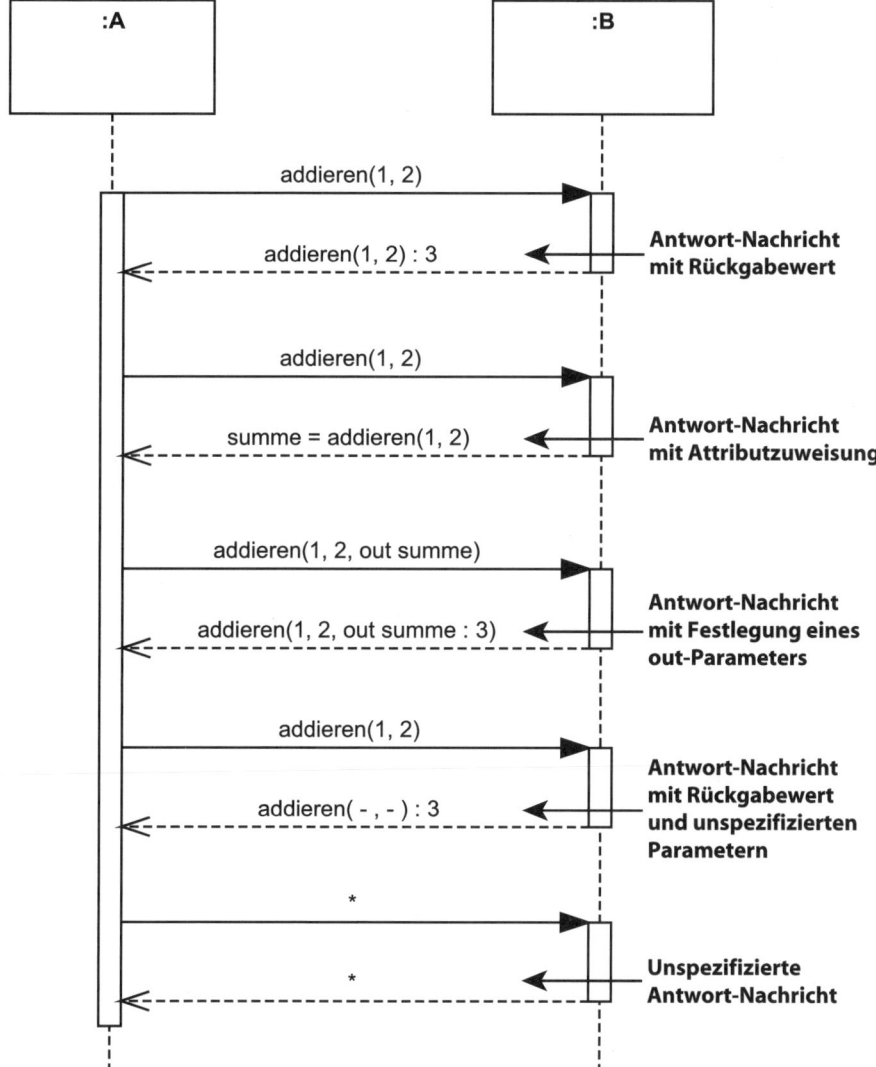

Abbildung 11.13 Sende- und Antwort-Nachrichten

▶ **Rückgabewert**
Der Rückgabewert wird von einem Doppelpunkt getrennt hinter der Bezeichnung der Operation notiert.

  ▶ **Attributzuweisung**
  Es ist gleichzeitig möglich, den Rückgabewert einem Attribut zuzuweisen, das vor der Operation mit einem Gleichheitszeichen notiert wird.

  ▶ **Zuweisung eines out-Parameters**
  Enthält die Operation out-Parameter, können ihnen durch einen Doppelpunkt getrennt Werte zugewiesen werden.

  ▶ **Unspezifizierter Parameter**
  Sind die Übergabeparameter für die Antwort-Nachricht irrelevant können sie durch einen Bindestrich ersetzt werden.

▶ **Erzeugungs- und Destruktions-Nachricht**
Teilnehmer von Interaktionen können auch erst während der Interaktion von anderen Teilnehmern erzeugt und wieder zerstört werden:

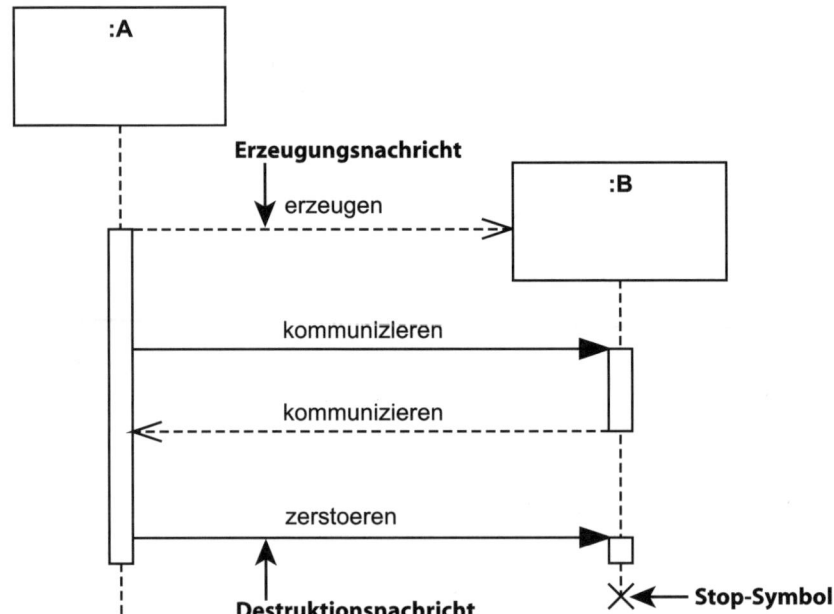

Abbildung 11.14 Erzeugungs- und Destruktionsnachricht

Teilnehmer :A aus Abbildung 11.14 erzeugt seinen Interaktionspartner :B, kommuniziert mit ihm und zerstört ihn wieder.

Der Kopf der Lebenslinie des erzeugten Interaktionspartners :B wird auf der Höhe der Erzeugungs-Nachricht notiert, das Stop-Symbol kurz unterhalb der Destruktions-Nachricht.

▶ **Verlorene und gefundene Nachricht**
Eine verlorene Nachricht (engl. lost Message) wird zwar gesendet, ihr Empfang wird jedoch nicht modelliert. Der Grund kann hierfür sein, dass der Empfänger zum Entwurfszeitpunkt unbekannt, außerhalb des Diagramm-Kontexts ist, oder die Nachricht tatsächlich nie ankommt.

Bei einer gefundenen Nachricht (engl. found Message) findet zwar der Empfang statt, deren Absender ist jedoch unbekannt. Der Grund hierfür kann beispielsweise sein, dass der Sender ausserhalb der Sichtweite des Diagramms liegt, irrelevant ist oder einfach nicht modelliert werden soll.

Abbildung 11.15 zeigt ein Beispiel für eine gefundene und verlorene Nachricht:

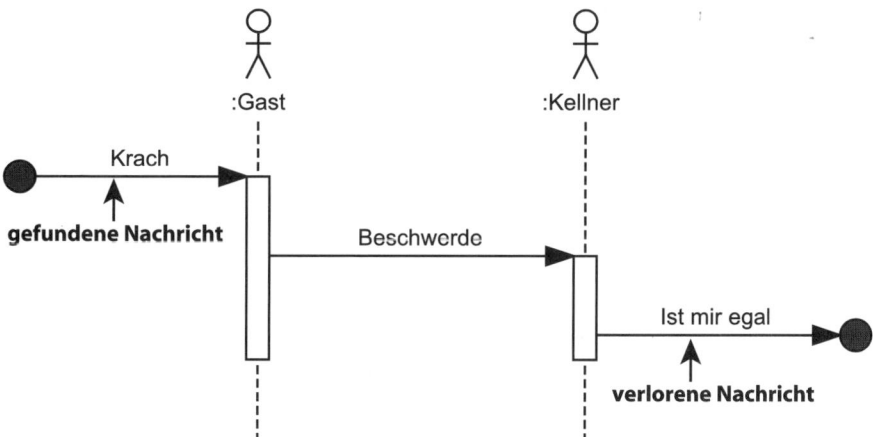

Abbildung 11.15   Gefundene und verlorene Nachricht

Der :Gast empfängt ein Signal Krach, dessen Sender für ihn irrelevant ist, und beschwert sich hierauf beim :Kellner. Dieser ist zur Zeit anscheinend etwas genervt, weil er ein Signal Ist mir egal aussendet, das jedoch keinen Empfänger besitzen soll.

Verwendung

Nachrichten sind wie die Lebenslinien von Teilnehmern die zentralen Notationselemente von Sequenzdiagrammen. Mit ihnen kann jegliche Kommunikation zwischen beliebigen Teilnehmern modelliert werden.

Ein Teilnehmer eines Sequenzdiagramms reagiert auf den Empfang einer Nachricht üblicherweise mit einem Operationsaufruf. Überprüfen Sie Ihre zugehörigen Klassendiagramme daraufhin, ob alle Teilnehmer die benötigten Operationen bereitstellen.

11.3.3 Interaktionsrahmen

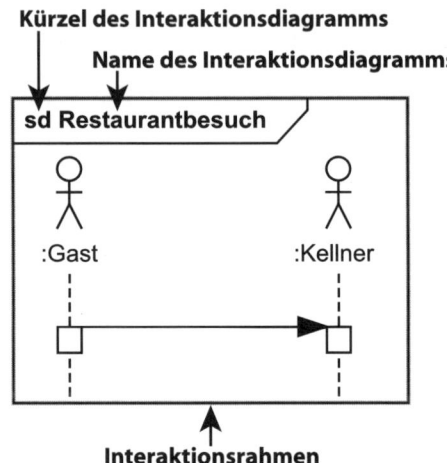

Abbildung 11.16 Interaktionsrahmen

Beschreibung

Ein **Interaktionsrahmen** (engl. Interaction Frame) kapselt eine **Verhaltensdefinition**, deren **Fokus auf** der Darstellung eines **Informationsaustauschs** liegt.

Obwohl die Verwendete Abkürzung **sd** für **S**equenz**d**iagramm steht, wird der gleiche Interaktionsrahmen ebenfalls für Kommunikationsdiagramme (siehe Kapitel 12), Timing-Diagramme (siehe Kapitel 13) und Interaktionsübersichtsdiagramme (siehe Kapitel 14) verwendet.

Interaktionsrahmen können sowohl die enthaltenen Lebenslinien, wie auch lokale Attribute definieren, auf die im gesamten Interaktionsdiagramm zugegriffen werden kann. Ihre Notation gleicht den bereits in Abschnitt 2.3.2 vorgestellten Attributen von Klassen (siehe Abbildung 11.17).

Eine Interaktion kann Parameter sowohl empfangen wie auch zurückgeben (siehe Abbildung 11.18).

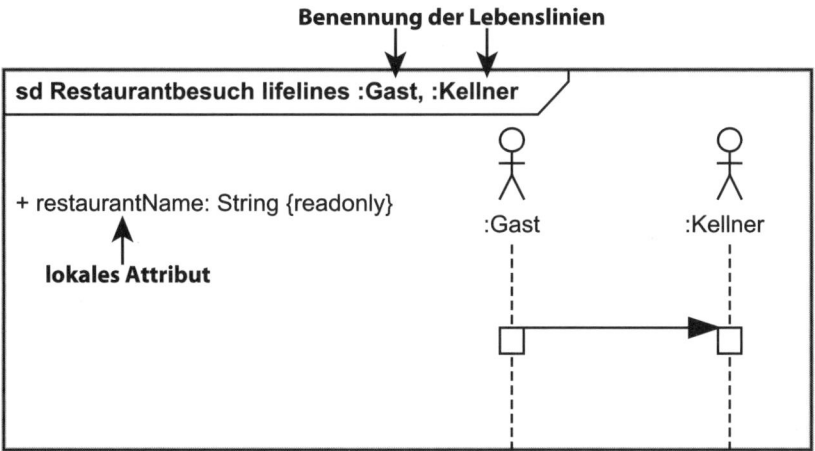

Abbildung 11.17 Interaktionsrahmen mit lokalem Attribut

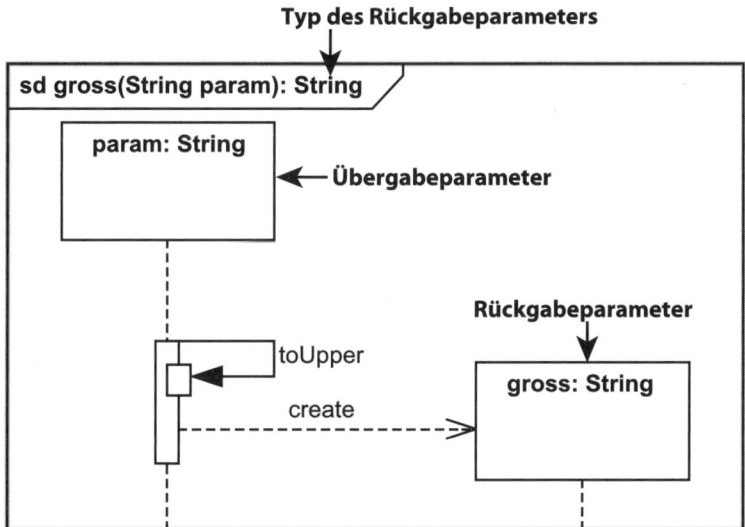

Abbildung 11.18 Interaktionsrahmen einer Operationsspezifikation

Die Parameter-Übergabe wie -Rückgabe wird auf die selbe Art wie bei Operationen notiert (siehe Abschnitt 2.3.3). Innerhalb des Interaktionsrahmens kann wie in Abbildung 11.18 dargestellt auf die Übergabeparameter zugegriffen werden. Ein eventuell vorhandener Rückgabeparameter trägt implizit den Namen des Interaktionsrahmens (gross in Abbildung 11.18). Sowohl die Erzeugung einer Lebenslinie (wie in Abbildung 11.18) wie auch eine direkte Wertzuweisung (siehe Abbildung 11.19) sind möglich:

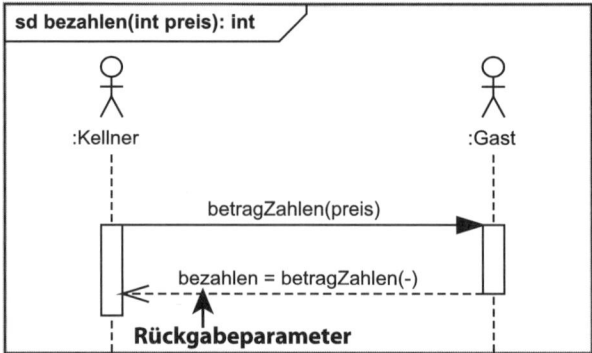

Abbildung 11.19 Zuweisung des Rückgabewerts über den Interaktionsnamen

Eine Nachricht darf den Interaktionsrahmen nicht verlassen, sie kann jedoch mit externen Nachrichten durch ein **Gate** verbunden werden:

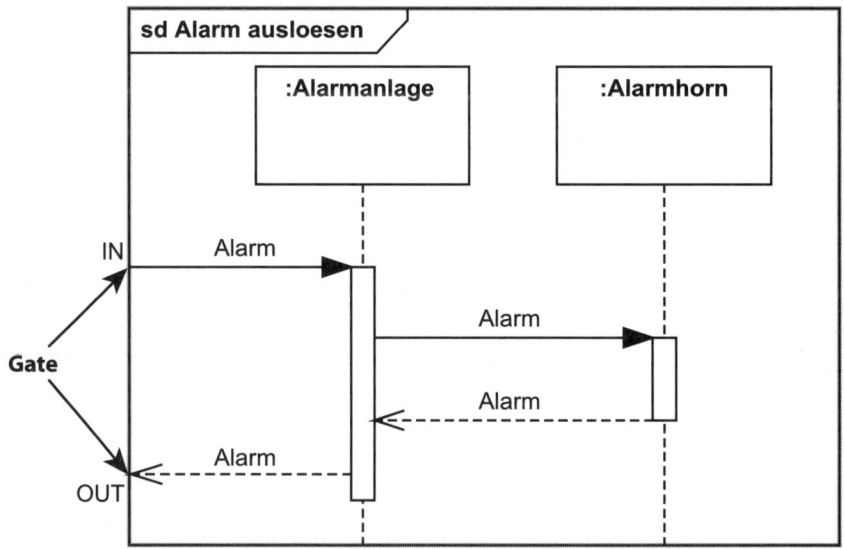

Abbildung 11.20 Diagramm-Gates

Abbildung 11.20 zeigt einen Interaktionsrahmen, der sowohl einen Eingang wie auch einen Ausgang einer Nachricht ermöglicht. Eine eingehende Nachricht löst am Gate IN die Nachricht Alarm aus. Die Antwort-Nachricht Alarm verlässt den Interaktionsrahmen nicht, sondern löst am Gate OUT wiederum eine damit verbundene Nachricht aus. Die Gate-Namen (IN und OUT in Abbildung 11.20) können auch weggelassen werden. Die Gates werden in diesem Fall durch den Typ und die Signatur der Nachricht identifiziert.

Die UML stellt mit dem Interaktionsrahmen eine Möglichkeit zur Verfügung, vollständige Interaktionsdiagramme in Form einer **Interaktionsreferenz** (engl. **InteractionUse**) wiederzuverwenden.

Interaktionsreferenzen werden als ein Interaktions-Rahmen mit der Typbezeichnung **ref** notiert:

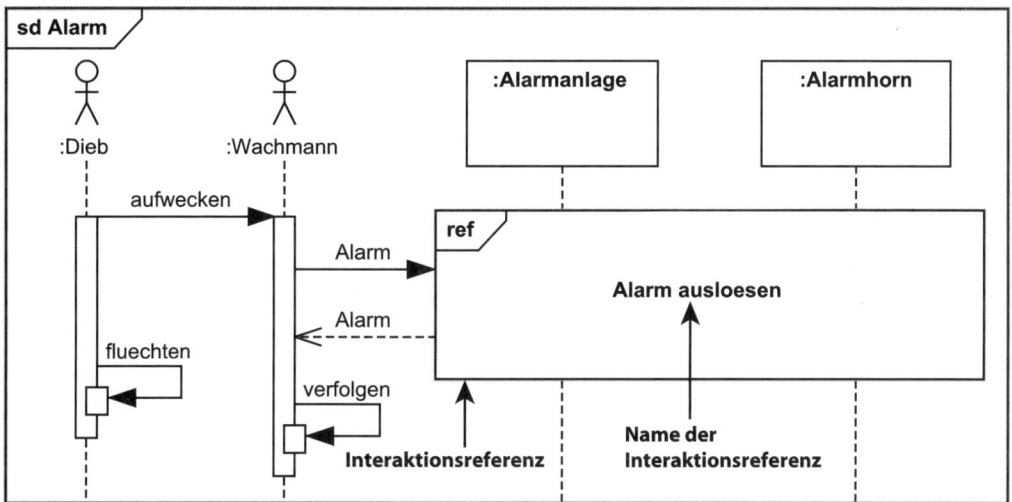

Abbildung 11.21   Interaktionsreferenz

In der Interaktion aus Abbildung 11.21 wird die in Abbildung 11.20 definierte Interaktion `Alarm ausloesen` wiederverwendet. Beide Lebenslinien der Interaktions-Teilenehmer (`:Alarmanlage` und `:Alarmhorn`) müssen überdeckt sein und die Gates der Interaktionsreferenz mit passenden Nachrichten verbunden werden.

Eventuelle Übergabeparameter einer Interaktion müssen auch einer Interaktionsreferenz (siehe Abbildung 11.22) bereitgestellt werden.

Ein Beispiel der Wiederverwendung einer Interaktion mit Parameter-Übergabe und -Rückgabe zeigt Abbildung 11.22. Die Interaktion `bezahlen` aus Abbildung 11.19 wird mit dem Parameter `10` aufgerufen und gibt als Rückgabewert `12` zurück, der zur bisherigen `geldsumme` des Interaktions-Teilnehmers `:Kellner` addiert wird (`+=`).

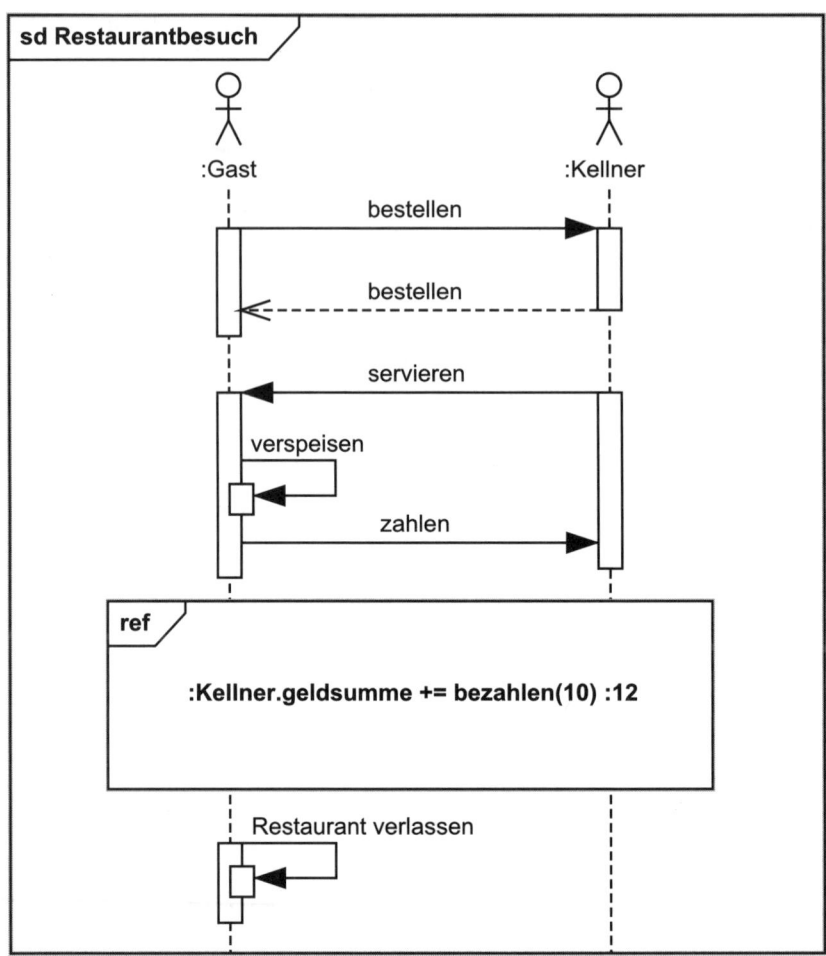

Abbildung 11.22   Wiederverwendung einer Interaktion

Die vollständige Syntax einer Interaktionsreferenz setzt sich zusammen aus den folgenden Bestandteilen (eckige Klammern bedeuten »optional«):

[Attributname Zuweisungsoperator] Interaktion [(Parameter-Liste)][: Rückgabewert]

▶ **Attributname**
Der Attributname bezieht sich auf eines der Attribute der Lebenslinien im Interaktionsdiagramm (beispielsweise `:Kellner.geldsumme` in Abbildung 11.22)

▶ **Zuweisungsoperator**
Obwohl es sich dabei zumeist um ein Gleichheitszeichen (=) handelt, kann jeder bekannte Zuweisungsoperator verwendet werden, so z. B.

▶ +=

▶ -=

▶ *=

▶ /=

▶ **Interaktion**
der Name der aufgerufenen Interaktion

▶ **Parameter-Liste**
mit Kommas getrennte Liste von Übergabeparametern, wie sie bereits aus Operationsaufrufen (siehe Abschnitt 2.3.3) bekannt ist

▶ **Rückgabewert**
Gibt die Interaktion einen Wert zurück, wird dieser mit einem Doppelpunkt hinter der Interaktion und der eventuellen Parameter-Liste notiert.

Verwendung

Interaktionsrahmen werden modelliert, um Interaktionsdiagramme eindeutig in ihrem Kontext zu begrenzen und wiederverwendbar zu gestalten. Verwenden Sie kurze und prägnante Namen und definieren Sie bei Bedarf die Übergabe- und Rückgabeparameter der Interaktionen.

11.3.4 Kombinierte Fragmente

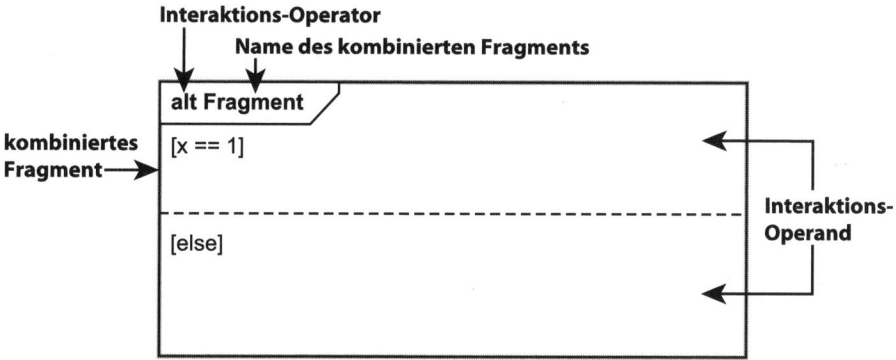

Abbildung 11.23 Kombiniertes Fragment

Beschreibung

Ein **kombiniertes Fragment** (engl. CombinedFragment) ist die allgemeine Bezeichnung für die folgenden **abgeschlossenen Interaktionseinheiten**:

▶ **Alternative**
▶ **Option**

- ▶ **Parallelität**
- ▶ **Schwache Sequenz**
- ▶ **Strikte Sequenz**
- ▶ **Negation**
- ▶ **Kritischer Bereich**
- ▶ **Sicherstellung**
- ▶ **Irrelevante Nachrichten**
- ▶ **Relevante Nachrichten**
- ▶ **Schleife**
- ▶ **Abbruch**

Kombinierte Fragmente bestehen aus einem Interaktions-Operator, dem optionalen Namen und einem oder mehreren Interaktions-Operanden (siehe Abbildung 11.23).

Der **Interaktions-Operator** (engl. InteractionOperator) definiert den Typ des kombinierten Fragments.

Interaktions-Operanden (engl. InteractionOperands) stellen die horizontalen Bestandteile des kombinierten Fragments dar und beinhalten den eigentlichen Nachrichtenaustausch.

Interaktions-Operanden werden durch waagerechte gestrichelte Linien voneinander getrennt und dürfen weitere kombinierte Fragmente enthalten.

Die zwölf unterschiedlichen Arten von kombinierten Fragmenten werden im Folgenden detailliert behandelt

Alternative

In einem mit **alt** gekennzeichneten kombinierten Fragment darf nur einer der Interaktions-Operanden ausgeführt werden. Er entspricht einem `if-then-else`-Konstrukt.

In eckigen Klammern notierte **Guards** überwachen die Ausführung eines jeden Operanden, die nur bei einer Auswertung des Guards zu `true` erfolgt.

Abbildung 11.24 zeigt ein Beispiel eines `alt`-Fragments. Nachdem ein `:Lehrling` seine Arbeit erledigt hat, wird diese vom `:Meister` geprüft. Hat der `:Lehrling` gute Arbeit geleistet, wird er gelobt, andernfalls (`else`) getadelt.

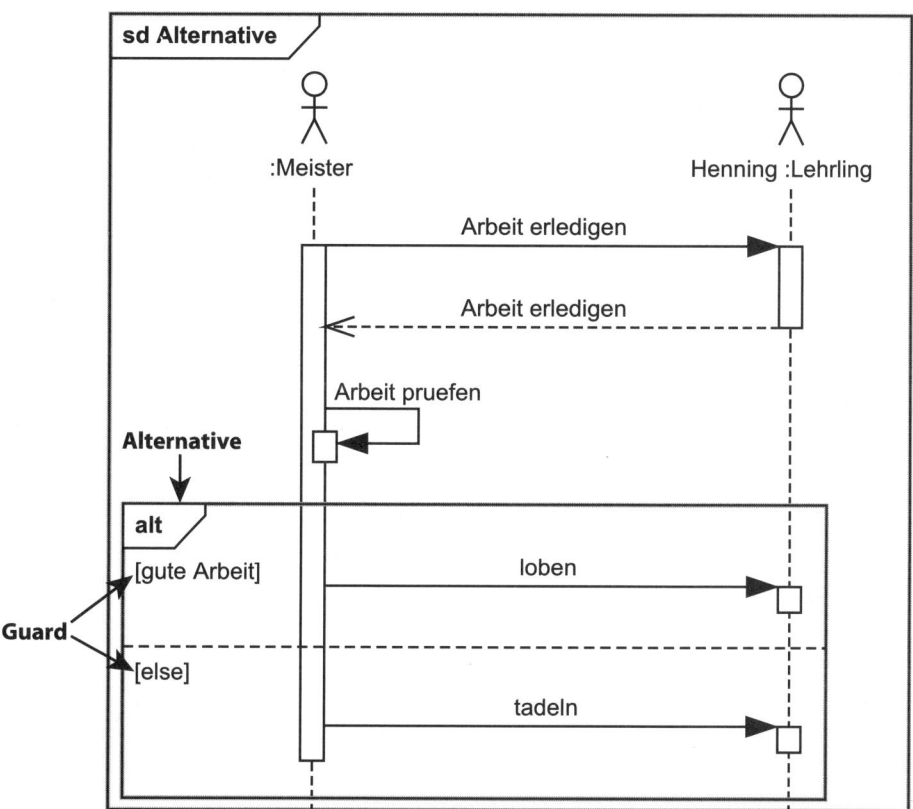

Abbildung 11.24 Alternative

Die UML schreibt vor, dass höchstens einer der Interaktions-Operanden eines alt-Fragments ausgeführt werden darf. Achten Sie daher darauf, dass die Guards disjunkt sind, sich also gegenseitig vollständig ausschließen.

Die Guards müssen erschöpfend alle möglichen Werte der spezifizierten Bedingungen erfassen. Fügen Sie gegebenenfalls den Guard else hinzu, der immer dann zu true ausgewertet wird, wenn alle anderen nicht zutreffen. Der Verzicht auf die Definition eines Guards impliziert einen Guard, der immer true ist und damit die Ausführung des Interaktions-Operanden immer gestattet.

Zwischen unterschiedlichen alt-Fragmenten können zusätzlich **Fortsetzungen** (engl. Continuations) definiert werden.

Wie bereits erläutert, »läuft« die Zeit in Sequenzdiagrammen »von oben nach unten« ab. Liest man ein Sequenzdiagramm damit von oben nach unten, stellt die erste gefundene Fortsetzung die »Sprungmarke«, die nächste Fortsetzung mit dem selben Namen die »Aufsetzmarke« dar.

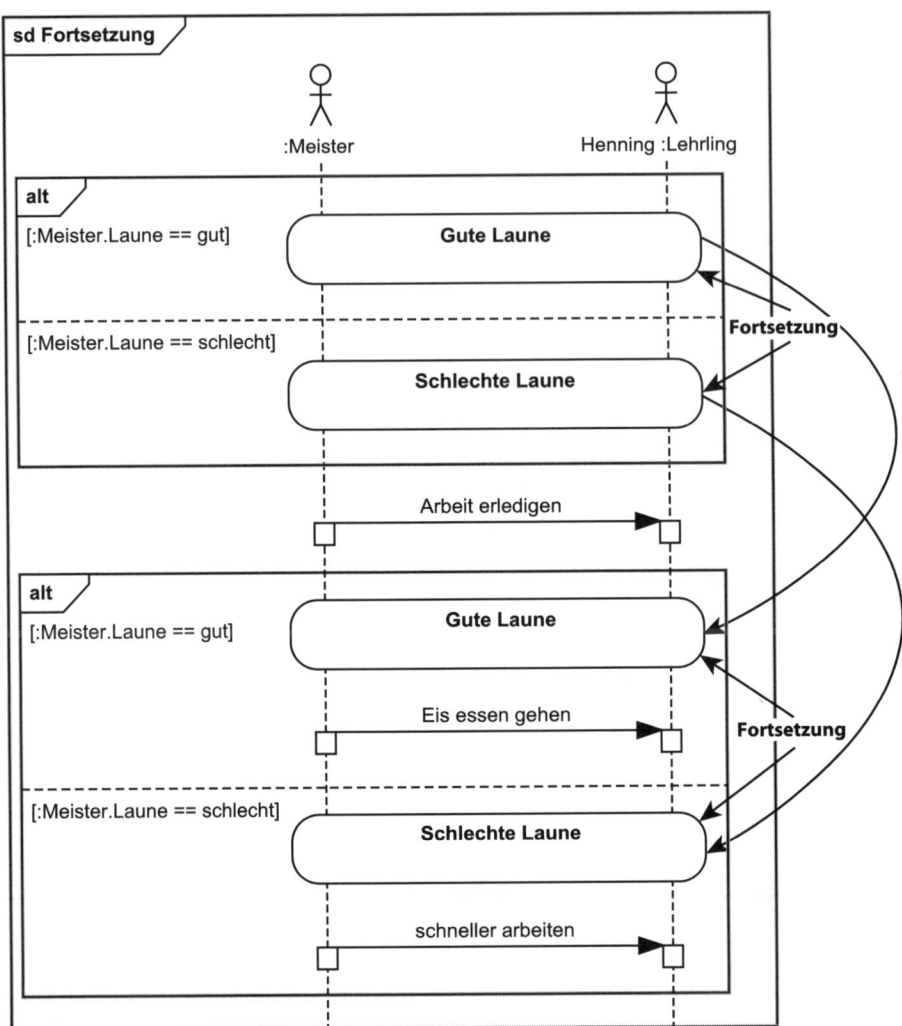

Abbildung 11.25 Fortsetzung

Hat der :Meister aus Abbildung 11.25 beispielsweise gute Laune (erste Gute Laune-Fortsetzung von oben), erfolgt ein Sprung zur nächsten Fortsetzung Gute Laune und der :Meister sendet dem :Lehrling die Nachricht, Eis essen zu gehen. Hat er schlechte Laune (erste Schlechte Laune-Fortsetzung von oben), wird die nächste Fortsetzung Schlechte Laune angesprungen und der :Lehrling angewiesen, schneller zu Arbeiten. Treffen beide Guards nicht zu, erhält der :Lehrling lediglich die Nachricht, die Arbeit zu erledigen.

Fortsetzungen stellen in Sequenzdiagrammen eine Art »goto« dar, das beispielsweise in der Programmiersprache C# bekannt ist. Die meisten Programmierer vermeiden die Verwendung dieses Konstrukts, das durch eine andere Art der Programmierung ersetzt werden kann.

Ebenso verhält es sich auch mit Fortsetzungen in Sequenzdiagrammen, so dass von deren Verwendung an dieser Stelle eher abgeraten wird (Java unterstützt z. B. kein `goto`). Das Diagramm aus Abbildung 11.25 lässt sich beispielsweise auch wie folgt ohne Fortsetzungen modellieren:

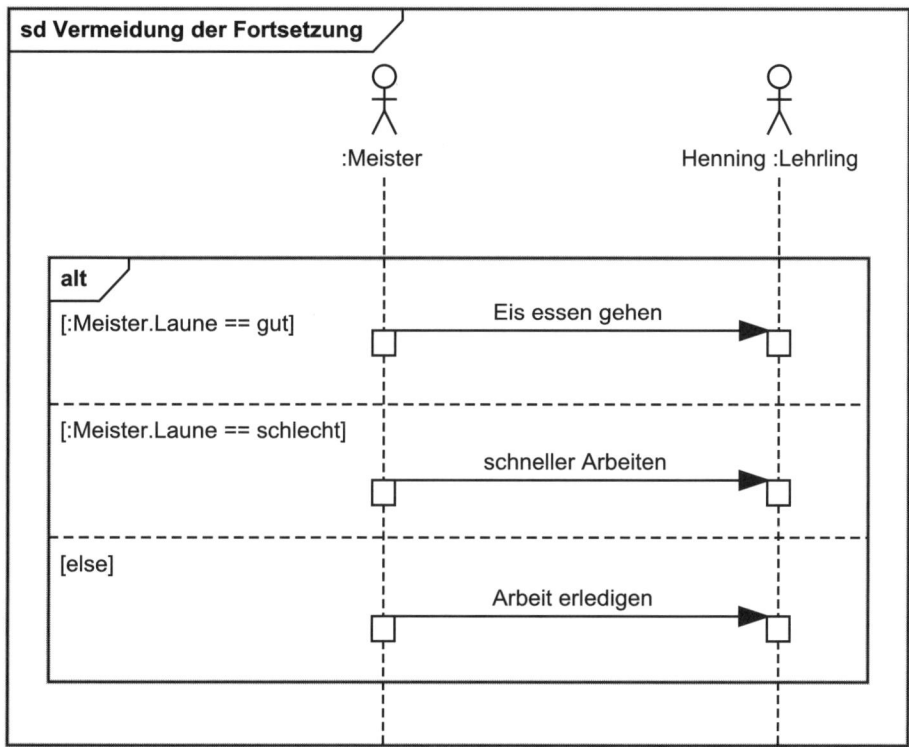

Abbildung 11.26 Diagramm aus Abbildung 11.25 ohne Fortsetzungen

Ist die `Laune` des `Meisters` `gut`, sendet er dem `Lehrling` eine Nachricht, Eis essen zu gehen. Ist die `Laune` des `Meisters` dagegen `schlecht`, bekommt der `Lehrling` die Nachricht, schneller zu Arbeiten. Treffen beide Guards nicht zu, erhält der `Lehrling` die Nachricht, seine Arbeit zu erledigen.

Option

Durch den Interaktions-Operator **opt** wird ein kombiniertes Fragment als optional gekennzeichnet.

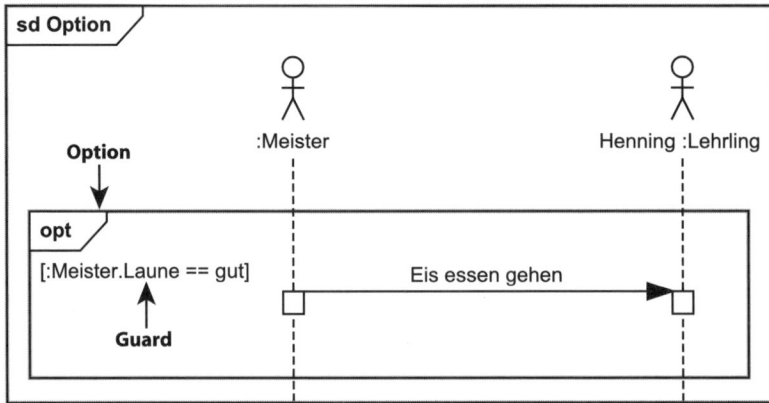

Abbildung 11.27 Option

Alle Interaktionen innerhalb des Fragments werden nur unter der definierten Bedingung (**Guard**) ausgeführt. Ein `opt`-Fragment ist semantisch gleich mit einem `alt`-Fragment, das nur einen einzigen Interaktions-Operanden beinhaltet.

Nur wenn er gute Laune hat, erlaubt der `:Meister` dem `:Lehrling` aus Abbildung 11.27 Eis essen zu gehen.

Programmiertechnisch kann ein `opt`-Fragment sowohl in Java wie in C# mit einem `if` ohne `else` realisiert werden.

Parallelität

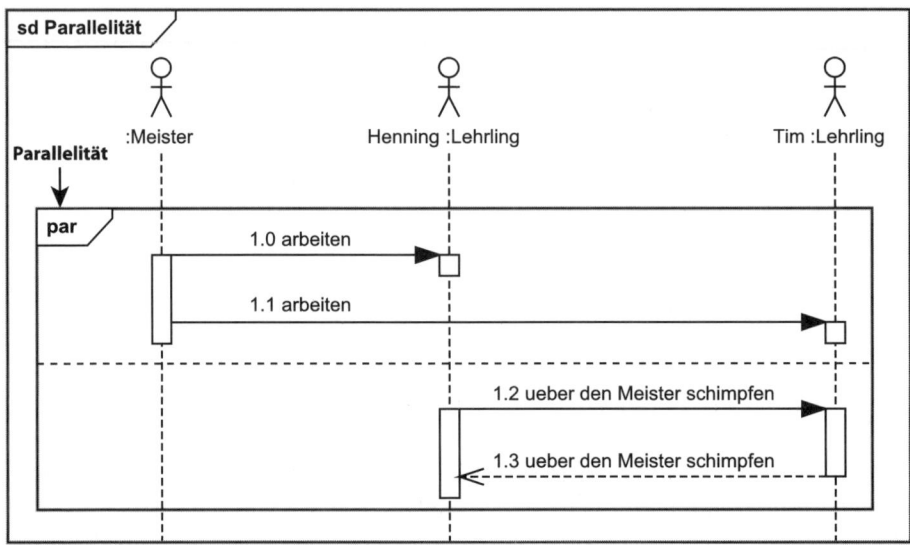

Abbildung 11.28 Parallelität

Der Interaktions-Operator **par** kennzeichnet die Ausführung der Interaktions-Operanden als parallel. Der Austausch von Nachrichten aus *unterschiedlichen* Interaktions-Operanden kann in *beliebiger* Reihenfolge durchgeführt werden, solange die Folge der Nachrichten innerhalb der *einzelnen* Operanden *eingehalten* wird.

Abbildung 11.28 beinhaltet ein Beispiel eines par-Fragments. Da die Nachrichtenfolge innerhalb eines Interaktions-Operanden nicht veränderbar ist, muss die Nachricht 1.0 vor der Nachricht 1.1 gesendet werden. Ebenfalls muss die Nachricht 1.2 vor 1.3 erfolgen.

Die Reihenfolgen der Nachrichten unterschiedlicher Interaktions-Operanden ist jedoch frei. Damit ist es auch erlaubt, Nachricht 1.2 vor 1.0 abzusenden, wodurch beispielsweise die folgenden Nachrichtenreihen zulässig werden:

1.2 => 1.0 => 1.3 => 1.1

1.0 => 1.2 => 1.3 => 1.1

1.2 => 1.0 => 1.1 => 1.3

Die Realisierung von parallelen Abläufen in Java und C# wurde bereits in Abschnitt 9.3.9 vorgestellt.

Mit Hilfe einer **Ordnungsbeziehung** (engl. GeneralOrdering) läßt sich innerhalb eines par-Fragments trotzdem eine Reihenfolge von Nachrichten innerhalb unterschiedlicher Interaktions-Operanden festlegen:

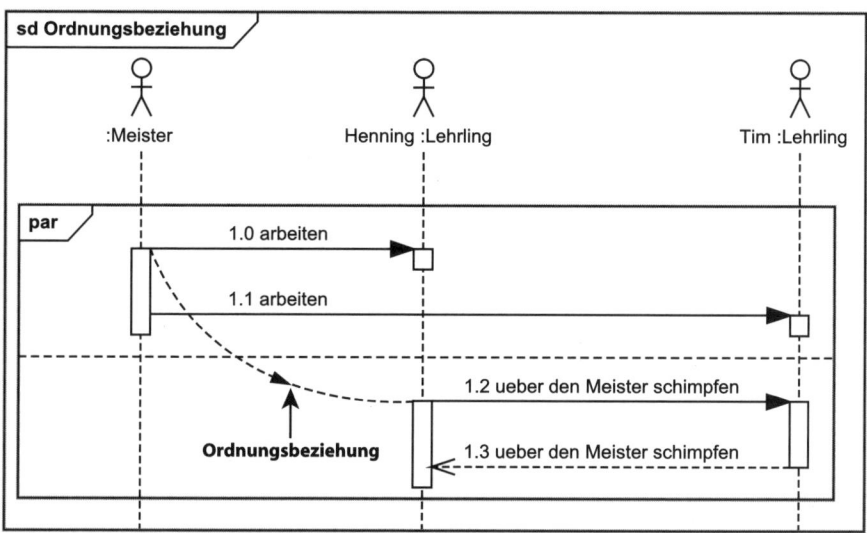

Abbildung 11.29 Ordnungsbeziehung

Die Ordnungsbeziehung aus Abbildung 11.29 spezifiziert, dass die Nachricht 1.0 vor der Nachricht 1.2 gesendet werden muss. Ein :Lehrling soll erst ueber den Meister schimpfen nachdem er ihm zu arbeiten befohlen hat. Die oben als Beispiel angeführten Nachrichtenfolgen

1.2 => 1.0 => 1.3 => 1.1 und

1.2 => 1.0 => 1.1 => 1.3

sind damit nicht mehr gültig.

Ist die Reihenfolge von Nachrichten vollständig irrelevant, kann dies abkürzend mit Hilfe der **Coregion** (engl. Coregion Area) gekennzeichnet werden (siehe Abbildung 11.30):

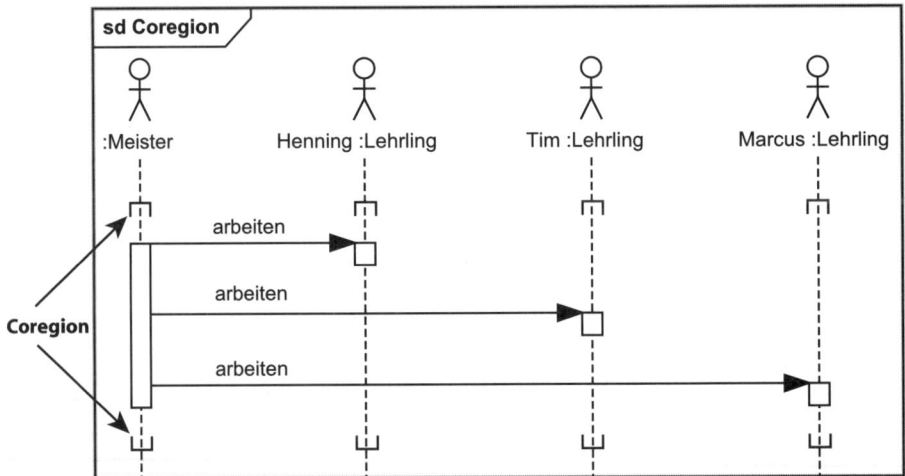

Abbildung 11.30 Coregion

Schwache Sequenz

Die **schwache Sequenz** (engl. Weak Sequencing) wird durch den Interaktions-Operator **seq** gekennzeichnet und definiert die folgenden Ordnungsregeln:

▶ **Die Reihenfolge der Nachrichten innerhalb eines jeden Interaktions-Operanden muss erhalten bleiben.**

Im Beispiel der Abbildung 11.31 bedeutet dies, dass die modellierte Nachrichtenfolge im oberen Interaktions-Operanden 1.0 => 1.1 => 1.2 => 1.3 => 1.4 => 1.5 erhalten bleiben muss. Innerhalb des unteren Interaktions-Operanden müssen dementsprechend die Nachrichten 1.6 => 1.7 => 1.8 => 1.9 nacheinander gesendet werden.

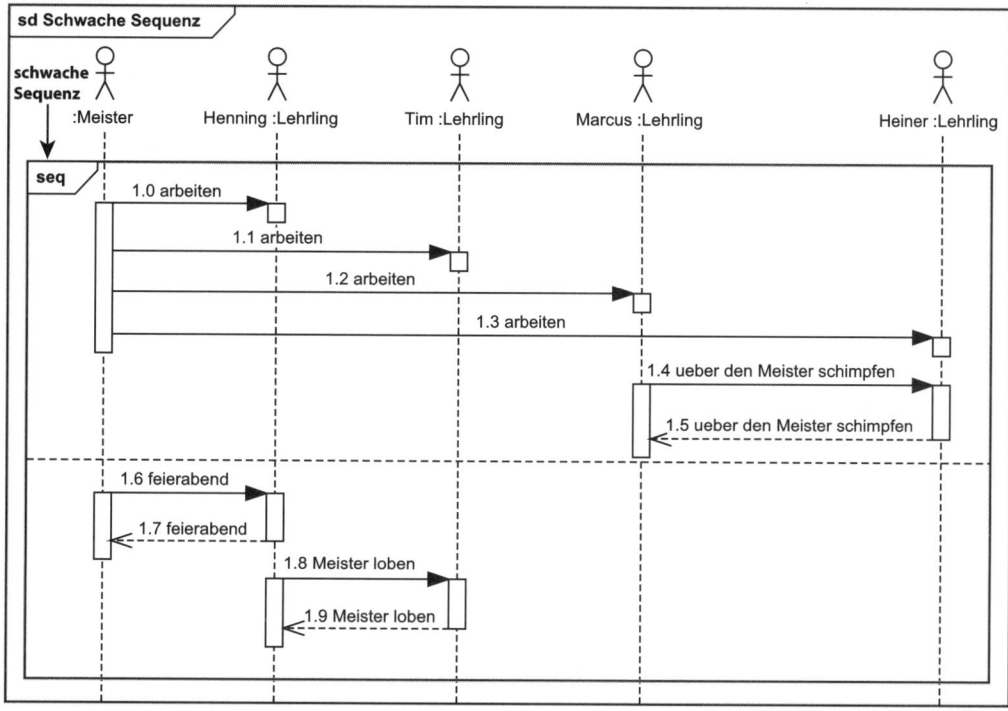

Abbildung 11.31 Schwache Sequenz

▶ **Nachrichten auf unterschiedlichen Lebenslinien aus unterschiedlichen Interaktions-Operanden dürfen in beliebiger Reihenfolge gesendet werden.**

In Abbildung 11.31 ist es demnach irrelevant, ob zuerst der :Meister den feierabend ausruft oder der :Lehrling Marcus bei Heiner über den :Meister schimpft. Eine erlaubte Reihenfolge der Nachrichten wäre beispielsweise:

1.0 => 1.1 => 1.2 => 1.3 => 1.6 => 1.7 => 1.4 => 1.5 => 1.8 => 1.9.

▶ **Nachrichten auf derselben Lebenslinie müssen auch zwischen unterschiedlichen Interaktions-Operanden die modellierte Reihenfolge einhalten.**

Der :Meister aus Abbildung 11.31 darf beispielsweise nicht die Nachricht 1.6 (feierabend) senden, bevor er nicht die Nachrichten 1.0, 1.1, 1.2 und 1.3 (arbeiten) abgesendet hat. Obwohl sie innerhalb unterschiedlicher Interaktions-Operanden modelliert wurden, darf die Reihenfolge der Nachrichten nicht verändert werden, da sie alle auf derselben Lebenslinie des :Meisters liegen.

Strikte Sequenz

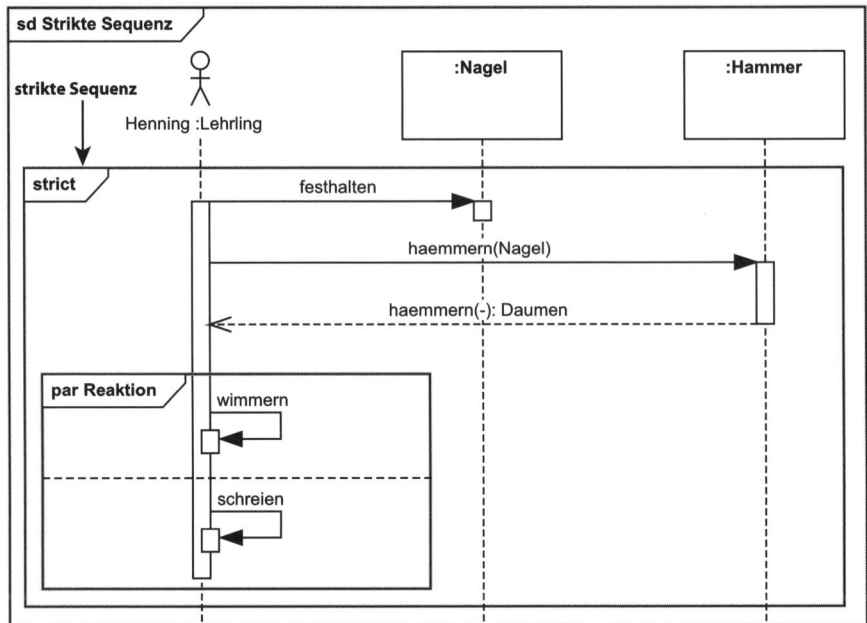

Abbildung 11.32 Strikte Sequenz

> Die **strikte Sequenz** (engl. Strict Sequencing) definiert mit dem Interaktions-Operator **strict**, dass die modellierte **Reihenfolge der Nachrichten zwingend eingehalten werden muss.**

Die strikte Sequenz definiert die Reihenfolge der Nachrichten auf ihrer ersten Ebene. Werden innerhalb der einzelnen Interaktions-Operanden weitere kombinierte Fragmente modelliert (z. B. par), können sie die Ordnungsdefinition der strikten Sequenz verändern und aufheben.

Ein :Lehrling muss laut Abbildung 11.32 zwingend zuerst den Nagel festhalten und dann versuchen, auf ihn zu haemmern. Leider trifft er im dargestellten Szenario seinen Daumen. Erst danach darf er das par-Fragment Reaktion ausführen, das die strikte Reihenfolge der Nachrichten aufhebt. Damit ist dem armen :Lehrling freigestellt, ob er zuerst wimmert und dann schreit oder zuerst schreit und dann wimmert.

Negation

> Der Interaktions-Operator **neg** (engl. Negative) hebt eine **ungültige Nachrichtenfolge** hervor.

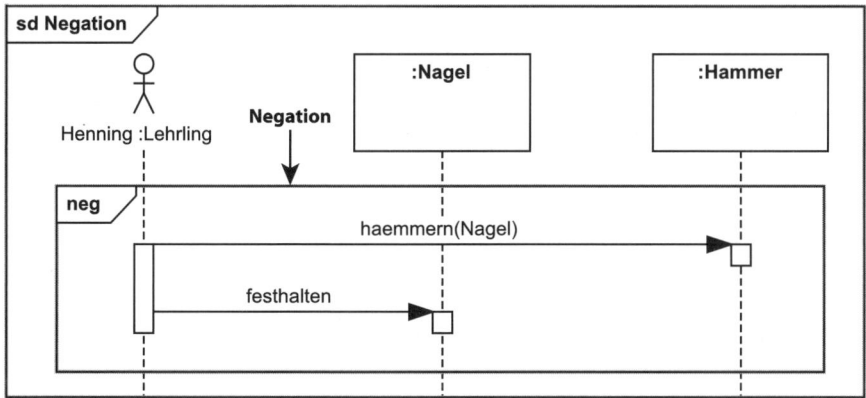

Abbildung 11.33 Negation

Dieses kombinierte Fragment wird verwendet, um explizit fehlerhafte Sequenzen von Nachrichten zu definieren. Alle Nachrichtenfolgen, die nicht der fehlerhaften Sequenz entsprechen, werden damit als korrekt angesehen.

Abbildung 11.33 soll einem :Lehrling beschreiben, dass es nicht wirklich viel Sinn macht, zuerst auf einen Nagel zu hämmern (während er z.B. noch auf dem Brett liegt) und ihn daraufhin festzuhalten.

Kritischer Bereich

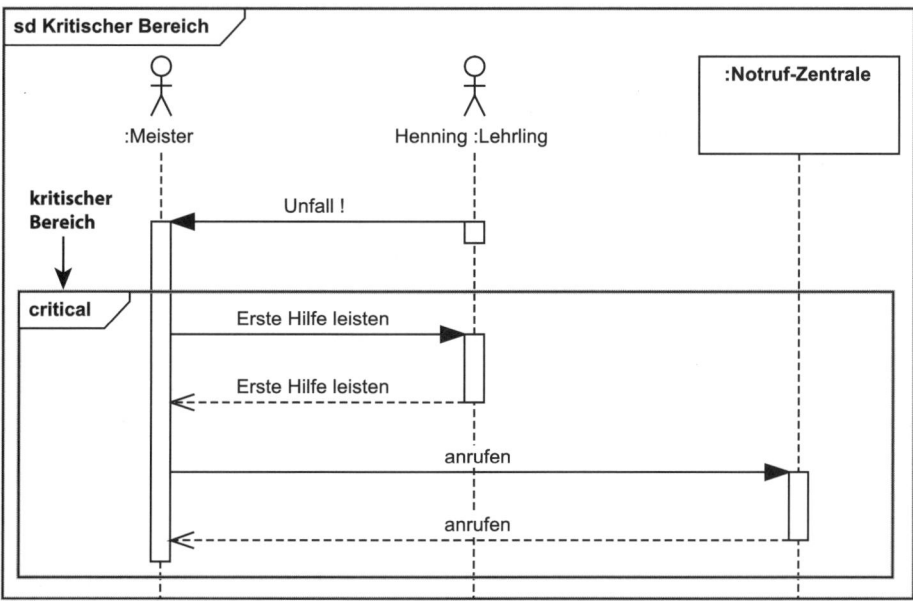

Abbildung 11.34 Kritischer Bereich

> Mit dem kombinierten Fragment **critical** wird ein **kritischer Bereich** (engl. Critical Region) definiert, dessen **Ausführung nicht unterbrochen werden darf.**

Die Interaktion innerhalb dieses Fragments wird als atomar und damit unteilbar angesehen. Die definierte Reihenfolge der Nachrichten muss zwingend eingehalten und kann nicht wie beim strict-Fragment durch andere kombinierte Fragmente aufgehoben werden.

Meldet ein :Lehrling, dass er einen Unfall hatte, leistet der :Meister sofort erste Hilfe und ruft hiernach die Notruf-Zentrale an (siehe Abbildung 11.34). Der :Meister darf während der ersten Hilfe und dem Notruf nicht unterbrochen werden.

Sowohl Java wie auch C# unterstützen das Konzept eines kritischen Bereichs nativ. In Java definiert man einen kritischen Bereich mit dem Schlüsselwort synchronized:

```
   public void incKontostand()
   {
A    synchronized(konto)
     {
        konto.kontostand += 1;
     }
   }
```

Listing 11.1 Buch-CD: /beispiele/java/kap11/kap_11_3_4c/Kritisch.java

A: Das übergebene Attribut konto wird als Monitor verwendet, der das Betreten bzw. Verlassen des geschützten Bereichs überwacht und in diesem Beispiel sicherstellt, dass auf das konto nur exklusiv zugegriffen werden darf.
Für weitere Informationen zum Monitor-Konzept wird dem interessierten Leser das Werk »Operating Systems: Design and Implementation« von Andrew Tanenbaum empfohlen.

C# setzt das gleiche Konzept mit dem Schlüsselwort lock um:

```
   public void incKontostand()
   {
     lock(konto)
     {
        konto.kontostand += 1;
     }
   }
```

Listing 11.2 Buch-CD: /beispiele/c#/kap11/kap_11_3_4c/Kap_11_3_4c.cs

Sicherstellung

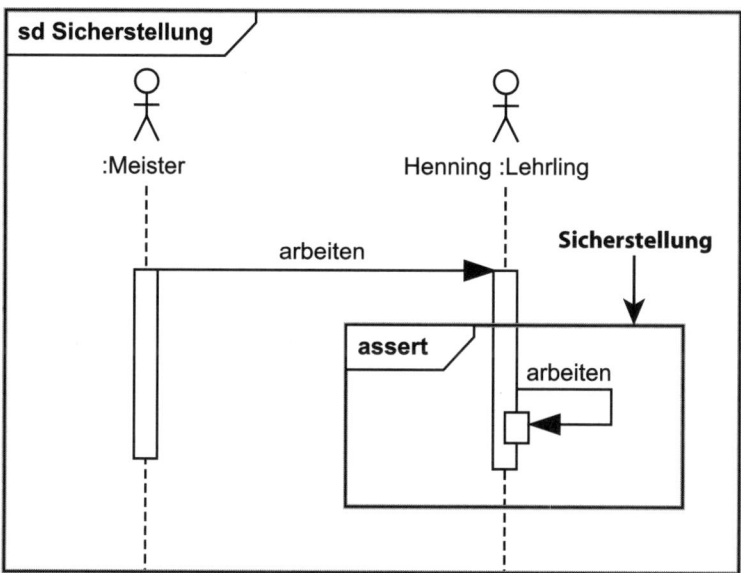

Abbildung 11.35 Sicherstellung

> Der Interaktions-Operator `assert` kennzeichnet die zwingende Sicherstellung (engl. Assertion) der modellierten Interaktion.

Innerhalb eines `assert`-Fragments ist nur exakt der spezifizierte Nachrichtenaustausch in genau der modellierten Reihenfolge zugelassen. Jegliche weitere Nachricht, auch wenn sie durchaus denkbar wäre, wird verworfen.

In Abbildung 11.35 muss sichergestellt werden, dass nach der Nachricht `arbeiten` vom `:Meister` zum `:Lehrling`, dieser auch wirklich arbeitet und zwar ohne zwischendurch jegliche Nachrichten zu empfangen oder unterbrochen zu werden.

Sowohl Java wie auch C# unterstützen die Umsetzung von Sicherstellungen durch das `assert`-Schlüsselwort. Bei einer Verletzung der definierten `assert`-Bedingung wird in beiden Sprachen eine Ausnahme (Exception) mit der spezifizierten Meldung geworfen:

Java:

```
public int dividiere(int zaehler, int nenner)
{
    assert nenner != 0 : "Nenner darf nicht 0 sein";
    return zaehler/nenner;
}
```

Listing 11.3   Buch-CD:/beispiele/java/kap11/kap_11_3_4a/Division.java

C#:

```
public int dividiere(int zaehler, int nenner)
{
    Debug.Assert(nenner != 0, "Nenner darf nicht 0 sein");
    return zaehler/nenner;
}
```

Listing 11.4   Buch-CD: /beispiele/c#/kap11/kap_11_3_4a/Kap_11_3_4a.cs

Irrelevante Nachrichten

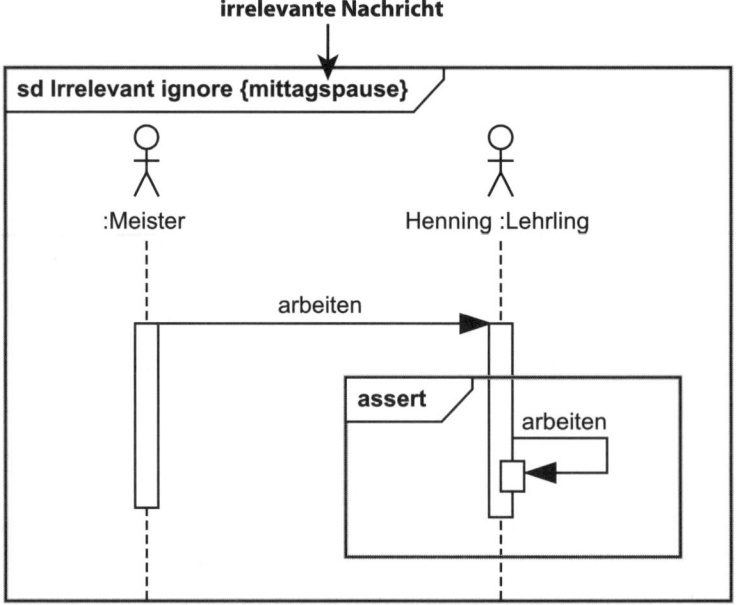

Abbildung 11.36   Irrelevante Nachricht

Mit dem Interaktions-Operator **ignore** werden **Nachrichten** benannt, die **in der jeweiligen Interaktion irrelevant** sind und ignoriert werden können.

Die irrelevanten Nachrichten werden hinter dem Interaktionsnamen durch Kommata getrennt in geschweiften Klammern notiert. Treffen sie innerhalb der Interaktion bei den Teilnehmern ein, so werden sie schlicht nicht beachtet.

In der Interaktion aus Abbildung 11.36 soll die Nachricht mittagspause ignoriert werden.

Relevante Nachrichten

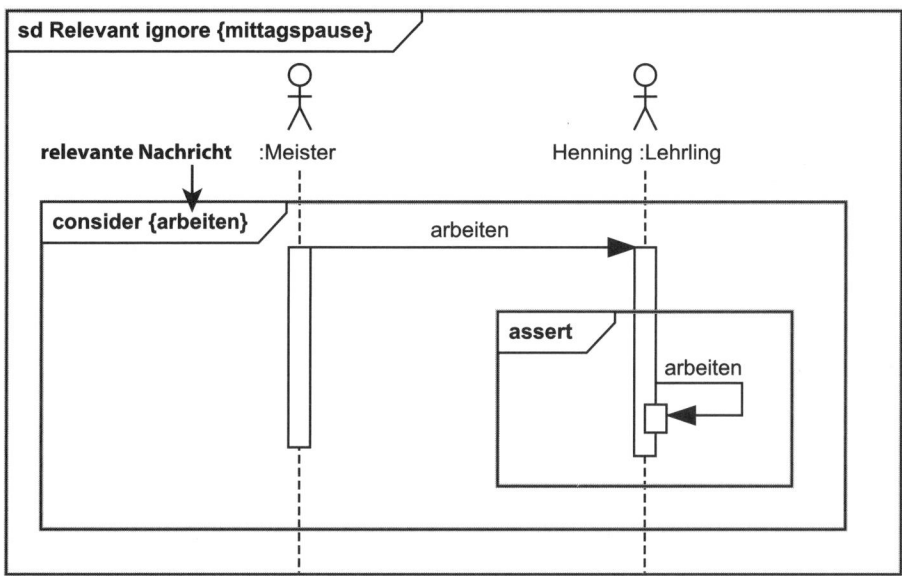

Abbildung 11.37 Relevante Nachrichten

> Der Interaktions-Operator **consider** stellt das **Gegenteil von ignore** dar und definiert alle **Nachrichten, die dringend beachtet werden müssen.**

Es ist damit möglich, entweder Nachrichten mit consider als besonders wichtig hervorzuheben, oder mit ignore als irrelevant zu definieren. Alle nicht mit ignore benannten Nachrichten gelten automatisch als relevant.

Wie in Abbildung 11.37 dargestellt, werden ignore und consider zumeist in Zusammenhang mit dem Interaktions-Operator assert eingesetzt. Die Nachricht arbeiten wird als besonders wichtig betrachtet.

Schleife

> Der **Schleifen-Operator** (engl. loop) spezifiziert eine Anzahl von **wiederholten Ausführungen des Interaktions-Operanden.**

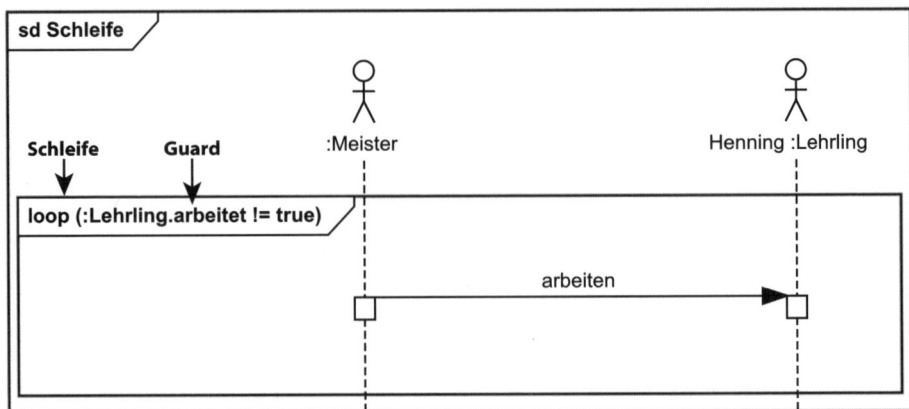

Abbildung 11.38 Schleife

Die Anzahl der Wiederholungen wird dabei vom **Guard** bewacht, so dass sich die Syntax des Schleifen-Operators wie folgt darstellt (eckige Klammern bedeuten »optional«):

loop ['(' <minint> [, <maxint>] ')']

oder

loop ['('<boolescher Ausdruck>')']

Die Elemente **<minint>** und **<maxint>** stellen Platzhalter für natürliche Zahlen dar, wobei **<minint>** kleiner oder gleich **<maxint>** sein muss. Weiterhin erlaubt die UML die Verwendung eines Sterns (*), der beliebig viele Wiederholungen erlaubt.

Der Ausführung des Interaktions-Operanden wird mindestens **<minint>** und maximal **<maxint>**, oder solange wiederholt, bis der **<boolesche Ausdruck>** zu false ausgewertet wird

Die nachfolgenden Beispiele machen die Definitionsmöglichkeiten der Iterationsanzahl deutlicher:

▶ loop(5)
  feste Anzahl von Wiederholungen (5)

▶ loop(3,*)
  minimal 3 bis beliebig viele Wiederholungen

▶ loop(0,5)
  maximal 5 Wiederholungen

- ▶ loop
  beliebige Anzahl von Wiederholungen, äquivalent zu: loop(*)
- ▶ loop(x < 5)
  die Schleife wird solange wiederholt, bis der Ausdruck

  x < 5 zu false ausgewertet wird.

Die Schleife aus Abbildung 11.38 modelliert, dass der :Meister dem :Lehrling solange die Nachricht arbeiten senden soll, bis das Attribut des :Lehrlings arbeite auf true gewechselt ist, bis er also endlich zu arbeiten begonnen hat.

Wie Schleifen in Java oder C# realisiert werden können beschreibt Abschnitt 9.3.10.

Abbruch

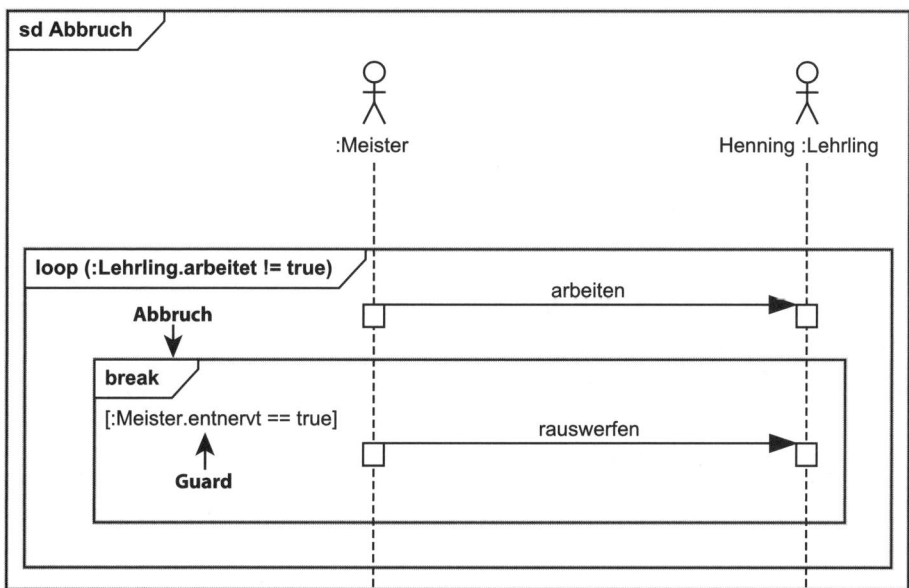

Abbildung 11.39 Abbruch

Mit dem Abbruch-Operator **break** wird ein kombiniertes Fragment zur **Behandlung von Abbruchsituationen** definiert.

Nachdem der **Guard** eines break-Fragments zu true ausgewertet worden ist, wird der zugehörige Interaktions-Operand ausgeführt. Die Abarbeitung das umgebenden Fragments wird anschließend abgebrochen.

In Abbildung 11.39 sendet der :Meister dem :Lehrling die Nachricht arbeiten, bis der :Lehrling damit endlich begonnen hat (Attribut arbeitet == true ist).

Sollte der :Meister dies jedoch so häufig wiederholen müssen, bis er entnervt ist, (der Guard des break-Fragments wird true), wirft er den :Lehrling raus.

Obwohl Abbruch-Fragmente zumeist innerhalb von Schleifen verwendet werden, können sie durchaus auch ganze Interaktionsdiagramme abbrechen, falls sie direkt in deren Kontext modelliert sind.

Sowohl Java wie auch C# stellen das Schlüsselwort break zum Abbruch von Schleifen bereit:

```java
for (int i = 0; ; i++)
{
  if(i >= 10)
    break;
}
```

Listing 11.5   Buch-CD: /beispiele/java/kap11/kap_11_3_4b/Break.java

Verwendung

Üblicherweise wird genau ein Sequenzdiagramm pro Szenario des Nachrichten-austauschs modelliert. Auch wenn kombinierte Fragmente eine sehr kompakte Darstellung von alternativen oder parallelen Abläufen, Schleifen, Abbrüchen usw. ermöglichen, sollten Sie sie nur zur Darstellung eines Haupt-Szenarios pro Sequenzdiagramm heranziehen (wofür sie auch sehr nützlich sind).

Sequenzdiagramme, die alle Eventualitäten zu modellieren versuchen, werden schnell unübersichtlich und können ihren eigentlichen Zweck, der Konzentration auf den Kommunikationsfluss, nicht mehr erfüllen.

Vollständige Abläufe mit allen Eventualitäten können einfacher und überschau-barer mit Aktivitätsdiagrammen (siehe Kapitel 9) modelliert werden. Die Szenarien des Aktivitätsdiagramms, bei denen ein besonderer Kommunikationsfluss festgehalten werden soll, sollten dann vorzugsweise in einzelnen Sequenzdia-grammen definiert werden.

11.4   Lesen eines Sequenzdiagramms

Das Sequenzdiagramm aus Abbildung 11.40 modelliert ein typisches Szenario der Interaktion während eines Restaurantbesuchs.

Der modellierte Interaktionsrahmen definiert ein lokales Attribut Bestellung vom Typ Menuepunkt.

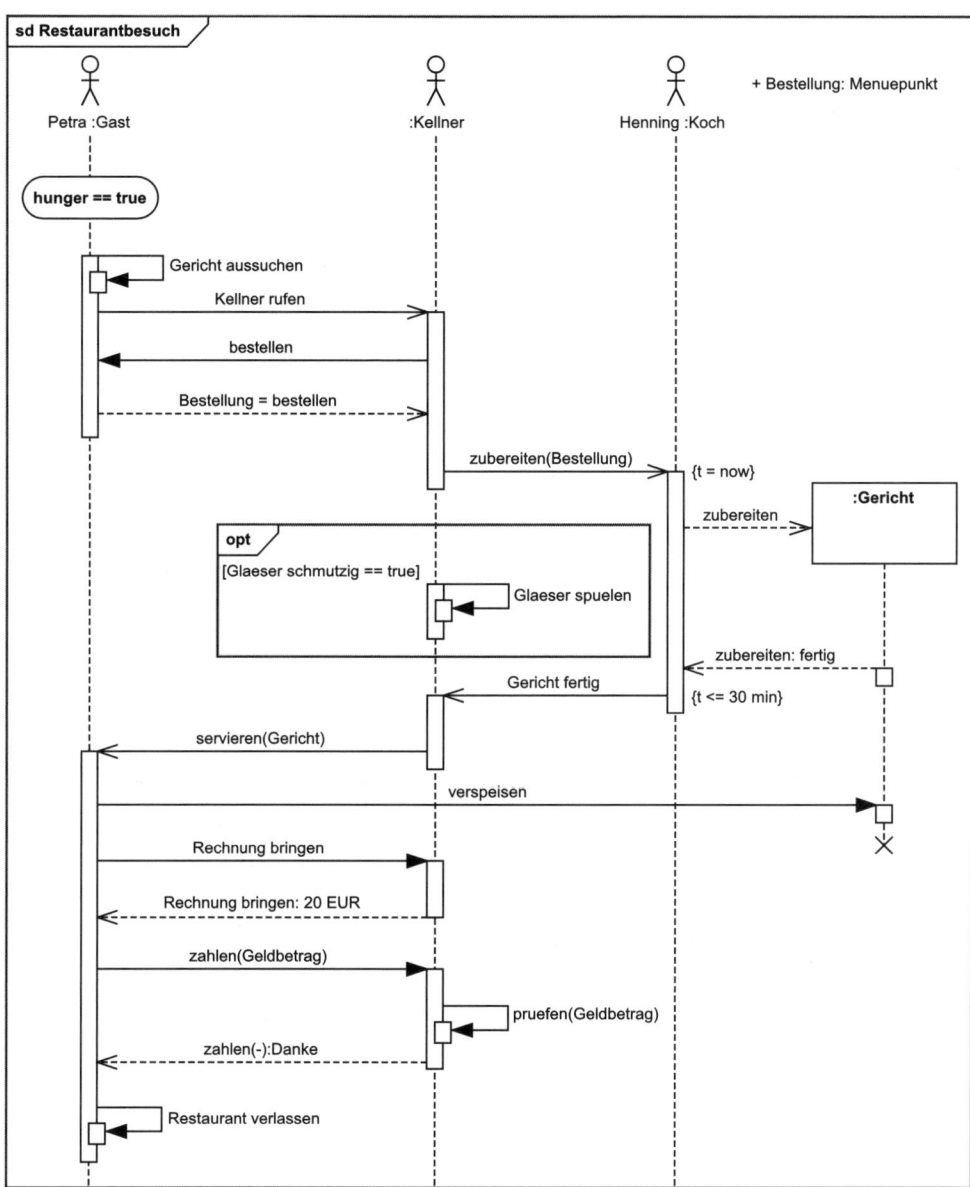

Abbildung 11.40 Beispiel-Sequenzdiagramm

Drei Lebenslinien von Teilnehmern nehmen an der Interaktion teil:

▶   ein Gast namens Petra

▶   ein Kellner, dessen Name nicht relevant ist und

▶   der Koch Henning.

Damit die Interaktion überhaupt beginnen kann, muss Petra Hunger haben (ihr Attribut hunger == true sein).

Nachdem Petra ein Gericht ausgesucht hat, ruft sie einen :Kellner. Ihre Nachricht wird asynchron versendet (offene Pfeilspitze), d.h. Petra wartet nicht auf die Reaktion des :Kellners, sondern fährt sofort nach dem Rufen mit ihrer bisherigen (hier unbenannten) Tätigkeit fort.

Ein :Kellner fordert sie als nächstes auf zu bestellen, woraufhin Petra dieser Aufforderung mit der Rückgabe einer Bestellung nachkommt (damit wird das lokale Attribut der Interaktion gesetzt). Die Aufforderung des :Kellners geschieht synchron (ausgefüllte Pfeilspitze), d.h. der :Kellner wartet auf Petras Bestellung.

Unmittelbar danach sendet der :Kellner asynchron eine Nachricht an Henning, den Koch, die Bestellung zuzubereiten. Weil dies innerhalb von maximal 30 min vollständig erledigt sein muss, stellt Henning, der Koch, sofort ein neues :Gericht her (Erzeugungsnachricht zubereiten vom :Koch zum :Gericht). Während dieser Zeit spült der :Kellner optional schmutzige Gläser.

Nachdem das Gericht fertig ist, sendet Henning asynchron eine Nachricht an den :Kellner, so dass dieser das Gericht unverzüglich an Petra servieren kann. Das Servieren geschieht erneut asynchron. Damit wartet der :Kellner nicht auf eine Antwort-Nachricht von Petra, sondern fährt sofort mit seinen weiteren Tätigkeiten fort, die in diesem Diagramm als irrelevant angesehen werden und daher nicht modelliert sind. Laut dem Ausführungsbalken hat der :Kellner nach dem Servieren zunächst nichts zu tun (der Ausführungsbalken endet unterhalb der Nachricht servieren).

Im nächsten Schritt verspeist Petra das servierte :Gericht (erkennbar an der Desktruktionsnachricht verspeisen von Petra zu :Gericht und dem darauffolgenden Stop-Symbol) und bittet den :Kellner, ihr die Rechnung zu bringen, was dieser mit dem Mitteilen des Preises (in diesem Szenario 20 EUR) beantwortet.

Hierauf zahlt Petra einen Geldbetrag, der vom :Kellner geprüft und im gewählten Szenario akzeptiert wird. Nachdem der :Kellner mit einem höflichen Danke geantwortet hat, verlässt Petra das Restaurant, womit die Interaktion endet.

11.5   Irrungen und Wirrungen

Abbildung 11.41 zeigt die am häufigsten gemachten Fehler bei der Nutzung von Sequenzdiagrammen:

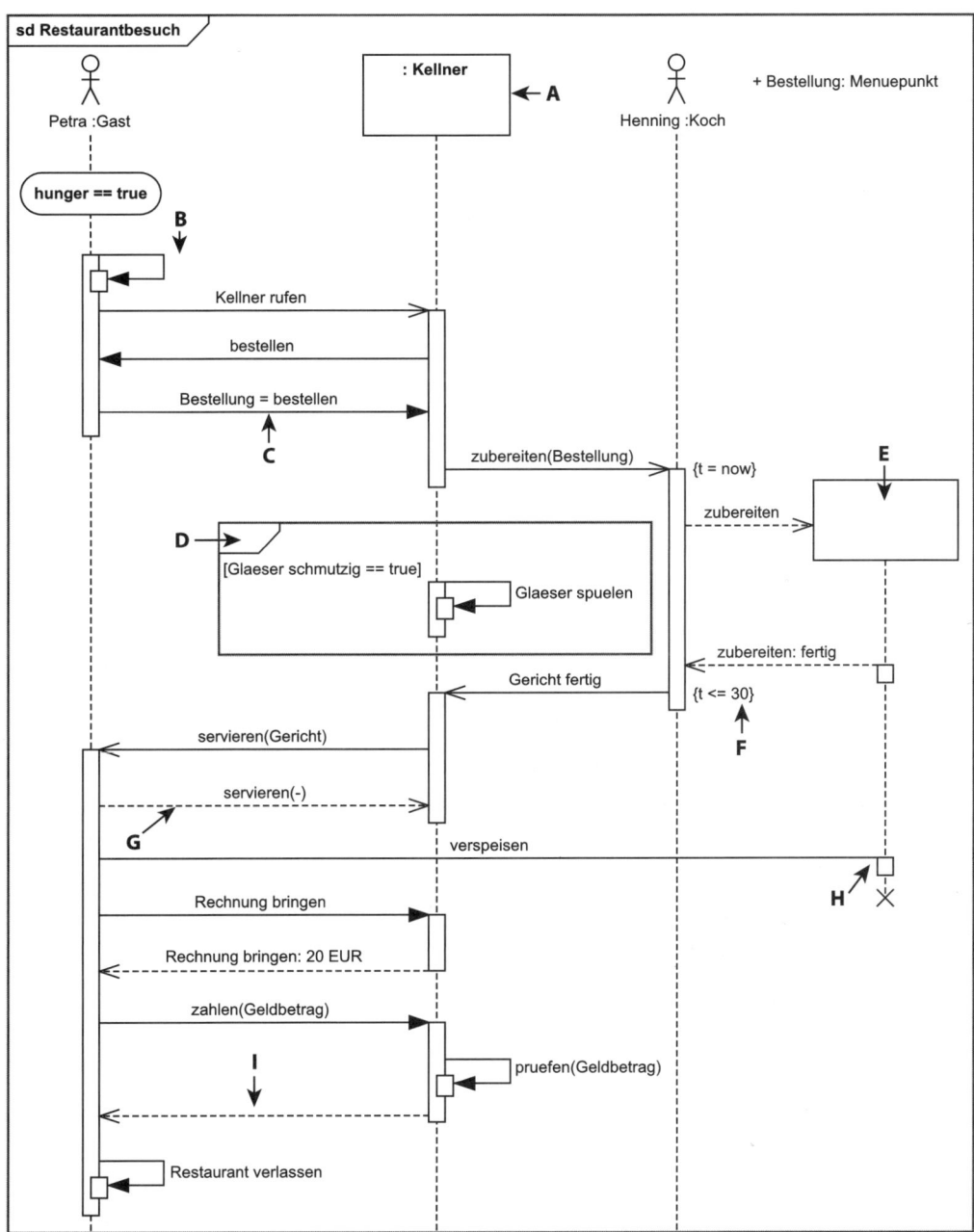

Abbildung 11.41 Ein fehlerhaftes Sequenzdiagramm

A: Rechteck-Symbol für einen menschlichen Teilnehmer

Auch wenn die UML es nicht zwingend vorschreibt, sollte für eine Lebenslinie eines menschlichen Teilnehmers das »Strichmännchen-Symbol«, für Systeme dagegen das Rechteck-Symbol bevorzugt werden.

B: Fehlende Bezeichnung der Nachricht
Jede Nachricht des Sequenzdiagramms muss einen Namen haben.

C: Falsche Notation einer Antwort-Nachricht
Antwort-Nachrichten werden durch gestrichelte Pfeile repräsentiert.

D: Fehlender Interaktions-Operator
Der Interaktions-Operator eines kombinierten Fragments muss zwingend angegeben werden. Die UML definiert die folgenden Interaktions-Operatoren:

- ▶ alt (Alternative)
- ▶ opt (Option)
- ▶ par (Parallalität)
- ▶ loop (Schleife)
- ▶ critical (kritischer Bereich)
- ▶ neg (Negation)
- ▶ assert (Sicherstellung)
- ▶ strict (strikte Sequenz)
- ▶ seq (schwache Sequenz)
- ▶ ignore (irrelevante Nachrichten)
- ▶ consider (relevante Nachrichten).

E: Keine Angabe des Teilnehmer-Typs
Die Lebenslinie eines Teilnehmers wird mit Name:Typ gekennzeichnet. Während der Name optional ist, muss hinter einem Doppelpunkt der Typ zwingend angegeben werden.

F: Fehlende Zeiteinheit
Die Einheit einer Zeitbedingung muss angegeben werden. Soll das gesamte Diagramm die gleiche Einheit verwenden, kann sie auch global in einer Notiz definiert werden.

G: Antwort auf eine asynchrone Nachricht
Die Nachricht servieren ist asynchron (offene Pfeilspitze). Asynchrone Nachrichten und Nachrichten, die Signale übermitteln, werden nicht beantwortet. Antworten auf diese Nachrichtentypen werden üblicherweise selbst als neue Signale oder asynchrone Nachrichten versendet.

H: Richtung der Nachricht fehlt
Die Richtung einer Nachricht muss mit einer Pfeilspitze definiert werden.

I: Keine Bezeichnung der Antwort-Nachricht
Antwort-Nachrichten tragen den Namen der Ursprungsnachricht. Zusätzlich können sie Werte zurückgeben oder out-Parametern Werte zuweisen.

11.6 Zusammenfassung

Die folgende Auflistung beinhaltet abschließend eine Übersicht der Notationselemente von Sequenzdiagrammen:

▶ Teilnehmer von Interaktionen werden durch **Lebenslinien** repräsentiert.

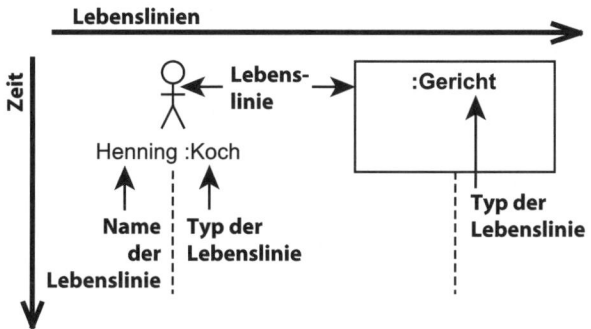

Abbildung 11.42 Lebenslinie

▶ Mit einer **Nachricht** wird das Stattfinden einer Kommunikation und deren Richtung modelliert.

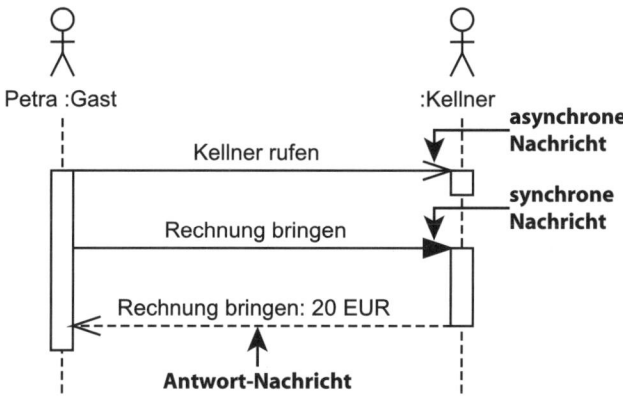

Abbildung 11.43 Nachricht

▶ Der **Interaktionsrahmen** umfasst eine in sich abgeschlossene Interaktion.

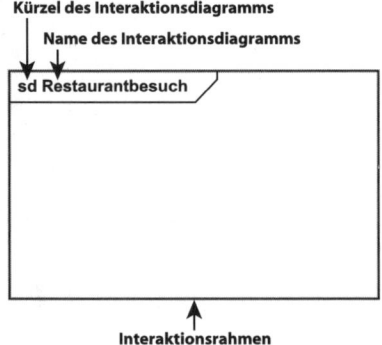

Abbildung 11.44   Interaktionsrahmen

▶ **Kombinierte Fragmente** erlauben die Modellierung folgender Konstrukte:

   ▶ Alternative Kommunikationspfade

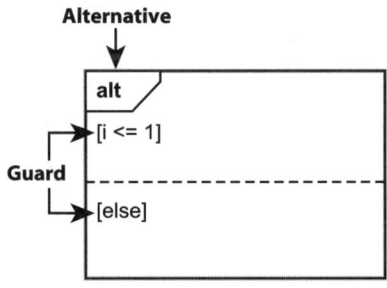

Abbildung 11.45   Alternative

   ▶ Optionale Kommunikationspfade

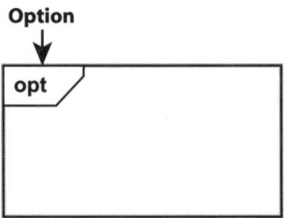

Abbildung 11.46   Option

▶ Parallele Kommunikationspfade

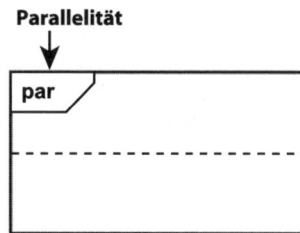

Abbildung 11.47 Parallelität

▶ Einzuhaltende Sequenzen von Nachrichten (schwach/strikt)

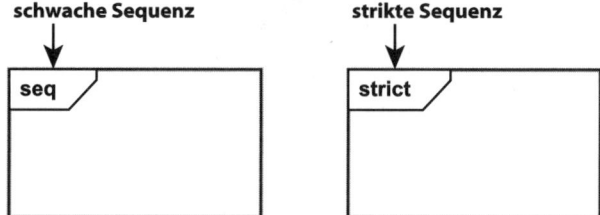

Abbildung 11.48 Schwache und Strikte Sequenz

▶ Fehlerhafte Sequenzen von Nachrichten

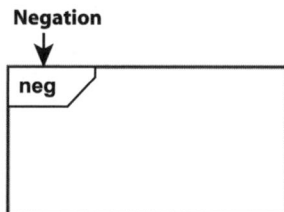

Abbildung 11.49 Negation

▶ Kritische, nicht unterbrechbare Bereiche

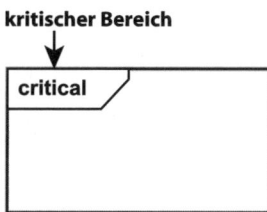

Abbildung 11.50 Kritischer Bereich

▶ Sicherstellungen von Interaktionsabläufen

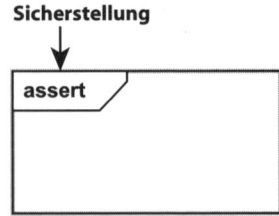

Abbildung 11.51 Sicherstellung

▶ Irrelevante und zu ignorierende Nachrichten

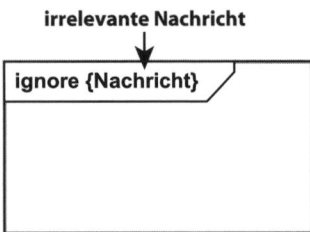

Abbildung 11.52 Irrelevante Nachricht

▶ Besonders relevante und bedeutende Nachrichten

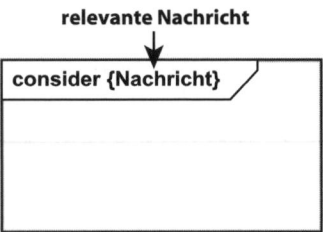

Abbildung 11.53 Relevante Nachricht

▶ Schleifen

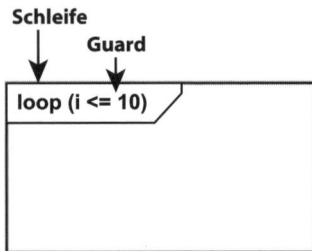

Abbildung 11.54 Schleife

*Ein Kommunikationsdiagramm beschreibt die Interaktion zwischen
Objekten mit dem Fokus auf die Struktur ihrer Kommunikationsbeziehungen.*

12 Kommunikationsdiagramm

12.1 Anwendungsbereiche

Kommunikationsdiagramme (engl. Communication Diagrams) gehören der
Gruppe der Interaktionsdiagramme an und modellieren den Nachrichtenaus-
tausch während einer Interaktion, wobei sie sich wie Sequenzdiagramme auf ein
Szenario beschränken.

Im Gegensatz zu Sequenzdiagrammen, die sich auf den Ablauf der Kommunikation konzentrieren, heben Kommunikationsdiagramme die Kommunikationsbeziehungen der Interaktions-Teilnehmer hervor.

Während der Software-Entwicklung werden sie daher zumeist ergänzend zu
Sequenzdiagrammen verwendet, wo sie auf einem höheren Abstraktionsniveau
einen sehr guten Überblick der Kommunikationsstruktur bieten.

12.2 Übersicht

Das folgende Diagramm zeigt die Notationselemente von Kommunikationsdiagrammen:

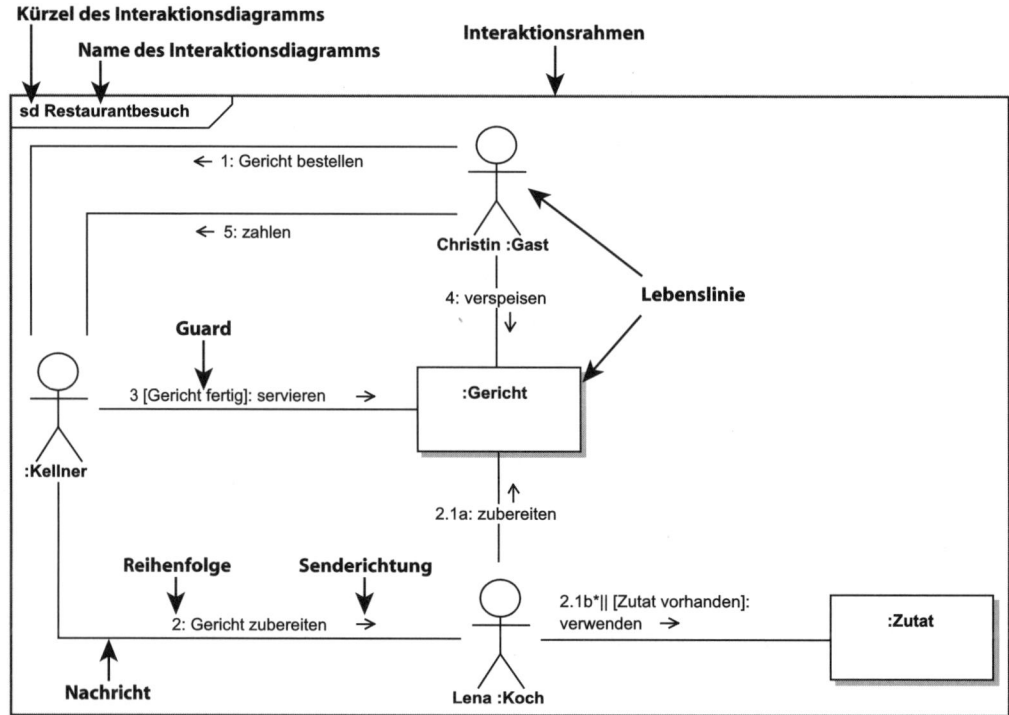

Abbildung 12.1 Notationselemente von Kommunikationsdiagrammen

12.3 Notationselemente

12.3.1 Interaktionsrahmen

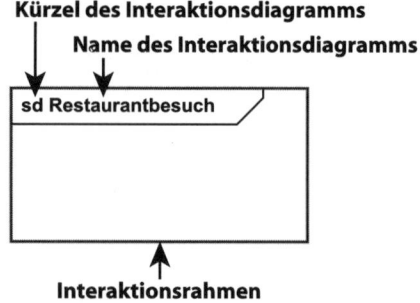

Abbildung 12.2 Interaktionsrahmen

Beschreibung

Kommunikationsdiagramme gehören zur Gruppe der Interaktionsdiagramme und können damit durch einen Interaktionsrahmen in ihrem Kontext abgegrenzt werden. Details zu Interaktionsrahmen wurden bereits in Abschnitt 11.3.3 vorgestellt.

12.3.2 Lebenslinie

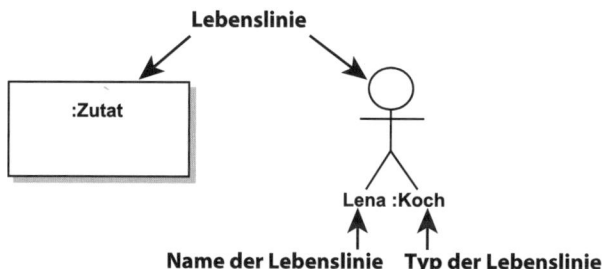

Abbildung 12.3 Lebenslinie

Beschreibung

Auch in Kommunikationsdiagrammen können Teilnehmer modelliert werden, wie sie bereits aus Sequenzdiagrammen (siehe Abschnitt 11.3.1) bekannt sind. Die UML bezeichnet sie auch hier als »Lebenslinie«, auch wenn nur deren Kopf dargestellt wird.

12.3.3 Nachricht

Abbildung 12.4 Nachricht

Beschreibung

Kommunikationsdiagramme verwenden prinzipiell die bereits aus Sequenzdiagrammen bekannten Nachrichten (siehe Abschnitt 11.3.2), nehmen jedoch einige Erweiterungen bzw. Veränderungen an ihnen vor:

▶ Die **Senderichtung** wird nicht an der Linie, sondern mit einem kleinen Pfeil in der Nähe der Nachricht gekennzeichnet.

▶ Es werden **keine Antwort-Nachrichten** modelliert.

▶ Der Nachricht wird durch einen Doppelpunkt getrennt ein **Sequenz-Ausdruck** (engl. **Sequence Expression**) vorangestellt, mit dessen Hilfe folgende zusätzliche Attribute von Nachrichten definiert werden können:

► **Reihenfolge der Nachrichten**

Abbildung 12.5   Reihenfolge einer Nachricht

Die Reihenfolge von Nachrichten wird durch Gliederung von Zahlen modelliert, beispielsweise:

► 1:	► Erste Nachricht der Interaktion
► 2:	► Zweite Nachricht
► 2.1:	► Erste Folge-Nachricht auf Nachricht Nummer 2
► 2.2:	► Zweite Folge-Nachricht auf Nachricht Nummer 2
► 3	► Dritte Nachricht

Zur Verdeutlichung kann das folgende Sequenzdiagramm herangezogen werden, das die gleiche Nachrichtenfolge modelliert:

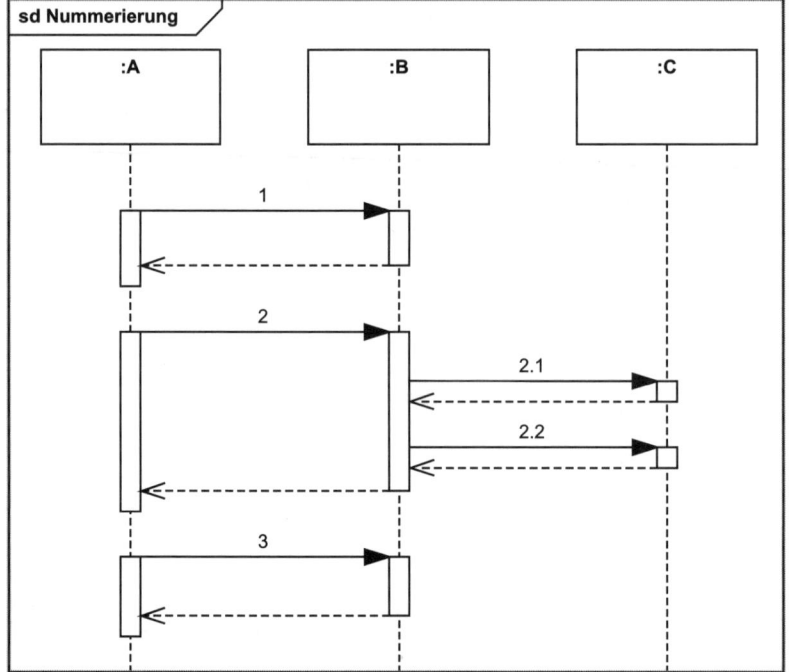

Abbildung 12.6   Nummerierung von Nachrichten

Dürfen mehrere Nachrichten parallel an unterschiedliche Teilnehmer versendet werden, so erhalten sie die gleiche Nummer und werden mit Buchstaben gekennzeichnet:

▶ 1:	▶ Erste Nachricht der Interaktion
▶ 2:	▶ Zweite Nachricht
▶ 2.1a:	▶ Erste parallele Folge-Nachricht auf Nachricht Nummer 2
▶ 2.1b:	▶ Zweite parallele Folge-Nachricht auf Nachricht Nummer 2
▶ 3	▶ Dritte Nachricht

Diese Nummerierung entspricht der folgenden Nachrichtenfolge im Sequenzdiagramm:

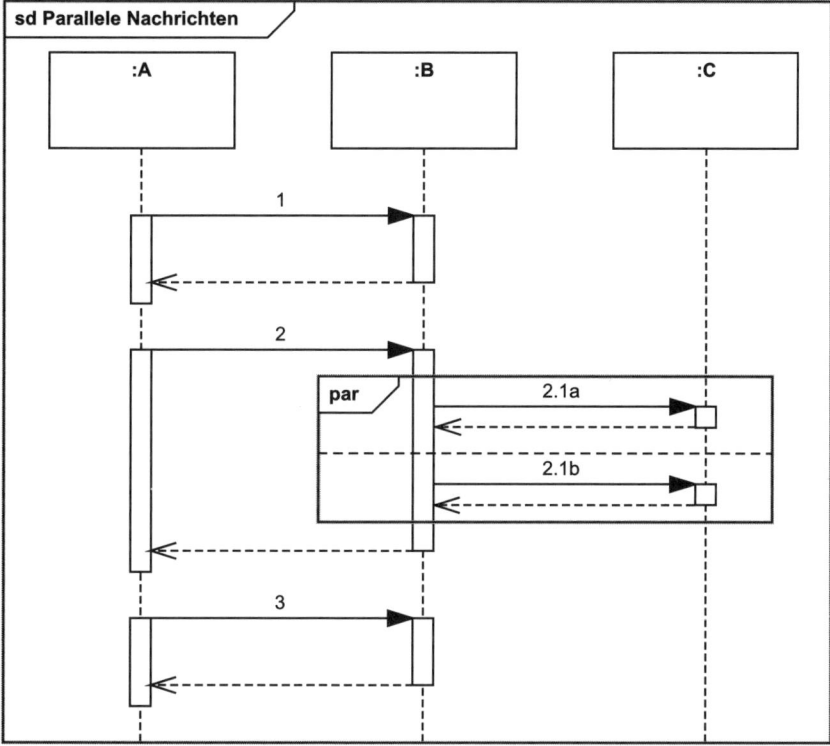

Abbildung 12.7 Parallele Nachrichten

▶ **Sende-Bedingung (Guard)**

Abbildung 12.8 Guard einer Nachricht

Nur wenn der in eckigen Klammern notierte Guard zu `true` ausgewertet wird, wird das Versenden der zugehörigen Nachricht durchgeführt. Guards wurden bereits in Abschnitt 10.3.2 detailiert beschrieben.

Der Guard in Abbildung 12.8 drückt aus, dass ein `:Gericht` von einem `:Kellner` nur serviert werden darf, wenn es `fertig` ist.

▶ **Iteratives Versenden von Nachrichten**

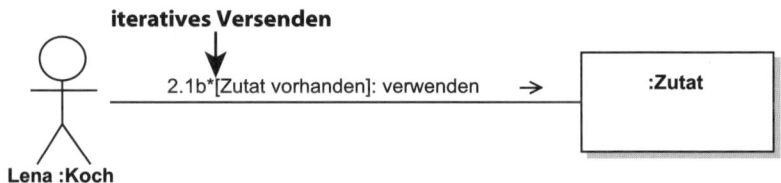

Abbildung 12.9 Iteratives Versenden einer Nachricht

Soll die gleiche Nachricht mehrmals an den selben Teilnehmer versendet werden, wird sie mit einem Stern gekennzeichnet.

In einem optionalen Guard, der von einer eckigen Klammer umgeben ist, wird eine Bedingung in Pseudocode oder als Ausdruck der jeweiligen Zielprogrammiesprache notiert, die vor jeder Iteration ausgewertet wird. Sobald die Auswertung `false` ergibt, wird das Versenden der Nachrichten abgebrochen.

Im Beispiel der Abbildung 12.9 wird der (weibliche) `:Koch Lena` die `:Zutat` so oft verwenden, bis sie nicht mehr vorhanden ist.

In der gezeigten Iteration wird implizit davon ausgegangen, dass die modellierte Nachricht sequentiell wiederholt versendet wird. Soll dies auch parallel erfolgen dürfen, müssen hinter dem Stern zwei senkrechte Striche hinzugefügt werden:

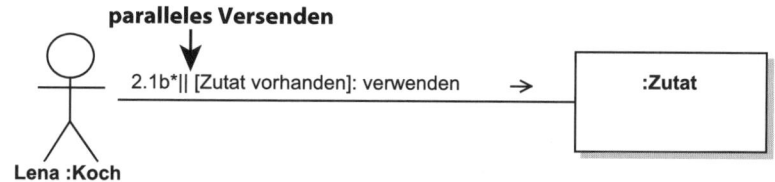

paralleles Versenden

2.1b*|| [Zutat vorhanden]: verwenden → :**Zutat**

Lena :**Koch**

Abbildung 12.10 Iteratives und paralleles Versenden von Nachrichten

Der :Koch aus Abbildung 12.10 kann nun die Nachricht verwenden parallel mehrfach an :Zutat versenden.

12.4 Lesen eines Kommunikationsdiagramms

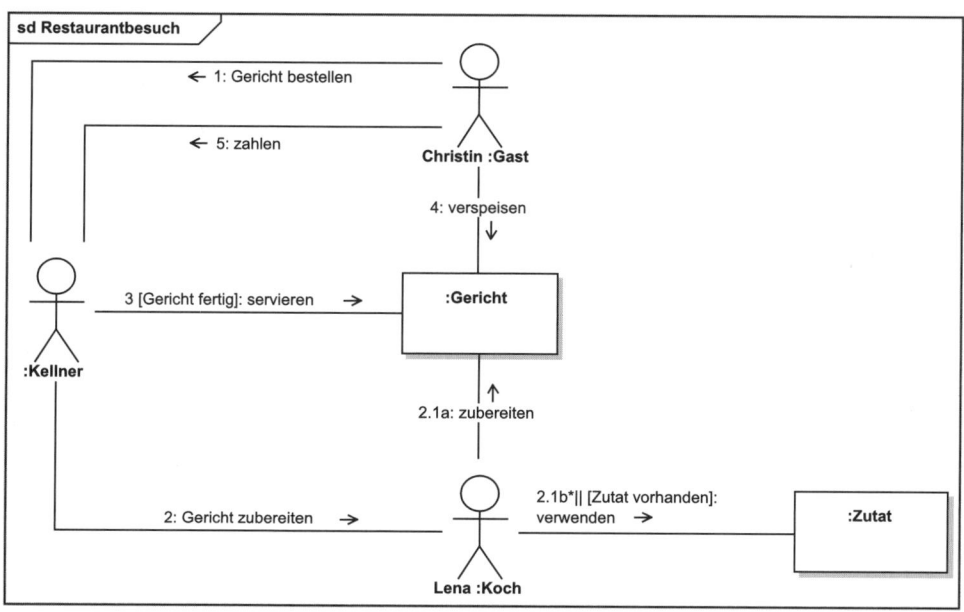

Abbildung 12.11 Beispiel eines Kommunikationsdiagramms

An der Interaktion Restaurantbesuch sind laut der Abbildung 12.11 fünf Teilnehmer (Lebenslinien) beteiligt:

► ein :Gast namens Christin

► ein :Kellner, dessen Name nicht wichtig ist

► ein beliebiges :Gericht

▶ ein (weiblicher) :Koch mit dem Namen Lena

▶ eine in diesem Diagramm beliebige :Zutat

Die Interaktion wird vom :Gast initiiert, indem er beim :Kellner ein Gericht bestellt.

Der :Kellner weist daraufhin den :Koch an, das Gericht zuzubereiten, was zur Folge hat, dass dieser während der Zubereitung (Nachricht 2.1a) wiederholt eine Zutat verwendet (2.1b), solange sie vorhanden ist.

Nachdem das Gericht fertig ist (Nachricht 3), wird es vom :Koch serviert und vom :Gast verspeist (Nachricht 4).

Letztendlich zahlt der :Gast seine Rechnung beim :Kellner und beendet damit die Interaktion (Nachricht 5).

12.5 Irrungen und Wirrungen

Das folgende Diagramm zeigt die am häufigsten gemachten Fehler bei der Modellierung mit Kommunikationsdiagrammen:

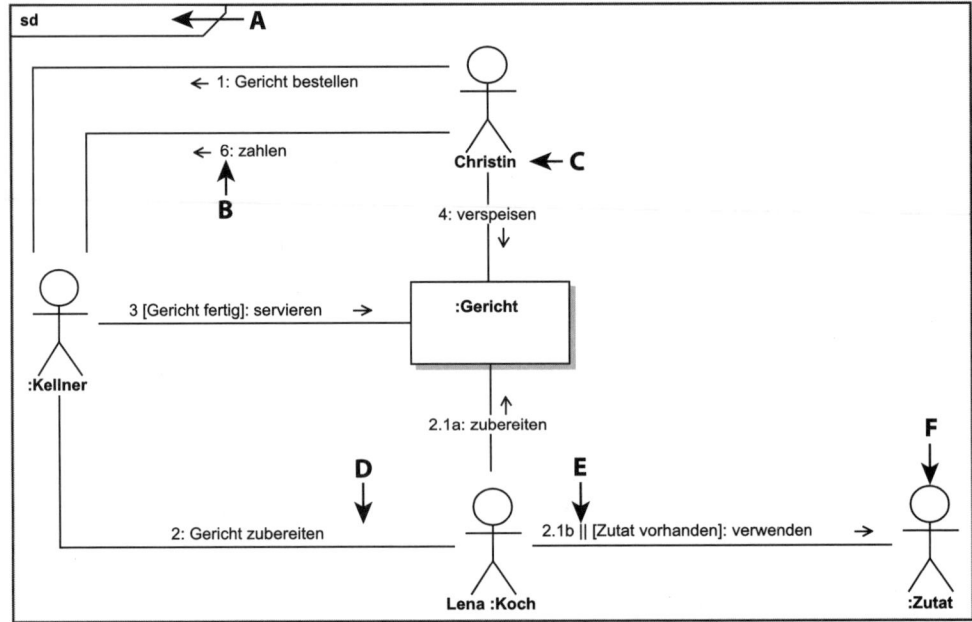

Abbildung 12.12 Ein fehlerhaftes Kommunikationsdiagramm

A: Name des Interaktionsrahmens fehlt

Ein Interaktionsrahmen muss einen Namen enthalten.

B: Nummerierung stimmt nicht

Die Nummerierung der Nachrichten eines Kommunikationsdiagramms muss lückenlos und eindeutig sein (im obigen Beispiel fehlt Nachricht 5).

C: Typ des Teilnehmers fehlt

Während der Name optional ist, muss der Typ des Teilnehmers zwingend angegeben werden.

D: Richtung der Nachricht nicht modelliert

Die Richtung einer Nachricht wird in einem Kommunikationsdiagramm mit einem kleinen Pfeil in der Nähe der Nachrichtenbezeichnung definiert. Sie ist verbindlich und darf nicht weggelassen werden.

E: Fehlerhafte Definition der Parallelität

Das Symbol für paralleles Absenden von Nachrichten wurde notiert (||), das Schleifensymbol (*) fehlt jedoch.

Sollen die gleichen Nachrichten mehrfach in einer Schleife parallel versendet werden können, lautet die korrekte Notation *||.

Sollen mehrere unterschiedliche Nachrichten parallel an verschiedene Teilnehmer versendet werden können, so wird ihre Nummerierung um Buchstaben erweitert (2.1a, 2.1b, 2.1c usw.).

F: Ungünstiges Symbol für Teilnehmer

Der Teilnehmer vom Typ :Zutat ist mit einem Strichmännchen-Symbol modelliert, das jedoch für menschliche Teilnehmer bevorzugt werden sollte. Ein rechteckiges Symbol stellt an dieser Stelle die bessere Wahl dar.

12.6 Zusammenfassung

Abschließend werden die vorgestellten Notationselemente kurz zusammengefasst:

▸ **Interaktionsrahmen** umfassen eine in sich abgeschlossene Interaktion (siehe Abbildung 12.13).

▸ **Lebenslinien** modellieren die Teilnehmer von Interaktionen (siehe Abbildung 12.14).

▸ Mit **Nachrichten** werden stattfindende Kommunikationen, sowie deren Richtungen und Reihenfolgen modelliert (siehe Abbildung 12.15).

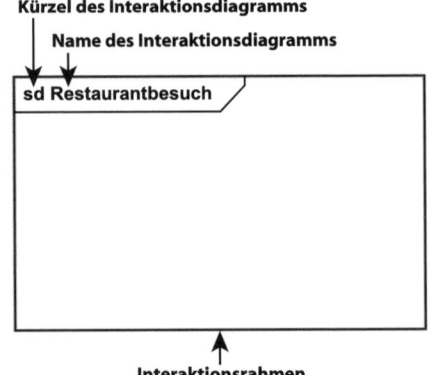

Abbildung 12.13   Interaktionsrahmen

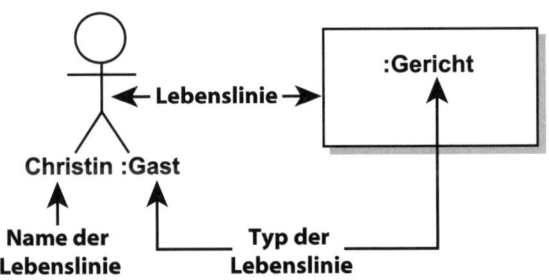

Abbildung 12.14   Lebenslinien

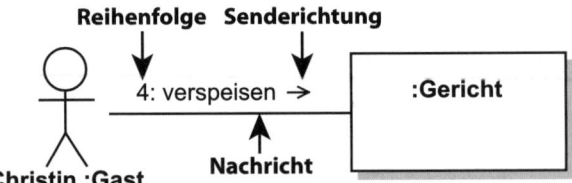

Abbildung 12.15   Nachricht

Ein Timing-Diagramm modelliert eine Interaktion unter besonderem Fokus auf die resultierenden Zustandswechsel innerhalb einer bestimmten Zeitspanne.

13 Timing-Diagramm

13.1 Anwendungsbereiche

Timing-Diagramme gehören wie Sequenz- und Kommunikationsdiagramme der Gruppe der Interaktionsdiagramme an und modellieren erwartungsgemäß Interaktionen zwischen Objekten.

Im Gegensatz zu Sequenzdiagrammen, die den Ablauf einer Interaktion hervorheben und Kommunikationsdiagrammen, die stärker die Kommunikationsbeziehungen der Objekte während einer Interaktion in den Vordergrund stellen, konzentrieren sich Timing-Diagramme auf die zeitlichen Aspekte der Zustandswechsel, die Objekte aufgrund der empfangenen Nachrichten erfahren (Zustandsdiagramme siehe Kapitel 10).

Sie ergänzen daher sowohl Zustandsdiagramme wie auch Sequenz- und Kommunikationsdiagramme um eine exakte zeitliche Beschreibung der Zustandswechsel und werden für genau diesen Zweck im Laufe eines Software-Entwicklungsprozesses eingesetzt.

13.2 Übersicht

Die folgende Abbildung zeigt eine Auswahl der Notationselemente von Timing-Diagrammen:

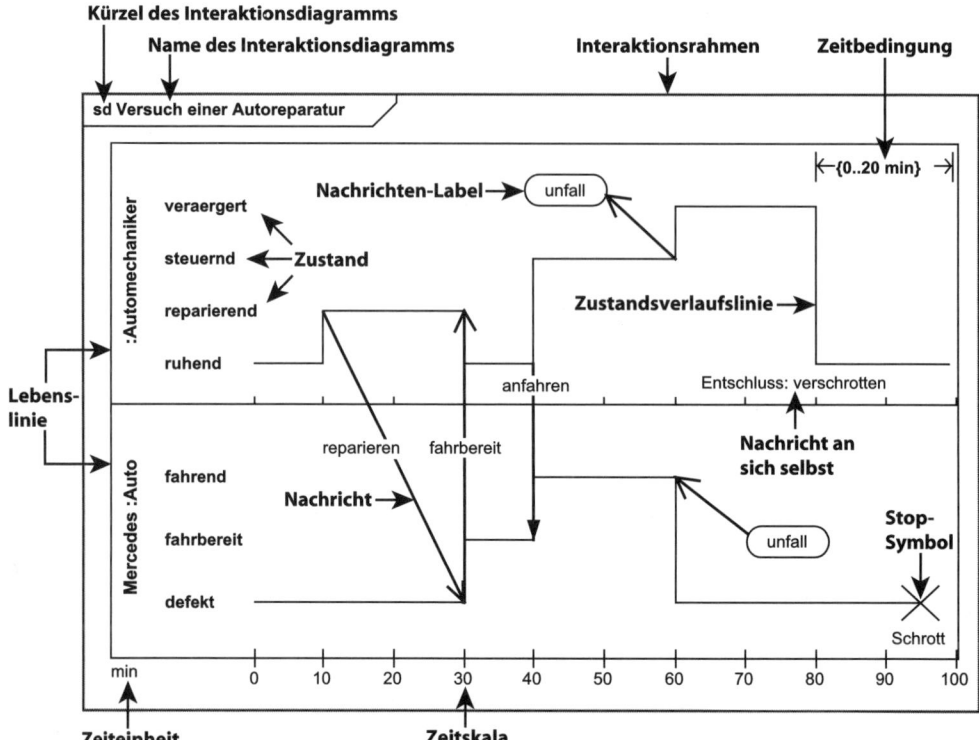

Abbildung 13.1 Notationselemente von Timing-Diagrammen

13.3 Notationselemente

13.3.1 Interaktionsrahmen

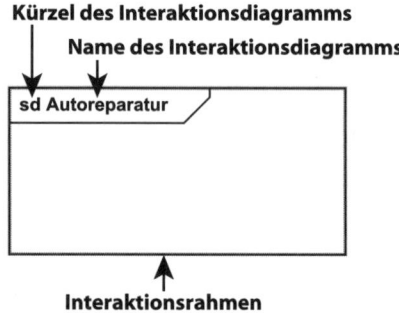

Abbildung 13.2 Interaktionsrahmen

Timing-Diagramme können wie alle Arten der Interaktionsdiagramme durch einen Interaktionsrahmen in ihrem Kontext begrenzt werden. Details über Interaktionsrahmen finden Sie in Abschnitt 11.3.3.

13.3.2 Lebenslinie

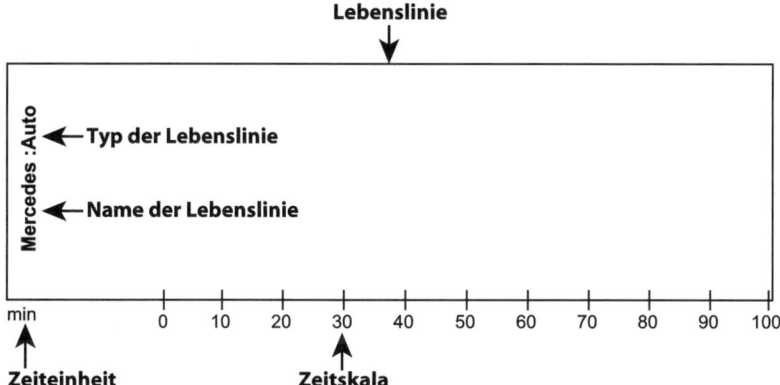

Abbildung 13.3 Lebenslinie

Beschreibung

Die Lebenslinie eines Teilnehmers wird in Timing-Diagrammen von einem Rechteck mit einer optionalen Zeitskala repräsentiert. Der Typ (Klasse, siehe Kapitel 2) und der optionale Name (Instanz, siehe Kapitel 3) des Teilnehmers wird an der linken Seite der Lebenslinie auf die bereits aus Sequenzdiagrammen (siehe Abschnitt 11.3.1) bekannte Weise notiert.

Abbildung 13.3 zeigt beispielsweise die Lebenslinie eines Teilnehmers Mercedes vom Typ :Auto innerhalb einer Zeitdauer von 100 min mit der Auflösung von 10 min.

Es ist in Timing-Diagrammen üblich, die Lebenslinien mehrerer an der Interaktion beteiligter Teilnehmer untereinander zu ordnen:

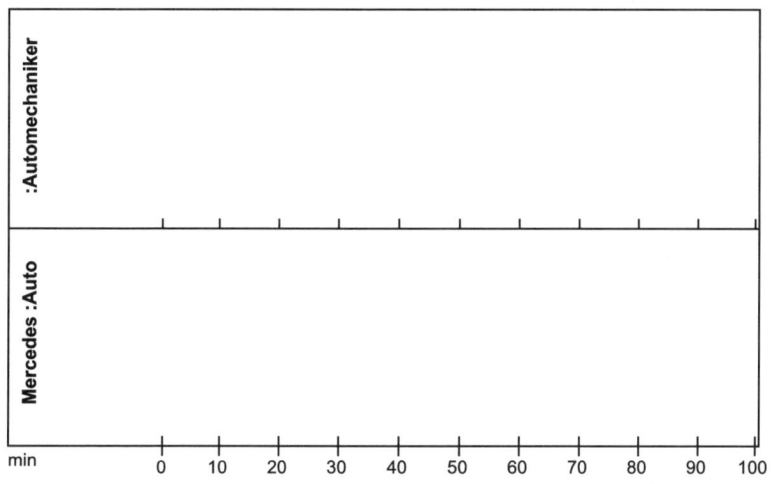

Abbildung 13.4 Lebenslinien

399

Verwendung

Modellieren Sie Lebenslinien, um die Teilnehmer einer Interaktion festzulegen. Der Teilnehmer, der die Interaktion auslöst, wird üblicherweise an der obersten Position modelliert, auch wenn dies von der UML nicht vorgeschrieben ist.

Im Gegensatz zu den aus Sequenz- und Kommunikationsdiagrammen bekannten unterschiedlichen Notationselementen für menschliche (»Strichmännchen«) und nicht-menschliche Teilnehmer (Rechteck) werden in Timing-Diagrammen alle Teilnehmer durch das selbe Notationselement repräsentiert.

13.3.3 Zustandsverlaufslinie

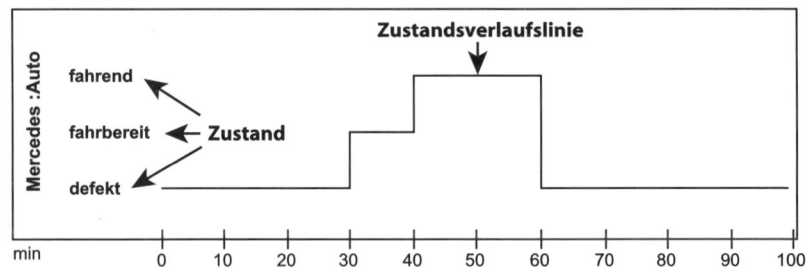

Abbildung 13.5 Zustandsverlaufslinie

Beschreibung

Die **Zustandsverlaufslinie** (engl. State Timeline) zeigt die **Zustände und Zustandswechsel** eines Teilnehmers innerhalb einer gewissen Zeitspanne.

Die relevanten Zustände des Teilnehmers werden auf der linken Seite seiner Lebenslinie vertikal untereinander angeordnet, wobei der Ausgangszustand üblicherweise an der untersten Position notiert wird.

Ein Beispiel einer Zustandsverlaufslinie zeigt Abbildung 13.5. Zu Beginn der Interaktion (0 min) befindet sich der Mercedes im Zustand defekt. Nach 30 min ist er fahrbereit und wechselt nach weiteren 10 min in den Zustand fahrend. Beim Zeitpunkt 60 min ist er wieder defekt und verbleibt in diesem Zustand bis zum Ende der Interaktion. Leider war es wohl nur eine kurze Spritztour.

Üblicherweise besitzt ein Objekt diskrete Zustände, die sich eindeutig voneinander trennen lassen und deren Wechsel keine Zeit in Anspruch nimmt. In Abbildung 13.5 wird dies durch die senkrechten »Sprünge« der Zustandsverlaufslinie modelliert.

Die UML erlaubt ebenfalls kontinuierliche Zustandswechsel, wie sie beispielsweise bei Temperaturen bekannt sind. Ist es in einem Raum kalt, so wird es dort nicht schlagartig warm, wenn man die Heizung aufdreht. Der Zustandswechsel von kalt zu warm wird damit über unendlich viele Zwischen-Zustände beim Aufwärmen vollzogen und nimmt eine gewisse Zeit in Anspruch.

Die Modellierung eines solchen Zustandswechsels ist von der UML zwar erlaubt, allerdings nicht explizit definiert. Da Timing-Diagramme jedoch in der Elektrotechnik bereits seit vielen Jahren zur Modellierung von Signalverläufen eingesetzt werden, ist es naheliegend, die dort übliche Notationsart heranzuziehen:

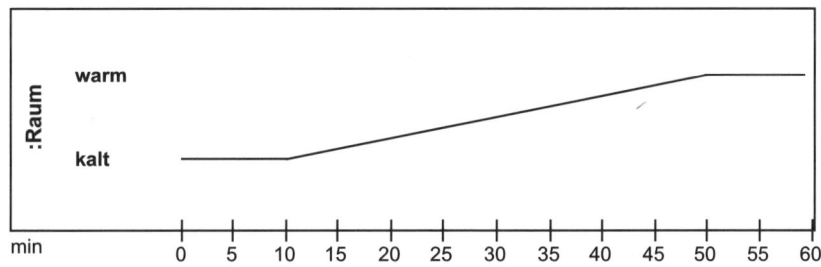

Abbildung 13.6 Kontinuierlicher Zustandswechsel

Der :Raum aus Abbildung 13.6 ist anfangs kalt. Nach 10 min beginnt er sich aufzuwärmen und kann nach 50 min als warm angesehen werden.

Die bereits aus Sequenzdiagrammen bekannten Zeitbedingungen (siehe Abschnitt 11.3.2), können auch ohne Einschränkungen an Zustandsverlaufslinien notiert werden:

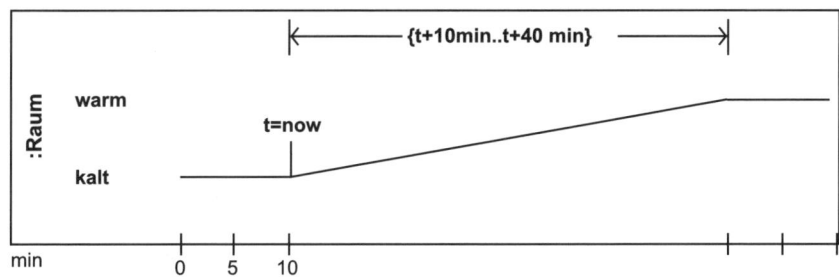

Abbildung 13.7 Zeitbedingung einer Zustandsverlaufslinie

Die Zeitbedingung in der Abbildung 13.7 definiert, dass der Zustandswechsel zwischen 10 und 40 min dauern soll. Da diese Zeitspanne nicht genau festgelegt ist, wurde auch ein Teil der Zeit-Skala ausgespart.

Eine Zerstörung des Objekts während einer Interaktion wird wie in Sequenzdiagrammen (siehe Abschnitt 11.3.1) mit dem **Stop-Symbol** notiert.

Nachdem er nach bereits `20 min` Fahrzeit wieder `defekt` war, wird der `Mercedes` aus Abbildung 13.8 schließlich verschrottet.

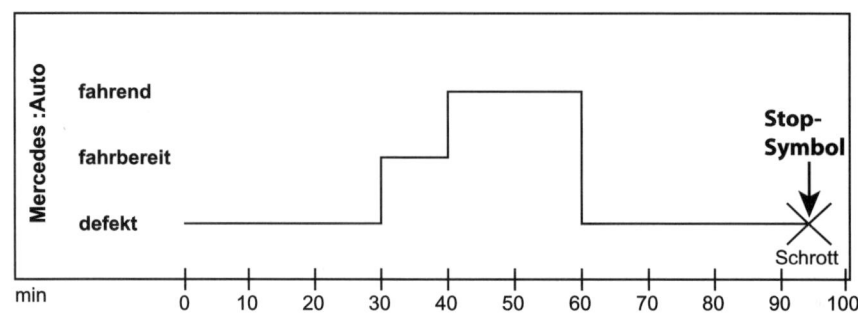

Abbildung 13.8 Stop-Symbol

Verwendung

Zustandsverlaufslinien erlauben die Modellierung von Zustandswechseln innerhalb einer Zeitspanne und ermöglichen die Definition von präzisen Zeitbedingungen.

Die Zustandsverlaufslinie beginnt zumeist in einem Ruhe-Zustand (ob er tatsächlich Ruhe heißt, ist natürlich irrelevant). Achten Sie darauf, in welchem Zustand das Ende des Timing-Diagramms erreicht wird. Sehr häufig sollte das Objekt zum modellierten Ruhe-Zustand wieder zurückkehren, um die selbe Zustandsabfolge erneut zu erlauben.

13.3.4 Wertverlaufslinie

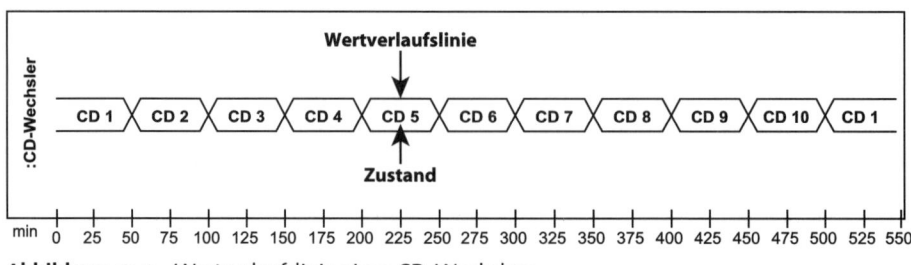

Abbildung 13.9 Wertverlaufslinie eines CD-Wechslers

Beschreibung

Die **Wertverlaufslinie** (engl. Value Lifeline) zeigt die **Werte oder Zustände** eines Objekts **und deren Veränderungen** innerhalb einer Zeitspanne und stellt eine **alternative Notationsform der Zustandsverlaufslinie** dar.

Der Wert oder Zustand wird innerhalb der Wertverlaufslinie notiert. Das Kreuzen des oberen mit dem unteren Rand modelliert einen Zustandswechsel.

Der in Abbildung 13.9 modellierte :CD-Wechsler beginnt seine Arbeit mit dem Abspielen der CD 1. Alle 50 min wechselt er zur nächsten CD über (wir wollen vereinfachend annehmen, alle CDs sind genau 50 min lang). Nachdem er die letzte CD 10 abgespielt hat, fängt er wieder mit CD 1 an.

Die Wertverlaufslinie ist mit der Zustandsverlaufslinie semantisch gleich und kann ebenfalls mit Zeitbedingungen versehen oder mit dem Stop-Symbol beendet werden. Die Zustandswechsel des :CD-Wechslers aus Abbildung 13.9 können daher auch mit einer Zustandsverlaufslinie äquivalent modelliert werden (siehe Abbildung 13.10):

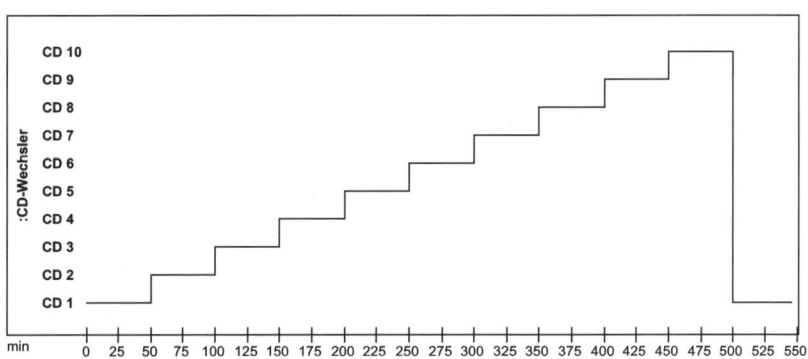

Abbildung 13.10   Zustandsverlaufslinie eines CD-Wechslers

Verwendung

Semantisch gibt es keinerlei Unterschiede zwischen einer Wert- und einer Zustandsverlaufslinie. Deren typische Einsatzszenarien sind jedoch differenziert:

▸ Kann ein Objekt nur wenige Zustände annehmen, die jedoch unregelmäßig wechseln, so könnte die Zustandsverlaufslinie die optimale Darstellung liefern.

▸ Hat ein Objekt sehr viele Zustände, die sich nur selten oder in einer regelmäßigen Folge ändern, so bietet wahrscheinlich die Wertverlaufslinie die übersichtlichere und kompaktere Darstellung.

13.3.5 Nachricht

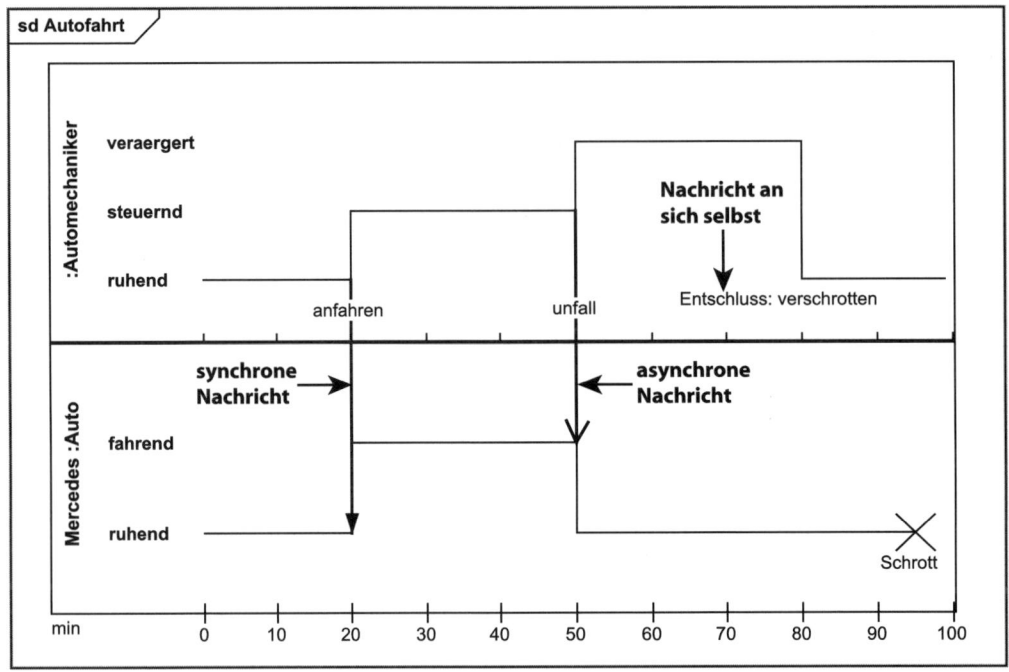

Abbildung 13.11 Nachrichten

Beschreibung

Für die Modellierung von Interaktionen zwischen Teilnehmern können die bereits aus Sequenzdiagrammen (siehe Abschnitt 11.3.2) bekannten Nachrichten ohne Einschränkungen auch in Timing-Diagrammen verwendet werden.

Als Beispiel zeigt das Timing-Diagramm aus Abbildung 13.11 die Interaktion Autofahrt, in die der Teilnehmer :Automechaniker und ein Mercedes der Klasse :Auto involviert sind.

Beide befinden sich zunächst im Zustand ruhend, bis der :Automechaniker dem :Auto die Nachricht zum anfahren sendet und sich selbst in den Zustand steuernd begibt. Das :Auto setzt sich daraufhin in Bewegung und wechselt in den Zustand fahrend.

Bereits nach 30 min Fahrt verursacht der :Automechaniker einen unfall, zwingt das :Auto damit zurück in den Zustand ruhend und ärgert sich selbst darüber (Zustand veraergert).

Nach einer weiteren halben Stunde entschließt sich der :Automechaniker, das :Auto zu verschrotten, was zwar die Existenz des :Autos beendet (Stop-Symbol), den :Automechaniker jedoch wieder in den ruhend-Zustand versetzt.

Die Lesbarkeit eines Timing-Diagramms mit sehr vielen sich möglicherweise sogar kreuzenden Nachrichten kann durch **Nachrichten-Labels** (engl. Message Labels) verbessert werden.

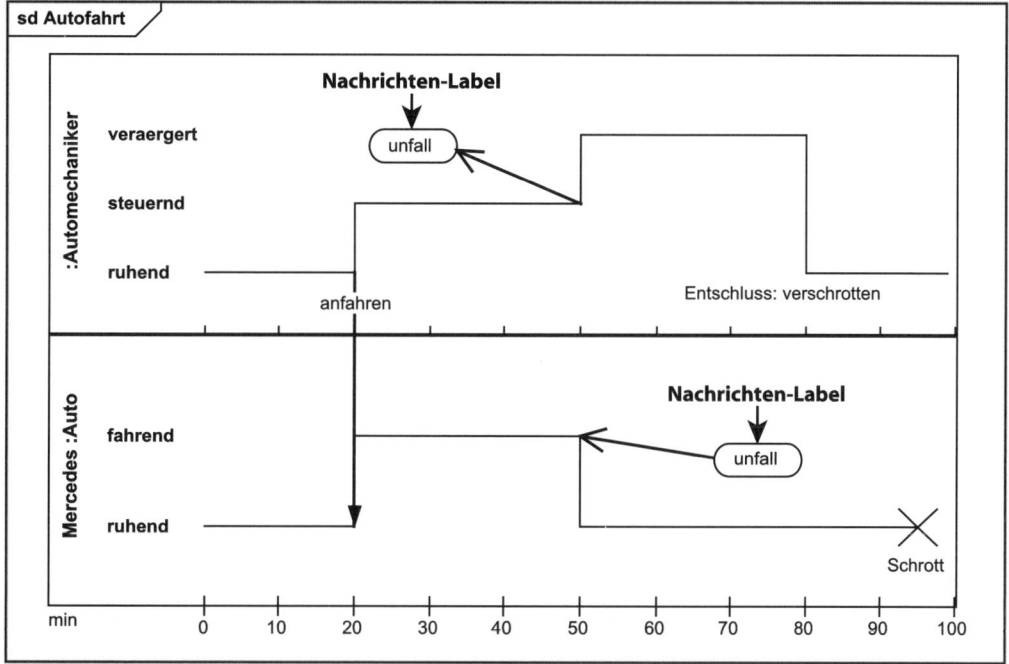

Abbildung 13.12 Nachrichten-Label

Die Nachrichten-Labels unfall aus Abbildung 13.12 trennen die ursprüngliche Nachricht lediglich auf und verleihen ihr keine zusätzliche Semantik.

Endet eine Nachricht in einem Nachrichten-Label, so wird sie an einem anderen Nachrichten-Label mit dem selben Namen weitergeführt. Achten Sie daher darauf, dass die Nachrichten-Label eindeutige Namen besitzen und immer paarweise modelliert werden.

Eine zwingend notwendige Reihenfolge von Nachrichten kann in Timing-Diagrammen mit der **Ordnungsbeziehung** (engl. GeneralOrdering) modelliert werden, die bereits in Abschnitt 11.3.4 vorgestellt wurde:

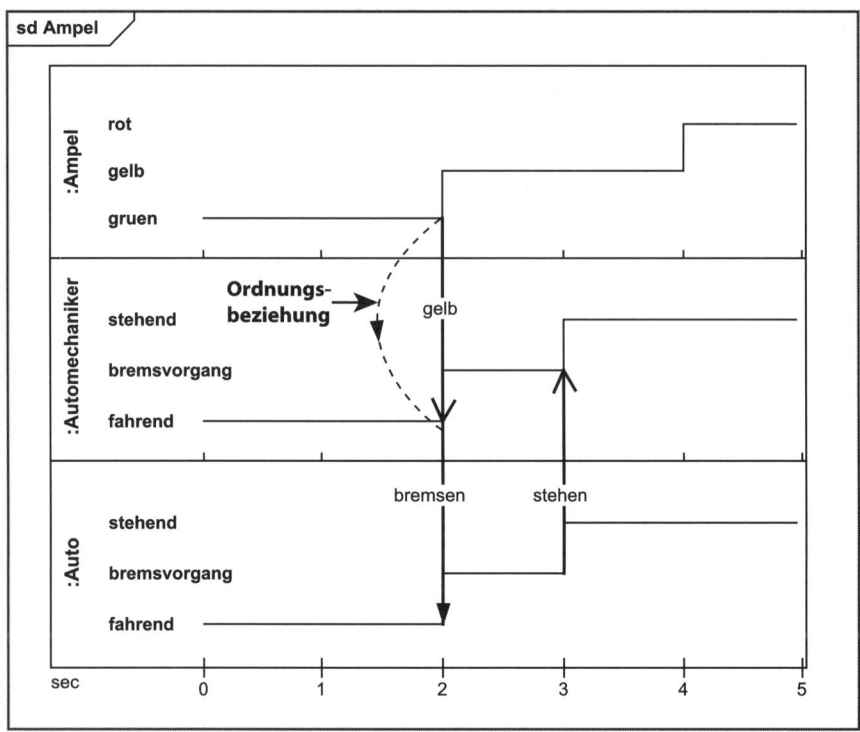

Abbildung 13.13   Ordnungsbeziehung

Die Ordnungsbeziehung aus Abbildung 13.13 spezifiziert, dass in der Interaktion Ampel die Nachricht gelb zwingend vor der Nachricht bremsen gesendet werden muss.

Verwendung

Erst die Modellierung von Nachrichten macht ein Timing-Diagramm zu einem »echten« Interaktionsdiagramm, in dem zwei oder mehr Teilnehmer über einen Nachrichtenaustausch kommunizieren und damit interagieren.

Die Nachrichten, die in Timing-Diagrammen verwendet werden dürfen, sind mit denen aus Sequenzdiagrammen identisch und geben Ihnen damit sehr vielfältige Ausdrucksmöglichkeiten in die Hand.

Nachrichten-Labels, die nur in Timing-Diagrammen verwendet werden dürfen, helfen speziell bei Interaktionen mit vielen Teilnehmern, das Diagramm lesbar und überschaubar zu halten.

Bei unklarer Reihenfolge von Nachrichten sollten Ordnungsbeziehungen zur Unterstützung herangezogen werden.

13.4 Lesen eines Timing-Diagramms

Abbildung 13.14 modelliert zwei Teilnehmer der Interaktion Versuch einer Autoreparatur:

▶ einen :Automechaniker, dessen Name irrelevant ist und

▶ einen Mercedes, der nachvollziehbar ein :Auto ist.

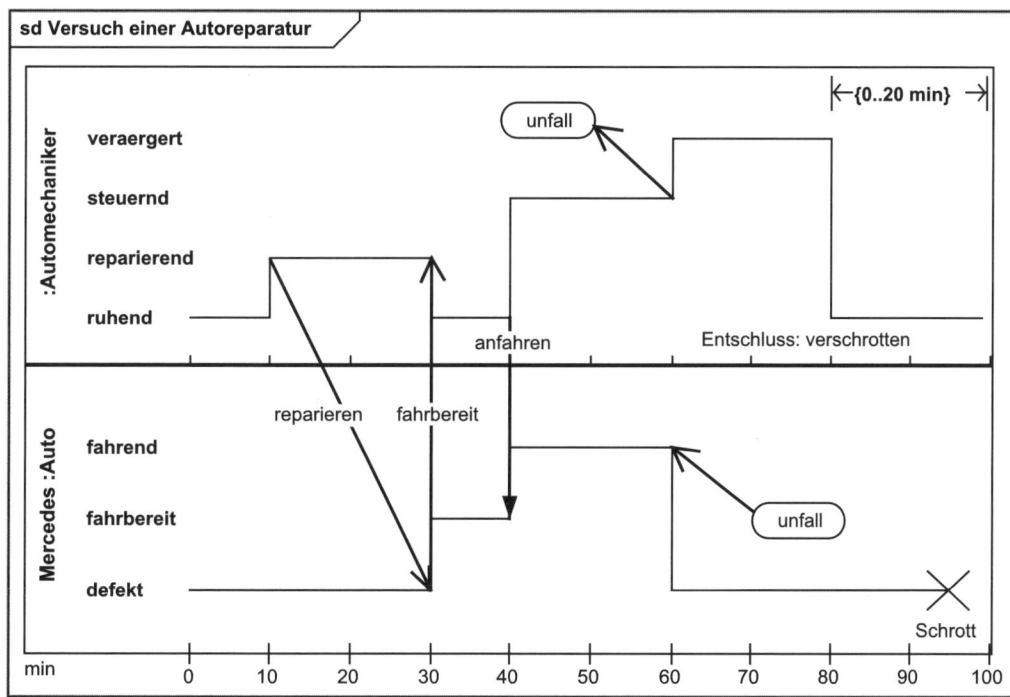

Abbildung 13.14 Beispiel-Timing-Diagramm

Zu Beginn der Interaktion befindet sich der :Automechaniker im Zustand ruhend, der Mercedes ist defekt. Nach 10 min beginnt der :Automechaniker mit der Reparatur und sendet hierzu die asynchrone Nachricht reparieren, die bei Minute 30 eine Zustandsänderung des :Autos zu fahrbereit bewirkt. Das :Auto sendet unmittelbar danach die asynchrone Nachricht fahrbereit, was den :Automechaniker dazu bringt, sich wieder in den Zustand ruhend zu begeben.

Er hält es jedoch nur ganze 10 min in Ruhe aus und erteilt dem :Auto den synchronen Befehl zum anfahren, worauf es bereitwillig in den Zustand fahrend mit dem :Automechaniker am Steuer (Zustand steuernd) übergeht.

Leider verursacht der :Automechaniker einen unfall, wodurch das :Auto wieder in den Zustand defekt gezwungen wird und der :Automechaniker sich selbst ärgert (Zustand veraergert). Schließlich fasst er selbst den Entschluss, das :Auto zu verschrotten, was auch innerhalb von maximal 20 min durchgeführt wird.

Dadurch wechselt er zwar wieder in den Ruhe-Zustand, für das :Auto ist die Existenz jedoch zu Ende (Stop-Notationselement).

13.5 Irrungen und Wirrungen

Das folgende Diagramm soll Sie vor den häufigsten Fehlern bei der Verwendung von Timing-Diagrammen bewahren:

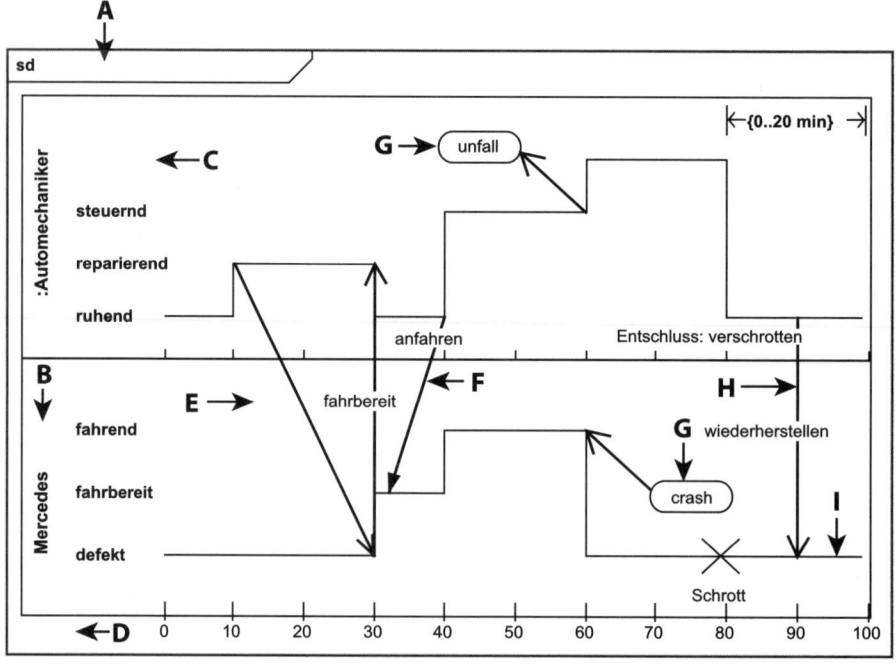

Abbildung 13.15   Ein fehlerhaftes Timing-Diagramm

A: Name der Interaktion fehlt
Der Name einer Interaktion muss im zugehörigen Interaktionsrahmen notiert werden.

B: Typ des Teilnehmers fehlt

Ein Teilnehmer wird durch seinen Namen (Instanz) und seinen Typ (Klasse), getrennt durch einen Doppelpunkt identifiziert (bsp.: `Name:Typ`). Während der Name optional ist, muss sein Typ zwingend angegeben werden.

C: Fehlende Zustandsdefinition

Der Teilnehmer wechselt in einen Zustand, der nicht definiert ist.

D: Fehlende Definition der Zeiteinheit

Die Einheit der Zeitskala muss ebenfalls definiert werden. Gültig sind alle Zeiteinheiten, wie `sec`, `min`, `h`, `woche`, `jahr` und weitere.

E: Name der Nachricht fehlt

Nachrichten werden über ihren Namen definiert, der nicht optional ist.

F: Nachricht »in die Vergangenheit«

Das modellierte Eintreffen der Nachricht geschieht bereits vor ihrer Aussendung. Solange Reisen in die Vergangenheit nicht möglich sind, sollten Sie auf diese Art der Modellierung lieber verzichten.

G: Keine passenden Nachrichten-Labels

Es gibt zwar zwei Nachrichten-Labels im Diagramm, sie tragen jedoch unterschiedliche Bezeichnungen. Entweder muss der Name eines der beiden angepasst oder zwei neue Nachrichten-Labels mit jeweils zueinander passenden Namen modelliert werden.

H: Nachrichten-Empfang hinter einem Stop-Symbol

Die Nachricht `wiederherstellen` trifft beim `:Auto` erst hinter dem `Stop`-Symbol ein. Da der Teilnehmer zu diesem Zeitpunkt nicht mehr existiert, ist diese Nachricht nicht gültig.

I: Fortführung der Zustandsverlaufslinie hinter einem Stop-Symbol

Die Existenz eines Teilnehmers endet mit dem Stop-Symbol. Er kann sich hiernach somit in keinem Zustand befinden.

13.6 Zusammenfassung

Die Notationselemente von Timing-Diagrammen werden zum Ende des Kapitels übersichtsartig zusammengefasst:

▸ **Interaktionsrahmen** umfassen eine abgeschlossene Interaktion.

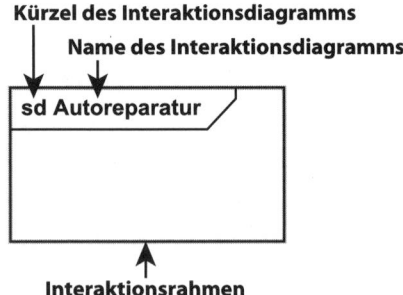

Abbildung 13.16   Interaktionsrahmen

▶ **Lebenslinien** modellieren die Teilnehmer der Interaktionen und deren Zustände.

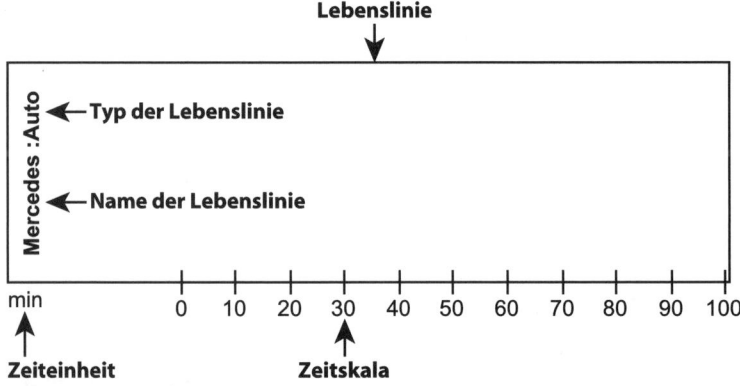

Abbildung 13.17   Lebenslinien

▶ **Zustandsverlaufslinien** zeigen die Zustände und Zustandswechsel des jeweiligen Teilnehmers.

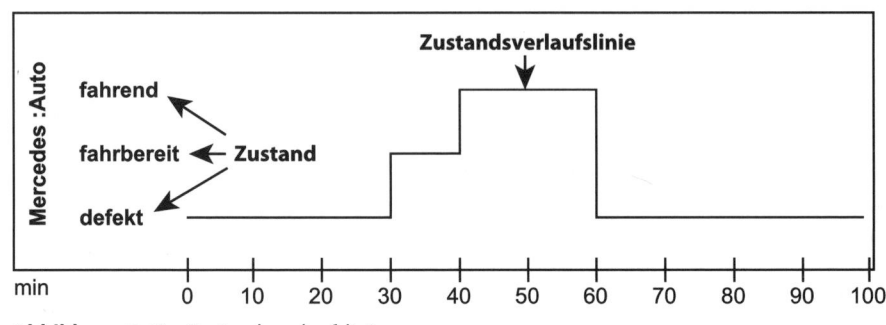

Abbildung 13.18   Zustandsverlaufslinie

▶ Die **Wertverlaufslinie** zeigt ebenfalls die Zustände und Zustandswechsel des jeweiligen Teilnehmers und stellt eine alternative Notationsform der Zustandsverlaufslinie dar.

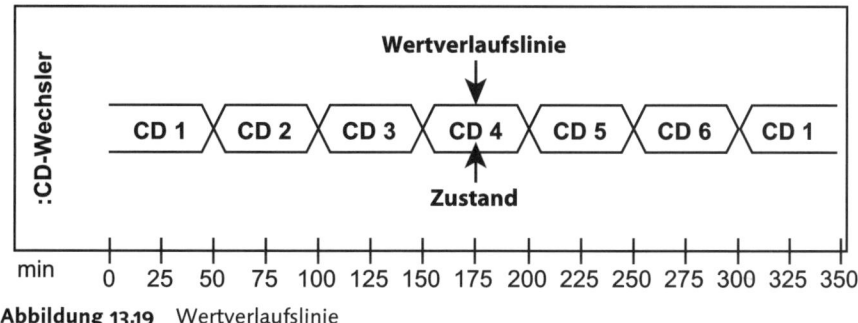

Abbildung 13.19 Wertverlaufslinie

▶ **Nachrichten** kennzeichnen das Stattfinden und die Richtung einer Kommunikation zwischen Teilnehmern.

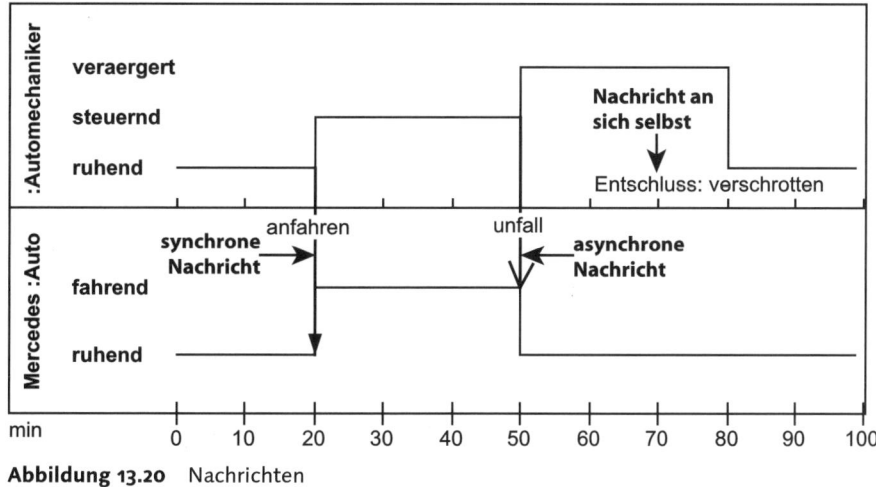

Abbildung 13.20 Nachrichten

Ein Interaktionsübersichtsdiagramm setzt eine Variante eines Aktivitätsdiagramms ein, um einen Überblick über einzelne Interaktionen und deren Reihenfolge zu modellieren.

14   Interaktionsübersichtsdiagramm

14.1   Anwendungsbereiche

Interaktionsübersichtsdiagramme (engl. Interaction Overview Diagrams) stellen eine Spezialisierung der in Kapitel 9 bereits vorgestellten Aktivitätsdiagramme dar. Statt Aktionen und Aktivitäten können sowohl Sequenz-, Kommunikations- oder Timing-Diagramme als auch rekursiv Interaktionsübersichtsdiagramme als Knoten des Aktivitätsdiagramms verwendet werden.

Vorzugsweise werden Interaktionsübersichtsdiagramme bei einer großen Anzahl einzelner Interaktionen eingesetzt, bei denen der Überblick über deren Reihenfolge und Zusammenhänge schwierig ist. Beispielsweise gibt es bei einem Fußball-Freistoß mehrere Interaktionen, die nacheinander oder auch parallel ablaufen, wie z. B. die Positionierung des Balles durch den Schützen, die Positionierung der »Mauer« durch den Torwart, die Freigabe des Freistoßes durch den Schiedsrichter usw. Diese vielen einzelnen Interaktionen können sehr elegant in einem Interaktionsübersichtsdiagramm zu einem gesamten Ablauf des Freistoßes zusammengefasst werden.

Weiterhin ist der Einsatz von Interaktionsübersichtsdiagrammen empfehlenswert, wenn mehrere Interaktionsdiagramme, die jeweils nur genau ein Szenario des möglichen Nachrichtenaustauschs darstellen, in einem Diagramm kompakt und überschaubar zu einer Einheit zusammengefasst werden sollen.

Im Laufe des Software-Entwicklungsprozesses werden Interaktionsübersichtsdiagramme daher parallel zu weiteren Interaktionsdiagrammen modelliert.

14.2 Übersicht

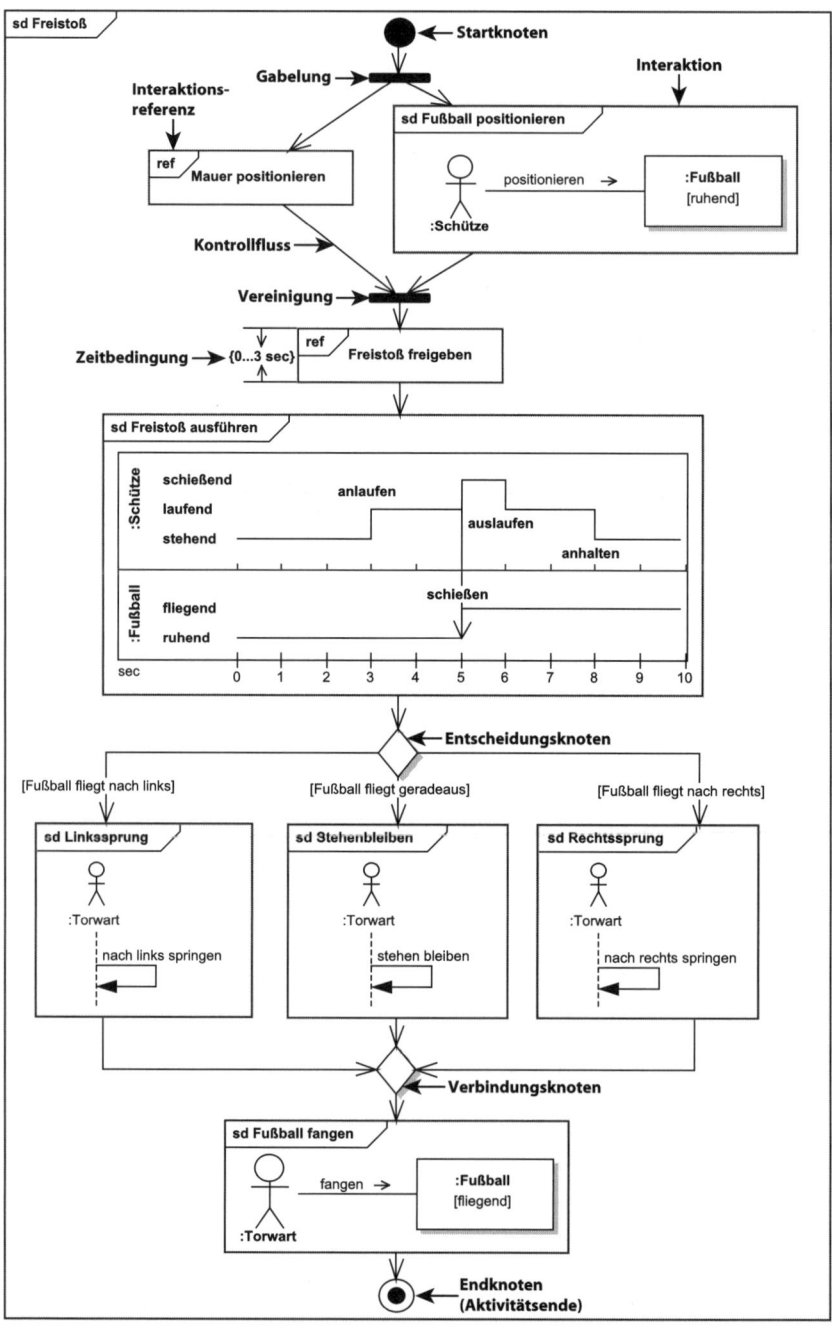

Abbildung 14.1 Notationselemente von Interaktionsübersichtsdiagrammen

14.3 Notationselemente

14.3.1 Interaktionsrahmen

Abbildung 14.2 Interaktionsrahmen

Beschreibung

Interaktionsübersichtsdiagramme gehören wie Sequenz-, Kommunikations- und Timing-Diagramme der Gruppe der Interaktionsdiagramme an und können durch einen Interaktionsrahmen in ihrem Kontext begrenzt werden.

Eine ausführliche Beschreibung der Eigenschaften von Interaktionsrahmen finden Sie in Abschnitt 11.3.3.

14.3.2 Interaktion und Interaktionsreferenz

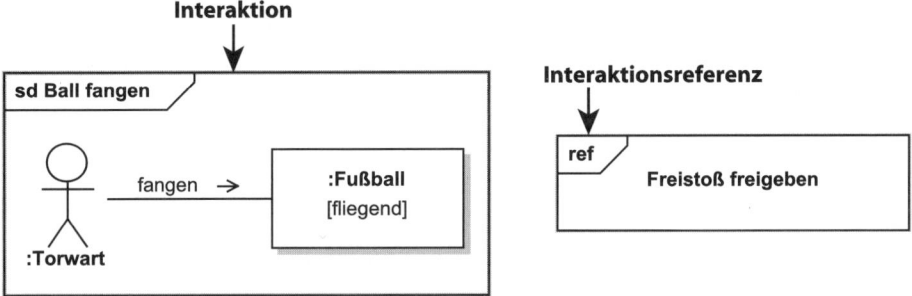

Abbildung 14.3 Interaktion und Interaktionsreferenz

Beschreibung

Statt Aktionen bzw. Aktivitäten werden in Interaktionsübersichtsdiagrammen vollständige Interaktionen (Interaktionsdiagramme) und Referenzen auf Interaktionsdiagramme (siehe Abschnitt 11.3.3) dargestellt.

Zusätzlich können gesamten Interaktionsdiagrammen und Interaktionsreferenzen Zeitbedingungen zugeordnet werden, wie sie aus Sequenzdiagrammen bekannt sind (siehe auch Abschnitt 11.3.2):

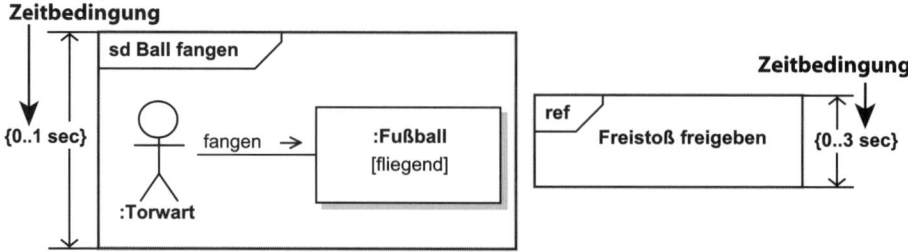

Abbildung 14.4 Zeitbedingungen an Interaktionen und Interaktionsreferenzen

Die Zeitbedingungen aus Abbildung 14.4 besagen, dass ein :Torwart einen :Fußball innerhalb einer Sekunde fangen und dass ein Freistoß innerhalb von 3 sec freigegeben werden sollte.

Verwendung

Interaktionen werden verwendet, um den Nachrichtenaustausch innerhalb einzelner Knoten eines Interaktionsübersichtsdiagramms detailliert zu zeigen.

Wird jedoch ein höheres Abstraktionsniveau des Interaktionsübersichtsdiagramms gewünscht, auf dem der Ablauf einzelner Interaktionen nicht relevant ist und lediglich eine Gesamtübersicht über die Zusammenhänge und Reihenfolge der Interaktionen modelliert werden soll, so ist die kompaktere Darstellung mit Interaktionsreferenzen zu empfehlen.

14.3.3 Kontrollfluss

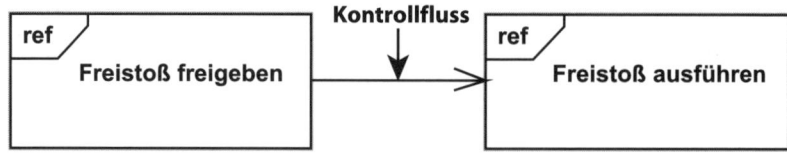

Abbildung 14.5 Kontrollfluss

Beschreibung

Der bereits aus Abschnitt 9.3.2 bekannte Kontrollfluss modelliert die Ausführungsreihenfolge der Interaktionen bzw. Interaktionsreferenzen.

14.3.4 Kontrollknoten

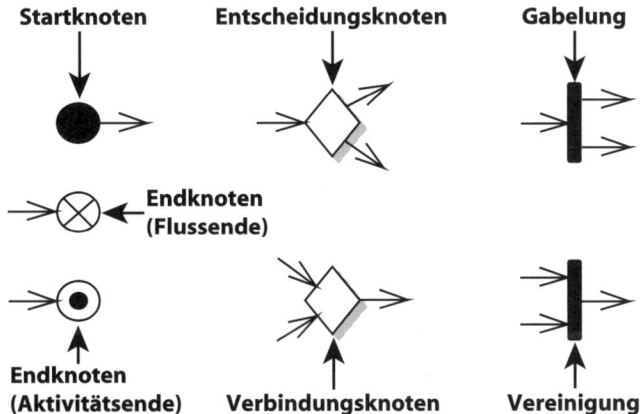

Abbildung 14.6 Einige Notationselemente aus Aktivitätsdiagrammen, die auch in Interaktionsübersichtsdiagrammen verwendet werden können

Beschreibung

Bis auf die Ersetzung der Aktionen bzw. Aktivitäten schreibt die UML keinerlei Einschränkungen vor, welche Notationselemente der Aktivitätsdiagramme (siehe Kapitel 9) in Interaktionsübersichtsdiagrammen verwendet werden dürfen.

Die wichtigsten und am häufigsten verwendeten Notationselemente zeigt Abbildung 14.6.

Verwendung

Obwohl die UML Ihnen die freie Wahl gibt, sich aller Notationselemente von Aktivitätsdiagrammen zu bedienen, spricht sie selbst eine Empfehlung aus, sich möglichst nur auf die in Abbildung 14.6 gezeigten Notationselemente zu beschränken.

Interaktionsübersichtsdiagramme sollen die Sicht auf die Gesamtheit der Interaktionen vereinfachen und sie nicht durch eine möglichst ausgefeilte Verwendung der Notationselemente von Aktivitätsdiagrammen verkomplizieren. In der Praxis zeigt sich, dass mit den dargestellten Notationselementen prinzipiell alle möglichen Abläufe modelliert werden können, so dass der Verzicht auf beispielsweise kombinierte Fragmente nicht sehr schmerzhaft ist.

14.4   Lesen eines Interaktionsübersichtsdiagramms

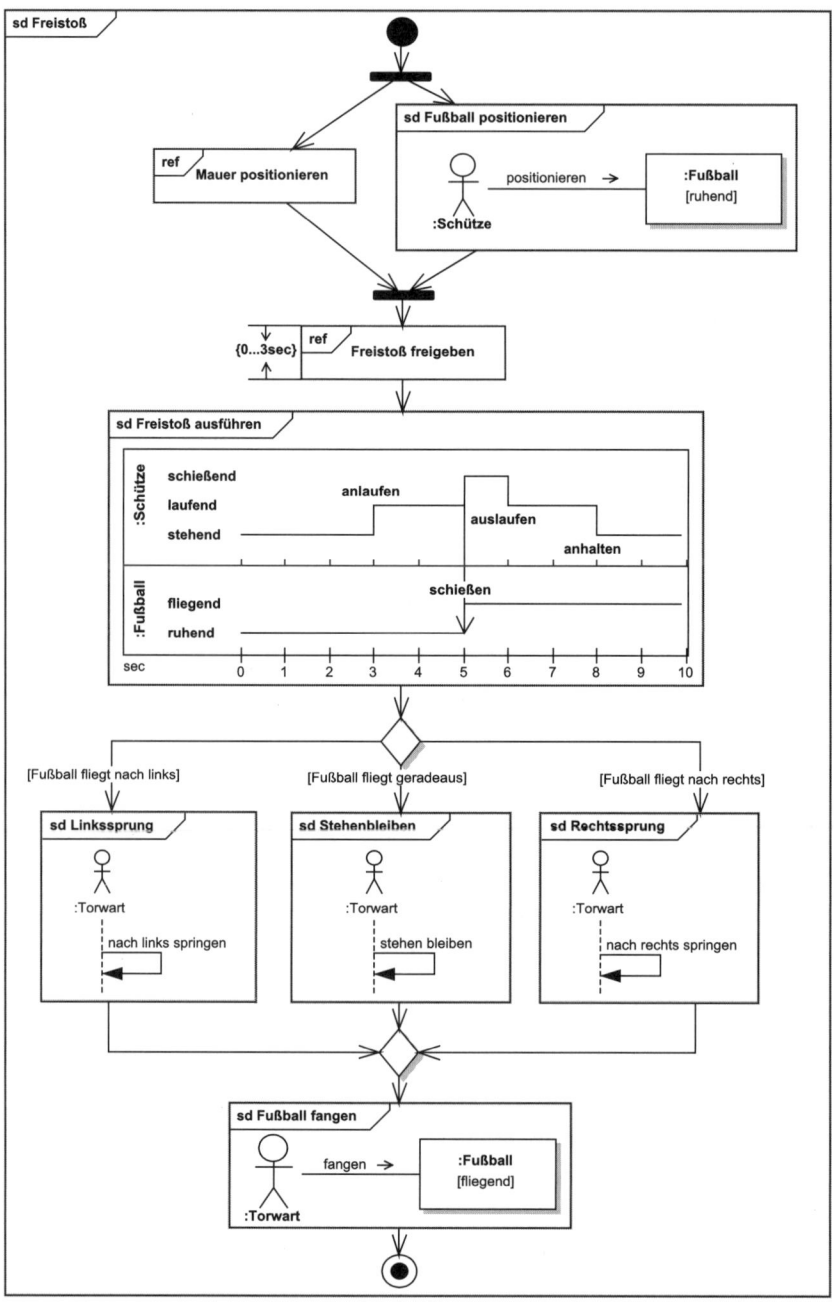

Abbildung 14.7   Ein Freistoß als Interaktionsübersichtsdiagramm

Der in Abbildung 14.7 modellierte Freistoß beginnt mit dem parallelen Positionieren der Mauer (wahrscheinlich durch den Torwart, hier nicht modelliert) und dem Positionieren des Fußballs durch einen :Schützen.

Nachdem beide Interaktionen beendet wurden, wird der Freistoß innerhalb von 3 sec freigegeben, worauf der :Schütze ihn in einer Interaktion mit dem :Fußball ausführt.

Als Reaktion auf den Schuss muss der :Torwart in Abhängigkeit der Flugrichtung des :Fußballs stehen bleiben oder nach links bzw. nach rechts springen und anschließend den Fußball fangen.

14.5 Irrungen und Wirrungen

Das folgende Diagramm zeigt die häufigsten Fehler bei der Modellierung mit Interaktionsübersichtsdiagrammen. Es ist ebenfalls empfehlenswert, noch mal einen Blick in Abschnitt 9.5 zu wagen, um mögliche Fehler im Zusammenhang mit den Notationselementen von Aktivitätsdiagrammen zu vermeiden.

A: Verwendung eines Nicht-Interaktionsdiagramms
Nur Interaktionsdiagramme dürfen als Knoten eines Interaktionsübersichtsdiagramms modelliert werden. Das verwendete Aktivitätsdiagramm Fußball positionieren gehört nicht dazu.

B: Name des referenzierten Interaktionsdiagramms fehlt
Ein Interaktionsdiagramm wird über seinen Namen eindeutig referenziert, der zwingend bei seiner Referenzierung angegeben werden muss.

C: Unbekannter Diagrammtyp
Alle in Interaktionsübersichtsdiagrammen verwendeten Interaktionsrahmen müssen die Abkürzung sd tragen, die auf ein Interaktionsdiagramm deutet.

D: Unvollständiges Interaktionsdiagramm
Alle verwendeten Interaktionsdiagramme müssen in sich vollständig und korrekt sein.

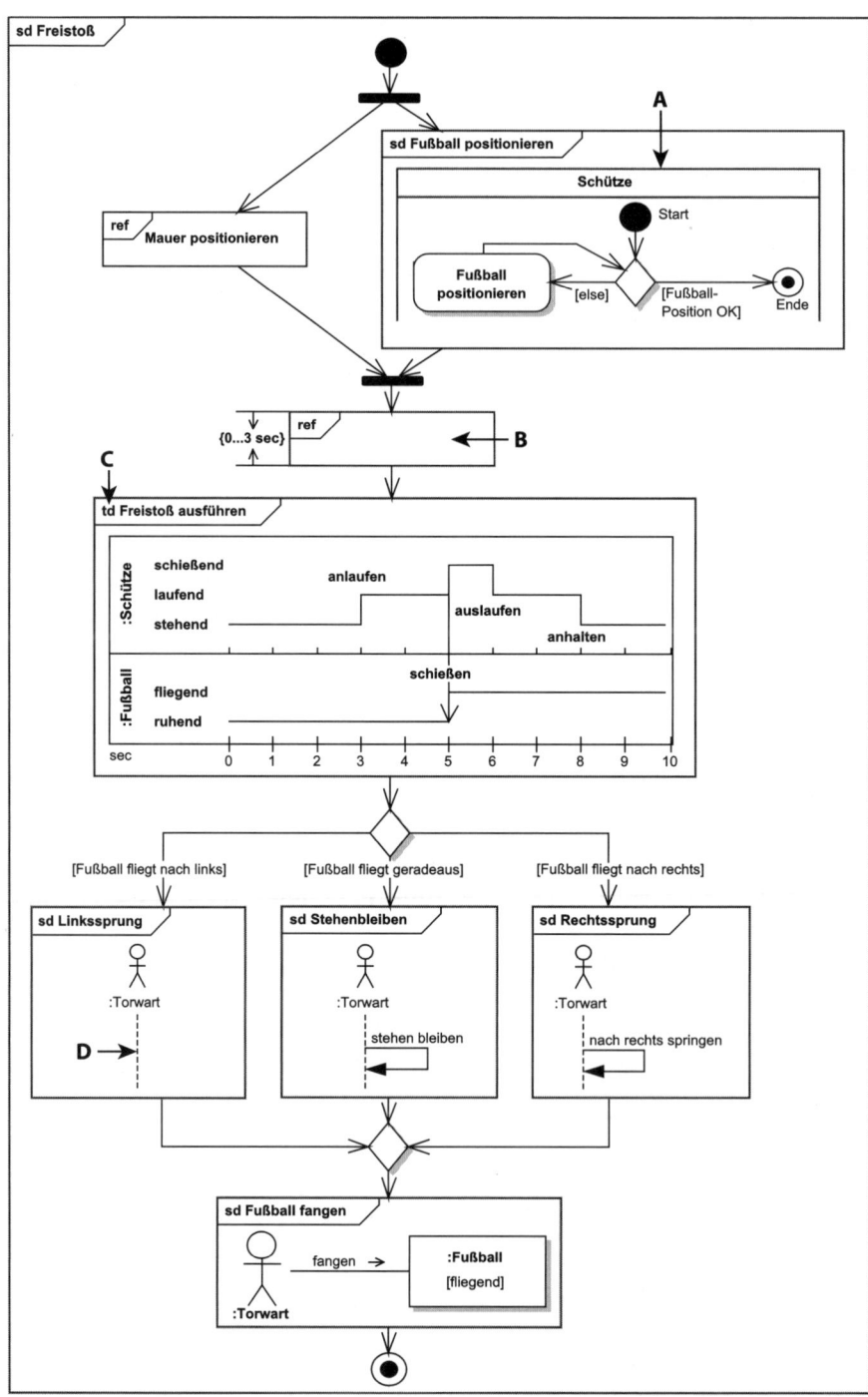

Abbildung 14.8 Ein fehlerhaftes Interaktionsübersichtsdiagramm

14.6   Zusammenfassung

Abschließend gibt die folgende Aufzählung eine Kurzübersicht der Notationselemente von Interaktionsübersichtsdiagrammen:

▶ Der **Interaktionsrahmen** grenzt eine in sich abgeschlossene Interaktion ab.

Abbildung 14.9   Interaktionsrahmen

▶ Als Knoten des Diagramms werden statt Aktionen bzw. Aktivitäten ganze
Interaktionen oder **Interaktionsreferenzen** verwendet.

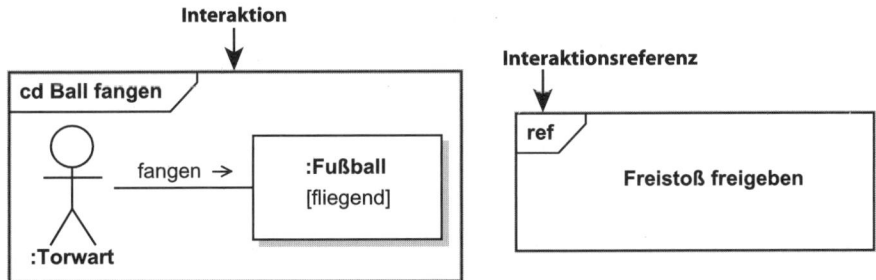

Abbildung 14.10   Interaktionsrahmen und Interaktionsreferenz

▶ Prinzipiell können alle Notationselemente aus Aktivitätsdiagrammen verwendet werden. Die UML empfiehlt jedoch, sich auf die folgenden zu beschränken:

　▶ **Kontrollfluss**

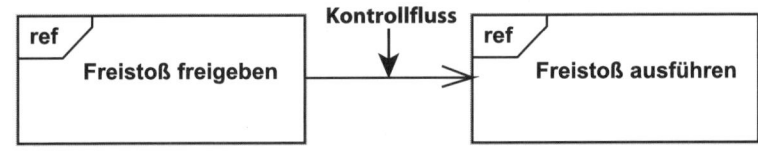

Abbildung 14.11   Kontrollfluss

▶ **Start- und Endknoten**

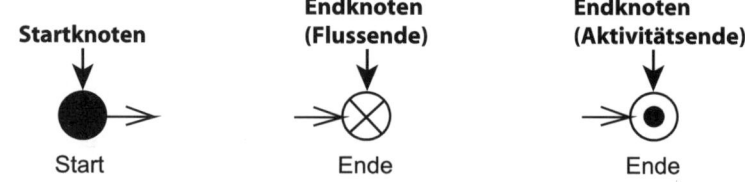

Abbildung 14.12 Start- und Endknoten

▶ **Entscheidungs- und Verbindungsknoten**

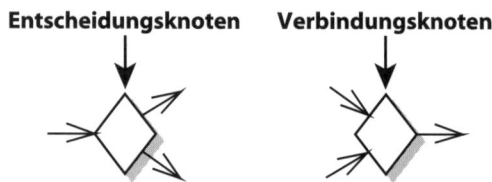

Abbildung 14.13 Entscheidungs- und Verbindungsknoten

▶ **Gabelung und Vereinigung**

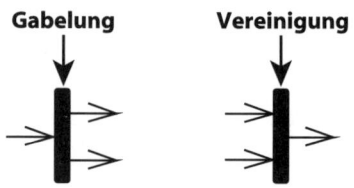

Abbildung 14.14 Gabelung und Vereinigung

TEIL IV
Metamodellierung

Der folgende Abschnitt befasst sich mit der Metamodellierung der UML. Seit der Version 2.2. stellt die UML Profildiagramme zur Verfügung, die im Folgenden behandelt werden.

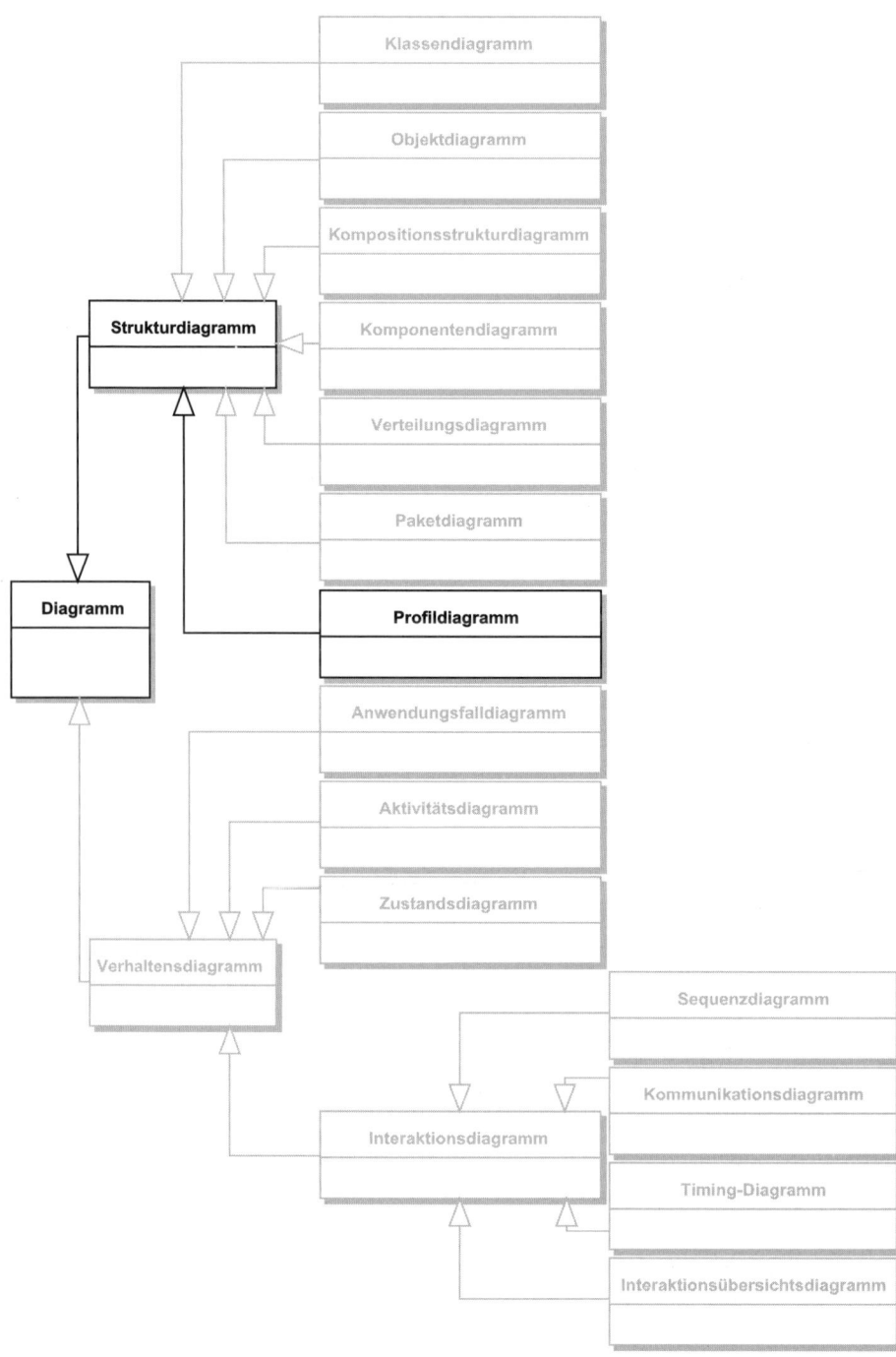

Abbildung 15.0 Diagrammstruktur der UML

Profildiagramme stellen einen leichtgewichtigen Mechanismus dar, mit dem die UML erweitert werden kann.

15 Profildiagramm

15.1 Anwendungsbereiche

In früheren Versionen der UML wurden neue Stereotypen und Eigenschaften von Klassen einfach durch deren Verwendung innerhalb eines UML-Modells »definiert«. Die OMG sah daher die Notwendigkeit, mithilfe von Profildiagrammen mehr Struktur, Konsistenz und Präzision bei der Erweiterung der UML (streng genommen des UML-Metamodells) zu erreichen. So wurden in UML 2.2 Profile als spezielle Arten von Paketen, Stereotypen als spezielle »Metaklassen« sowie Eigenschaften als »Metaattribute« definiert.

Profildiagramme bieten nicht die Mechanismen, um die bereits spezifizierten UML-Metaklassen zu modifizieren. Die Intention von Profildiagrammen ist es, durch Erweiterungen die UML-Spezifikation an die jeweiligen Bedürfnisse anzupassen. Es ist daher nicht möglich, spezifizierte Einschränkungen der UML zu entfernen, neue UML-Metaklassen hinzuzufügen oder Metaklassen aus dem UML-Modell zu entfernen.

Es gibt diverse Gründe, die bestehende UML-Spezifikation anzupassen:

▶ Eine Plattform/Architektur verlangt eine spezifische Terminologie, z. B. bei Enterprise Java Beans **home interface**, **remote interface**, **ejb**.

▶ Eine anschaulichere Notation für bereits existierende Notationselemente soll gewählt werden, z. B. eine bestimmte grafische Abbildung für einen PC, eine andere für eine Hardware-Firewall, eine weitere für einen Blade-Server.

▶ Eine in der UML bewusst offen gelassene Semantik soll enger gefasst werden, bspw. sollen spezielle Prioritätsbedingungen bei der Abarbeitung von parallel auftretenden Events in Zustandsdiagrammen gelten.

▶ Die Definition von Aktionen oder Aktivitäten als allgemeine Verhaltenselemente reicht nicht aus. Sie benötigen zwingend spezielle Geschäftsprozesse als Standard-Bestandteile Ihres Modells.

▶ Ein nicht existentes Notationselement soll hinzugefügt werden. Beispielsweise könnte Ihr Modell dringend einen Countdown-Timer benötigen.

▶ Neue Einschränkungen werden benötigt, da Sie nicht möchten, dass mehrere Aktionen parallel innerhalb einer Transition ausgeführt werden dürfen.

Mit diesem Diagrammtyp entfernen Sie sich etwas von der eigentlichen Modellierung Ihres Systems und begeben sich auf die Metaebene der UML. Verwenden Sie daher Profildiagramme, wenn Sie Erweiterungen des UML-Standards konsistent modellieren möchten.

15.2 Übersicht

Abbildung 15.1 benennt die wichtigsten Notationselemente von Profildiagrammen:

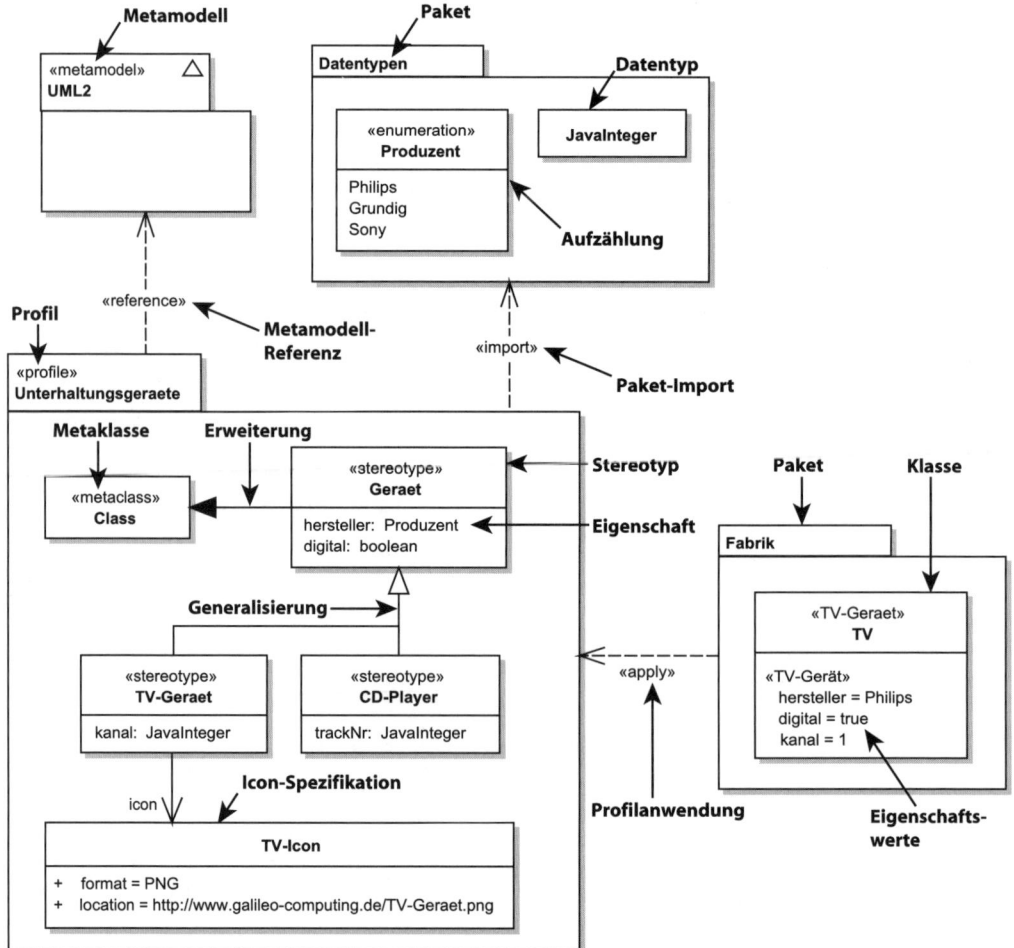

Abbildung 15.1 Notationselemente von Profildiagrammen

15.3 Notationselemente

15.3.1 Metamodell, Profil und Metamodell-Referenz

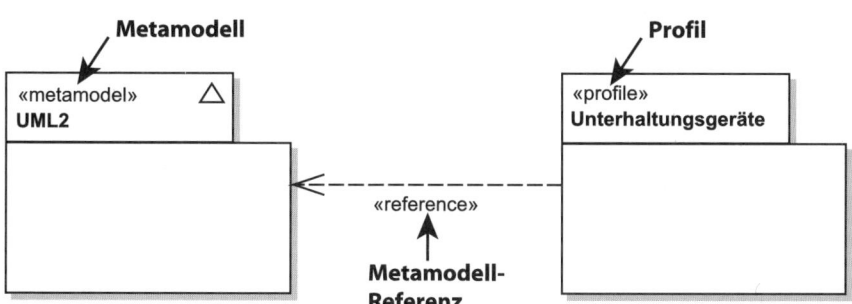

Abbildung 15.2 Profil und Metamodell-Referenz

Beschreibung

Ein **Profil** (engl. **Profile**) ist eine spezielle Art eines Pakets (siehe Abschnitt 7.3.1), das ein bereits bestehendes **Metamodell** erweitert, was mithilfe einer **Metamodell-Referenz** (engl. **MetamodelReference**) modelliert wird.

Ein Metamodell steht als »Modell eines Modells« zu seinem Modell in einem vergleichbaren Verhältnis wie eine Klasse zu einem Objekt. Während ein Objekt eine Instanz einer Klasse darstellt, stellt ein Modell eine Instanz seines Metamodells dar (siehe auch Kapitel 2, »Klassendiagramm«, und 3, »Objektdiagramm«).

Die UML 2 erlaubt nicht, ein eigenständiges Profil zu definieren, das nicht ein bereits bestehendes Metamodell referenziert. Es ist also nicht möglich, unter Einsatz von Profildiagrammen ein neues Metamodell zu entwerfen, sondern lediglich ein bestehendes zu erweitern (daher wird der Mechanismus von Profilen auch als »leichtgewichtig« bezeichnet).

Abbildung 15.2 modelliert die Erweiterung des Metamodells UML2 durch ein Profil Unterhaltungsgeräte. Ein Metamodell wird in UML-Diagrammen durch die Verwendung des Stereotyps <<metamodel>> (optional) sowie eines kleinen Dreieck-Symbols gekennzeichnet.

Die Metamodell-Referenz ist eine spezielle Art eines Paket-Imports (siehe Abschnitt 7.3.2) und erfüllt in Profildiagrammen gleichzeitig zwei Aufgaben:

1. Das referenzierte Metamodell sowie seine Metaklassen werden eindeutig identifiziert und können damit über deren unqualifizierte Namen im Profil direkt angesprochen werden.

2. Die Sichtbarkeit der Metaklassen im Profil wird festgelegt. Per Default sind alle öffentlichen Metaklassen (`public`-Sichtbarkeit) im Profil sichtbar.

Sollen nur sehr wenige Metaklassen eines Metamodells erweitert werden, kann alternativ die **Metaklassen-Referenz** verwendet werden (siehe Abbildung 15.3).

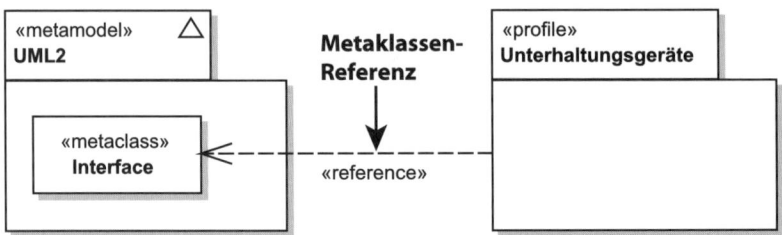

Abbildung 15.3 Metaklassen-Referenz

Die Metaklasse `Interface` des Metamodells `UML2` wird in Abbildung 15.3 durch das Profil `Unterhaltungsgeräte` erweitert.

Man beachte, dass durch die Verwendung der Metaklassen-Referenz nur die referenzierten Metaklassen im Profil sichtbar sind. Alle anderen Metaklassen werden für das Profil unsichtbar, auch wenn gleichzeitig das gesamte Metamodell durch eine Metamodell-Referenz importiert würde.

Profile können selbst andere Pakete (die selbst keine Profile sind) importieren und damit wieder verwenden. Der Mechanismus von Paket-Importen wurde bereits in Abschnitt 7.3.2 behandelt.

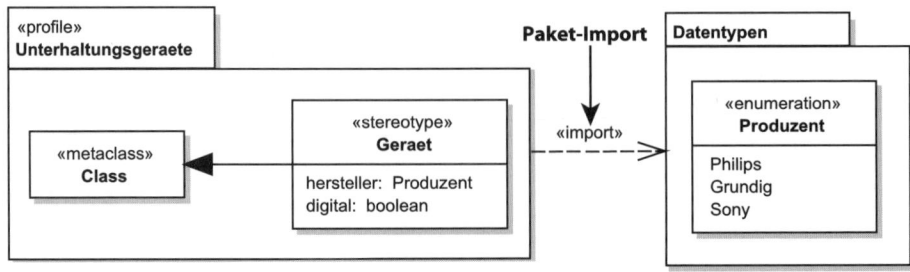

Abbildung 15.4 Profile können andere Pakete importieren

In Abbildung 15.4 importiert das Profil `Unterhaltungsgeraete` das Paket `Datentypen` und kann damit bei der Definition des Stereotyps `Geraet` auf die Aufzählung `Produzent` zurückgreifen.

Verwendung

Verwenden Sie Profile, um Metamodell-Erweiterungen konsistent zu modellieren. Ein Profil muss zwingend ein Metamodell eindeutig referenzieren, sei es
durch eine Metamodell- oder Metaklassen-Referenz.

In der Praxis wird zumeist die Metamodell-Referenz verwendet, wodurch sämtliche öffentlichen Metaklassen im Profil sichtbar und damit erweiterbar werden.

15.3.2 Metaklasse

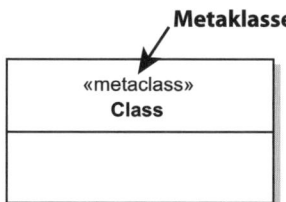

Abbildung 15.5 Metaklasse

Beschreibung

Eine Metaklasse, die innerhalb eines Profils erweitert wird, wird üblicherweise
mit dem optionalen Stereotypen **<<metaclass>>** hervorgehoben.

Man kann sich Metaklassen vereinfachend als »Klassen von Klassen« vorstellen.
Genauso wie ein Objekt die Instanz einer Klasse darstellt (siehe Kapitel 3), stellt
eine Klasse die Instanz einer Metaklasse dar.

Die UML gestattet, dass unter Einsatz von Profildiagrammen jegliche ihrer Metaklassen erweitert werden können, z. B.:

- Klasse
- Abhängigkeit
- Datentyp
- Assoziation
- Assoziationsklasse
- Aufzählung
- Schnittstelle
- Zustand
- Transition
- Aktivität

- ▸ Anwendungsfall
- ▸ Komponente
- ▸ Attribut
- ▸ und weitere

Verwendung

Obwohl der Stereotyp <<metaclass>> optional ist, empfiehlt es sich, ihn durchgehend zu verwenden, um eine klare Trennung zwischen den erweiterten und den erweiternden Elementen eines Profildiagramms zu betonen.

15.3.3 Stereotyp und Erweiterung

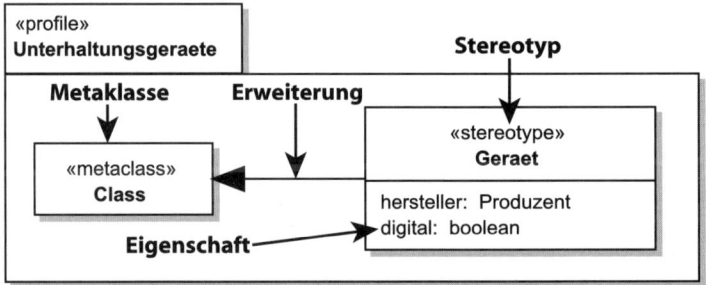

Abbildung 15.6   Stereotyp und Erweiterung

Beschreibung

Stereotypen (engl. Stereotypes) definieren die **Erweiterungen** (engl. Extensions) existierender Metaklassen und ermöglichen damit die Verwendung zusätzlicher, plattformspezifischer Terminologien oder alternativer Notationen.

Da ein Stereotyp eine spezielle (eingeschränkte) Art einer Metaklasse ist, kann er auch eigene (Meta-)Attribute definieren, die auch **Eigenschaften** genannt werden. Der Stereotyp Geraet erweitert in Abbildung 15.6 die Metaklasse Class und definiert die Eigenschaften hersteller vom Typ Produzent und digital des Typs boolean.

Ein Stereotyp kann beliebig viele Metaklassen erweitern, genauso wie eine Metaklasse von beliebig vielen Stereotypen erweitert werden kann (siehe Abbildung 15.7). Ein Stereotyp darf jedoch keine anderen Stereotypen erweitern.

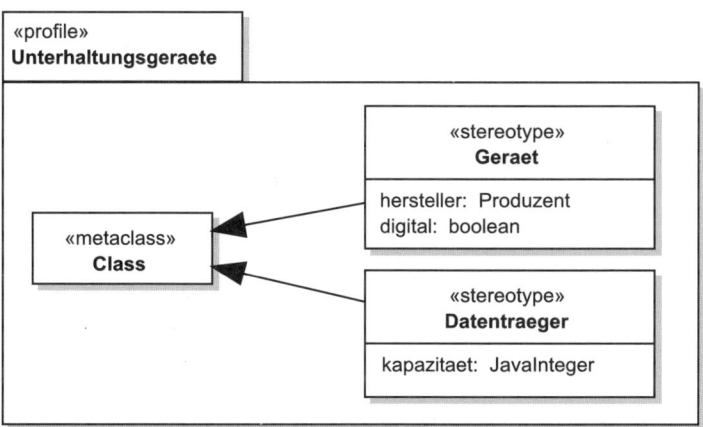

Abbildung 15.7   Metaklassen können durch mehrere Stereotypen erweitert werden.

Im Profildiagramm der Abbildung 15.7 wird die Metaklasse Class von zwei Stereotypen Geraet und Datentraeger erweitert.

Die Erweiterung einer Metaklasse durch einen Stereotypen kann durch das Schlüsselwort required als zwingend markiert werden:

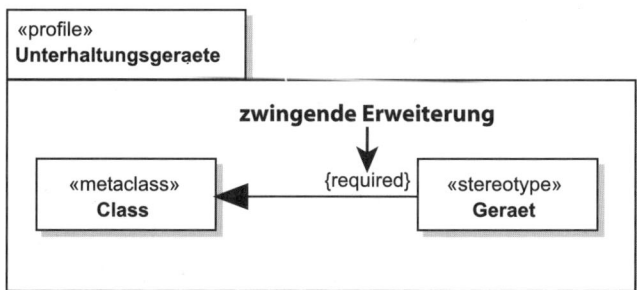

Abbildung 15.8   Zwingende Erweiterung einer Metaklasse

Abbildung 15.8 modelliert, dass die Metaklasse Class bei Anwendung des Profils Unterhaltungsgeräte zwingend durch den Stereotypen Geraet erweitert werden muss. Damit werden Instanzen (Klassen) der Metaklasse Class im späteren UML-Modell immer durch den Stereotypen Geraet erweitert.

Stereotypen können untereinander in Generalisierungs- bzw. Spezialisierungsbeziehungen stehen, wie Abbildung 15.9 zeigt (siehe auch Abschnitt 2.3.12).

Mithilfe von Stereotypen können jedem UML-Element, das eine grafische Repräsentation hat, weitere neue Icons hinzugefügt werden (siehe Abbildung 15.10).

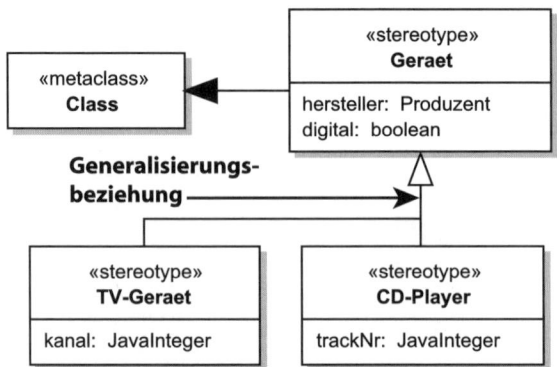

Abbildung 15.9   Generalisierung/Spezialisierung von Stereotypen

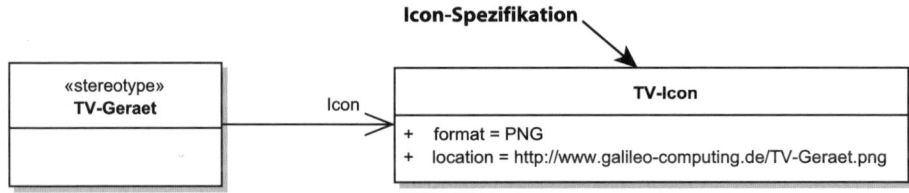

Abbildung 15.10   Icon-Spezifikation

Abbildung 15.10 modelliert ein neues `Icon` für den Stereotypen `TV-Geraet`. Die Definition eines Icons besteht aus drei optionalen Attributen:

► **content**
  Das Attribut `content` kann die Bild-Datei direkt aufnehmen und kann somit beispielsweise eine Bitmap-Grafik, eine GIF-Grafik oder eine »Zeichnungsbeschreibung« wie das XML-basierte SVG-Format (Scalable Vector Graphics) enthalten.

► **format**
  Dieses Attribut beschreibt das Format des Icons. UML erlaubt hier prinzipiell jede Formatbeschreibung, reserviert jedoch die folgenden Standard-Werte:

  ► **SVG** (Scalable Vector Graphics)

  ► **GIF** (Graphics Interchange Format)

  ► **PNG** (Portable Network Graphics)

  ► **JPG** (Joint Photographics Group)

  ► **WMF** (Windows Metafile Format)

  ► **EMF** (Enhanced Metafile Format)

  ► **BMP** (Windows Bitmap)

▷ **MIME** (Multipurpose Internet Mail Extensions)
Muss von einem validen MIME-Typ nach RFC3023 gefolgt werden, wie
z. B. `MIME: image/svg+xml`.

▷ **location**
Mit dem Attribut `location` wird der Ort definiert, an dem ein UML-Tool die
Bild-Datei finden kann. Es kann statt des Attributs `content` und damit statt der
Einbettung der Bild-Datei in das Profildiagramm verwendet werden.

Wie bzw. ob das neue Icon in die grafische Darstellung des jeweiligen Modell-
Elements eingebettet wird, lässt die UML offen. Das neue Icon kann beispielsweise die bisherige grafische Darstellung vollständig ersetzen, als minimierte
Abbildung innerhalb einer Box platziert oder als Icon im »Explorer« eines Tools
eingesetzt werden (siehe Abbildung 15.11).

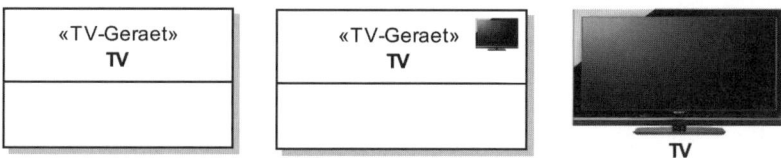

Abbildung 15.11   Alternative Notationsweisen eines neuen Icons für Klassen

Einige UML-Elemente nutzen bereits spezielle Icons für ihre grafische Repräsen-
tation (z. B. Akteur, siehe Abschnitt 8.3.2). Werden diese Elemente durch einen
Stereotyp mit einem neuen Icon erweitert, so wird deren bisherige grafische
Repräsentation vollständig durch das neue Icon ersetzt.

Verwendung

Stereotypen stellen den zentralen Mechanismus von Profildiagrammen dar, um
die bestehenden UML-Elemente zu erweitern und sind aus Profildiagrammen
nicht wegzudenken.

15.3.4   Profilanwendung

Abbildung 15.12   Profilanwendung

Beschreibung

Eine **Profilanwendung** (engl. **ProfileApplication**) zeigt an, welches Paket das jeweilige Profil anwendet.

Das Profildiagramm aus Abbildung 15.12 modelliert beispielsweise, dass das Paket Fabrik das Profil Unterhaltungsgeraete anwendet.

Ein Profil auf ein Paket anzuwenden modelliert die Erlaubnis, jedoch keinen Zwang, die im Profil definierten Stereotypen im Paket zu verwenden. Es können beliebig viele Profile auf ein Paket angewendet werden.

Wird ein Stereotyp auf ein UML-Element angewendet, so wird der Name des Stereotyps in Guillemets über dem Namen des Elements notiert. Mehrere angewendete Stereotypen werden durch Kommata separiert (siehe Abbildung 15.13).

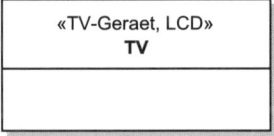

Abbildung 15.13 Mehrere Stereotypen

Sollten mehrere Profile Stereotypen mit denselben Namen enthalten, sind diese im anwendenden Paket mit den qualifizierten Namen (siehe Abschnitt 7.3.1) eindeutig zu identifizieren (siehe Abbildung 15.14).

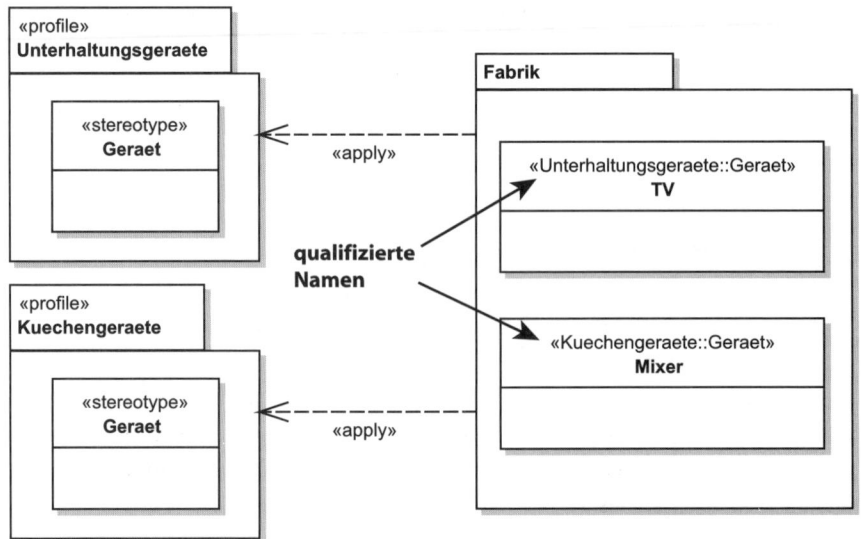

Abbildung 15.14 Identifikation von Stereotypen über qualifizierte Namen

Die Werte der Eigenschaften (engl. Tagged Values) von Stereotypen können auf drei Arten notiert werden:

▶ als Teil einer Anmerkung, die mit dem Element verbunden ist (siehe Abbildung 15.15)

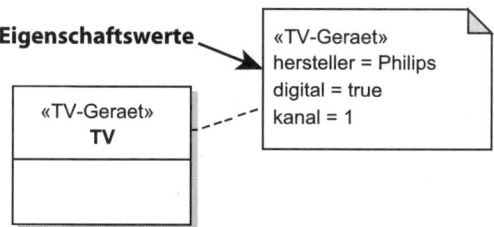

Abbildung 15.15   Eigenschaftswerte in einer Anmerkung

▶ in einem separaten Abschnitt des Elements (siehe Abbildung 15.16)

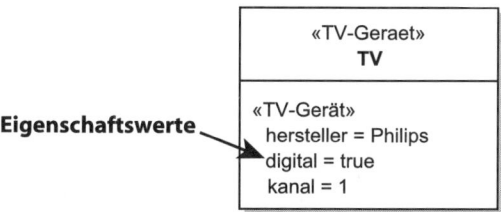

Abbildung 15.16   Eigenschaftswerte in einem separaten Abschnitt

▶ über oder vor dem Namen des Elements innerhalb von geschweiften Klammern (siehe Abbildung 15.17)

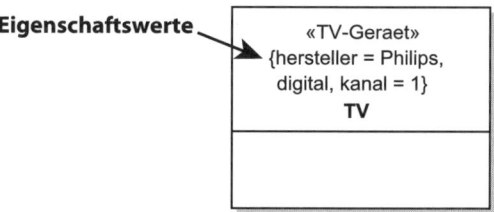

Abbildung 15.17   Eigenschaftswerte innerhalb geschweifter Klammern

Abbildung 15.17 zeigt weiterhin anhand der Eigenschaft `digital` eine Besonderheit: Kann eine Eigenschaft nur die Werte `true` oder `false` annehmen (Datentyp `boolean`), so wird ihr Wert als `true` angenommen, sobald die Eigenschaft aufgeführt wird, ansonsten als `false`. In Abbildung 15.17 ist der Wert von `digital` demnach `true`.

Verwendung

Definieren Sie mit der Profilanwendung, welche Pakete Ihres UML-Modells welche Profile anwenden, und belegen Sie die modellierten Eigenschaften mit Eigenschaftswerten.

15.4 Lesen eines Profildiagramms

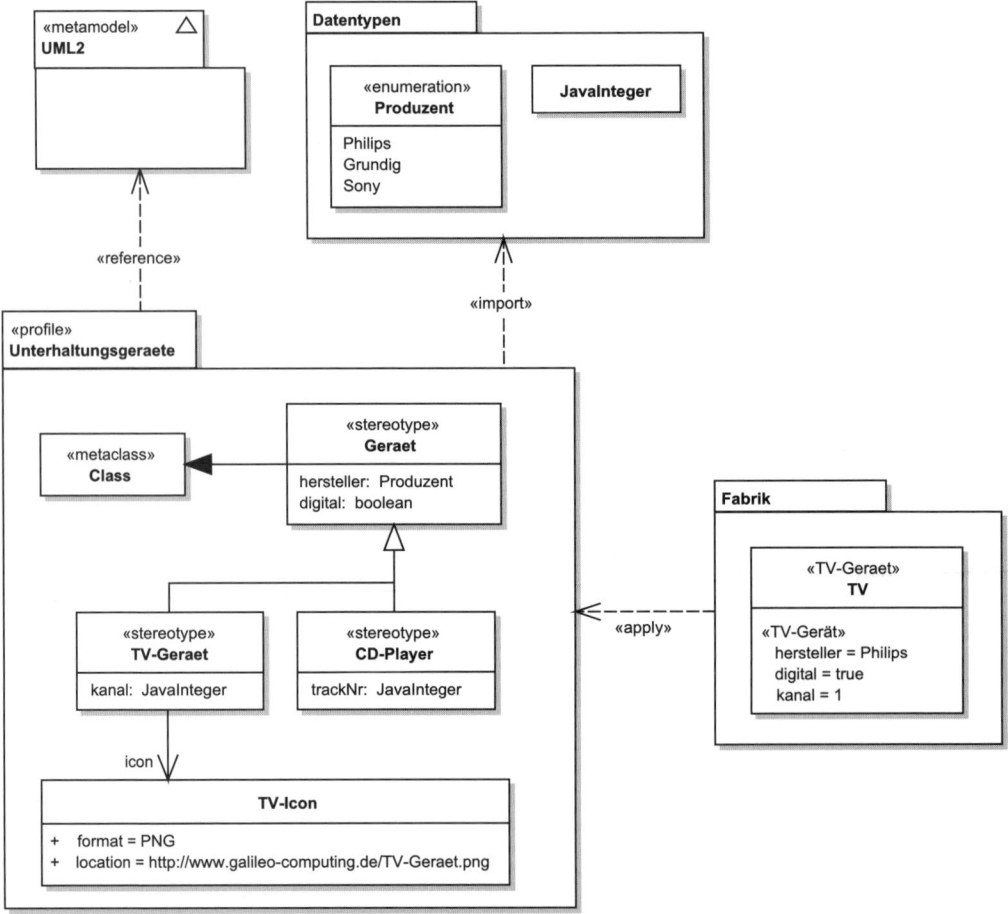

Abbildung 15.18 Beispiel eines Profildiagramms

Im Profildiagramm aus Abbildung 15.18 wird das UML2-Metamodell vom Profil Unterhaltungsgeraete erweitert.

Das Profil importiert dabei das Paket Datentypen, um Zugriff auf dessen Daten-typdefinitionen JavaInteger und Produzent zu erhalten. Der Datentyp Produzent ist eine Aufzählung und beschränkt damit die verfügbaren Werte auf Philips, Grundig und Sony.

Das Profildiagramm Unterhaltungsgeraete spezifiziert eine Erweiterung der Metaklasse Class durch einen Stereotypen Geraet, der dieser Metaklasse zwei Eigenschaften hinzufügt:

▶ Hersteller vom Typ Produzent sowie

▶ Digital vom Typ boolean.

Der Stereotyp Geraet wird durch zwei weitere Stereotypen weiter spezialisiert:

▶ CD-Player
Der Stereotyp CD-Player fügt eine weitere Eigenschaft trackNr vom Typ JavaInteger hinzu.

▶ TV-Geraet
Der Stereotyp TV-Geraet führt die Eigenschaft kanal vom Typ JavaInteger hinzu und definiert ein neues Icon. Das TV-Icon ist vom Format PNG (Portable Network Graphics) und zu finden unter *http://www.galileo-computing.de/TV-Geraet.png*.

Das Paket Fabrik wendet das Profil Unterhaltungsgeraete an und definiert eine Klasse TV. Durch Belegung der Eigenschaftswerte ist erkennbar, dass es sich um ein digitales TV-Geraet des herstellers Philips handelt, dessen kanal stan-dardmäßig auf 1 festgelegt wird.

15.5 Irrungen und Wirrungen

Abbildung 15.19 zeigt eine Auswahl der häufigsten Fehler bei der Modellierung mit Profildiagrammen.

A: Stereotyp ohne Metaklasse
Ein Stereotyp kann in Profildiagrammen nur als Erweiterung einer Metaklasse modelliert werden.

B: Erweiterung eines Stereotypen
Ein Stereotyp darf ausschließlich Metaklassen erweitern. Eine Erweiterungs-beziehung zwischen zwei Stereotypen ist nicht definiert. Falls gewünscht kön-nen Generalisierungen/Spezialisierungen von Stereotypen modelliert werden.

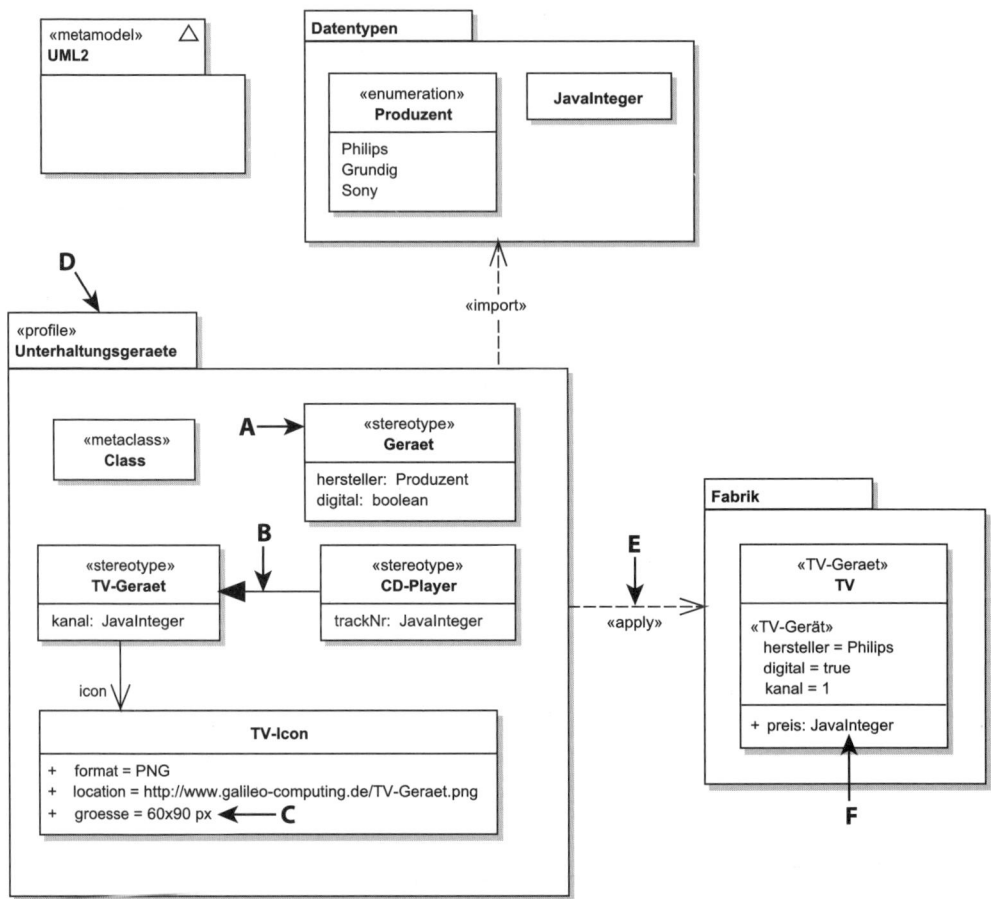

Abbildung 15.19   Ein fehlerhaftes Profildiagramm

C: Unzulässige Icon-Spezifikation

Die Spezifikation eines Icons beinhaltet maximal die Attribute `content`, `format` und `location`. Die Vorgabe einer Größe ist nicht erlaubt und würde die Abbildung des Icons in UML-Diagrammen zu sehr einschränken.

D: Profil ohne Referenz-Metamodell

Ein Profil muss zwingend einem Referenz-Metamodell zugeordnet werden. Profile können Metamodelle erweitern, sie dürfen jedoch keine eigenen neuen Modelle spezifizieren.

E: Richtung der Profilanwendung falsch

Die Profilanwendung wird immer vom anwendenden Paket zum angewendeten Profil hin modelliert. Sie kann demnach gelesen werden als »Das Paket X wendet das Profil Y an«.

F: Verwendung eines »Meta-Datentyps«

In der Klasse TV wird das Attribut preis vom Datentyp JavaInteger definiert. Da das Paket Datentypen nur vom Profil Unterhaltungsgeraet importiert wird, ist der Datentyp JavaInteger nur auf der Metaebene und damit nur für Eigenschaften verfügbar, nicht für Attribute. Damit die Klasse TV für das Attribut preis den Datentyp JavaInteger verwenden kann, muss also das Paket Datentypen direkt vom Paket Fabrik importiert werden.

15.6   Zusammenfassung

Abschließend werden die wichtigsten Notationselemente von Profildiagrammen kurz aufgeführt:

▶ Ein **Profil** ist eine spezielle Art eines Pakets, das ein bereits bestehendes **Meta-modell** erweitert, was mithilfe einer **Metamodell-Referenz** modelliert wird.

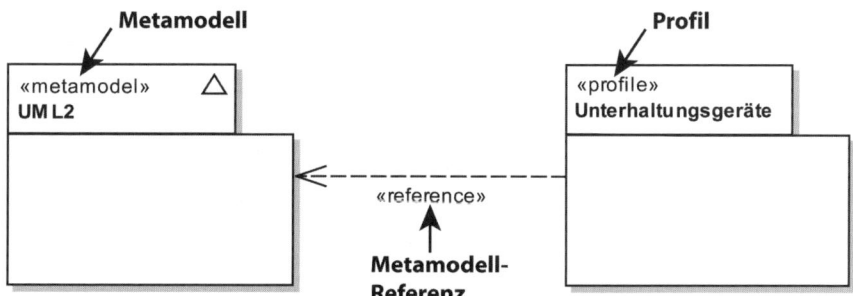

Abbildung 15.20   Profil, Metamodell und Metamodell-Referenz

▶ **Stereotypen** definieren unter Einsatz von **Eigenschaften** die **Erweiterungen** existierender **Metaklassen**.

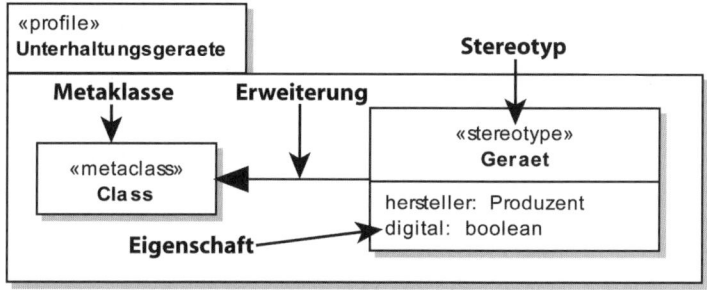

Abbildung 15.21   Stereotyp, Metaklasse und Erweiterung

▸ Eine **Profilanwendung** zeigt an, welches Paket das jeweilige Profil anwendet.

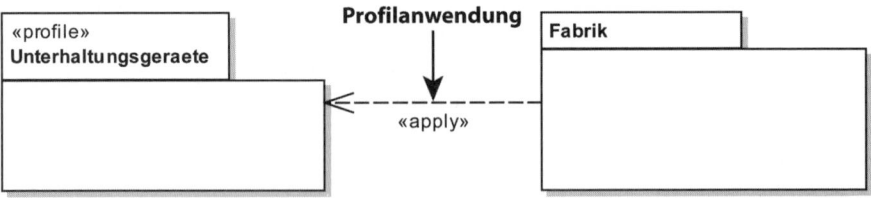

Abbildung 15.22   Profilanwendung

Index

K

L

M

N

O

Programmieren mit der Java Platform,
Standard Edition 6

Java von A bis Z: Einführung, Praxis,
Referenz

Von Klassen und Objekten zu
Datenstrukturen und Algorithmen

Christian Ullenboom

Java ist auch eine Insel

Das umfassende Handbuch

Das Java-Kultbuch in der 9. Auflage!
Es bietet alles, was man zum Programmieren mit der Java Standard
Edition wissen muss. Das Buch wurde gründlich überarbeitet, die
Grundlagen werden jetzt noch ausführlicher besprochen.
Die Insel ist erste Wahl, wenn es um aktuelles und praktisches
Java-Wissen geht.

1480 S., 9. Auflage, mit DVD, 49,90 Euro
ISBN 978-3-8362-1506-0

>> www.galileocomputing.de/2254

Spracheinführung, Objektorientierung, Programmiertechniken

Windows-Programmierung mit der Windows Presentation Foundation

Inkl. LINQ, XML, Task Parallel Library (TPL) und ADO.NET

Andreas Kühnel

Visual C# 2010

Das umfassende Handbuch

Der ideale Begleiter für die tägliche Arbeit mit Visual C# 2010! In diesem Buch finden Sie alles von den Sprachgrundlagen über Klassendesign, LINQ, Multithreading, Datenbankanbindung mit ADO.NET u. v. m. - jeweils an typischen Praxisbeispielen demonstriert. Ein zentrales Thema bildet die Entwicklung von GUIs mit WPF und XAML. Das Buch eignet sich besonders gut für Umsteiger älterer C#-Versionen sowie anderer Programmiersprachen.

1295 S., 5. Auflage 2010, mit DVD, 49,90 Euro
ISBN 978-3-8362-1552-7

>> www.galileocomputing.de/2322

Galileo Computing

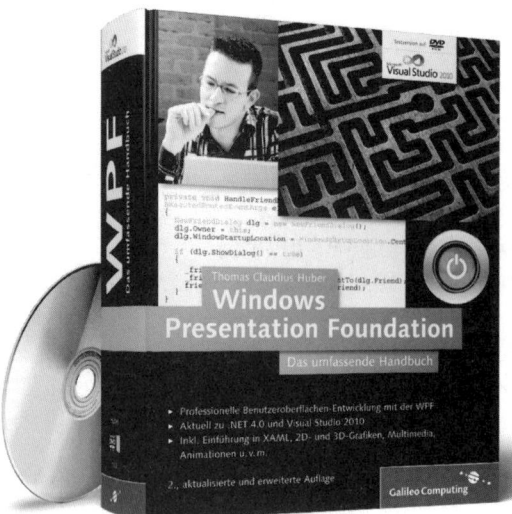

Professionelle Benutzeroberflächen-Entwicklung mit der WPF

Aktuell zu .NET 4.0 und Visual Studio 2010

Inkl. Einführung in XAML, 2D- und 3D-Grafiken, Multimedia, Animationen u. v. m.

Thomas Claudius Huber

Windows Presentation Foundation

Das umfassende Handbuch

Dieses Handbuch liefert Ihnen umfassendes Wissen zum Grafik-Framework von .NET. Neben einer Einführung in die Beschreibungssprache XAML erfahren Sie, wie Sie GUIs, Grafiken, Animationen, Audio- und Videodateien entwickeln bzw. einbinden. Das Buch eignet sich sowohl zum Einstieg in die Thematik als auch als Nachschlagewerk. Grundkenntnisse in C# werden dabei vorausgesetzt.

1236 S., 2. Auflage 2010, mit DVD und Referenzkarte, 49,90 Euro
ISBN 978-3-8362-1538-1

>> www.galileocomputing.de/2304

Praxisorientierter Einstieg in
Silverlight und XAML

Entwicklung von RIAs und
Anwendungen für Windows Phone 7

Inkl. Benutzeroberflächen-
Entwicklung, Datenbindung,
2D-Grafiken, Multimedia,
Animationen, Drucken u.v.m.

Thomas Claudius Huber

Silverlight 4

Das umfassende Handbuch

Sie möchten mit Silverlight 4 eindrucksvolle Webseiten und RIAs oder Apps für
Windows Phone 7 entwickeln? Dieses Buch zeigt Ihnen, wie es geht. Sie
erhalten eine Einführung in die Beschreibungssprache XAML und lernen an
anschaulichen Beispielen, wie Sie Grafiken und Animationen erstellen oder
Audio- und Videodateien in Ihre Webseiten integrieren. Grundlegende
Kenntnisse in .NET und C# werden vorausgesetzt.

1178 S., 2010, mit DVD, 49,90 Euro
ISBN 978-3-8362-1413-1

>> www.galileocomputing.de/2126

XML in Software, Web und E-Publishing

Formatierung, Transformation, Schnittstellen

XML Schema, DTD, XSLT 1.0/2.0, XPath 1.0/2.0, DOM, SAX, SOAP, ODF, Mapping u.v.m.

Helmut Vonhoegen

Einstieg in XML

Grundlagen, Praxis, Referenz

In dieser praxisorientierten Einführung finden Sie alle wichtigen Themen rund um XML verständlich und anhand typischer Beispiele erklärt, wie z.B. Validierung mit DTD und XML Schema, Navigation mit XPath, Transformation mit XSLT, Formatierung mit CSS und XSL, Zugriff auf XML-Dokumente über DOM und SAX, Webdienste (inkl. SOAP) sowie ODF und OOXML. In der vollständig aktualisierten 6. Auflage sind weitere Kapitel zum Mapping mit Datenbanken sowie zu XQuery und XForms hinzugekommen.

ca. 580 S., 6. Auflage, mit CD, 34,90 Euro
ISBN 978-3-8362-1711-8, April 2011

>> www.galileocomputing.de/2530

In unserem Webshop finden Sie unser aktuelles
Programm mit ausführlichen Informationen,
umfassenden Leseproben, kostenlosen Video-Lektionen –
und dazu die Möglichkeit der Volltextsuche in allen Büchern.

www.galileocomputing.de

Galileo Computing

Wissen, wie's geht.